Global Finance Theory

글로벌

금융재무론

강한균 · 강지훈

publishing and culture
피앤씨미디어

머리말

세계무역기구(WTO) 시스템하의 글로벌화된 세계경제에서는 지구상의 어떤 나라도 외부의 여타 국가로부터 경제적 영향을 받지 않고 독립된 경제운용 정책을 사용할 수는 없다. 특히 글로벌 네트워크의 디지털 경제에서 국가 간 금융거래의 파급효과는 광속의 리얼타임으로 이루어진다.

학문의 금융, 외환, 재무 부문 영역의 경계가 이미 사라진 지 오래이고 글로벌기업 또한 세 부문의 관리 영역이 중첩되어 있어 이들 영역에 대한 환경을 철저하게 이해하고 대응하지 않으면 결코 생존할 수 없는 실정이다.

본서 발간의 목적도 글로벌기업의 이러한 관리 영역을 종합적이고 다차원적으로 이해해야 할 글로벌 금융·재무인력을 교육해야 할 필요성을 절실하게 느꼈기 때문이다.

실물경제의 한 부분이었던 금융이 글로벌 실물경제 전체를 좌지우지하는 왝더독(Wag the Dog) 현상에 대한 대비가 그 어느 때보다 요구된다. 특히 국내 기업의 경우 미국 우선주의 보호무역과 금리정책, 달러의 패권, 미-중 무역전쟁, 영국의 EU탈퇴 브렉시트(Brexit), 자유무역의 경제통합 효과, 사회적·포용적 금융 등을 새로운 표준인 뉴노멀(new normal)로 받아들여야 한다.

과거 금융이 국경을 넘기 위해서는 상당한 제약을 느꼈지만 지금은 정보 통신의 혁명으로 클릭 한 번에 엄청난 자금의 이동이 쉽게 이동된다. 게다가 2008년 익명의 나카모토 사토시의 블록체인 기술을 담은 한 편의 논문은 암호화폐 비트코인(Bitcoin)을 낳고 장차 전 세계 중앙은행과 정부를 불안하게 만들 기세이다.

글로벌 금융만큼 자고 나면 변화를 쫓아가야 하는 분야도 흔치 않을 것이다. 아닌 게 아니라 본 교재가 인쇄소를 거쳐 출간될 때에는 앞서가는 글로벌 금융환경의 변화에 얼마만큼 뒤처져 있을는지 두려움이 앞선다.

본 저서는 2편 13개의 장으로 구성되어 있으며 제1편은 글로벌기업의 금융·재무 환경, 제2편 글로벌기업의 글로벌 재무전략이다. 제1장은 글로벌기업의 지역주의 환경, 제2장은 사회적 금융과 포용적 금융, 제3장 이슬람 금융, 제4장 한국 금융시장과 중앙은행 정책, 제5장 금리와 채권 이해, 제6장 국제금융시장과 금융·외환위기, 제7장 국제수지 개념과 국제수지표 작성, 제8장 국제통화제도, 제9장 외환시장, 제10장 선물거래이다. 제2편의 제11장은 국제자금조달과 해외투자전략, 제12장 글로벌기업의 국제조세관리, 제13장 글로벌기업의 환노출과 관리전략이다.

본 저서 발간에는 유능한 연세대학교 강지훈 박사의 도움으로 제2장 사회적 금융과 포용적 금융, 제3장 이슬람 금융 배경과 구조, 제4장 한국 금융시장과 중앙은행 정책을 알차게 집필하였다.

본 교재 집필에는 최대한 최근의 시사적 금융경제의 상황을 내용에 담는 데 각별히 노력했다. 제1장 제3절에 글로벌라이제이션의 부진으로 인한 슬로벌라이제이션, USMCA, CPTPP 등 새로운 지역경제통합, 미국 우선주의, 브렉시트(Brexit), 중국의 일대일로(一帶一路) 등을 다루었다. 제2장에는 사회적 금융과 포용적 금융, 제3장에는 이슬람 금융을 다루었다. 제6장에서는 금융규제의 글로벌 완화 추이를, 제8장에서는 암호통화 비트코인, 제10장에서는 선물환 거래의 변경된 일일정산제도를 반영했다. 제12장에서는 세계적으로 이슈가 되고 있는 구글세를 추가했다. 본서 내용의 미흡하고 부족한 부분은 독자 제현의 질타를 기다리며 추후 개정판에서 반영할 것을 약속드린다.

본서 출판에 기꺼이 도움을 주신 피앤씨미디어 박노일 사장님, 편집에 노고를 아끼지 않은 김인숙 과장님께 감사드린다. 자료수집에 도움을 준 유신, 항상 격려를 아끼지 않는 캐나다 식구들, 쉐리단 대학의 강희승 교수, 아이비 치과 김병곤 원장, 베이비 모델 Ellie에게도 고마움을 전한다. 끝으로 사랑하는 박춘희 작가, 연우회 회원들과도 출간의 기쁨을 함께하고자 한다.

2019년 황금돼지 기해년 초여름

저자들 識

차 례

제 1 편 글로벌企業의 글로벌 金融財務 環境

제 2 장 社會的 金融과 包容的 金融

제 3 장 이슬람 金融 背景과 構造

제 4 장 韓國 金融市場과 中央銀行 政策

제 1 편

글로벌企業의 글로벌 金融財務 環境

CHAPTER 01

글로벌 財務와 地域主義 環境

제 1 절 글로벌 財務管理와 글로벌財務 시스템

1. 재무·금융·외환 차이점

재무(finance)란 재정에 관한 사무 즉, 돈이나 재산에 관한 일을 말하며 재무관리란 경영활동에 있어서 자금을 조달하고 이를 효율적으로 운용하는 것을 재무관리라고 한다. 금융(finance)은 협의의 개념으로 자금을 빌리거나 빌려주는 대차의 행위를 말한다. 금융거래란 일정기간 동안 상대방에게 원금과 이자의 회수를 목적으로 자금을 융통하는 행위이다. 광의의 개념으로는 자금의 풍부한 부문에서 자금이 부족한 부문으로 자금이 이전되는 현상이다. 금융은 금융기관을 통해서 이루어지는 간접금융과 기업이 직접 주식 또는 채권을 발행하는 직접금융이 있다. 국제금융(international finance)이라고 하면 국가 간 자금의 대차, 또는 국가 간 자금이동을 말한다. 한편 외환(foreign exchange)이란 외국통화, 외국통화표시의 수표, 어음, 예금 등을 말하며 국제금융의 수단이 된다. 오늘날 글로벌기업은 글로벌 환경하에서 재무, 금융, 외환의 영역이 복합적으로 중첩되어 있다.

2. 글로벌재무관리 의의

글로벌재무관리(global financial management)는 글로벌기업 자금의 조달과 운용에 관련된 의사결정을 지원하는 관리기능이라고 할 수 있다. 글로벌기업 재무관리는 크게 두

가지 기능으로 구분된다. 첫 번째는 자금의 조달에 관련된 의사결정(financing decision)이고 다른 하나는 자금의 운용에 관한 의사결정(investment decision)이다.

자금의 조달은 가장 낮은 장기비용으로 글로벌기업 내·외부로부터 자금을 조달하며 자금의 운용과 투자는 시간이 경과함에 따라 주주의 부(shareholder's wealth)를 극대화하는 방향으로 자금을 할당한다. 하지만 글로벌기업의 자금조달과 운용을 효율적으로 한다는 것은 그렇게 간단한 문제는 아니다. 특히 외화표시의 효율적인 자산·부채관리(ALM)를 위해 환율, 국제금리 등을 예측하고 리스크 관리를 철저하게 하여야 한다. 글로벌재무관리의 구체적 활동에는 국제재무위험 관리, 국제투자관리, 국제자금조달 관리, 국제운전자금관리 등이 있다.[1]

글로벌기업은 국내기업과 달리 환율 및 국제 이자율의 변동, 상이한 조세율, 국가 및 개별기업의 신용도에 따른 국제금융시장에서의 차입조건 등이 매우 상이하다. 자본의 구성과 조달 의사결정은 조달비용뿐 아니라 운용 및 투자리스크를 감소시키는 방향으로 이루어져야 하며 특히 환리스크 관리는 조달 및 운용에 매우 중요한 영향을 미친다.

3. 글로벌 재무시스템

1) 글로벌 재무시스템 구조

글로벌재무관리의 관점에서 보면, 글로벌기업의 두드러진 특징 중의 하나가 서로 밀접한 관련을 맺고 거래하는 개별 국내기업집단과는 대조적으로, 자금과 이윤을 국제이전 메커니즘(international transfer mechanism)을 이용하여 모·자회사 간에 송금하는 기능이다. 이러한 메커니즘에는 [그림 1-1]에서 보는 바와 같이 크게 자금흐름과 실물흐름으로 대별된다. 모·자회사 간 실물흐름에는 자본재, 중간재, 완성재, 기술, 경영 등이고 자금흐름은 배당, 수수료 및 로열티, 이자 및 상환, 지분출자, 대여, 재화 및 서비스에 대한 외상거래를 통한 신용제공 등이다. 자금이전 시스템의 기능을 담당하는 의사결정변수로는 배당정책(dividend policy), 이전가격정책(transfer price policy), 리딩과 래깅(leading and lagging), 송장통화정책(invoice currency policy), 구속성예금(compensating balance) 등이 있다.

국내에서는 한때 재벌기업들이 투자를 않고 금고 속에 현금을 쌓아두고 있다는 여론의 비난을 받은 적이 있다. 기업의 투자를 촉진하기 위해 사내유보금(retained earnings)

1) 국제재무위험관리에는 외환통제위험, 정치적위험, 환위험, 국제조세위험, 국제인플레이션위험, 시장결함위험, 불투명위험 등이 있고 국제투자관리에는 해외직접투자, 해외증권투자 등이 있으며 국제자금조달관리에는 내부금융조달, 차입, 채권발행, 주식발행 등이 있고 국제운전자본관리에는 기업의 지불능력, 유동자산, 유동부채, 현금흐름 등이 있다. 문창권, 「국제재무관리」(탐진, 2014), p.7.

[그림 1-1] 글로벌 자금이전 시스템

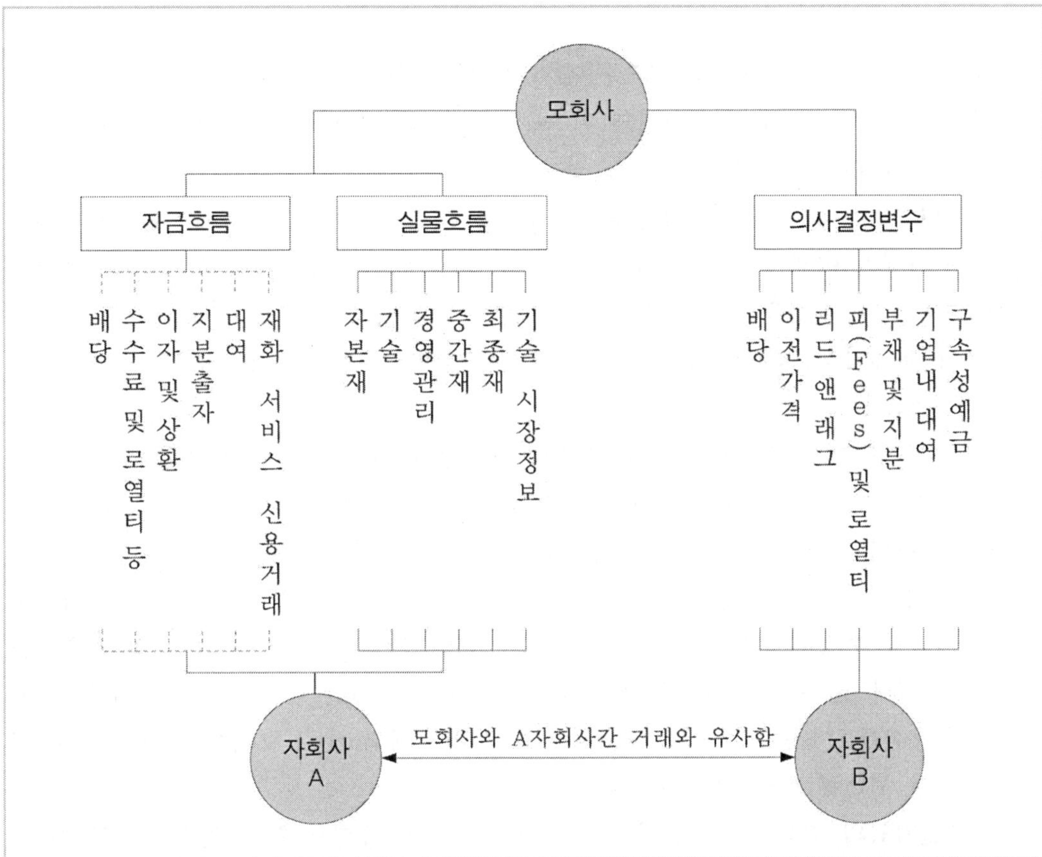

자료: Donald R. Lessard, "Transfer Prices, Taxes, and Financial Markets: Implications of International Financial Transfers within the Multinational Firm," in *The Economic Effects of Multinational Corporations*, Robert G. Hawkins, ed.(Greenwich, Conn.: JAI Press, 1979). Alan C. Shapiro, *Multinational Financial Management* (5ed. NJ: Prentice hall, 1996), p.18. 재인용.

에 대해 과세를 해야 한다는 주장이 거셌다. 하지만 사내유보금의 정확한 해석 차이가 있다는 반론이 제기되었다. 사내유보금은 금고속의 현금만을 의미하는 것이 아니고 회계학에서 공장 기계·설비 투자 등을 포함하는 것이다. 미국과 일본에서 사내유보금 과세를 시행하는데 주주들이 부당하게 배당에 대한 소득세를 회피할 목적인 경우에 한정하고 있다. 투자와 고용확대 목적의 과세는 결코 아니다.

사내유보금 = 당기이익 − (세금 + 배당금 + 상여금 등 사외 유출액)
= 현금 + 공장기계·설비투자

2) 이전방식

글로벌기업은 자금을 모으고, 이윤을 배분하는 재무채널을 자유로이 선택할 수 있다. 예컨대, 자회사의 배당률을 어떻게 결정할 것인가? 특허권(patent)과 상표권(trade mark)을 완전히 판매할 것인지 또는 규칙적인 피(fees) 및 로열티(royalties) 지급을 받으면서 이전시킬 것인가에 따라 자금이전이 달라 질 수 있다.

글로벌기업은 다국적기업 집단내 모·자회사 간 또는 자회사 간 수출·수입거래시에 적용하는 가격을 이전가격(transfer price)이라고 한다. 이전가격은 내부가격 또는 대체가격이라고도 한다. 정상적인 시장가격을 암스랭스 프라이스(arm's length price)라고 하는데 이를 높게 과대가격조작(overpricing) 또는 낮게 과소가격조작(underpricing) 등을 통해 자금이전을 조절할 수 있다.

만약 모회사에서 자회사로 자금이전의 필요성이 있으나 송금에 대한 모국에서의 외환 통제가 있다면 자회사가 모회사로 수출하는 금액에 대하여 과대가격조작을 하고 수입하는 금액에 대해서는 과소가격조작을 이용하는 것이 좋다.

투자흐름에서는 자본을 출자형식으로 지분을 획득해 배당을 얻거나 대여형식으로 일정한 이자를 수령하고 원금을 상환 받을 수 있어 미래 배당 또는 이자수입의 흐름을 달리할 수 있다. 글로벌기업은 자금을 이전하기 위해 이러한 다양한 채널을 단독 또는 동시에 사용한다. 더욱이 현지의 다양한 법률 제약하에서 해외 자회사와 현지 정부 사이의 관계를 고려해 합리적인 의사결정을 해야 한다.

글로벌기업의 수출입거래 송장 표시금액을 어떠한 통화로 할 것인가? 강세통화 또는 약세통화 중 어떠한 것으로 할 것인가에 따라 환리스크를 포함한 자금흐름에 많은 영향을 주기도 한다.

구속성예금(compensating balance)[2]은 양건(兩建)예금 또는 꺾기라고도 하는 데 금융기관이 차입자에게 자금을 대출시 일정비율의 자금을 저리의 예금으로 예치해 둘 것을 강요하거나, 적금, 보험, 펀드 등의 금융상품 가입을 강요하는 불공정 행위이다. 최근 금감원의 실태점검과 감시가 있지만 약자인 차입자와의 관계에서 은밀하게 이루어져 근절하기는 쉽지 않다. 구속성예금 강요로 자금 차입기업은 대출금 전체에 대한 이자를 부담하면서 실제 빌린 금액의 전체를 사용하지 못하게 되어 자금차입 코스트를 증가시킨다.

---

2) 은행업 감독규정 제88조에 의하면 중소기업 및 저신용자 등에게 여신 실행일 전후 1개월 내에 여신금액의 1%를 초과하는 예·적금 등을 판매하는 행위, 여신 실행일 전후 경과 기간에 상관없이 차주의 의사에 반해 금융상품 가입 또는 매입을 강요하는 행위이다. 인터넷전문은행들은 예외적으로 꺾기 규제완화를 요구했으나(2018.10) 금감원은 유선상으로도 불공정 영업이 가능하다는 이유로 거절했다.

3) 자금수급 시기 조정

글로벌기업의 기업 내부에서 발생하는 자금수요는 일정한 스케줄에 따라 발생하는데 어떤 경우에는 자금의 지급시기를 당기거나 늦추어야 할 필요성이 있다. 기업내부의 자금사정뿐 아니라 환리스크의 회피 등을 위해 대금지급을 앞당기는 리딩(leading)과 늦추는 래깅(lagging)이 있다. 특히 수수료와 로열티 지급의 시기는 관련 당사자 모두가 합의했을 경우에 조정이 가능하다. 달러가치 상승이 예상되면 달러표시 수출기업은 래깅, 달러표시 수입기업은 리딩전략이 유리하다.

비거주자에게 자금 이전을 제한하는 정부규제인 외환통제가 없을 경우 글로벌기업은 자금 수급의 시기에 매우 유연하게 대처할 수 있다. 또 빈번한 정부규제나 계약상의 제한조항이 있을 경우에도, 글로벌기업은 자금흐름의 시차(time lag)에 대해 상당한 유연성을 발휘할 수 있다. 이러한 융통성은 글로벌기업이 앞서 언급한 여러 가지 거래의 시차를 조절할 수 있는 능력이 있기 때문이다.

4) 조세 절감

이전가격은 글로벌기업의 자금이전 기능뿐만 아니라 당기순이익을 조정하고 조세절감효과를 유발할 수 있다. 각국마다 법인세율이 상이하기 때문에 법인세율이 높은 국가에서는 상대적으로 적은 당기순이익, 법인세율이 낮은 국가에서는 많은 당기순이익이 발생하도록 하는 것이 글로벌기업 전체로서는 조세부담이 작다고 하겠다.

[그림 1−2]에서 보는 바와 같이 각국의 법인세율이 모회사 소재국은 25%, A국소재 자회사는 15%, B국소재 자회사는 20%를 가정해 보자. 이 경우 글로벌기업은 글로벌기업 집단전체의 이익을 극대화하는 것이 목적이다. 따라서 법인세율이 가장 낮은 A국 소재 자회사에 당기순이익이 최대가 되도록 이익센터(profit center)를 만들고 법인세율이 높은 모회사에 가장 적은 당기순이익이 발생하도록 하는 것이 조세절감에 유리하다.

모회사가 A국자회사에 원료·부분품을 수출할 때에는 과소가격조작(underpricing), A국자회사와 B국자회사가 모회사에 완제품 등을 수출할 때에는 과대가격조작(overpricing)을 하는 것이 글로벌기업 집단전체의 조세절감에 효과적일 것이다(보다 자세한 것은 12장 3절 참조). 글로벌기업의 이전가격조작(transfer pricing)을 통한 조세절감은 현지국의 조세당국과 조세마찰을 초래하며 글로벌기업이 비난 받는 요인 중의 하나가 되기도 한다.

한편 개별국가의 외환제한이 있을 때 자금이전의 수단으로 이전가격이 이용되기도 한다. 예컨대 A자회사 소재 현지국 정부가 해외로의 외환유출에 대한 제한을 한다고 가정하자. 이 경우 A자회사는 모회사로 자금이전의 필요성이 있을 때 A자회사가 모회사로

[그림 1-2] 이전가격의 원리

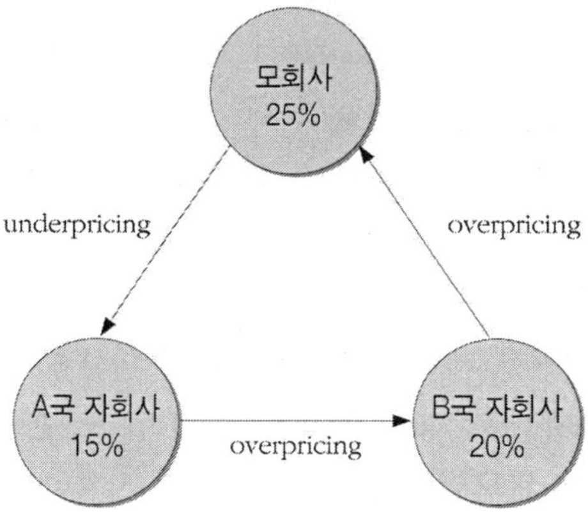

수출시에는 과소가격조작, 수입시에는 과대가격조작이 유리하다. 한편 과대이전가격은 상대국의 수입관세율이 높으면 더 많은 관세를 부담하는 불리한 점도 있다.

제 2 절 글로벌라이제이션

1. 글로벌라이제이션 개념

글로벌라이제이션(globalization)은 세계화라고도 하며 보다 통합되고 상호의존적인 세계경제로의 전환을 의미한다. 국가의 경계가 없는 단일시장인 글로벌 환경하에서 기업활동의 글로벌화와 범세계화를 근간으로 하며 경제적인 측면은 물론 정치, 사회, 문화, 교육 등 국내산업 전반에 걸친 의식전환을 기초로 한다.

한편 국제화(internationalization)는 국경을 인정하면서 자국을 기초로 타국과의 일정한 관계 하에서 경영활동을 전개시켜 나가며 주로 경제적 측면을 강조한다. 따라서 세계화는 국제화와 동의어 또는 국제화 보다 넓은 포괄적 의미라고 할 수 있다.

글로벌라이제이션이 성공하기 위해서 글로벌라이제이션과 현지화(localization)의 합성어인 글로컬라이제이션(glocalization)[3]의 개념을 이해하는 것이 중요하다. 글로벌기업

3) 가끔 지방의 세계화란 의미로 사용될 때 세방화(世方化)로 표기한다.

은 현지국의 법률, 문화, 관습에 동의하는 현지화에 성공해야 진정한 세계화를 달성할 수 있다. 세계화와 현지화는 상호보완적, 양면성을 지닌 동시 달성의 글로컬라이제이션이 가능하다. 세계적 유통업체로 1위 월마트(Walmart)와 2위 까르푸(Carrefour)가 2006년 한국시장에서 현지화에 실패하고 철수한 것은 현지화가 얼마나 중요한가를 보여주는 좋은 사례이기도 하다.

한편 삼성테스코 홈플러스(Homeplus)는 국내 할인점의 고급화를 선도했고 브랜드명과 기업문화에 있어서 현지화 전략을 추구했다. 테스코(Tesco)라는 회사명 대신에 홈플러스를 사용하여 외국계 기업의 이질감을 없애고자 노력했다. 또한 조직문화에 있어서 한국의 신바람문화와 서구의 합리적 문화를 통합해 한국 실정에 맞는 기업문화를 현지화 적응에 성공하기도 했다. 하지만 2015년 영국 테스코도 국내 사모펀드 MBK파트너스에 지분을 매각하고 한국시장에서 철수했다.

현재 국내에서는 창고형 회원제 대형할인마트 코스트코(Costco)와 스웨덴의 세계적 가구업체 이케아(IKEA)가 지금까지 현지화에 성공하고 있다고 하겠다.

[참고자료] 제49회 다보스포럼 Globalization 4.0

다보스포럼인 세계경제포럼(WEF)은 2016년 '제4차 산업혁명의 이해'에 이어 2019년 1월 '세계화 4.0 : 4차 산업혁명 시대의 글로벌 구조형성' 주제로 토론을 하게 되어 세계적 주목을 받았다. 세계화는 지구촌의 거대한 성장과 발전을 창출했지만 동시에 양극화를 심화시켰으며 차세대 세계화의 물결 속에 글로벌 리더들은 과거의 실패에서 배우고 취약한 사회 구성원을 보호할 수 있는 포용적 사회를 구축하는 것이 필요하다고 보았다. WEF는 4개의 큰 변화 즉 다원주의(Plurilateralism), 세계 국력의 다극화, 기후변화에 따른 생태문제가 사회와 경제발전에 주는 위협, 신기술의 등장에 직면했다고 분석했다. (자료: http://cafe.daum.net/ktrc21 (2019.1.24) 부분 발췌)

2019년 다보스포럼을 앞두고 영국 옥스팜이 제출한 불평등 보고서가 주목을 받았다. 세계에서 가장 부유한 26명이 지구 절반의 부와 동일한 부를 소유하고 있다는 것이다. 다보스포럼에서 서비스 부문의 글로벌 분업과 협업이 중요한 이슈라고 주장했는데 세계 유통산업 노동자들은 '아마존을 깨자'고 주장했다(Sharan Burrow 국제노총 사무총장). 디지털 혁신을 앞세워 산업구조조정을 주도해온 아마존이 19세기 식으로 21세기 산업을 독점하고 있다는 것이 그들의 주장이었다. 그들은 아마존을 사회화해 모두를 위한 서비스와 유통체계를 고안해 보자는 것이다. 디지털 시대의 극적인 경제 불평등은 기술의 피할 수 없는 결과가 아니라 민주주의의 지구적 위기를 야기하는 권력에서 기인하는 문제이며 정부들이 이러한 기업들에 의해 좌절되고 있다고 한다.

아마존은 미국에서만 65만 명을 고용하며 노동자의 평균 임금은 연간 28,000 달러에 불과하며 이 중 1/3은 정부 식량 지원에 의존해야 할 만큼 빈곤하다. 아마존은 전통적으로 낮은 마진으로만 수익을 내왔지만 독점이 강화되면서 지난 5년 간 수익이 10배 증가했고 트럼프의 감세 정책으로 2018년 세부담은 44%에서 17%로 떨어졌다. 아마존이 언론과 보건 산업에도 진출하고 있어 머지 않아 미국 산업의 3/4을 통제할 것이라는 전망도 제기됐다.

아펠바움 RWDSU 의장은 '1980년대 이후 산업 디지털화 과정에서 아웃소싱이나 비정규직이 증폭하고 있는데 이는 아마존에 관한 싸움이 아니라 노동의 미래와 노동자들이 새로운 경제에 어떻게 대처할 것인지에 관한 문제이다'라고 말했다. (자료: http://cafe.daum.net/sinminjoo/ow44 (2019.1.23) 부분 발췌)

2. 세계화의 부진

현재 지구상에는 세계화와 더불어 지역주의(regionalism)라는 두 개의 상반된 얼굴이 상존하고 있다. 지구촌이 하나라는 글로벌라이제이션과 지구촌 일부 국가들이 지역을 중심으로 끼리끼리를 외치는 지역주의는 과연 어떠한 관계일까?

글로벌라이제이션과 지역주의 양자의 관계에 있어서는 상반된 견해들이 있다. 첫째는 양자가 상호 배치된다는 것이고 둘째는 지역주의가 글로벌라이제이션으로 발전하는 과정에 있다는 것이다. 지역주의가 점차로 영역을 확대해가면 장기적으로 세계화가 이루어 질 수 있다는 것이다.

GATT(관세 및 무역에 관한 일반협정)체제에 이어 1995년 출범한 세계무역기구 WTO (2019.1 현재 164개국)의 2001년 11월 카타르의 도하개발어젠다(Doha Development Agenda: DDA) 협상은 세계화의 상징이다. 카타르 도하에서 관세를 철폐하고 자유무역을 위한 다자간 협상은 제조업, 서비스 분야 이외에 농업, 비농산물 시장접근, 환경, 규범 등 광범위한 협상의제를 채택했다. 하지만 국가 간 견해차이가 워낙 커 현재까지 완전한 타결을 보지 못하고 있다. DDA를 좌초시킨 핵심 쟁점은 농업 보조금과 농업 관세율, 비농산물(공산품), 관세율 등 3가지로 압축된다. 2013년 9월 WTO 제9차 각료회의에서 타결 가능성이 높은 의제만으로 구성된 발리패키지(Bali Package)가 타결됨으로써 무역 원활화, 농업부문, 최빈개도국 우대조항 등 일부 타결에 합의했을 따름이다. 이와 같이 지구촌 모든 국가가 관세를 철폐하고 자유무역을 주장하는 세계화가 주춤하는 사이 마음에 맞는 일부 국가들끼리 자유무역을 실시하자는 지역주의 경제통합이 활발하게 진행되고 있다.

도널드 트럼프 대통령 취임(2017.1) 이후 미국 주도의 다자 협상은 한 건도 이뤄지지 않았고 종전의 세계경제질서는 크게 흔들리고 있다. 각국의 국제규범 이행력과 구속력은 2차 대전 이후 가장 낮은 수준이다.

3. 슬로벌라이제이션

1990년대 이후 급속히 성장한 글로벌라이제이션이 최근 둔화되면서 느릿 느릿한 슬로벌라이제이션(slowbalisation) 시대로 접어들었다는 시각이 있다. 재화·서비스 교역량은 2008년 전세계 GDP의 61%에서 2018년 58%로, 중개무역량은 같은 기간 19%에서 17%로, 국경을 넘는 은행대출도 GDP대비 2006년 60%에서 2018년 36%로 급감했다. 해외직접투자는 GDP대비 2007년 3.5%에서 2018년 1.3%로, 다국적기업들의 이익이 전체 기업의 이익에서 차지하는 비율은 2008년 33%에서 2018년 31%로 각각 하락했다. 전 세계 국민 1인당 평균구매력은 미국 국민의 2008년 88%에서 2018년 50%로 급락했다.

금융부문에서는 2008년 금융위기가 추세변화의 결정적 계기였다. 자금흐름이 위축되고 해외투자평균 수익률도 2005~2007년 10%에서 2017년 6%로 떨어지자 금융기관들은 내수시장으로 눈을 돌렸다. 실물경제도 세계화에 봉착했다. 서비스업이 국가 경제에서 차지하는 비중이 갈수록 커지고 있지만 국별로는 법률, 면허 등 제도가 달라 제조 상품만큼 해외진출이 용이하지 않은 탓이다. 제조업 역시 중국을 비롯 개도국의 자급능력이 강화되면서 교역 필요성이 줄어들고 있다. 금융시장도 유사한 현상이 일고 있다. EU는 브렉시트(Brexit)로 미국과 영국이 주도하던 파생상품시장 육성을 꾀하고 있고 중국은 아시아의 경제블럭화를 도모하기 위해 채권시장을 적극 키우고 있다. 트럼프의 보호무역주의 전략은 세계경제의 블록화 경향을 더욱 강화시킬 전망이다.

영국 경제전문지 이코노미스트(2019.2)는 네덜란드 저술가 아지드 바카스의 용어를 빌려 세계화의 이런 둔화를 종전 용어인 글로벌라이제이션(globalisation)에 빗대어 슬로벌라이제이션(slowbalisation)으로 칭하며 "세계화는 김샜다(Globalization runs out of steam)"라고 진단했다.

상품을 선박과 항공기로 나르던 비용이 줄면서 교역량이 급증하고 전화통화료가 싸지며 금융체계가 개방되고 관세가 줄어들던 1990~2010년을 세계화의 황금기로 꼽았다. 그 후 10년 간 세계화가 빛의 속도에서 달팽이 수준으로 느려 세계화는 퇴조했다고 평가했다.

세계화가 정체 수준에 이르게 된 이유 중 하나로는 재화의 이동 비용이 더는 하락하지 않는다는 점과 금융시장의 변동성 탓에 다국적기업이 현지 기업에 밀려 고전하고 있다는 것을 들고 있다. 또 경제활동에서 국경을 넘기 어려운 서비스가 더 부각되고 있고, 중국 제조업의 자급자족화로 부품 수입이 줄었다는 점을 이유로 들었다.

이와 함께 트럼프 미국 행정부가 보호무역주의 정책을 펴면서 각국을 상대로 부과한 관세 폭탄도 악재로 작용했다. 이러한 현상이 장기화하면 지구촌은 더 불안정해지고 새로운 긴장이 조성될 것으로 전망된다. 2018년 중국기업이 미국과 유럽에 대한 투자는 전년 대비 73% 급락했다.

이코노미스트지는 슬로벌라이제이션이 세계화의 부작용을 해소할 수 있을 것처럼 보일지 몰라도 궁극적으로는 또다시 새로운 긴장을 만들어낼 뿐이라고 지적했다. 미국의 금융정책에 전 세계가 영향을 받는 상황에서 역내무역 방식과 글로벌 금융시스템 간 긴장은 생길 수밖에 없다는 것이다. 슬로벌라이제이션 하에서도 기업들은 각자 지역에서 가장 저렴한 장소에서 비숙련 노동자를 고용할 것이며 기후변화, 이민, 탈세, 사이버범죄 등 국제 사회의 공조가 필요한 문제는 더욱 해결이 힘들어질 것이라고 한다. 중국과 EU는 역내 경제 참여국의 충분한 지지를 받지 못하고 있어 정치적 분란이 확산될 수 있다는 우려도 내놓았다. 결국 슬로벌라이제이션은 세계화보다 더 인색하고 덜 안정적일 것이라며 결국 불만을 가져다줄 뿐이라고 경고했다.[4)]

4. 플랫폼기업과 4차 산업혁명

글로벌라이제이션 시대 플랫폼기업들은 4차 산업혁명 속에서 치열한 생존경쟁을 이어가고 있다. 플랫폼기업(platform corporation) 출현의 배경은 글로벌라이제이션과 함께 정보·통신·기술의 발달, 자유무역, 상품의 자유로운 이동의 물류시스템 영향이 크다고 하겠다. 플랫폼(platform)이란 기차역에서 타고 내리는 승강장을 말하며 레일 규격에 맞는 다양한 형태의 기차들이 오고 갈 수 있으며 무언가의 사이에서 이어 주고 묶어 주는 역할을 한다.

플랫폼기업은 구매자와 판매자들이 하나의 공간으로 모여들어 새로운 가치를 창출하고 교환하는 기업을 말한다. 플랫폼기업은 판매자와 구매자 양측에 가치를 제공하고 하나의 플랫폼 장으로 끌어 들인 후에 개방과 공유를 통해 수익과 효용을 창출하는 기업을 말한다. 구글(Google)은 안드로이드를 기반으로 여러 휴대폰 제조사와 연합하는 소프트웨어 플랫폼이다. 우버(Uber)는 차량 소유자와 수요자를 모바일 앱으로 연결하고 에어비앤비(Airbnb)는 집 주인과 숙박자를 연결시켜 주는 숙박 플랫폼이다. 카카오톡(Kakao Talk)은 다수의 메신저 사용자와 그들에게 게임, 상거래, 결제 서비스를 제공하는 다수의 공급자가 존재하는 모바일 메신저 플랫폼이고 네이버의 일본 자회사 라인(LINE) 역시 일본과 동남아 중심으로 성장하는 모바일 메신저 플랫폼이다.

플랫폼기업은 승자독식의 속성이 있다. 플랫폼기업은 양면시장의 선순환을 가져오기 때문이다. 예컨대 음식배달 앱에서 유료 특정 앱 사용자가 늘면 음식점은 그 앱의 가맹점이 되기를 원할 것이다. 이번엔 반대로 그 앱을 유용하다고 느낀 소비자가 몰려 가

4) 자료: http://vip.mk.co.kr/newSt/news (2019.2.3)

입자가 증가한다. 한 고객집단이 커지면 다른 집단도 커지고, 다시 원래 고객집단이 커지는 선순환이 발생한다.

1차 산업혁명은 증기기관을 통한 기계적 혁명, 2차 산업혁명은 전기를 통한 대량생산(Fordism), 3차 산업혁명은 컴퓨터와 인터넷 등 정보통신 발달을 통한 자동화를 말한다. 최근 시작되고 있는 4차 산업혁명은 제조업과 정보통신, 기술의 융합 등으로 산업 간 경계가 허물어지는 지능화를 일컫는다. 1차와 2차 산업혁명은 육체노동을 보완하고 3차와 4차 산업혁명은 두뇌기능을 보완한다고 할 수 있다.

인터넷을 기반으로 사물과 사물을 연결하는 사물인터넷(IoT), 인간 지능을 컴퓨터 프로그램으로 실현한 인공지능(AI), 로봇, 3D 프린터, 음성인식서비스, 클라우드, 빅데이터, 원격관리 시스템, 컴퓨터 그래픽을 통해 실제 상황처럼 표현하는 가상현실(VR), 현실의 이미지나 배경에 가상의 이미를 덧씌우는 증강현실(AR) 등이 4차 산업혁명의 핵심이다.

과거 1, 2, 3차 산업혁명은 몇 가지 기술에 의한 산업혁명이었다면 4차 산업혁명은 수많은 첨단기술이 동시에 발전하면서 연결되고 융합되어 예상치 못하는 초융합, 초연결(hyper-connected) 혁명이 일어난다는 점이 다르다.

5. 글로벌라이제이션 미래

IMF 보고서(2007)는 지난 10년 간 글로벌라이제이션이 총체적 부(wealth)는 증대시켰지만 빈부격차는 확대시켰다고 주장했다. 빈부격차는 선진국과 개도국 간뿐만 아니라 선진국 내와 저개발국 내의 계층 간에도 발생했다고 주장했다. 글로벌라이제이션의 3대 요소인 무역은 선진국과 개도국의 소득증대에 긍정적 역할을 한 반면 기술과 외국인직접투자는 빈부격차 확대요인으로 작용했다는 것이다.

기술이전의 경우 개도국의 부를 상승시키는 효과를 가져왔지만 비숙련노동자보다 숙련노동자를 더 필요로 하다 보니 선진국과 개도국뿐 아니라 동일 국가 내에서도 계층 간의 빈부격차가 확대되었다는 것이다. 외국인직접투자 역시 기술집약적 고부가가치 산업에 집중하다보니 비숙련노동자의 임금도 상승하였지만 상대적으로 고임금의 높은 숙련노동자에게 보다 유리하게 작용했다는 것이다.

고용없는 성장(jobless growth)이 계속되고 비숙련노동보다 숙련노동을 요구하는 글로벌 경쟁사회에서 빈곤층이 어떻게 안정적인 일자리를 얻고 빈곤을 탈출할 수 있을까 하는 것이 모든 정부의 공통된 고민이다. 부익부, 빈익빈 양극화를 초래하는 글로벌라이제이션의 미래는 가진 자가 갖지 못한 자를 얼마나 포용할 것이냐에 큰 영향을 받을 것이다. 글로벌경제에서 포용적 성장(inclusive growth)이 이제 낯설지 않은 화두가 된 이유이다.

프리드먼은 인간이 정확히 기계보다 무엇을 더 잘할 수 있고 기계와 함께 잘할 수 있는 역할이 무엇인지를 파악하고 평생학습의 기회를 만들어 새로운 사회계약을 통한 공동체 건설을 제안한다. 인공지능(AI)은 인간이 싫어하는 많은 일을 하게 될 것이며 인간은 마음과 관련되는 일, 마음과 마음을 연결하는 일, 사람을 가르치고 보살피는 일 같은 인간이 잘하는 일을 하게 될 것이다. 미래 어떤 일자리들이 생길지 예측할 수 없기 때문에 평생교육을 스스로 추구하는 노동자가 되어야 한다. 이를 위해서 기업은 노동자에게 생활임금(living wage)이 아니라 학습임금(learning wage)을 지급하여 노동자들이 끊임없이 스킬을 향상시킬 수 있는 기회를 제공해야 한다고 주장한다.

제 3 절 地域主義

1. 지역주의 개념

지역주의(regionalism)란 지리적으로 인접하거나 경제적으로 공동의 이익을 추구하는 2개국 이상의 국가들이 그들 간의 경제적 장벽을 낮추기 위한 정책적 노력으로 하나의 시장과 하나의 경제체를 형성해 나가는 과정이나 상태의 지역경제통합(regional economic integration)이다.

2019년 1월 현재 시행 중인 WTO 통보 지역무역협정(Regional Trade Agreement: RTA)은 467건이며, 1948년 이후 비시행 포함 총누적 RTA는 681건이다. 보다 광의로 사용되는 경제통합의 개념은 통신기술과 교통의 발달, GATT의 최혜국대우(MFN) 원칙에 의한 무역자유화 노력 등으로 지구촌의 각국 경제가 훨씬 더 깊은 상호의존적인 관계를 가지며 모든 국가 간 교역이 무차별적으로 증대되는 과정을 의미하기도 한다.

2. 지역주의의 새로운 보호주의[5)]

EU는 2018년 5월 「EU 신데이터법」을 시행하면서 역외기업에 대해 엄격한 데이터

5) "산업부 '정보보호 행안부 몫', 행안부 '기업문제 잘 몰라'... 책임 핑퐁" 동아일보 (2019.3.19.) A3발췌.

거래장벽을 설치했다. 개인정보를 해외로 반출하거나 활용할 때 개인의 동의를 반드시 받도록 하는 내용을 골자로 한다.

정보통신업계에서 신데이터법은 역대 최강의 개인정보 규제로 통한다. 법 위반시 최대 2,000만 유로(약 260억원) 혹은 전년도 전 세계 매출액의 4% 중 더 큰 금액을 과징금으로 부여한다.

국내기업들도 EU외부로 데이터 이전 규제, '잊혀질 권리'인 정보 삭제권 신설, 개인정보 이동권 신설, 민감한 정보처리 요건 강화 등에 저촉될 우려가 크다. 예컨대 한국기업이 유럽 소비자 정보를 활용해 서비스할 때 현지 직원정보를 수집 시 규정 위반 가능성, 개인이 정보 수집 및 처리에 대한 동의를 철회할 경우 즉각 삭제해야 하며, 개인이 요구 시 데이터를 다른 기관에도 제공해야 함으로 시스템 구축 필요성, 유럽 소비자의 유전자 정보를 활용해 서비스할 경우 정보처리 기준이 불투명 하는 등의 우려이다.

2019년 1월 유럽에서 활동하는 구글을 시작으로 페이스북 등 IT공룡들이 잇달아 신데이터법 위반으로 제재를 받았다. 구글은 이용자 맞춤형 광고에 개인정보가 어떻게 이용되는지 소비자에게 제대로 알리지 않은 이유로 5,000만 유로(약 640억원)의 과징금을 받았다.

2017년 한국은 일본과 함께 아시아에서 적정성 우선평가 대상으로 지정되었다. 일본은 그 후 자국 개인정보호법이 EU의 신데이터법 규정과 같은 수준으로 보안을 준수하고 있다는 적정성 평가를 완료하고 규제에서 벗어났다. 이스라엘, 뉴질랜드, 캐나다 등도 관련절차에 속도를 내고 있으나 한국은 행정부처 간 업무 소관도 정해져 있지 않은 상태이다.

한편 EU는 2018년부터 대기업의 비재무정보를 홈페이지 등에 의무적으로 공개하도록 했다. 유럽지역 대기업 약 6,000곳이 대상이다. 유럽에 공장을 보유하거나 법인을 설립한 기업은 유럽기준에 준하는 인권, 노동, 환경, 기업투명성정책, 위험관리정보 등을 공개해야 한다. 또 지속가능경영보고서를 발간해 자사가 환경·사회·지배구조(ESG)를 위해 어떤 활동을 했는지 보고해야 한다.

3. 지역경제통합 유형

발라사(Bela Balassa)에 의한 분류에 의하면 경제통합의 단계를 다음과 같이 구분할 수 있다. <표 1-1>에서 보는 바와 같이 경제통합의 가장 초보적인 단계인 자유무역협정(Free Trade Agreement)으로부터 관세동맹(Customs Union), 공동시장(Common Market), 경제동

〈표 1-1〉 지역경제통합의 발전단계

	자유무역협정	관세동맹	공동시장	경제동맹	완전경제통합
역내관세 철폐	0	0	0	0	0
공동 역외관세		0	0	0	0
생산요소 이동자유			0	0	0
경제정책 조정				0	0
초국가기구 통합					0

맹(Economic Union), 완전경제통합(Complete Economic Integration)의 순으로 이루어진다.

FTA와 관세동맹의 차이점은 역내 가입국이 역외 제3국으로부터 수입품에 대하여 각국이 독립적인 관세(tariff)를 부과할 수 있으면 FTA이고 역내 가맹국들이 공동으로 관세를 정하면 관세동맹이다. 따라서 관세동맹이 FTA보다 가맹국의 결속력이 한층 더 강하다. 공동시장은 관세동맹 보다 진일보 하여 역내 가맹국 노동과 자본의 이동이 자유롭다. 경제동맹은 공동시장 보다 발전하여 가맹국 간에 경제정책을 상호 조정하는 단계이며 마지막 완전경제통합 단계는 경제동맹단계를 초월하여 초국가기구에 의한 통합을 시도하는 마지막 경제통합 단계이다.

EU는 2004년 서명된 EU헌법조약을 통해 EU헌법 제정과 새로운 제도적 장치 등을 통하여 정치통합까지 완성하려는 시도를 했다. 하지만 전체 회원국의 비준을 요구하는데 프랑스와 네덜란드의 국민투표 부결로 좌절되었다. 다행히 2009년 12월 1일 부결된 EU헌법조약을 대체하면서 실질적으로는 EU헌법으로써 의미를 가지는 리스본조약(Treaty of Lisbon)이 발효되었다. 2014년 5월 751명의 의원선거가 실시되었고 동년 7월 유럽의회는 개회되었다.

2008년 미국발 글로벌 금융위기의 여파로 남유럽 PIIGS(포르투갈·아일랜드·이탈리아·그리스·스페인) 국가들은 2010년 그리스를 필두로 재정위기를 맞았고 아직도 완전히 벗어나지 못하고 있다. 영국은 2016년 6월 23일 EU탈퇴 찬반 국민투표에서 탈퇴 즉 브렉시트(Brexit)[6]를 결정했다. 2019년 3월 29일까지 영국과 EU간 협상이 불발될 경우 어떠한 협의도 없이 떠나는 노딜 브렉시트(No deal Brexit)를 맞게 되거나 브렉시트를 연기하는 방안, 국민 재투표 등을 두고 의회 표결이 있었다. 브렉시트안 영국의회 표결이 두 차례 부결됨에 따라 영국은 EU와 협상을 통해 2019년 10월말까지 연기하는데 합의하였다. 2019년 10월말 이전에 영국의회 표결이 통과되면 노딜 브렉시트가 이루어지게 된다.

6) Btitain(영국)+Exit(탈퇴)의 합성어.

Brexit 합의안을 통과시키지 못한 영국의 테리사 메이 총리는 책임을 지고 2019년 6월 7일 보수당 대표직에서 사퇴하였다.

4. 한국의 FTA체결

한국도 다자간협상보다는 쌍무협상인 지역주의의 FTA에 주력해 왔다. 2019년 4월 현재 한국과 FTA가 발효된 국가는 칠레(2004), 싱가포르(2006), 유럽자유무역연합(EFTA : 2006), ASEAN(상품 2007, 서비스 2009, 투자 2009), 인도(CEPA, 2010), EU(2011), 페루(2011), 미국(2012),[7] 터키(상품 2013), 호주(2014), 캐나다(2015), 중국(2015), 뉴질랜드(2015), 베트남(2015), 콜롬비아(2016)로 2017년 현재 15개 협정 52개국이다. 한국과 중미 5개국[8] 간 FTA는 타결(2018.2)되어 2019년 국회비준을 거쳐 발효된다. 한국과 말레이시아도 양국간 정상들이 2019년 3월 FTA 체결 합의를 했다. 일반적으로 FTA 체결에 따른 득과 실은 <표 1－2>와 같다.[9] 한편 브렉시트에 대비해 한국은 영국과 FTA 협상의 원칙적 타결을 선언했다(2019.6.10).

경제통합의 효과에 대해서는 조셉 바이너(J. Viner) 등의 연구에서는 유럽처럼 경제발전 단계가 비슷한 국가끼리 결합하면 무역창출 효과가 무역전환효과보다 커 역내국과

〈표 1-2〉 자유무역협정(FTA) 체결 득실

득	실
• 시장확대 및 무역창출효과	• 무역전환효과
• 경제성장 효과	• 관세수입 감소
• 해외직접투자 증대	• 취약산업도태·실업증대
• 해외간접투자 증대	• 보호주의 확산
• 산업구조조정 가속화	• 주권침해
• 국제협상력 강화	• 불법이민·마약 및 범죄증가

7) 한·미 FTA체결 당시 논란이 되었던 조항은 ① 투자자·국가소송제도(ISD) ② 역진(ratchet) 방지 조항 ③ 미래 최혜국 대우(MFN)이었다. ISD는 외국인투자자가 투자 대상국의 정책 등으로 이익을 침해당했을 때 현지국이 아닌 국제기관에 제소할 수 있는 제도임. 역진방지조항은 협정발효 이후 관세장벽이 더 높아져서는 안된다는 것이고 MFN은 제3국과 FTA 체결시 유리한 관세율이 적용되면 한·미 FTA에서도 동일하게 적용되어야 한다는 조항임. 한·미 FTA 재협상(2018)에서 2021년 철폐 예정이었던 한국 수출 화물자동차의 미국 수입관세가 2040년까지 연장되었다. 반면 ISD에 대해 투자자 제소 남발을 제한하기로 합의했다.

8) 코스타리카, 엘살바드로, 온드라스, 니카라과, 파나마.

9) 일국이 다수국과 동시에 FTA를 발효시켜 국가별 원산지증명 등의 절차들이 국수가 서로 뒤엉키는 것처럼 중첩되어 FTA효과가 반감되는 효과를 스파케티 볼 효과(spaghetti bowl effect)라고 한다.

역외국 모두에게 이득이 된다고 보았다.

두 나라가 FTA를 체결할 경우 산업구조가 유사한 경우의 경쟁적 구조와 반대로 산업구조가 상이한 보완적인 경우의 효과가 어떤 차이가 있을까. 결혼생활에서 부부 간에 성격이 닮은 경우와 반대의 경우 어느 쪽이 보다 더 적합할까. 한·칠레 간 FTA는 지구의 반대편에 있어 농산물의 수확시기도 다르고 한국은 공산품을, 칠레는 농산물을 상대국 시장에 수출하는 전형적으로 보완적인 경우이다. 이 경우 통상마찰과 같은 갈등을 줄일 수 있는 있는 장점은 있다. 하지만 같은 산업에서 경쟁적으로 전략적 제휴 등을 통해 제3국 시장에 진출하는 등의 시너지 효과를 창출할 수 없는 단점도 있다.

[참고자료] 무역창출효과·무역전환효과

◆ 무역창출효과(trade creating effect)

A국 입장에서 경제통합 후 역외 저코스트 제품이 통합 전 역내 고코스트 제품을 대체하는 긍정적 효과.

- 경제통합 이전

- 경제통합 이후(A · B국)

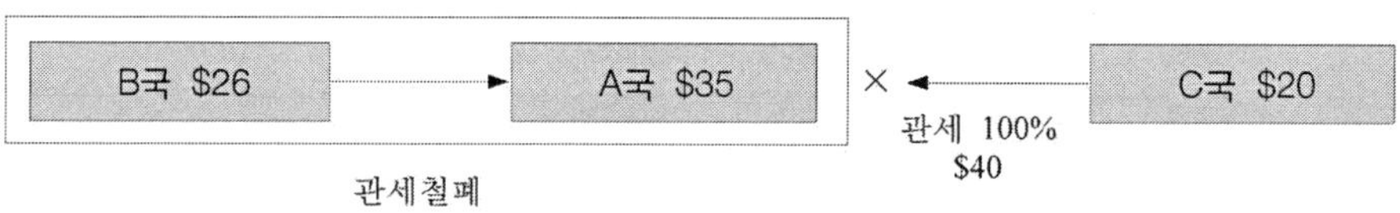

◆ 무역전환효과(trade diverting effect)

A국 입장에서 경제통합 후 역외 고코스트 제품이 통합 전 역내 저코스트 제품을 대체하는 부정적 효과.

- 경제통합 이전

- 경제통합 이후(A · B국)

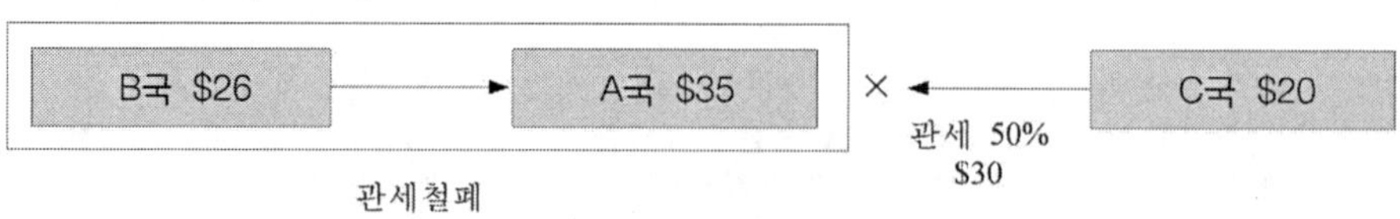

5. 브렉시트와 반세계화

브렉시트(Brexit)는 Britain과 Exit의 합성어로 그리스의 EU 탈퇴 우려인 Grexit에서 비롯되었다. 영국은 국민투표(2016.6)에서 51.9%로 EU 탈퇴를 결정하면서 반세계화의 길을 선택했다. 브렉시트 결정의 배경에는 다양한 원인이 있지만 영국 내 일자리, 복지를 위협하는 반난민 문화, 과도한 EU 분담금 외에도 EU의 지나친 간섭 규정이 자유를 신봉하는 영국민들의 정서에 부합하지 않았다는 점도 있다. 세계 금융 중심지였던 런던의 쇠퇴, 교역량의 감소, 영국 청년들의 해외 취업 어려움 등 많은 경제적 손실이 있는데도 불구하고 반세계화의 길을 선택했다.

시각에 따라서는 브렉시트가 복잡한 EU규제를 벗어나기 위한 반지역블록화 현상으로 자유주의 사상을 중시하는 영국이 진정한 세계화를 원하기 때문이라고 반대로 해석하기도 한다.

브렉시트는 1990년대 이후 세계화를 향해 달리던 EU의 앞길에 찬물을 끼얹는 정도를 넘어 EU가입국들의 극우정당에 의한 도미노 탈퇴로 세계경제의 화약고가 될 수 있는 서막의 징조일 수도 있다.

세계화 쇠퇴를 의미하는 슬로벌라이제이션(Slobalisation)의 신조어가 등장하고 이는 2019년 다보스포럼에서 제시됐던 세계화 4.0(Globalization 4.0)과 맥을 같이한다. 금융위기 이후 세계 경제와 국제금융시장이 뉴 노멀(New Normal) 시대에 접어들었다. 규범과 이론, 관행이 통하는 노멀 시대에 대비되는 개념으로 경제 분야가 특히 심하다. 자유방임 고전주의 경제학 1.0 시대, 케인스언식 혼합주의 경제학 2.0 시대, 신자유주의 경제학 3.0 시대에 이어 경제학 4.0 시대로 구분하는 시각도 있다. 이러한 환경에서 한국처럼 대외경제 의존도가 높은 국가일수록 절대 불리하다. 갈라파고스 함정(세계 흐름과의 격리)에 빠져 선진국 문턱에서 추락하는 중진국 함정(middle income trap)을 명심해야 한다. 브렉시트를 계기로 근본적인 결함이 노출된 데다 유럽 통합에 대한 시각이 비관적으로 나타남에 따라 유럽 통합 앞날은 ① 현 체제 유지(muddling through) ② 유럽 통합 및 유로화 강화(bonds of solidarity) ③ 유럽 통합과 유로화 동시 붕괴(the collapse) ④ 유럽 통합 질서회복 등 네 가지 시나리오를 상정할 수 있다.[10)]

10) 한상춘, "브렉시트 이후 영국과 유럽연합(EU)은 어떤 기로 갈 것인가?" (2019.3.15) https:/m.post.naver.com

6. 주요 경제통합[11)]

1) 유럽연합(EU)

EU(European Union)는 1952년 공동체의 경제발전, 지속적인 성장 등의 목적을 달성하기 위해 통상, 농업, 수송 등 개별 분야에서 공동정책을 시행하고 있으며, 모든 회원국에 일률적으로 적용되는 공동 역외관세와 공동 통상정책을 가진다. 1952년 유럽석탄철강공동체(ECSC)와 1958년 유럽경제공동체(EEC)를 모체로 발전해온 1993년 창립된 EU는 1999년 유로화의 도입과 EU 경제권역의 확대로 세계경제 속에서 차지하는 위상이 높아지고 있다. EU는 1999년 단일통화인 유로화를 기반으로 하는 EMU가 구체화된 가운데 참여 회원국이 증가했고 리스본조약을 통하여 유럽의회의 권한 강화와 의사결정 방식의 변화 그리고 헌법처럼 대통령직 지위를 가지는 상임의장 신설 등을 통하여 정치통합체로의 발전까지 목표로 하고 있었다.

EU는 유럽 전역의 28개 국가를 회원국으로 하는 세계 최대의 경제통합체로 발전돼 왔으나 영국의 브렉시트(Brexit)가 이루어지면 27개국이 되며 유로통화 사용국은 19개국이다. 영국의 브렉시트가 마무리되면 또 다른 국가들의 EU 탈퇴 움직임이 우려된다. EU의 태생적 문제점은 독일, 프랑스와 같은 선진국그룹과 그리스 등 경제수준이 낮은 국가들이 동일한 가치의 통화를 사용한다는 점이다. 국가 간 경제 수준의 격차가 큰 국가들이 통합이라는 정치적 목표에 우선순위를 두면서 무리한 EU의 정책과 단일 통화를 사용함으로써 발생하는 문제점을 처음부터 간과한 것이 문제였다. 유로존 국가들은 2002년 유로화 공동화폐 출범 3년 전 자국통화를 서로의 통화가치에 고정시켰다. 이러한 경직성이 없었다면 그리스가 경제위기에 봉착했을 때 자국통화의 가치를 평가절하해서 위기를 극복할 수도 있었을 것이다.

2) 북미자유협정(NAFTA → USMCA)

NAFTA(North American Free Trade Agreement)는 북미 3개국인 미국, 캐나다, 멕시코 사이에 1994년 체결된 대표적인 자유무역협정이다. 이를 통해 북미 3국을 하나의 자유로운 무역시장으로 묶음으로써 자유무역의 경제적 효율성과 함께 EU통합에 따른 미국의 위상 저하에 대한 전략적 대응 수단으로 출범했다.

서유럽 국가들이 관세동맹 방식으로 통합을 심화 확대시키면서 서유럽의 국제적

---

11) 강한균 외, 「국제통상학원론」(교보문고, 2014), pp.165~189.

위상이 증대되었다. 미국도 지역협정을 통하여 미국의 영향력 유지 확대를 도모하고 미국의 독자적 경제주권을 약화시키지 않으려는 정책의 일환으로 이루어졌다.

미국의 이익이 훼손된다며 NAFTA에 불만을 품은 트럼프 미정부는 NAFTA를 대체하는 미국·멕시코·캐나다 협정인 USMCA(United States－Mexico－Canada Agreement)를 출범하기로 합의(2018.9)했다. 공동성명에서 미국과 캐나다는 "중산층을 강화하고 5억 명에 달하는 북미 지역 거주자들에게 임금 높은 좋은 일자리와 새로운 기회를 제공하게 될 것"이라고 발표했다. 합의안에는 미국이 무관세 차량의 역내 부품비율을 62.5%에서 75%로 상향하고 무관세 차량은 전체 부품의 40~45%를 최소 시급 16달러 이상의 공장에서 조달할 것으로 규정했다.

미국은 캐나다와 연간 260만대를 초과하는 캐나다의 대미 수출 차량엔 고율관세를 부과하고 캐나다 유제품 시장의 3.5% 규모를 미국에 개방하도록 했다. 미국은 멕시코와는 연간 240만대를 초과하는 멕시코의 대미 수출차량과 연간 900억 달러 초과 차량 부품엔 고율관세를 부과하도록 했다.

3) 아세안(ASEAN)

ASEAN(Association of Southeast Asian Nations)은 동남아시아 국가연합으로 태국, 말레이시아, 싱가포르, 인도네시아, 필리핀, 부르나이, 베트남, 라오스, 캄보디아, 미얀마 10개 국가들 사이의 협력기구이다. 1967년 8월 ASEAN을 창설했던 당시에는 동아시아에서의 공산주의 세력 팽창을 억제하려는 목적이었다. 그 밖에도 지역 평화와 안정의 증진과 함께 역내무역 확대, 운송과 통신체계 개선, 경제개발과 사회개발의 촉진의 목적도 있었다. 당시 자유진영이었던 6개국이 참여했으며, 1990년대 들어 인도차이나 반도의 4개국이 추가로 가입했다.

그동안 ASEAN은 정치, 경제, 사회, 문화 등 다방면에 걸쳐 회원국 간의 전반적인 이해와 협력 증진에 노력하면서 경제협력과 관련된 ASEAN의 활동은 그동안 매우 느리게 진행되었다. 1990년대 들어 세계경제의 글로벌화 추세 및 지역주의 추세에 대응하여 ASEAN도 역내 경제통합을 위한 구체적인 행동을 1990년대 들어 본격화 했다.

4) 아태경제협력(APEC)

APEC은 1989년 호주 호크 수상의 제안에 따라 호주와 한국 등 지역 내 12개 국가들이 참여한 아시아·태평양 지역 국가들 간의 경제통상협력을 목표로 하는 APEC 통상장관회의로부터 시작되었다. 지역주의 추세에 대한 아시아·태평양지역의 위기감을 극복하고 이 지역의 영향력 강화를 도모해야 한다는 인식을 반영했으며 APEC의 본격적인 활동은 1993년 미국의 적극적인 참여 이후라고 할 수 있다.

APEC 지역은 광범위한 지역의 국가를 회원국으로 두고 있으며 회원국 간 경제, 사회, 문화적인 지속적 동반 경제성장과 시장 확대 등을 목적으로 한다. 동북아시아의 한국, 일본, 중국, 대만, 홍콩 등 5개국, 아세안 10개국, 대양주의 호주와 뉴질랜드 2개국, 북미의 미국, 캐나다, 멕시코 3개국, 남미의 페루와 칠레 2개국, 러시아 등 총 21개국이 참여하고 있다. APEC은 세계인구 40%, GDP 52%, 교역량 45%를 차지하며 세계 최대 지역 협력체로 매년 정상회의를 개최한다. APEC 회원국은 한국 교역량의 약 70%를 차지할 정도로 중요한 동반자적 역할을 하고 있다.

5) 일·EU 경제연대협정(EPA)

일본과 EU 간 경제연대협정 EPA(Economic Partnership Agreement)가 2019년 2월 1일부터 발효되어 일본 아베 정부는 CPTPP에 이어 경제 영토를 대폭 확장시켰다. 인구 6억 4천만 명, 세계 GDP의 3분의 1, 세계 무역의 40%를 차지하는 거대 자유무역경제권이 출범했다.

EPA는 관세 철폐·인하뿐 아니라 비즈니스와 관련된 지식재산권, 투자, 서비스 등을 포괄하는 FTA이다. 협정 발효로 전체 교역품목 중 EU로 수출되는 일본산 제품 99%의 관세가 단계적으로 철폐된다. 일본이 EU로부터 수입하는 제품의 94%도 관세가 사라진다. EPA 발효로 유럽시장에서 한국과 일본 제조업체 간 경쟁이 더욱 치열해 질 전망이다. 2010년 한·EU FTA 체결로 일본에 앞서 관세 인하 혜택을 본 한국 기업들의 이점이 사라지기 때문이다.

일본 자동차 업체들이 유럽에 수출 시 관세가 종전 10%에서 2026년 2월까지 단계적으로 0%로 낮아지는 만큼 일본차의 공세가 격화될 것이다. 한국차의 서유럽시장 점유율은 EU와 FTA 발효 전 2011년 4.1%에서 2017년 5.0%로 상승했다. 반면 일본차는 2009년 13.0%에서 한국차 점유율 확대로 2010년대 초반 11%대로 하락했다가 2017년 14.8%로 반등했다.

6) G20(Group of 20)

선진 7개국의 국가(G7) 의장국, 신흥시장 12개국 등의 주요 20개국을 회원으로 하는 국제기구이다. 20개 국가는 IMF 회원국 중에 가장 영향력 있는 20개 국가로 역내 GDP는 세계 전체의 90%에 달할 정도로 세계경제에 큰 비중을 차지하고 있다. 주로 국제금융의 전반적인 상황과 경제위기 극복과 재발방지, 회원국 간 협력체제 구축 등에 대한 논의를 하며 회원국은 G7(미, 프, 영, 독, 일, 이, 캐), EU의장국, 신흥 12개국(한, 호, 브, 중, 인, 인니, 멕, 러, 터, 남공, 사우디, 아르헨)이다.

7) 아셈(ASEM)

ASEM(Asia Europe Meeting)은 아시아·유럽 정상회의로 2년에 한 번씩 개최되며 51개 회원국, EU집행위원회, ASEAN 사무국으로 구성된다. 다차원성, 다중심협력의 비공식적 협력체로 의사결정은 전원합의제이다. 2018년 8월 ASEM에서는 트럼프 미국정부의 거센 보호주의 파고에 대응하기 위해 머리를 맞대기도 했다. 두 대륙간 교통, 디지털, 에너지 연결을 목표로 EU의 새로운 아시아 연결 전략에 대해서도 논의했다. ASEM은 전 세계 인구 60.3%, 무역 63.2%, GDP 55.5%를 차지하며 국제사회 주요 이슈에 대해 아시아·유럽 간 긴밀한 협력의 채널을 제공하고 있다.

8) 추진 중인 지역통합체

(1) CPTPP

최근 추진 중에 있는 2개의 초대형 지역경제통합인 CPTPP와 RCEP가 있다. 환태평양 경제동반자 협정인 TPP(Trans-Pacific Partnership)[12]는 미국 오바마 정부가 주도하고 12개국이 협상 타결(2015.10) 후 각국이 의회 비준을 준비하던 중이었다. 하지만 트럼프 정부는 오바마정부의 흔적 지우기로 미국인의 일자리를 빼앗는다는 명분을 세워 탈퇴를 선언(2017.1)했다. TPP의 전체 GDP 중 60% 이상을 차지하는 미국을 제외하고 현재 일본이 주도적으로 추진 중인 11개국의 점진적·포괄적 CPTTP(Comprehensive and Progressive Agreement for Trans-Pacific Partnership)는 2018년 12월 30일 발효되었다.[13]

일본을 포함한 11개국은 2017년 베트남 다낭에서 1천개 이상의 항목 중 의약품 보호 등 미국이 강력하게 주장해 오던 22개 항목만 동결하고 기존 협정문을 그대로 적용하면서 큰 틀에서 합의를 이끌어 냈다. 동결한 항목들은 향후 미국이 복귀하면 해제를 논의키로 했다. 특히 일본은 기존에 쌀 시장 개방에 반대했으나 협상 타결을 위해 개방

---

12) TPP는 참여국 미국을 포함 12개국 기준으로 명목 GDP 총 26조 6천만 달러로 세계 전체의 38%를 차지해 19조 9천만 달러의 RCEP, 17조 6천만 달러의 EU를 능가한다. 인구는 9억 명, 세계 전체 GDP의 38%를 차지한다.

13) CPTPP는 11개 참여국 중 6개국 이상이 비준절차를 완료하면 60일 후 발효되는데 멕시코를 시작으로 일본, 싱가포르, 뉴질랜드, 캐나다에 이어 호주가 2018년 10월 31일 자국 내 승인절차를 완료하면서 12월 30일부터 발효가 시작됐다.

을 결정하면서 2018년 3월 8일 공식 서명의 길을 열었다. 미국 보호무역주의 장기화에 맞서 자유무역 기조를 유지하며 미국의 양자 협정에 대항하기 위한 기구로서의 역할을 수행하게 된다. 참여국은 일본, 뉴질랜드, 싱가포르, 칠레, 브루나이, 말레이시아, 베트남, 페루, 호주, 멕시코, 캐나다이다.

CPTPP는 세계 전체 GDP의 13.5%, 세계 무역 비중 15.0%를 차지한다. 99.8% 이상 공산품 관세 철폐와 95% 이상 농산물 관세가 철폐되며 회원국 수출은 6.2% 증가하고 실질소득은 1.0% 이상 상승이 기대된다.

한국은 당시 TPP가입을 두고 논란이 많았으나 일본과 멕시코를 제외하고 양국 간 FTA를 체결하고 있는 국가들이라는 이유와 일본과의 직접적 경쟁,[14] 중국과의 정치적 부담 등을 고려해 가입하지 않았다. 하지만 12개국 협상 타결 후 가입을 하는 것이 득이었다는 것을 뒤늦게 깨닫고 추가 가입의사를 표했지만 향후 개별 가맹 국가들과 최고 수준의 시장개방을 개별 협상해야 하는 등 가입절차는 만만치 않을 전망이다.

(2) RCEP

한국은 중국 주도로 추진 중인 역내포괄적 경제동반자 협정인 RCEP(Regional Comperhension Economic Partnership)에는 참여하고 있다. RCEP는 역내포괄적 경제동반자 협정으로 동아시아의 FTA로 평가되고 있다. 지난 2008년 글로벌 금융위기 이후 선진국 시장의 수요 감소를 대체해 역내 시장을 창출하고 아시아·태평양 지역의 정치협력 관계를 구축하기 위해 추진된 자유무역협정이다.

RCEP는 동아시아 차원의 FTA추진이 지연되던 상황에서 아세안 10개국 중 4개국인 싱가포르, 브루나이, 말레이시아, 베트남이 TPP에 참여하면서 아세안 내에서의 잠재적 균열 요인으로 부상하자 2012년부터 본격적으로 추진되기 시작했다. 아세안 10개국과 한·중·일 3개국, 호주, 뉴질랜드, 인도 등 아시아·태평양 16개국이 참여해 2013년부터 협상을 시작해 현재 추진 중에 있다. 아시아·태평양 지역의 복잡한 정치·경제적 요인에 따라 무역 자유화 수준은 다소 낮은 수준에 그칠 것으로 전망되고 있다. RCEP는 중국 주도의 총 16개국으로 인구는 34억 명, 세계 GDP의 28%를 차지한다.

(3) 일대일로

중국은 미국 주도의 TPP에 맞서 RCEP를 추진 중에 있으며 육상·해상의 신 실크로드인 일대일로(一帶一路)를 이용한 무역 전략을 모색하고 있다. 중앙아시아와 유럽을 잇

14) 일본은 상당수 공산품의 관세가 이미 0% 이어서 CPTPP가입시 한국만 일방적으로 시장을 개방하는 결과를 초래한다. 특히 자동차산업은 현재 8%인 관세를 낮추어 주면 일본차의 국내시장 잠식이 우려된다.

는 육상 실크로드(일대)와 동남아시아와 유럽, 아프리카를 연결하는 해상 실크로드(일로)를 뜻하는 말로, 시진핑(習近平) 중국 국가주석이 2013년 9~10월 중앙아시아 및 동남아시아 순방에서 처음 제시한 전략이다. 중국이 태평양 쪽의 미국을 피해 육상 실크로드는 서쪽, 해상 실크로드는 남쪽으로 확대하기 위하여 600년 전 명나라 정화(鄭和)의 남해 원정대가 개척한 남중국－인도양－아프리카를 잇는 바닷길을 장악하는 것이 목표이다.

2049년을 목표로 일대일로가 구축되면 중국을 중심으로 주변의 60여 개국을 포함한 거대 경제권이 구성된다. 유라시아 대륙에서부터 아프리카 해양에 이르기까지 고속철도망을 통해 중앙아시아, 유럽, 아프리카를 연결한다. 또 대규모 물류 허브 건설, 에너지 기반시설 연결, 참여국 간 투자 보증 및 통화스와프 확대 등의 금융 일체화를 목표로 하는 네트워크를 건설하게 된다.

일대일로 전략이 중화주의(中華主義) 패권부활의 우려로 오바마 미국 대통령이 2015년 2월 의회에 제출한 국가안보전략 보고서인 아시아 재균형정책과 대립되면서 아시아 지역에 대한 미·중 두 국가의 주도권 경쟁이 치열해지고 있다.

중국은 일대일로 사업을 대대적으로 추진하면서 아시아, 아프리카, 유럽 등 세계 152개국에서 대대적인 인프라 사업을 벌이고 있다. 인도네시아는 사업에 동참하기 위해 911억 달러의 인프라 건설사업을 중국 투자자들에게 제안했다. 재정이 열악한 국가들이 자국내 항만개발을 위해 중국 자본에 손을 내밀고 있다.

사업에 따른 부작용도 만만치 않다. 스리랑카는 중국으로부터 차관을 도입해 2010년 인도양 해상무역로와 인접한 남부 함반토타 지역에 항구를 건설했다. 그러나 상업적 이용이 저조해 적자가 쌓이자 2017년 지분 대부분을 중국 국영 항만기업에 매각하고 99년간 항구 운영권을 이전했다. 중국 자본을 끌어들여 항구를 건설했다가 빚더미에 오른 스리랑카는 항구 주변 건설을 위해 추가로 싱가포르와 오만으로부터 자본을 끌어들인다. 이에 앞서 중국 국영 해운기업 중국원양해운은 2016년 그리스 최대 항구이자 해운산업의 중심지인 피레우프스 항의 지분 67%를 인수해 최대주주가 됐다.

유럽연합(EU) 회원국이며 G7 국가인 이탈리아가 4개 항구를 내주며 중국자본에 탐을 내어 일대일로 사업에 동참 선언(2019.3)을 했다. 한편 갈수록 커지는 중국의 영향력을 제어하고 내부 단결을 도모하기 위해 유럽 정상들이 회동하는 등 맞대응에 나서기도 했다. 영국과 프랑스 등 EU 국가들은 남중국해 등 인도·태평양 지역에서 미국과 공동으로 중국에 대한 군사적 대응을 강화하고 덴마크와 네덜란드도 이같은 기류에 동참할 자세를 보였다.

7. 미국 우선주의

미국 도널드 트럼프대통령이 취임(2017.1)하면서 미국 우선주의(America First)를 국정 제일의 목표로 하겠다고 공표했다. 미국 우선주의는 국정의 모든 중심에 미국의 이익을 우선시 하며 다자간협상 보다는 쌍무적 협상을 선호했다. 트럼프가 유세기간과 당선 후 줄곧 주장해 온 신고립주의(Neo Isolation)이다. 미국우선주의는 정치적 측면과 경제적 측면으로 구분해 볼 수 있다. 정치적으로는 파리기후협정 탈퇴, 이란 핵합의 파괴, 동맹국의 군사비 분담 강요 등으로 나타났다.

경제적 측면에서는 NAFTA의 개편, 한미FTA 재협상, 미·중 무역전쟁, 무역확장법 232조 부활 등으로 나타났다. 또 수입관세율 인상으로 기업들로 하여금 미국 내 생산(made by USA)을 강요하고 반덤핑관세, 상계관세 부과 등을 남용했다. 무역확장법 232조는 특정 수입품이 미국 안보를 침해하는지 조사하고 수입량 제한, 고율관세 부과 등을 취하는 초강력 무역제재조치이다. 1962년 제정 후 1979년과 1982년 이란과 리비아를 상대로 활용된 적이 있으나 사실상 사문화되었다가 2017년 4월 트럼프 대통령의 행정명령으로 부활시켰다.

미국 우선주의가 동맹국들을 공격하는 측면이 있고 중국의 세계화 전략 입지를 강화시켜주는 역할을 하기도 한다. 중국은 미국의 보호주의를 비난하면서 2002년 아세안 회원국가들과의 포괄적 경제협력에 대한 협정을 체결했고 양자간 FTA를 논의했다.

미국의 우선주의와 보호무역주의는 미국뿐 아니라 브라질, 터키로도 확산되는 등 세계화가 지역주의, 국가주의로 바뀌면서 위태로와지고 있다. 프랑스의 로돌프 뒤랑 교수는 자국 우선주의의 흐름 현상은 미국 우선주의 외에도 휴대전화를 통해 손가락 하나로 전 세계를 연결하는 기술발전의 탓으로 돌리기도 했다. 기술발전과 정보의 집적화로 비즈니스 모델의 성공여부는 오로지 데이터 확보가 관건이다. 결국 데이터를 확보한 소수의 승자가 모든 것을 독식하는 시스템이다. 정보를 갖고 관리하는 국가의 힘이 강해지면서 보호무역주의가 힘을 얻게 된다는 주장이다.

[참고자료] ISD 판정 앞두고 흔들기 나선 론스타

한국 정부와 5조 3,000억원대의 투자자·국가 간 소송(Investor State Dispute)을 진행 중인 미국계 사모펀드(PEF) 론스타가 중재재판부에 추가 증거 자료를 제출하겠다고 통보했다. 외환은행 매각 과정에 정부의 개입 정황을 찾았다는 이유에서다. 새로운 증거로 인정될 경우 한국 정부에 불리하게 작용할 수 있다. 2016년 7월 ISD 심리절차 종료 후 판정 결과만 기다리고 있는 상황에서 추가 증거 자료가 제출되면서 최종 결과는 오는 9월 이후에나 나올 전망이다.

◆ 론스타, ISD 종료 전 새 증거 제출

15일 국제중재업계에 따르면 론스타는 최근 ISD 중재재판부와 한국 정부에 추가 자료를 제출하겠다고 통보했다. 지난해 12월 중순 싱가포르에서 열린 하나금융지주와의 국제상공회의소(ICC) 손해배상소송 비공개 심리에서 하나금융 측으로부터 한국 정부에 불리한 증언이 나왔다는 것이다.

국내 로펌의 한 변호사는 "하나금융이 외환은행을 높은 가격에 살 경우 정부 부담이 커질 것이라고 말한 부분으로 추정된다"고 말했다. 론스타 측이 이 발언을 "정부가 하나금융에 압력을 행사해 가격을 낮추도록 한 증거"라고 해석했다는 얘기다. 일반 소송과 달리 ISD에선 증거자료도 재판부 및 중재 상대방의 동의를 구해야 하기 때문에 통상 집중 심리 기간에 모든 증거를 낸다. "심리가 끝난 상태에서 증거를 사후적으로 내는 것은 흔치 않은 일"이라는 게 국제중재 전문가들의 지적이다.

정부는 론스타의 오해에서 비롯된 것이라는 입장인 것으로 알려졌다. 론스타는 2016년 8월 ICC에 하나금융을 상대로 1조 5,000억원대 손해배상소송을 제기했다. ISD에 패소할 것에 대비해 하나금융에도 책임을 묻기 위한 소송이라는 분석이 많다. 두 소송 모두 대상만 다를 뿐 '외환은행 매각에 따른 손해배상'이라는 같은 사건이어서 ICC 결과를 바탕으로 ISD 결과가 나올 가능성이 크다.

국제중재업계에선 ICC 결과는 다음달, ISD 결과는 9월 이후 나올 것으로 예상했다. 정부가 1조원 안팎으로 ISD 배상 규모를 줄이면 사실상 승소한 것이라는 게 국제중재 변호사들의 견해다.

◆ "정부 압박" vs "당시 사회 분위기일 뿐"

론스타가 ISD와 ICC 소송을 제기한 배경엔 외환은행 매각 지연뿐만 아니라 정부의 가격 인하 압박 논란도 있었다. 2003년 외환은행을 1조 3,800억원에 인수한 론스타는 2010년 11월 하나금융과 매각 계약을 맺었다. 초기 하나금융의 인수 예정 가격은 외환은행 지분 51.02%(3억 2,904만 주)에 4조 6,888억원이었다. 하지만 실제 인수 가격은 7,700억원 줄어든 3조 9,156억원이었다.

론스타는 당시 가격 인하 배후에 정부가 있다고 추측하고 있다. 당시 가격 협상 과정에서 하나금융 관계자가 "가격이 적정해야 정부 승인을 받는 데 문제가 없을 것"이라고 말한 것을 문제 삼으며 "사실상 정부가 가격 인하 압력을 가한 것"이라고 주장했다. 하지만 당시 외환은행 인수에 관여한 하나금융 관계자는 "가격이 높으면 정부가 승인을 안 해줄 것이라고 말한 적 없다"고 했다. 그는 "당시 외국 투자자가 천문학적인 돈을 회수하는 '먹튀'에 대한 국민적 반감이 상당했다"며 "이런 사회적 분위기를 전해준 것일 뿐"이라고 덧붙였다.

자료: 한국경제(2019.3.16) A27 발췌

◆ 하나금융지주, 외환은행 매각 관련 론스타 ICC 중재소송 전부승소

론스타가 하나금융지주를 상대로 제기한 손해배상소송에서 하나금융이 승소했다. 국제상공회의서(ICC) 산하 국제중재재판소는 론스타가 제기한 14억 430만 달러(약 1조 6,000억원) 규모 손해배상소송에서 하나금융의 승소판결을 내렸다. ICC의 중재는 단심제 방식이다.

자료: 아시아경제(2019.5.15)

CHAPTER 02 社會的 金融과 包容的 金融

제1절 社會的 經濟와 社會的 企業

1. 사회적 가치창출

일국 경제의 성장으로 인해 창출되는 경제적 가치의 이면에는 희생되어 지는 사회적 가치가 이슈화 되고 있다. 성장으로 인해 사회적으로 계층 간 소득격차, 빈곤, 환경, 건강, 정신, 교육 등의 부문에서 역기능이 발생한다. 이러한 성장과정에서 증폭되는 사회적 갈등을 해소하고 삶의 질을 향상시키며, 지속적 성장과 균형적인 발전을 위한 사회적 가치 창출 노력은 경제적 가치 창출 못지않게 필요하다.

사회적 가치(social value)를 창출하는 재화와 서비스를 생산하고 거래하는 새로운 시장은 사회적 기업이라는 새로운 형태의 기업 창업을 요구하며 일자리 창출이라는 또 다른 부수적 목적도 요구하고 있다. 사회적 가치란 삶의 가치로 물질적 욕구의 경제, 사회·문화적 욕구의 사회, 생태적 욕구의 환경 측면 등에서 다양하게 요구되고 있다. 예컨대 빈곤, 질병퇴치 등 삶의 기반 구축과 관련된 경제 물질적 측면에서의 사회적 가치 창출의 상품에서부터 고용, 보건, 교육, 문화, 환경 등 삶의 질 향상과 관련된 사회·문화적 및 환경 생태적 측면에서의 사회적 가치창출 상품 등에 이르기까지 그 시장이 다양하게 급속도로 확대되어 가고 있다.[1)]

---

1) 최종태 외 「사회적 기업, 새로운 세계」(서울: 실업극복국민재단 함께 일하는 사회정책연구원, 2001), 정책연구원 총서 01, pp.21~22.

2. 사회적 경제

사회적 경제(social economy)란 협동조합, 비영리민간부문 등 다양한 관점에서 정의되어 질 수 있다. 사회적 경제는 이윤추구 보다는 구성원에게 서비스를 제공하고 민주적 의사결정 구조를 갖추고, 공공프로그램과는 달리 자율적인 운영을 하며 자본과 이윤의 배분보다는 사람과 노동을 중시하는 경제이다.

국내에서 발의(2014.4)된 사회적 경제 기본법안[2]의 제2조 1항에서는 사회적 경제를 사회서비스 확충, 복지 증진, 공동체 발전, 기타 공익에 대한 기여 등 사회적 가치를 창출하는 모든 포괄적 경제활동으로 정의하고 있다. 한편 사회적 금융은 사회적 경제를 활성화하고 지속가능한 사회를 조성하기 위해 지원하는 금융이라고 할 수 있다.

3. 사회적 기업

사회적 기업의 개념과 요건은 기준과 국가에 따라 상이하다. [그림 2-1]은 사회적

[그림 2-1] 사회적 경제·기업·금융 관계

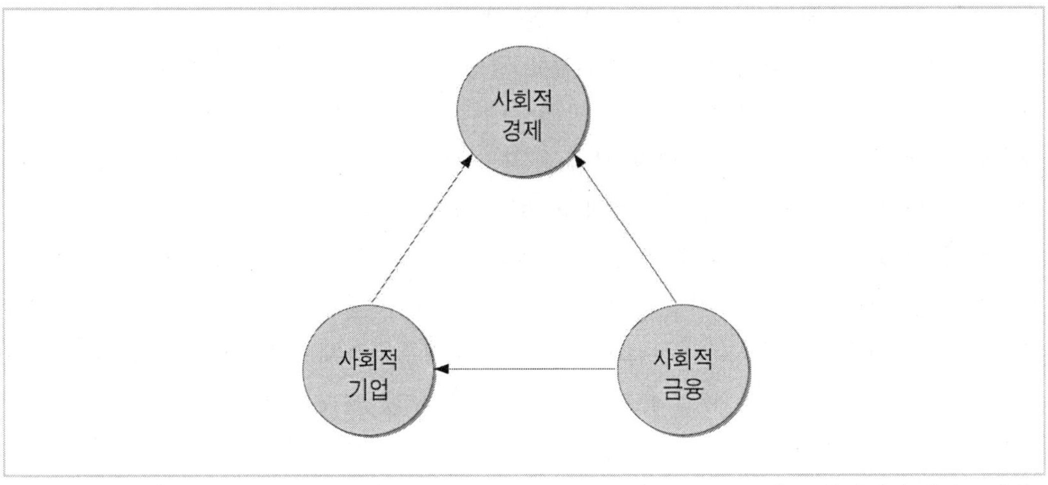

자료: 노희진, "Strategies to Build a Financing System for Creating Social Values" 2016 사회적 기업 국제학술커퍼런스 논문집, p.22.

2) 마을기업, 사회적 기업, 협동조합 등을 사회적 경제조직으로 규정하고, 정부가 이들 조직을 육성·지원하는 내용을 담은 법안으로 국회에서 제정 여부가 논의되고 있다. 하지만 사회적 경제기본법안이 자유시장경제 체제를 부정하고, 국가의 기본원리를 자유와 창의에서 협동과 연대로 전환하자는 것이라는 비판도 일고 있다. https://m.terms.naver.com

경제, 사회적 기업, 사회적 금융 관계를 나타낸다. 사회적 기업은 일반적으로 영리목적과 공익목적을 동시에 추구하는 기업을 말한다. 사회적 기업의 정의에 대해서도 공익을 위한 민간기업, 사회적 목적을 가진 기업, 영리 목적의 사회사업 등과 같이 다양하게 표현된다.

사회적 기업의 특성은 일반적으로 사회적 가치 창출, 영리활동 추구, 이윤분배 제한, 사회적 의사결정 지배구조 등이다. 사회적 기업은 비영리민간단체(NGO) 등과는 달리 재화와 서비스의 생산 및 판매를 지속적으로 행하고 최소한의 유급 노동을 통해 시장에서 수익과 자립을 추구해야 한다. 기업활동으로 인한 수익 또한 분배에 우선을 둘 것이 아니라 재투자 하도록 하고 이익 극대화보다는 이익이 지속 가능한 기업을 위한 수단이 되도록 해야 한다. 사회적 기업의 의사결정 권한은 참여자, 수혜자 등 이해관계인들이 동시에 참여하는 의사결정 구조를 가진다.[3)]

국내에서는 2005년 3월 노동부가 사회적 일자리 T/F를 구성하고 법 제정 방향을 논의하기 시작했다. 2006년 11월 국회 환경노동위원회에서는 「사회적기업 육성법안」을 의결했고 동년 12월 국회 본회의에서 의결해 이듬해 7월부터 시행되었다.

우리나라 사회적 금융의 지원 대상이 되는 사회적 기업은 「사회적 기업 육성법」 제2조 제1항에서는 '취약계층에게 사회서비스 또는 일자리를 제공하여 지역주민의 삶의 질을 높이는 등의 사회적 목적을 추구하면서 재화 및 서비스의 생산·판매 등 영업활동을 수행하는 기업으로서 노동부 장관의 인증을 받은 자'로 정의하고 있다.[4)]

사회적 기업과 영리적 기업의 공통점은 양자 모두 경제적 가치창출과 사회적 가치창출의 노력을 동시에 중시해야 한다. 반면 차이점은 기업의 목적이 영리기업이 이윤창출인데 비해 사회적 기업은 사회적 문제해결에 있다. 제약조건으로는 영리기업은 사회적 책임(CSR)을 무시할 수 없고 사회적 기업은 경제적 생존을 경시할 수 없다.

국내 SK그룹이 사회적 기업 성장을 지원하기 위한 국내 최초 민간펀드를 결성하고 투자자로 참여했다. 사회적 기업이 정부의 도움을 받지 않고도 성장할 수 있는 생태계를 조성하기 위한 노력이다. SK는 2017년 12월 SK행복나눔재단과 KEB하나은행이 각각 40억원과 10억원을 투자해 사회적 기업에 투자하는 국내 첫 사모펀드인 사회적 기업 전문사모투자신탁 1호를 만들었다. 측정은 SK가 사회성과인센티브(SPC)제도를 도입해 SPC 측정지표를 펀드 운용에도 도입한다.

---

3) 영국에서는 이해관계인들의 의사결정과정 참여를 사회적 기업의 정의나 특성에 포함시키지 않는다.

4) 사회적 경제조직은 고용노동부(사회적 기업), 농림축산 식품부(농어촌공동체), 안전행정부(마을기업), 기획재정부(협동조합), 보건복지부(자활기업)의 5개 유형으로 구분된다. 법적으로 고용노동부에서 인증 받은 사회적 기업에 한정해 사회적 기업이라는 명칭 사용이 가능하지만 타 부서에서 인증받은 기업들도 명칭은 상이하지만 목적은 유사하다.

정부는 「자본시장법」을 개정(2018.9.28)해 사회적 기업이 자본시장에서 원활한 자금 조달을 할 수 있도록 했다. 사회적 기업에 대해서는 업력에 관계없이 크라우드 펀딩(crowd funding) 참여를 허용했다. 또 창업·벤처전문 PEF(경영참여형 사모집합투자기구)의 주된 투자대상에 사회적 기업에 대한 투자를 포함하게 했다.

한편 현실적으로 사회적 기업에 대한 어두운 면도 없지 않다. 2016년 기준 국내 전체 사회적 기업 1,641개 중 818개(49.5%)가 영업손실을 기록했고 2017년 기준 협동조합 12,381개 중 실제 운영 중인 곳은 53.4%에 불과했다.

4. 소셜 벤처

소셜 벤처(social venture)[5)]란 사회적+벤처기업의 합성어이다. 사회적 문제를 해결하고 사회적 혜택을 제공하는 것을 이익보다 우선시 한다는 점에서 일반 벤처기업과 다르다. 빈곤과 불평등, 환경파괴, 교육격차 등을 해소하면서 사업을 지속할 수익을 창출하는 것을 목표로 한다. 소셜벤처는 정부 보조금에 주로 의존하는 사회적 기업과 차별성이 있고 수익뿐 아니라 사회적 가치를 추구한다는 점에서 일반 벤처기업과 상이하다.

국내 최초 임팩트투자회사 크레비스파트너스(2004)는 중국집 홈페이지 제작을 하다가 주인이 문맹인 것을 알고 이로운 일을 하면서 돈을 벌수 있는 방법에 착안했다. '돈을 번 후에 기여하는 것이 아니라 돈을 벌면서 기여하자'로 지향점을 전환한 것이다. 크레비스파트너스는 2018년 7월 사모펀드 운영사인 라임자산운용과 손잡고 200억원 규모의 크레비스-라임 임팩트 벤처펀드 제1호를 만들었다. 국내 최대 임팩트투자 사모펀드로 노인을 위한 가정 요양서비스인 아리아케어코리아와 장애인 전동카트를 제작하는 토도웍스 등에 투자했다. 크레비스파트너스는 개인간 P2P 금융업체 렌딧에도 70억원을 투자했다. 렌딧은 대부업체 등에서 고금리에 시달리는 저신용자가 중금리 대출을 이용할 수 있도록 정보기술(IT)를 활용한다. 사회적 기업은 고용노동부장관의 인증을 필요로 하지만 소셜벤처는 벤처기업 형태로 인증은 필요로 하지 않는다.

5. CSR과 CSV

사회적 경제에서 활동하는 기업이 간과할 수 없는 개념으로 기업의 사회적 책임

---

5) 국내 600여 개의 소셜벤처가 있으며 스마트폰 제조의 마리몬드, 점자 스마트워치를 수출하는 닷, 화재 진압 후 버려지는 소방호스로 가방을 제조하는 파이어마커드 등이 있다.

(corporate social responsibility: CSR)과 보다 발전된 개념인 기업의 공유가치창출(creating shared value: CSV)이 있다. EU집행위원회는 CSR을 "기업들이 자발적 방식으로 사회·경제적 문제들을 자사의 기업활동 및 이해관계자들의 상호작용에 통합시키는 개념"이라고 정의했다. UNCTAD는 CSR을 "기업들이 사회의 요구사항과 목표에 어떻게 대응하고 영향을 미치는가에 관한 것"으로 정의한다.

특히 글로벌기업이 해외 진출하는 경우에는 본국과 달리 현지 시장 내에서 정당성을 갖고 제한된 자원을 습득함에 있어 높은 외국인 비용(liability of foreignness)을 지급해야 하기 때문에 CSR을 통해 이를 효과적으로 절감할 필요성이 있다. 글로벌기업들은 현지국 시장의 경영환경 변화, 현지국 시장 판매목적, 소유지분율 등에 따라 CSR동기에 영향을 미친다고 한다.[6)]

CSV는 CSR보다 발전된 개념으로 이해관계자들과 공유가치를 찾아 공생의 영역을 나누는 것으로 CSR의 중요한 역할의 일부분인 것은 틀림없지만 CSR을 완전히 대체할 수 있는 것은 아니다. CSR은 기업의 핵심사업과 연관된 다양한 사회적 환경적 이슈를 해결하지만 기업의 전략 혹은 핵심 비즈니스를 바꾸지는 못한다. 반면 CSV의 핵심은 기업이 이윤을 창출한 후 사회공헌 활동에 수익을 투입하는 것이 아니라 기업의 책임활동을 기업의 비즈니스와 연계하여 지역사회와 가치를 나누면서 기업의 수익도 동시에 창출한다는 것이다.

최근 기업에 대한 글로벌 환경도 엄격한 사회적 책임을 요구하는 경향이 있다. EU는 2018년부터 역내 기업뿐 아니라 역내 기업들과 거래하는 모든 기업에 대해 인권, 노동, 환경, 기업투명성 정책, 위험관리 정보 등의 비재무정보를 홈페이지에 공시할 것을 요구한다. 또 기업들이 지속가능경영보고서를 발간해 자사가 환경·사회·지배구조(ESG)를 위해 어떤 활동을 했는지 보고할 것을 요구한다. 국제사회에서 ESG측정 기준은 GRI(Global Reporting Initiative)이다. 기업활동이 환경오염에 미친 영향, 인종·성차별 여부, 조직이 지역사회에 미치는 영향, 지배구조의 독립성과 투명성 등이 포함된다.

[참고자료] 착한 호텔들이 잘된다. 공유가치(CSV)프로그램

하버드대의 마이클 포터 교수가 전파하고 있는 공유가치 창출(Creating Shared Value: CSV)은 기업 활동의 목적인 이윤 창출과 사회적 가치를 결부시켜 기업경영의 목표로 삼는 것을 말한다. 기업의 사회적 책임 경영(CSR)과 비슷하지만 CSR이 사회 공헌과 이익창출을 분리해서 보는 반면 CSV는 사회 공헌을 기업의 장기적인 발전과

6) 강지훈·최순규·손생, "중국 진출 한국기업들의 CSR 영향 요인", 「무역통상학회지」 17(1), (2017), pp.1~21.

경쟁력 향상을 위한 투자로 여기며 양립을 전제로 한다.

호텔 카푸치노는 공유가치 창출을 지향하는 Cappuccino Shared Value 프로그램을 손님들이 의도하지 않아도 자연스럽게 참여할 수 있도록 호텔 곳곳에 숨겨 놨다. 카푸치노 공유가치의 프로그램의 핵심 중 하나인 E&G Box는 객실에서 여분의 어메니티(amenity)를 사용하지 않을 경우 엔젤 쿠폰으로 기부를 하거나 커피로 교환할 수 있다. 또 불필요한 소비를 줄일 수 있는 친환경 디스펜서 목욕 용품, 레스토랑, 카페, 바에서는 먹기만 해도 수익금의 일부가 기부되는 Angel's Menu, 버려지는 옷을 나눔으로 활용할 수 있는 Share Your Clothes 등 작은 관심으로도 모이면 큰 효과를 줄 수 있는 다양한 프로그램이 준비됐다.

자료: http://www.hotelrestaurant.co.kr/news/article(2016.1.28)

제2절 社會的 金融 概念과 特性

1. 사회적 금융 개념

사회적 금융(social finance)은 사회적 기업, 농어촌 공동체, 협동조합, 마을기업, 자활기업 등 사회적 가치 창출을 목적으로 하는 기업들에게 투자, 융자, 보증 등을 통해 자금을 지원하는 금융활동이다. 금융기관뿐 아니라 은행 등 민간 금융회사도 사회적 금융을 제공한다.

[그림 2-2] 사회적 금융체계

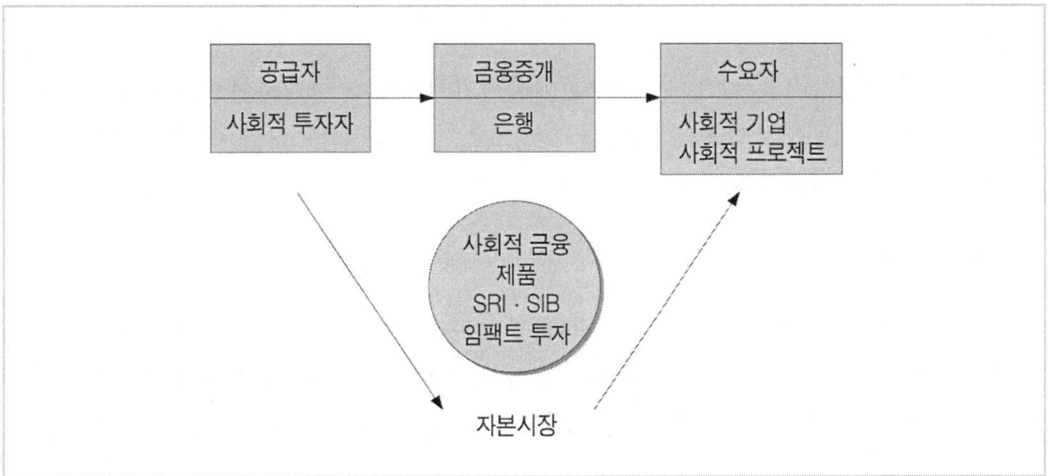

자료: 노희진, 전게논문, p.24.

사회적 가치 창출분야에 대한 투자는 충분한 수익성이 보장되지 않는 관계로 이 부문에 대한 지원은 정부의 역할로 간주되어 왔었다. 그러나 정부의 지원만으로는 수요를 충족시키는 데 한계가 있어 사회단체의 참여를 필요로 하고 있다.

사회적 금융의 체계는 [그림 2-2]와 같이 수요측면, 공급측면, 중개 기관으로 구성되어 진다. 사회적 금융의 수요자는 사회적 기업, 사회적 프로젝트이고 공급자는 사회적 투자자들이다. 수요자와 공급자를 연계하는 중개기관인 금융기관은 자본시장에서 사회적 책임투자(SRI), 사회성과 연계채권(SIB), 임팩트 투자(impact investment) 등의 수단을 이용해서 중개한다.

2. 사회적 금융과 연관 금융[7)]

1) 탄소금융

탄소금융(carbon finance)은 녹색금융의 한 부문으로 탄소 저감을 위한 금융으로 온실가스 감축을 위한 탄소배출권과 관련된 사업 및 투자행위가 주요한 대상이다. 온실가스 감축은 환경개선을 위한 주요 요소이므로 탄소금융은 탄소분야에 특화된 환경금융이라고 할 수 있다.

세계은행은 탄소금융을 '온실가스 감축 또는 감축이 예상되는 프로젝트에 제공되는 금융'으로 정의하고 있다. 탄소금융은 협의로는 온실가스 배출권과 관련되어 발생할 수 있는 재무적 위험과 기회를 포착하는 금융행위이며, 광의로는 온실가스 감축과 관련된 다양한 재무적 위험과 기회를 이용한 금융행위로 온실가스 감축을 위한 사업에 자금을 지원해 주는 금융이다.

국내 「녹색성장기본법」에 근거하여 배출권거래제도가 탄생하였으므로 탄소금융은 온실가스 감축에 초점을 맞추며 동시에 온실가스 감축을 위한 사업 영역으로부터 경제성장을 추구하는 금융행위로 볼 수 있다.

2) 기후금융

기후금융(climate finance)은 기후변화를 완화하기 위한 탄소감축프로젝트와 기후 변화에 적응하는 적응프로젝트에 지원하는 금융이라 할 수 있다. 즉 기후금융은 탄소금융과 녹색금융 및 기후변화로 인한 대재해채권(catastrophe bond: CAT bond), 날씨 파생상품,

7) 노희진, 「사회적 금융론」(서울: 박영사, 2015), pp.31~33. passim.

기후변화에 적응하기 위한 사회기반시설의 구축에 지원하는 금융 등을 포괄한다.

3) 녹색금융과 환경금융

[그림 2-3]에서 보는 바와 같이 녹색금융(green finance)은 녹색성장을 지원하는 금융으로 탄소금융과 기후금융을 포괄한다고 할 수 있다. 환경금융(environment finance)은 환경개선을 위해 지원되는 금융으로 탄소금융, 기후금융, 녹색금융을 포괄하며 사회적 금융은 기후금융, 탄소금융, 녹색금융, 환경금융을 포괄한다고 볼 수 있다.

환경은 공기, 물, 토양이라는 세 가지 요소로 구성되어 공기와 관련된 탄소금융, 물에 관련된 물금융(water finance), 토양과 관련된 토양금융(soil finance)이 있다. 탄소금융과 물금융은 국제적으로 상당한 논의가 진행되고 있는 반면 토양금융은 새로운 개념이다.

4) 혁신금융

최근 국내에서 혁신금융이라는 용어가 생겨났다. 재고 자산 같은 동산은 물론이고 기술력, 성장성, 영업권 같은 무형의 자산도 담보로 인정해 적극적으로 대출해 주자는 내용이다.

혁신금융에서 주목할 만한 것은 일괄담보대출이다. 현재 국내법으로는 한 건씩 개

[그림 2-3] 사회적 금융 및 관련 금융

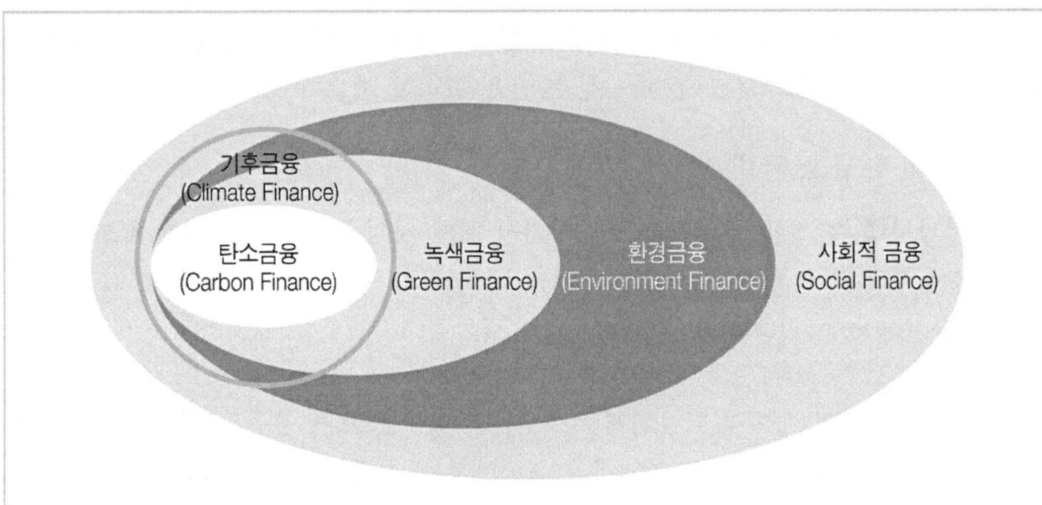

자료: 노희진, 사회적 금융론(서울: 박영사, 2015), p.33.

별적으로만 담보권을 설정하도록 돼 있는데 특허권, 상호권 등을 부동산 등 다른 자산과 한꺼번에 묶어 담보로 제공할 수 있게 바꾸도록 한다는 것이다. 일본의 기업담보제도와 유사한 것으로 대출관행의 패러다임 전환이라고 할 만큼 혁신적인 변화이다.

혁신금융의 내용 중 영세 자영업자 맞춤형 대출이 있다. 신용은 양호하지만 매출이 적고 담보가 부족해 어려움을 겪는 자영업자가 주요 대상이다. 은행들의 사회공헌 자금을 적극 활용해 영세 자영업자들을 적극 지원하자는 제도이다. 은행이 종전의 담보대출에서 벗어나 신용대출로 가야 한다는 당위성은 인정되나 현실적으로 적용이 간단하지는 않다.

3. 한국의 사회적 금융 현황[8)]

1) 사회적 금융 국내 동향

문재인 정부는 출범 시 100대 국정과제 중 하나로 사회적 경제 활성화를 제시하고 양극화를 해소하고 일자리를 늘리는 방안으로 사회적 경제 및 사회적 기업 활성화를 추진하였다.

금융정책당국은 사회적 기업 대상의 금융인프라 구축을 내용으로 하는 사회적 금융 활성화를 추진 중이다. 공공 부문은 2019년 약 2,400억 원 이상의 자금 공급을 계획하고 있으며, 민간 금융회사도 사모펀드 참여, 모범규준 제정 등 사회적 금융 활성화에 동참하고 있다. 민간으로의 사회적 금융 확산을 위해서는 사회적 기업 공시 의무화를 통한 DB구축, 투자자 지원 제도 개선 등이 검토되어야 하며, 민간 금융회사는 시장 조성을 위한 개방형 펀드 설립 등 다양한 방안을 고려할 필요가 있다

2) 사회적 금융 국내 현황

정부가 사회적 경제 활성화를 추진하면서 실제 사업을 진행하는 사회적 기업(고용노동부 장관 인증)과 소셜벤처(벤처기업 형태, 인증 불필요) 수가 증가하였다. 연간 사회적 기업 인증 건수는 55건(2007년), 142건(2012년), 256건(2017년), 312건(2018년)으로 점차 증가했다.

금융정책당국의 사회적 금융관련 주요 추진 실태를 보면 공공부문 사회적 금융공급, 공동인프라 구축, 사회가치 연대기금 설립으로 구분해 볼 수 있다. 공공부문에서는

8) 김상진, "국내 사회적 금융 동향 및 시사점", KEC 하나은행 하나금융경영연구소, 이슈분석, (2019.1.28.~2.17), pp.4~7, Passim.

신용보증기금 특례보증, 중소기업진흥공단과 소상공인 시장진흥공단 대출을 실시한다. 공동 인프라구축에는 사회적 경제 DB 구축, 사회적 금융 중개기관 DB 구축, 사회적 성과 평가 체계 구축을 실시하고 사회가치 연대기금 설립[9](2019.1.23)에는 사회적 금융시장 조성을 위한 촉매로 도매기금 역할을 수행토록 한다.

민간금융회사들도 대출, 투자 등 다양한 형태로 참여하고 있으며 은행권은 사회적 금융 활성화를 위한 별도 모범규준[10]을 마련했다. 은행권은 사회적 기업 전문 사모투자신탁[11]에 출연하고 사회적 기업에 대한 자금 공급을 확대했다.

3) 시사점

현재 국내 사회적 기업의 공시는 자율사항이지만 이들에 대한 국가 재정 지원이 이루어지는 만큼 공시 의무화를 통해 투명성을 높이는 방안이 검토되어져야 한다. 또한 금융회사가 사회적 기업의 신용정보를 신뢰할 수 있도록 현재 포함되지 않는 지방자치단체 기금의 이들에 대한 대출 정보도 신용정보원에 제출해야 한다. 지방자치단체가 보유한 사회적 금융 관련 채권의 전문적 관리를 위해 신용정보기관 등에 관리 업무를 위탁할 수 있도록 관련 법률을 개정하는 것도 고려해 보아야 한다.

민간 금융회사는 사회적 기업이 자생력을 갖추도록 컨설팅, 판로 지원 등에 집중하고 사회적 기업 대상 자금 공급에 있어서는 보조적인 역할을 수행하도록 해야 한다. 또 컨설팅 대상을 사회적 기업뿐만이 아니라 소셜벤처도 포함해서 진행해야 할 것이다.

한편 P2P(peer to peer) 핀테크(fintec) 기업의 사회적 기업 대상 대출과 개인 대상 중금리대출 등도 금융소외자 대상 포용적 금융이라는 사회적 가치를 실현한다. 따라서 금융회사의 해당 대출 투자를 사회적 금융으로 포함하고 모범규준에 반영하여야할 것이다. 또한 자산운용사 등이 개인 차원의 사회적 금융 투자가 가능하도록 개방형 펀드(Open end Fund, 환매가능)를 운용해 대중에 확산하는 방안이 고려되어야 할 것이다.

9) 사회경제조직의 성장과 규모화를 위해 필요한 자본공급, 사회성과보상사업 등 사회문제 예방과 해결을 위한 프로젝트 지원, 사회적 금융중개기관 육성, 시장기반 구축 등을 목적으로 한다.

10) 은행연합회는 사회적 금융 활성화 목적으로 지분투자, 여신지원, 수수료 감면, 비금융서비스 제공, 정책금융 등을 제시하는 모범규준안(2018.12.24)을 제정했다.

11) KEB하나은행은 SK 행복나눔재단과 공동으로 사모투자신탁을 설립하고 하나금융이 발달장애인 취업을 목적으로 MYSC와 하나파워온 임팩트를 진행하는 등 금융회사는 기부 후원, 제품구매 컨설팅 사업 등을 전개한다.

4. 사회적 금융 특성[12)]

1) 사회적 가치 창출분야 지원

사회적 금융은 영리추구의 상업적 금융과 달리 사회적 가치를 창출하는 분야에 지원한다. 2015년 UN이 제시한 2015년 이후 국제사회에서 전개될 개발협력의 기본방향과 핵심 의제 Post-2015(2016~30)의 SDG(Sustainable Development Global)의 프레임워크는 지속가능 발전을 위한 경제·사회·환경의 측면에서 제시하고 있다.

포용적 사회개발은 양질의 의료 및 교육 서비스에 대한 보편적 접근성을 보장한다. 빈곤과 불평등을 해소하는데 필수적인 인적 역량의 격차 문제를 해결하고, 기아, 식량, 영양 섭취를 위해 지속적으로 노력하도록 한다. 또 환경측면에서 기후변화, 토지 황폐화, 생물 다양성 악화 등의 문제해결을 위해 노력하고 취약계층의 회복력을 강화하는 것을 주된 내용으로 하고 있다.

2) 지속가능성 추구

지속가능(sustainable)이란 용어는 미래 세대가 사용할 자연을 훼손하지 않는 범위에서 조화로운 발전을 모색해야 한다는 1992년 브라질의 리우환경회의 Rio+20에서 처음으로 제기되었다. 지속가능 발전을 국제사회 「아젠다 21」로 채택하였고 2012년 6월 Rio+20 정상회의에서는 녹색경제 의제를 채택했다.

사회적 기업은 지속가능하기 위해 영리와 이윤배분의 제한을 추구한다. 한편 사회적 금융의 지속 가능성도 필요하며 일회적 지원이 아닌 선순환 구조의 지속적인 금융지원이 요구된다.

일회적 자선형 투자자들을 사회적 금융에 포함시킬 것인가 하는 논란이 있다. 하지만 초기 단계에서는 사회적 금융에 포함시킬 필요성이 존재한다. 사회적 금융의 지속가능 제고를 위해서는 영리추구도 필요하다. 추구하고자 하는 지속가능한 경제시스템의 구축이며 지속가능한 사회적 기업을 육성하기 위해서 사회적 금융이 필요한 것이다.

사회적 금융의 주요 요소인 투자자의 경우 재무적 투자자와 사회적 투자자로 구분해 볼 수 있다. 상업적인 재무적 투자자에게는 사회적 가치가 내재되어 있지만 상업적 투자자를 만족시킬 수 있는 지속가능 금융상품을 개발하여 제시하고, 사회적 투자자에게는 사회적 가치 위주로 투자기회를 제공해야 할 것이다.

전통적인 금융기관과 달리 인도 그라민 뱅크, 미국 캘버트 재단, 한국의 사회연대

---

12) 노희진, 전게서, pp.34~37.

은행처럼 사회적 금융을 목적으로 설립된 금융기관들이 있다. 반면 최근 골드만삭스와 같은 전통적 금융기관들이 사회적 금융에 참여하기도 한다. 전통적 금융기관들은 금융 평가에 대한 기법과 금융플랫폼(finance platform)이 구축되어 있어 보다 용이하게 지속가능 금융에 참여할 수 있기 때문이다. 또 전통적 금융기관들은 사회적 금융을 통해 수익성 외에도 사회적 명성을 얻을 수 있어 고객과 지속가능 금융을 통해 고객과 우호적 관계를 용이하게 맺을 수 있게 된다.

5. 사회적 금융 적합성[13)]

1) 금융시스템별 장·단점과 적합성

(1) 은행중심형 장·단점

사회적 기업에 대한 자금을 보다 효율적으로 공급하고 사회적 기업에 대한 감시기능을 원만하게 하기 위해 은행과 시장은 어떠한 장·단점이 있을까.

은행중심형 금융시스템은 사회적 기업이 주로 은행을 통해 자금을 조달하는 시스템이다. 독일이나 일본의 경우 은행이 기업과 상호 간 또는 은행이 일방적으로 기업의 주식을 보유하고 장기결속 관계를 통해 기업의 경영통제 구조에 참가하며 장기적인 위험과 수익을 분담하며 감시기능을 갖는다. 연구자에 따라 견해가 다양하지만 은행중심 금융시스템의 장점은 장기계약 대출을 통해 기업에 대한 안정적인 자금 공급이 가능한 반면, 금융의 혁신성 측면에서 단점이 있다. 한국의 금융시스템은 미국보다는 상대적으로 은행중심적이지만 독일, 일본보다는 시장중심적이라고 볼 수 있다.

한국은 정부와 은행 등 민간 금융회사가 사회적 금융대출 문턱을 낮추어 사회적 금융 지원을 확대하는 데는 국내 일자리 창출을 목적으로 하기 위한 측면도 크다. 공공분야가 지원하는 사회적 금융 유형은 크게 대출, 보증, 투자로 구분된다. 은행 등 민간 금융사 등의 대출업무, 신용보증기금의 보증업무, 한국성장금융과 한국벤처투자는 사회적 투자펀드 조성 등의 업무를 한다. 민간부문 역시 대출과 후원 업무를 담당한다.

2019년 정부의 사회적 금융 지원 확대정책에 대한 우려의 목소리도 적지 않다. 국내 사회적 기업과 협동조합의 절반가량이 적자를 면치 못하거나 사업을 중단한 상황에서 민간분야를 중심으로 한 지원확대가 '밑빠진 독에 물 붓기'가 될지 모른다는 지적이 제기된다. 2016년 기준 국내 전체 사회적 기업 1,641개 중에서 818개(49.5%)가 영업손실

---

13) 노희진, 전게서, pp.42~53. Passim.

을 기록했고 2017년에는 1,825개 중 817개(44.8%)가 적자를 냈다. 2017년 기준 12,381개 국내 협동조합 중 실제 사업을 한 곳은 53.4%에 불과했다. 이러한 상황에서 정부의 사회적 기업 대출을 확대하면 영업이익으로 은행 이자도 제대로 감당하지 못하는 좀비(zombi)기업을 양산할 것이라는 우려가 일기도 한다.

(2) 시장중심형 장·단점

시장중심형 금융시스템에서는 사회적 기업이 주로 자본시장인 직접금융(주식·채권)을 통해 자금을 조달하며 은행은 단기자금을 공급하는 금융구조이다. 이 경우 은행과 기업의 관계는 단기적이고 경쟁 상태에 따라 거래 상대를 언제든지 교체가 가능하다.

자본시장은 사회적 금융을 공급하는데 시장에서 사회적 가치와 관련한 다양한 정보의 제공이 가능하다. 자본시장은 투자자에 대한 원본 보장의 의무가 없으므로 사회적 가치를 추구하는 투자자와 사회적 가치를 창출하는 사회적 기업을 연결시켜 주는 역할을 한다.

시장중심형의 장점은 신용평가 기관, 유통(주식, 채권)시장의 투자자들에 의한 기업에 대한 지속적인 시장 감시기능이 중요한 역할을 한다. 따라서 금융기관과 기업 간의 경쟁적 관계와 시장 감시기능의 작동으로 효율성이 높은 부문으로 자금의 적절한 배분이 이루어지고, 시장에서 기업의 구조조정도 자연스럽게 이루어 질 수 있다.

시장중심형의 단점은 금융기관과 기업으로 하여금 단기성과 중심의 투자를 유인하여 잠재적인 효율성이 높은 장기투자를 기피하는 경향이 있다는 점이다. 물론 시장이 효율적으로 작용하다면 장기적 위험과 수익성의 관계를 시장이 결정할 것이다.

시장중심형의 미국에서는 은행의 기능이 약한 반면 자본시장이 가지는 힘이 크다. 은행중심형과 시장중심형은 각각 장·단점이 있고 국가에 따라 어느 쪽이 더 우월하다고 단정할 수는 없다. 하지만 사회적 금융은 사회적 가치 창출에 대한 감시기능이 중요하고 사회적 가치는 금융이 새롭게 추구하는 가치이므로 혁신성을 내포하고 있다. 이러한 측면에서 보면 자본시장 중심형의 금융시스템이 보다 적합할 수도 있다.

2) 금융요소별 적합성

사회적 금융은 자금의 수요자, 자금의 공급자, 금융중개기관, 금융상품의 요소별로 적합성을 검토해 볼 수 있다. 자금의 수요자는 사회적 가치를 창출하는 사회적 기업이며 은행이나 자본시장을 통해 자금을 공급 받을 수 있다. 사회적 기업은 은행이 일반적으로 자금 대출 시 요구하는 담보제공 요구에 응하기 어렵고 전통적인 증권거래소에 상장하는 것도 용이하지 않다.

자금의 공급자인 예금자, 투자자의 입장에서는 은행의 예금 상품에 대해서 원본과 이자를 요구한다. 원본과 이자를 지급해야 하는 은행입장에서는 사회적 가치를 고려하는 자금운용이 아니라 수익의 관점에서 자금을 운용해야 할 것이다. 만약 사회적 가치 창출을 위한 특수목적 은행을 설립하여 원본 손실이 가능한 유형의 예금을 판매한다면 가능할 것이다.

투자자가 금융 중개기관에 사회적 가치를 창출하는 기업이나 프로젝트에 투자를 희망하는 사회책임투자(SRI), 임팩트투자(Impact Investing)에서는 투자자의 원본 손실이 허용된다. 금융공급자의 측면에서는 은행중심형 보다는 시장중심형 금융시스템이 사회적 금융에 보다 적합하다고 할 수 있다.

금융중개기관이 은행인 경우 예금자로부터 예금을 받으면 예금자에 대한 원리금 지급의무가 발생하지만 자금은 은행이 원하는 방향으로 운용을 하게 된다. 금융중개기관이 자본시장인 경우 투자자가 원한다면 운용에 대한 적정한 수수료를 받고 투자자가 희망하는 방향으로 운용해 줄 수 있다. 투자의 결과는 전적으로 투자자에게 귀속되기 때문이다. 금융중개기관의 입장에서는 자본시장 중심의 금융시스템이 지속가능 금융을 위해 보다 적합하다고 할 수 있다.

결론적으로 사회적 금융의 발전을 위해서는 은행보다 자본시장을 활용하는 것이 바람직하다. 즉 사회적 투자자, 사회적 거래소, 사회적 투자금융상품, 사회적 중개기관 등 시장위주의 사회적 금융 메커니즘이 절실하다.

[참고자료] 고빈도거래 (high -frequency trading: HFT)

고빈도거래(HFT)는 알고리즘을 이용해 초고속으로 주문을 내서 거래 이익을 추구하는 트레이딩 기법이다. 단기간에 매도나 매수 포지션을 취하고 청산하는 거래 패턴을 반복하며 주문량이 많은 것이 특징이다. 자산 보유시간이 100만분의 1초-수초 수준에 불과하며 대체로 장이 마감되기 전에 포지션을 청산한다. HFT는 전체 상장주시 거래에서 차지하는 비중은 시장 마다 다르지만 30~60%에 이르는 것으로 추정되며 비중이 커지는 추세다.

미국 민주당 의원들은 2019년 3월 미국 금융시장을 크게 흔들어 놓을 수 있는 법안을 발의했는데 모든 금융거래에 0.1% 세금을 부과한다는 내용을 담고 있다. 목적은 고빈도거래를 방지하는데 있다. 고빈도거래는 부자들만 수익을 창출한다고 주장하며 버니 샌더스 등 대선후보 등이 서명했다. 0.1%의 금융거래세는 세수의 40%는 상위 1% 가구의 수입에서 거둘 수 있을 것이라고 주장했다. 하지만 펀드 메니저가 굴리는 기금엔 수많은 소액 투자자의 자금이 있어 부자 잡으려다 개미들의 피해 우려가 있을 수 있다는 지적도 있다.

자료: 한국경제(2019.4.5) B2 발췌

제3절 社會的 金融 仲介機關 事例

1. 그라민은행

사회적 금융의 대표적 사례로 방글라데시의 그라민은행(Grameen Bank)이 있다. 그라민은 벵골어 Gram 인 '마을(시골)'을 뜻하며 무하마드 유누스(Muhammad Yunus)14)가 빈곤퇴치의 일환으로 1983년 법인으로 설립했다. 그라민 은행은 빈민들에게 담보없이 소액대출을 제공하여 빈곤퇴치에 공헌한 공으로 2006년 유누스 총재와 함께 노벨평화상을 공동 수상했다.

방글라데시 치타공과대학 경제학과 유누스 교수는 1973년 20여 달러 때문에 고리대금업자의 횡포에 시달리던 빈민들에게 자신의 돈을 빌려준 것이 무담보 소액대출 마이크로 크레디트(micro credit)의 효시이다.

유누스는 1976년부터 자신이 은행에서 대출을 받아 그라민은행 프로젝트를 시행하여 3년 동안 500여 가구가 절대빈곤에서 벗어날 수 있었다. 이에 용기를 얻은 유누스는 1983년 법인으로 설립해 극빈자들에게 150달러 정도의 소액을 담보없이 신용으로만 빌려주었다.15)

마이크로 크레디트 운동은 큰 성공을 거두어 그라민은행은 수천 개의 지점과 수만 명 명의 직원이 종사하는 거대 은행으로 발전했다. 대출금은 100% 예금으로 충당하고, 회수율은 99%에 육박한다. 1993년부터 흑자로 전환하였으며, 대출받은 600만 명의 빈민들 가운데 58%가 빈곤에서 벗어났다.

그라민은행은 무담보대출이지만 회수불능사태를 막기 위한 자체시스템이 있다. 채무자를 그룹화해서 변제가 밀리는 사람이 있으면 그룹 전체의 융자를 중단하는 연대책임 제도가 있다.

마이크로 크레디트 외에도 빈민층에 이동전화 서비스를 제공하는 그라민폰, 전력사정이 어려운 농촌에 전기를 공급하는 그라민샥티, 프랑스의 유제품 회사인 다농과 제

---

14) 유누스 정신은 "거꾸로 생각하기이다. 통념과 반대로 부자보다는 가난한 사람들에게, 남자 보다는 여자들에게 투자했다. 고령자가 늘고 청년 비중이 줄어든다고 미래를 불안하게 보지 말라. 거꾸로 보면 청년 1인당 소셜 비즈니스의 가능성은 커진다. 청년들은 내가 누구인가. 나를 둘러싼 사회는 무엇을 필요로 하는가라는 질문을 늘 스스로에게 던져야 한다." 아사히신문·규슈대 유누스 박사 초청 청년창업 강연(2017.3)

15) 유누스는 빌린 돈은 정한 기일에 꼭 갚게 하고, 땅이 없는 사람들에게만 돈을 빌려주며 가능하면 여성들과 함께 일한다는 3가지 원칙을 지키려고 노력했다.

휴하여 어린이용 유제품을 생산하는 그라민다농 등을 설립하여 공공가치가 있는 좋은 일을 하면서 이윤도 내는 사회비즈니스기업(Social Business Enterprise)을 실현하고 있다. 마이크로 크레디트 운동은 세계 각국으로 전파되어 한국을 비롯해 41개국에서 운영된다. 일본도 2018년 9월 그라민 일본은행을 설립했다. 1997년 미국 워싱턴에서 139개국이 참여하여 마이크로 크레디트 정상회의가 열렸고, 국제연합(UN)에서는 2005년을 '마이크로크레디트의 해'로 정했다.

2. 사회적 거래소[16)]

사회적 거래소는 사회적(social)과 증권거래소(stock exchange)의 합성어로 브라질에서 최초로 사용된 합성어이다. 사회적 거래소(Social Stock Exchange: SSE)는 사회적 프로젝트 혹은 사회적 기업을 거래소에 상장시킨 후 투자자들로부터 자금을 공급받는 주식시장이다. 사회적 거래소는 자금을 필요로 하는 수요자인 사회적 기업과, 자금 투자자인 공급자를 연결해 주는 플랫폼 역할을 한다.

사회적 거래소는 전통적 거래소와 연계된 투자거래소로 설립된 공적 사회적 거래소와 일종의 크라우드 펀딩의 민간 사회적 거래소로 구분된다. 대표적 공적 사회적 거래소로는 2003년 브라질 사회적 거래소 BVS&A,[17)] 2013년 영국 사회적 거래소(Social Stock Exchange)가 있고 민간 사회적 거래소로는 2006년 남아공 SASIX(SA Social Investment Exchange), 2011년 싱가포르 IIX, 2003년 영국 Ethex 등이 있다.

그 외 2013년 9월 캐나다는 소셜벤처중개(Social Venture Connexion)를 개장했는데 완전 독립형 주식거래소에 가깝고 문호는 기관투자가들에게만 열려있다. 국내에서도 최근 한국거래소가 소재한 부산에 사회적 거래소의 설립 필요성이 논의되기도 했다. 사회적 거래소는 상장 실체에 따라 기업의 상장형, 프로젝트 수행 주체에 대해 계약을 통해 자금을 공급하는 프로젝트형이 있고 유통이 가능한 유통형 등으로 구분할 수 있다.

---

16) 노희진, 전게서, pp.75~95. Passim.

17) 2003년 설립된 세계 최초 사회적 증권거래소는 마케팅 사업가 켈소 그레코(Celso Grecco)의 제안으로 개설되었다. 그레코는 상파울루 증권거래소 보베스파 측에 한 가지 방안을 제시했다. 보베스파의 웹사이트에 자선사업 거래 공간을 만들고 지원금을 필요로 하는 엄선된 자선단체들과 사회복지에 관심있는 투자자들을 연결해 주는 것이 목적이었다. 설립 5년 만에 사회적 기업이나 NGO의 사회·환경 프로젝트를 상장시키고 개인이나 기업의 투자를 유도해 71개 프로젝트에 550만 달러의 자본을 조달하는 성과를 올렸다.

3. 주빌리 은행

주빌리 은행은 2012년 미국에서 일어난 '롤링 주빌리(Rolling Jubilee)' 프로젝트의 영향으로 설립되었다. 롤링 주빌리는 미국의 시민단체인 '월가를 점령하라(Occupy Wall Street)'가 진행하는 프로젝트로, 시민들에게 성금을 모아 부실채권을 사들인 뒤 무상 소각하는 운동이다. 주빌리(Jubilee)는 기독교의 희년(禧年)을 뜻하는데 몇십 년에 한 번씩 돌아오는 기독교의 특별한 해로, 희년에는 죄를 용서받고 부채를 탕감하고 노예를 해방하는 전통이 있다.

한국에서는 2014년 사단법인 희망살림과 사회적 기업 에듀머니 등 시민단체를 주축으로 롤링 주빌리 프로젝트가 시작되어 장기 연체된 부실채권[18])을 사들여 채무자들의 빚을 탕감해주는 은행이다. 시민단체와 지방자치단체가 주축이 되어 설립한 것으로 2015년 8월 27일 공식 출범했다. 은행법에 근거한 통상적인 은행은 아니며, 장기 채무자의 부실채권 구매를 위해 출범한 프로젝트 은행이다. 한국의 주빌리은행은 2018년 말까지 50,615명 채무자의 8,002억 9,300여 만원의 부채를 탕감해 주었다.

주빌리은행은 일반 시민들이 채무로 고통받는 사람들에 대한 사회적인 문제점을 이해하고 십시일반 후원모금을 통해 이들을 도와주자는 취지로 설립되었다. 주빌리 은행은 부실채권을 원금의 3~5%로 사들인 다음, 채무자가 원금의 5~7%를 갚으면 빚을 탕감해준다. 부실채권 시장에서 개인 채무자들의 채권이 낮은 가격에 거래되고 있다는 점에 착안한 방식이다. 일반적으로 은행에서 돈을 빌린 후 장기 연체된 채권은 손실로 처리되어 대부업체[19]) 등에 낮은 가격으로 매각된다. 대부업체는 원금의 1~10% 정도 가격으로 매입한 부실채권을 통해 채무자에게 원금을 받는다. 일부 대부업체의 경우 원금과 함께 이자를 받기도 한다. 주빌리 은행은 이 과정에서 일어나는 채무자에 대한 과도한 추심을 막고, 이미 손실로 처리된 부실채권을 처리해 채무 취약 계층의 재기를 돕는 것을 목적으로 한다.

주빌리 은행에서 부실채권을 매입하는 비용은 기부금과 채무자들의 상환금으로 조달하며 매입과 동시에 채무자의 부채를 전액 탕감한다. 주빌리은행은 부실채권 시장에서 특정인의 채무를 선택해 매입할 수 없기 때문에 채무자가 주빌리 은행에 직접 채권

---

18) 부실채권이란 금융기관의 대출금 가운데 회수가 불가능해지거나 곤란하게 된 대출을 말하며 일반적으로 3개월 이상 연체된 채권을 부실채권이라고 한다.

19) 추심업체라고도 하며 채권자로부터 채무자가 갚지 못한 빚을 넘겨받아 대신 받아내는 업체이다. 추심업체들의 과도한 추심 행위로 인해 채무자들의 반인격적인 인권피해사례가 급증하고 있으며 무분별한 부실채권의 거래로 인해 부실채권의 소멸시효가 무기한 연장되어 채무자들은 영구적 노예상태를 벗어나기 어렵다.

매입을 요청할 수는 없다. 주빌리 은행에서도 매입한 이후에야 누구의 채권인지를 알 수 있다. 현재 부실채권 시장은 몇 백명 또는 몇 천명의 채권이 뭉치로 거래되고 있고 주빌리은행에서는 대부업체에서 매각하고자 하는 결정한 채권 뭉치를 매입한다. 부채를 탕감해주는 운동에서 개인 채무자들의 도덕적 해이(moral hazard)를 문제시할 수도 있지만 대부분은 생계형 채무자들로 이루어져 있다.

제4절 임팩트 投資

1. 임팩트 투자 개념

임팩트 투자(impact investment)는 미국 록펠러 재단이 2007년 처음으로 제시했고 다보스포럼은 2013년 재무적 수익과 사회적 가치를 추구하는 투자방식이라고 정의했다. 임팩트 투자의 정의는 다양하며 현재 진행 중에 있다고 할 수 있겠다. 글로벌 임팩트투자 네트워크(GNIN)는 “임팩트투자는 재무적 수익과 함께 사회적이고 환경적인 임팩트를 생성하고자 하는 회사, 조직, 기금(펀드)에 투자하는 것”이라고 정의한다. 2007 첫 Bellagio 미팅에서는 “임팩트 투자는 사회적·환경적 선(good)을 발생시키기 위해 이윤을 추구하는 투자”라고 결론 내렸다.

여기서 투자자가 재무적·사회적 수익을 동시에 제공하려는 의도(intent)가 있다는 점이 중요하다. 즉 임팩트 투자란 환경, 복지 등 여러 사회 현안에 긍정적인 영향을 미치는 동시에 재무적 수익 창출을 추구하는 기업을 찾아 투자하는 착한 투자이다. J.P모건은 2010년 보고서를 통해 임팩트 투자의 기본 조건으로 자본, 의도, 임팩트, 재무적 수입을 제시했다. 임팩트 투자자는 긍정적인 영향을 창출하는 기업, 비영리단체 및 펀드를 찾아 적극적으로 투자하려고 노력한다.

2. 임팩트 투자 성장

미국과 유럽 등 선진국을 중심으로 임팩트 금융시장은 빠르게 확산되고 있다. GNIN에 의하면 2017년 세계 임팩트 투자 규모는 2,281억 달러(약 258조원)에 달해 전년 대비 2배로 증가했다. 투자분야도 금융서비스(19%), 에너지(14%), 소액금융(9%), 주거(8%)

등으로 다양하다.

미국 어큐먼펀드는 2001년 설립 후 저개발 국가에 물, 식량, 의약품을 싸게 공급하는 사회적 기업에 투자하고 있다. 영국은 2012년 출범한 사회투자은행인 빅소사이어티 캐피털(BSC)은 시중은행 휴면예금에다 각종 단체의 기금이 더해져 2017년 말 11억 파운드(약 1조 5,800억 원)의 재원을 마련했다.

국내 임팩트금융[20]은 걸음마단계이다. 투자규모는 2018년 약 1,500억원으로 2019년에는 약 3,000억 원 규모로 추산한다. 2017년 10월 국내 최초로 임팩트금융 민간 플랫폼인 한국임팩트금융이 출범했다. 2018년 9월에는 한국성장금융을 중심으로 200억 원 규모의 임팩트투자 펀드가 국내 최초로 투자를 시작했다. 한국의 임팩트금융은 정부 주도로 이루어진다는 한계점이 있다. 정부가 마중물을 제공해야 하지만 장기적으로 민간이 투자역량을 강화하고 재원을 확보하는 것이 절실하며 미국처럼 임팩트금융에 투자하는 민간투자자에게 세제혜택을 주는 방법도 검토해 볼 필요가 있다.

3. 임팩트 투자 필요성과 평가요소

임팩트 투자가 필요한 이유는 무엇보다도 개도국의 빈곤, 기후변화, 에이즈, 물부족 등 전 세계적으로 일어나는 복잡한 문제들을 해결하기 위해서이다. 이러한 문제들을 해결하기 위한 자금, 원조, 자선 기부금 등 전통적인 수단에 한계가 있기 때문이다.

임팩트 투자 산업을 평가할 수 있는 여섯 가지 측면의 가치는 다음과 같다.[21] 첫째, 자본활성화 측면으로 긍정적인 사회·환경적 영향을 창출 할뿐 아니라 주류 금융을 위한 생산적인 가교를 형성할 수 있는 자본의 새로운 풀을 움직이는 다양한 자산소유기관 및 운용사가 필요하다.

둘째, 자본 설정 및 운용의 측면으로 임팩트 자본의 수요와 공급 사이의 존재는 적정 평가 절차, 거래, 그리고 감시비용을 줄여야 하며 리스크 및 수익과 관련된 투자자 기대 범위에 대응해야 한다. 셋째, 자본 요구의 측면으로 임팩트 투자 산업의 다른 중요 업무는 이용가능 자본과 일치하는 투자 프로젝트 파이프라인을 구축하는 것이다. 그 과정 중 임팩트 투자의 피투자자인 기업가 및 다른 활동가의 수요 중심 역량을 강화시키

20) 국내 최대 카셰어링업체 소카는 한국사회투자에서 40억 원을 대출 형태로 투자 받은 뒤 창업 7년 만에 기업가치가 7,000억 원을 넘어 유니콘(1조원 이상 비상장기업)을 바라보고 있다. 그 외 청년층의 공유주택 사업인 우주, 소상공인 대상 광고 플랫폼 기업인 제로웹, 동네 주민의 물품거래 및 정보교환을 돕는 당근마켓 등이 있다.

21) 노희진, 전게서, pp.108~109.

는 것이어야 한다. 넷째, 임팩트 평가의 측면으로 비용면에서 효율적인 방법과 수단을 찾아야 하며 다섯째, 가능한 환경의 측면으로 재산, 국가에 관계없이 정부가 정치적으로 무엇을 하는 지에 따라 임팩트 투자의 성장을 위한 환경을 가능 또는 불가능하게 만들 수 있다. 끝으로 리더십과 다양한 산업협력, 그리고 통합 역시 임팩트 투자 산업을 지속 가능하고 측정할 수 있는 수준으로 구축하기 위한 전제조건이 된다.

4. 임팩트 투자 산업의 참가자

임팩트 투자자들은 투자동기, 자산, 위험, 기대수익 및 사회적 영향력에 대한 목적의 성격에 따라 다양하다. 임팩트 투자를 위해 자산을 보유하는 자산보유자(asset owner)와 자산을 관리하는 자산매니저(asset manager)가 있고 그 외 수요측면 참여자와 서비스 공급자가 있다.

자산보유자로는 고액자산가, 정부, 기업, 재단, 고용인, 소매 투자자(retail unvestor) 등이 있고 자산매니저로는 투자자문업자, 펀드매니저, 재단, 패밀리 오피스, 은행, 기업, 벤처펀드, 임팩트 투자펀드 및 중개기관, 연기금, 국부펀드, 개발금융기관, 정부투자프로그램 등이 있다.

수요측면 참여자에는 기업, 소규모 성장형 기업, 사회적 기업, 협동조합, 마이크로파이낸스 기관, 지역개발 금융기관 등이 있다. 서비스 공급자에는 네트워크, 표준설정기구, 컨설팅 회사, 비정부기관, 대학, 능력개발공급자, 정부 프로그램 등이 있다.

5. 사회영향 채권

1) 개 념

사회영향채권(Social Impact Bond: SIB)은 사회성과와 연계하는 경우도 있어 사회성과연계채권이라고도 한다. SIB는 미국에서는 'Pay for Sucess Bond', 호주에서는 'Social Benefit Bond' 로 표기되기도 한다.

범죄, 실업, 빈부격차, 환경 등의 사회적 문제들을 해결하기 위한 소셜투자(social investment)의 한 유형으로 정부가 민간 운영업체에 정책과제를 위탁한 후 민간업체가 정책수행 목표를 달성할 경우 관련 사업비에 이자를 더해 지급하고 목표 달성에 실패할 경우 전혀 지급하지 않는 성과급 투자 방식이다.

SIB는 채권발행으로 조달된 자금의 사용 목적이 사회적 가치를 창출하는 부문에 활용되도록 사전에 정해진다. 사회적 가치 달성의 성과가 상당한 경우 성과에 비례한 수익을 투자자들에게 지급할 수 있고 채권 발행조건에 따라 정부가 원리금 지급에 보증을 서기도 한다. 정부가 스스로 사업을 수행하는 경우 성과와 무관하게 예산이 집행되지만, 민간이 SIB를 발행해 사업을 하는 경우 일정 성과를 내는 경우에만 예산이 집행된다.

SIB는 사회적 성과의 개선에 대해 보상을 약속하는 공공부문과의 계약으로 민간의 투자로 공공사업을 수행하고 성과 목표 달성시 정부가 예산을 집행해 자금의 선순환, 정부 예산 절감의 효과가 있다.

2) SIB 발행 메커니즘

[그림 2-4]는 사회영향채권(SIB)의 발행 메커니즘을 나타낸다. 참가자는 정부, 발행기구(SIBIO), 사회적 서비스 제공기관, 평가기관, 투자자로 구성된다. 정부는 사회적으로

[그림 2-4] 사회영향채권(SIB) 구조

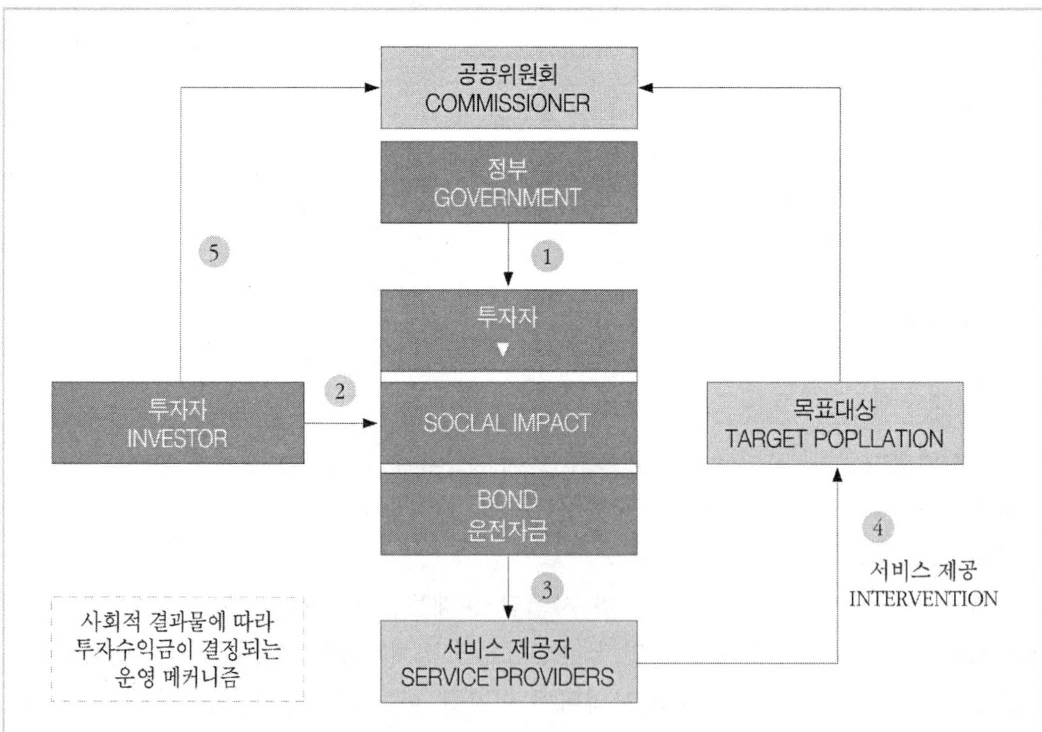

자료: 노희진·천창민·안수현·조영복(2013), 노희진 전게서, p.97 재인용.

필요한 현안 과제를 제시하고 SIBIO와 사회적 서비스계약을 체결하며 SIB에 대한 최종적 지급보증의 주체 역할을 한다. SIBIO는 보증기관과 계약을 맺은 지원기관으로 보증기관의 지급보증을 담보로 투자자를 대상으로 SIB를 발행해 운전자금을 확보한다. 또 사회현안을 보다 효율적으로 해결할 능력을 갖춘 사회적 기업 또는 서비스 제공자를 선정하여 자금을 제공하게 된다. 서비스 제공자는 통상 사회적 현안 문제와 관련된 사업 수행에 물적·인적자원을 확보한 역량있는 사회적 기업으로 SIBIO가 제공하는 자본을 기초로 사업은 운영한다. 발행기관 및 정부는 최초 설정했던 기댓값을 충족할만한 성과가 나올 경우 정부는 지원기관에게 약속했던 지원금을 지급하고, 지원기관은 투자자들에게 투자금과 이익금을 돌려주게 되며, 사회적 성과에 대한 객관적인 평가를 위해 독립적 평가기관을 활용하게 된다.

3) SIB 발행 사례

(1) 해외사례

SIB의 발행영역은 형사사법영역, 아동케어, 청소년 케어, 청년케어, 여성케어, 이민자·난민 케어, 시니어 케어 등 다양하다. 세계 최초의 SIB 발행은 영국 피터버러시(Peterborough city) 재소자 재범률 감소 프로젝트(2010) 시행이었다.

프로그램은 경범죄 단기 재소자 재범률 감소를 목적으로 하는 HMP(Her Majestry's Prison)이었고 발행주체는 SIPL 유한책임조합, 보증주체는 영국 법무성과 복권기금이었다. 투자자는 전통적 자선단체 등 17개 투자자이고 서비스 수혜자는 단기 제소자 3천명(3개 코호트 구성), 평가기관은 University of Leicester & Quinetiq이었다. 성과 조건은 개별 코호트 재범 발생 수가 10% 이상 감소 시 및 코호트 전체 재범 발생 수가 7.5% 감소시 성과급을 지급하는 조건이었다. 평가 결과는 2013년 평가에서 재범률 11% 감소(동 기간 영국 전체 10% 증가), 2014년 재범률 8.4% 각각 감소해 성과를 달성했다. 2012년 뉴욕시는 라이커스 교도소 청소년 재소자 재범률 감소를 목적으로 투자기간 4년의 SIB를 발행하였으나 성과는 달성하지 못했다. 정부보증이 아닌 블룸버그재단의 원금보장기금 조성으로 사업이 수행되었고 투자자는 Goldman Sachs이었다. 2015년 8월 사업은 종료되었고 골드만 삭스는 120만 달러, 블룸버그 재단은 600만 달러의 손실을 각각 입었다.

(2) 서울시 사례

2015년 서울시가 국내에서는 처음으로 SIB를 발행했다. 서울시의 1호 SIB 프로젝트는 아동복지시설에 거주하는 아동의 교육에 대한 사회성과 보상사업이다. 경계선지능

(IQ 64~84) 및 경증지적장애(IQ 64~71) 아동 100여 명을 대상으로 3년 간 정서치유와 사회성 향상, 학습능력 향상을 통해 자립성을 높이는 것이 목표다.

운영은 2015년 10월 서울시와 공식적으로 운영기관 협약을 체결한 팬임팩트코리아(Pan Impact Korea)가 담당해 민간투자자를 모집하고 실제 아동을 위한 프로그램을 시행할 사업수행기관을 선정했다. 여기서 모아진 자금으로 3년 간 대상 아동들에게 교육 프로그램을 제공하게 되며, 투자자는 3년 간 진행사업이 최대 성과목표(42% 이상 성공)를 달성했을 때 원금과 최대 30%의 인센티브를 지급받게 된다. 성과달성이 부분적일 경우엔 성공률에 비례해 투자금을 상환받지만, 성과목표의 최저기준(10% 이하)을 달성하지 못하면 원금이 손실된다.

계약기간은 3년(2016.8~2019.8)이며 성과지표는 지적능력 향상을 측정하기 위한 한국 웩슬러 아동지능검사 4판(K-WISC-IV)과 사회성 향상을 검사하기 위한 아동청소년 행동평가척도 교사용(K-TRF)을 사용한다. 성공기준은 경계선 지능을 IQ 85로, 경증지적장애 아동을 IQ 71로 각각 향상 시켜야만 한다. 동시에 아동청소년 행동 평가척도에서 문제행동 척도 점수를 감소시켜야 한다.

성과보상 산식은, 사업비×(1+성과 보상률/100)이며 10% 미만 성공은 원금 손실, 33% 성공은 원금+이자 상환, 42% 성공은 원금+이자(연 25%)로 최대 상환해준다. 서울시는 구간별 원금 상환 비율 조정으로 투자 리스크를 최소화 했다.

(3) 경기도 사례

경기도는 2016년 5월 운영기관 한국혁신금융과 계약을 체결하고 11월부터 민간투자자를 유치했다. 프로젝트는 기초생활수급자의 탈 수급을 목표로 하는 해봄 SIB프로젝트이다. 계약기간은 2+2년(사업시행 2년+성과평가 2년)이며 수혜대상은 일반수급자 800명(연차별 400명, 2차년도 운영)이다.

성과지표는 일반수급자의 탈수급율로 참여 수급자의 취업 및 1년 이상 취업상태 유지, 취업을 통한 소득증대로 기초생활수급 보장급여의 중단(1년 이상)으로 정했다. 성과보상 산식은 (탈수급자÷교육 참여자 수×100)이다. 12% 미만 성공 시 성과달성 구간별 원금상환 차등, 12% 성공 시 원금상환, 20% 성공 시 원금+이자(연 19% 수준)를 최대상환 한다. 경기도 역시 구간별 원금 상환 비율 조정으로 투자 리스크를 최소화했다.

제5절 包容的 金融

1. 포용적 금융 개념

국제기구들은 최근 경제성장이 사회 구성원 전체의 후생 증대로 이어지지 않고 성장의 과실이 상층부에만 집중되면 성장도 지속가능하지 않다는 사실에 주목했다. 따라서 OECD, 세계은행(WB), IMF 등이 모두 포용적 성장을 권고한다. 포용적 성장은 성장에 초점을 맞추면서도 불평등을 완화하고 약자를 포용해야 성장도 지속할 수 있다는 것이다.

2006년 유럽 라트비아의 수도 리가(Riga)에서는 유럽연합의 정보통신 장관들이 모여 리가 장관선언을 하고 2008년 디지털 포용계획(Digital Inclusion Initiative)을 발표했다. 디지털 포용정책은 사회적 포용과 경제적 기회를 동시에 달성하기 위한 정보 격차 해소 정책이다.

자본주의가 고장났다는 평가가 잇따르고 있다. 라구람 라잔 미국 시카고대 부스경영대학원 교수는 저서 「제3의 기둥: 시장과 국가는 어떻게 공동체를 소외시켰나」에서 현재 자본주의 문제를 국가(리바이어던)의 실패나 시장(히모스)의 실패로 규정할 수 없으며 그것은 공동체의 실패라고 규정했다. 기술발전, 능력주의가 양극화를 심화시켰고 평범한 사람들의 부는 축적과정에서 소외되었으며 공동체를 되살리기 위한 포용적인 지방주의 로컬리즘(localism)을 제안했다.

최근 전 세계적으로 소외계층의 금융 접근성 문제를 해소하고 경제활동을 지원하기 위한 포용적 금융(inclusive finance)의 중요성이 대두되고 있다. 우리나라 역시 사회 구성원에게 균등한 경제활동 참여 기회를 주는 포용 국가의 핵심 금융정책으로 포용적 금융을 내세우고 있다. 이는 고소득·고신용자에게 기회가 집중되어 있고, 고금리 대출 위주로 형성되어 있는 기존 금융에서 탈피하여 금융에서 소외된 계층까지 금융의 울타리 안에서 같이 성장할 기회를 제공하는 것을 목적으로 한다.

최근 전 세계적으로 소외계층의 금융 접근성 문제를 해소하고 경제활동을 지원하기 위한 포용적 금융의 중요성이 대두되고 있다. 2009년 G20정상회의에서 처음 공식 의제로 다뤄진 후 세계 각국 정부와 금융권이 동참하고 있다. 포용적 금융이 정부의 시장 개입이라는 인식보다 금융시장의 안정을 꾀하고 금융회사의 신뢰도를 높이는 투자라는 분위기도 커지고 있다. 피터 모건 아시아개발은행(ADB) 이코노미스트는 148개국을 분석한 결과 중소기업 대출이 증가한 금융회사가 부도 가능성이 낮아졌고 금융안정에도 도움이 됐다고 분석했다.

2016년 중국이 G20 정상회담에서 IMF의 SDR 사용 확대방안과 함께 저소득층 지원을 위한 포용적 금융 제공방안도 제안했다. 실무작업반이 저소득층에 포용적 금융을 제공하기 위해 디지털과 인터넷 이용을 촉진하는 방안을 마련했다. 이 방안에는 디지털 지불 등 새로운 평가 지표와 중소기업 자금조달 개선을 위한 신용·파산체계 개선방안 등이 포함돼 있다. 세계은행에 따르면 2014년 기준 전 세계 성인 20억 명이 기본적인 금융서비스도 받지 못하는 것으로 나타났다. 중국은 "G20 회원국들이 아프리카와 라틴 아메리카 등 개발도상국의 빈곤 해결을 도와야 한다"고 주장하면서 중국은 이 부분에 많은 경험을 가지고 있다고 밝혔다.[22)]

2017년 2월 G20 독일 정상회담에서는 2017 금융포용 행동계획(FIAP)이 채택되기도 했다. 2008년 금융위기 이후 금융소외계층 지원 및 국제공조의 필요성에 대한 공감대가 형성되면서 여러 국가들이 포용적 금융을 실시하기 위한 노력을 기울이고 있다.[23)]

2. 실천적 제도

한국 정부도 "포용적 금융은 국민 모두가 상생하는 금융환경을 조성하는 것이다"라고 했다. 그동안 금융서비스를 제대로 이용하지 못했던 취약계층과 창업, 중소기업 등 모든 경제 주체가 다양한 금융서비스를 받을 수 있게 해야 한다고 주장했다.

정부나 공공기관에서는 경제적인 어려움을 겪고 있는 서민들을 위한 대출을 지원하는 제도를 운용하고 있다. 기존의 고금리·중금리 대출에 어려움을 겪고 있는 일정 신용등급 이하의 저신용자들이나 청년층을 지원하기 위한 제도를 마련하고 있다. 소득이 일정 수준 이하이거나 신용이 낮아 은행에서 대출받기 어려운 계층을 위한 새희망홀씨, 제도권 금융회사 이용이 어려운 금융소외계층을 대상으로 창업·운영 자금 및 자활자금을 지원하는 무담보·무보증 소액대출 사업인 미소금융이 있다.

제도권 금융을 이용하기 어려운 소외계층을 대상으로 대출을 지원하는 햇살론, 기존 대부업체에서 대출받은 고금리 대출을 국민행복기금 보증을 통해 시중은행의 저금리 대출로 바꿔주는 상품인 바꿔드림론, 일종의 중금리 대출로 대부업체보다는 낮고 은행보다는 높은 금리로 중·저신용자들을 위한 사잇돌 대출이 있다. 사잇돌 대출 이용자의

---

22) 자료: http://cafe. daum.net/golddollar

23) 자료: http://moef.blog

자격 요건이 완화되면서 카카오뱅크와 케이뱅크 같은 인터넷전문은행에서도 사잇돌 대출을 받을 수 있게 되었으며 카드론을 통해서도 민간 중금리 대출상품을 이용할 수 있게 되었다. 그 외에도 연체 부담 완화 및 소멸시효 완성채권 소각, 금융 이용부담 경감. 법정 최고금리 인하, 카드 수수료 경감 등이 있다.

한국금융연구원의 보고서(2018) 「금융발전이 소득 불평등에 미치는 효과」에 의하면 은행 등 금융회사가 대출을 통해 공급한 민간신용이 GDP의 16~20% 비중이면 금융발전이 소득 불평등을 완화하지만, 2015년 기준 137%처럼 100%를 상회하면 오히려 소득불평등을 악화시킨다고 주장했다. 이를 방지하기 위해서 정부는 금융포용성 확대, 금융업 종사자의 지나친 급여 인상 경계 정책 등을 추진해야 한다고 했다. 하지만 포용적 금융이 자칫 도덕적 해이(moral hazard)를 유발하고 금융질서를 해친다는 점에서 반론도 만만치 않다.

CHAPTER 03 이슬람 金融 背景과 構造[1)]

제1절 이슬람 金融 背景과 基本 原理

1. 이슬람 금융 배경

이슬람 금융은 1960년대 시작해 지속적으로 발전해 급속히 확장되고 있다. 이슬람 금융이 주목 받기 시작한 것은 2008년 미국발 글로벌 금융위기가 발생한 이후부터이다. 왜냐하면 온 세계 금융자본이 미국의 서브프라임 모기지(subprime mortgage) 사태로 인해 막대한 투자손실을 경험했다. 하지만 이슬람 금융은 율법에 이자를 금지하고 있어 금융관련 부문에 투자를 전혀 하지 않았다. 이에 세계적으로 '이슬람 금융을 배우자'라는 목소리가 일어났다. 이슬람 금융이 확산되고는 있지만 이슬람 금융의 근본적인 제약으로 인해 기존 서구 금융을 대체하기 보다는 보완하고 공존하는 방향으로 발전해 나갈 것이다.

2. 이슬람 금융 기본 원리

1) 위험공유를 통한 형평성

이슬람은 개인의 경제활동 자유를 보장하는 대신 제도적 기반 위에서 공동체의 발전을 추구하는 것을 경제적 이념으로 삼고 있다. 경제적 효율성을 바탕으로 경제적 형평성을 달성하는 것을 목표로 한다.

---

1) 강대창, 「이슬금융구조와 정책적 시사점」, KIEP(2012), pp.19~94. passim.

이슬람 금융은 이슬람 율법에 이자를 금지하고 위험공유를 핵심으로 하고 있다. 이슬람은 사유재산을 보호하고 자유로운 경제적 거래를 권장하며 사후적인 균등을 추구하지 않고 사전적인 기회의 균등을 추구한다. 이슬람은 경제적 거래에서 양자에게 공평한 경제적 구조를 확립하고자 한다. 이슬람 금융은 정의를 실현하고자 하는 이슬람 경제원칙 실현을 근본정신으로 삼고 있다.

이슬람은 이자를 매개로 한 금융 거래는 위험 공유의 측면에서 대출자에게 유리하고 차입자에게 불리한 현상으로 파악한다. 이슬람에 따르면 대출자는 고정된 이자를 수취함으로써 미래의 위험을 전혀 감당하지 않고 차입자가 모든 위험을 감당하기 때문에 이자를 매개로 한 대출관계는 공정한 거래 관계가 아니라고 보고 이자(riba)[2]를 금지한다. 이자금지는 이슬람 경전뿐 아니라 기독교 경전 구약에서도 언급되어 있다. 대신 이슬람은 양자가 위험을 공유할 수 있도록 하는 금융제도를 구축하고자 한다.

2) 불확실성 배제

이슬람은 또한 계약을 중시하며 계약에서 불명확성을 배제하는 것을 중요한 원칙으로 삼는다. 이는 정보의 문제를 경제적 효율성의 관점이 아니라 경제적 형평성의 관점에서 접근하고자 하는 것이다. 이슬람은 위험과 정보량 측면에서 형평성을 구현하기 위한 경제구조를 지향한다. 이슬람은 공공 복리 증진을 목표로 한 이슬람 법률 체계로 금융 구조와 거래를 규율하고자 한다.

이슬람은 계약을 통한 거래관계를 중요시하고 경제적 공평성을 추구하기 위해 경제 거래의 관계와 조건을 명확하게 하는 것을 강조하며 이를 불확실성(gharar)[3] 배제로 표현한다. 불확실성 배제는 정보의 문제에 대응하여 형평성을 추구하기 위한 원칙이다. 이는 계약에서 정보 부족, 정보의 비대칭성, 통제의 결여로 인해 생기는 문제를 해결하기 위한 지침이 된다.

이슬람에 의하면 정보 부족, 정보의 비대칭성, 통제의 결여로 인해 발생하는 불확실성이 있으면 그 계약은 무효가 된다. 그러므로 ① 거래 당사자들이 제대로 알 수 없는 상황에 대해 계약을 하거나, ② 계약의 한 쪽 당사자가 계약의 어떤 중요한 요소에 대한 정보를 다른 쪽 당사자 에게 정확히 알리지 않거나, ③ 어느 쪽도 통제할 수 없는 사항을 계약의 내용으로 하는 것을 금지한다.

---

2) 이자(riba)는 증가, 성장, 확장, 부풀어 오름을 의미하는 아랍어이다.

3) 가라르(gharar)의 문자 그대로의 뜻은 '속임수', '위험', '과도하고 불필요한 불확실성', 또는 '모호성' 등을 의미한다.

3) 이슬람 교리 적용

이슬람에 기반을 둔 경제 행위와 구조는 이슬람법인 샤리아(Shari'ah)에 의해 규율된다. 이슬람법의 궁극적인 목적은 공공복리를 실현하기 위한 것이다. 이슬람 종교 경전인 꾸란(Qur'an)이 최상위의 법원(法源)으로 작용하고 있고, 예언자 무함마드의 언행인 순나(sunnah)를 그의 사도들이 구술한 언행록 하디뜨(hadith)가 둘째로 중요한 법원이고 그 다음으로는 종교지도자들의 해석을 통한 합의인 이즈마(ijma)가 셋째로 중요한 법원이다. 이 세 가지 법원에 제시되어 있지 않은 특정한 사항에 대한 유추인 끼야스(qiyas)가 넷째로 중요한 법원이다.

이에 바탕을 두고 무슬림의 행동을 규율하는 이슬람법인 샤리아(Shari'ah)가 형성 되며, 이슬람은 샤리아를 통해 이슬람 금융을 구체적으로 규율한다. 이처럼 자구를 바꿀 수 없는 종교 경전인 꾸란이 최상위의 법원으로 작용하고 있으므로 이슬람 경제를 운용하기 위해서는 법해석(ibahah)이 매우 중요하다.

샤리아는 국가 기관의 입법 과정을 통해 형성되는 것이 아니라, 이슬람 법학자들이 법원에 대한 해석을 통해 구축한 법리인 피크(fiqh)에 의해 구체적으로 형성된다.

이슬람 방식의 경제적 행위는 샤리아에서 명확하게 금지하는 것을 제외하고는 원칙적으로 모두 허용된다. 이 허용의 원칙(ibahah)에 따라 이자(riba)와 불확실성이 없는 모든 종류의 경제적 거래를 허용한다.

샤리아가 법학자들의 법해석을 통해 형성되므로 이슬람권을 통일적으로 관통하는 샤리아는 존재하지 않고 지역과 시대에 따라 다른 법해석에 의해 각 이슬람 국가마다 이슬람 금융을 규율하는 구체적인 샤리아가 구성된다. 전체적인 원칙은 비슷하지만, 다양한 샤리아가 가능하여 각 국가마다 이슬람 금융의 발전 방식과 양식이 달라진다. 일반적으로 중동 지역에서는 법리를 엄격하게 해석하지만, 동남아시아 지역, 특히 말레이시아에서는 상대적으로 법리를 유연하게 해석하는 경향이 있다.

3. 이슬람의 이자에 대한 견해

1) 위험과 희생 요소에 대한 보상논리

이슬람은 대출자는 열심히 일해서 번 돈을 저축해서 다른 사람들에게 빌려줄 때 차입자가 갚지 않을 위험에 처하게 된다는 것이다. 그 돈은 자신을 위해서 사용할 수도 있었는데 빌려주는 것이다. 그러므로 이자는 위험과 희생에 대한 보상으로 받아들일 수 있다는 논리이다. 이 논거는 일정 부분 설득력을 갖고 있으나, 이슬람은 고정된 기간 동안 위험과 희생에 대해 정기적으로 고정된 금액을 추가적으로 지급하여 보상하는 것이 공평하지 않다고 평가한다. 금융 위험에 대해 이슬람은 이를 보증을 통해 대응하고자 한다. 이를 위해 대출금과 같은 가치의 저당(rahn)을 설정하거나, 보증금(kafalah)을 기반으로 대출금 상환기간을 연장하거나 보증인(damin)을 세울 것을 요구하여 위험에 대응할 것을 제시한다.

2) 기회 포기에 대한 보상 논리

이자를 지지하는 또 다른 논거 중의 하나는 대출자가 대출하지 않고 다른 용도로 사용하여 이득을 취할 수 있는 기회를 포기하는 것에 대한 대가라는 생각이다. 무슬림은 이 기회의 포기에 대한 대가로 대출자가 비용을 보상받도록 사전에 정해진 확정적인 금액을 이자로 요구할 권리가 대출자에게 주어지지는 않는다고 생각한다. 이슬람은 그 기회를 실물적인 생산활동에 의해 보상받아야 한다고 본다.

3) 시간에 대한 보상 논리

이자를 옹호하는 논거 중의 하나는 이자는 시간에 대한 보상이라는 것이다. 사람들은 투자에 대한 미래의 수익보다는 현재의 자산 보유를 더 선호한다. 투자의 기간이 길수록 투입된 자산의 가치는 떨어진다. 그러므로 이에 대한 보상으로 균형을 맞추기 위해 이자율이 높아져야 한다고 주장한다. 이슬람도 시간에 대한 보상의 차원에서 돈의 시간 가치(time value of money)를 인정한다. 하지만 이슬람은 돈을 실물 자산과 결합하여 발생한 수익에 대한 수익률(rate of return)로 해석하여 인정하는 것이지 이자율을 수익률로 인정하는 것은 아니다.

서구 경제학에서는 이자를 현재의 소비를 연기한 대가로 보고 시간의 가치를 이자로 보았다. 그러나 이슬람은 돈은 자식을 낳을 수 없으며 이자를 불로소득으로 간주했다. 이슬람에서 시간 자체는 무가치하며 임금도 노동시간에 대한 보상이 아니라 근로자의 사회공헌에 대한 대가로 규정하고 있다.

4) 실물자산에 근거한 거래

이자 금지 원칙에 따라 무슬림은 돈에 대해서도 통상적인 개념과는 다른 입장을 취한다. 이자는 대출자가 자신의 자본을 어떤 사람에게 빌려준 대가로 생산활동에 아무런 기여도 하지 않고 일정 기간 동안 원금 이상의 돈을 지불받는 것이다. 이슬람은 이자를 매개로 한 대출이 돈 자체가 돈을 낳는 현상을 발생시킨다고 인식하고 돈 자체가 돈을 낳는 것을 허용하지 않는다. 돈은 반드시 실질적인 경제활동과 연결되어 투자되어야만 이윤으로 보상받을 수 있다고 생각한다. 일반적인 사업 거래에서 생산자는 자신의 자본과 노동을 투입하여 생산활동을 영위하기 때문에 이윤을 확보할 권리가 부여된다고 본다. 이슬람은 대출된 자본 자체가 생산활동을 하는 것이 아니라, 인간의 노동과 경영 이 결합되어서 가능한 것이므로 자본 제공자는 제공한 자본에 대해 생산자와 이윤을 공유해야 한다고 본다.

이에 따라 이슬람 금융은 실물 자산에 근거한 거래라는 독특한 특징을 갖고 있다. 그러므로 이슬람 금융은 자본조달이 실물부문의 활동을 분명하게 식별하고 이에 직접 연결될 수 있도록 하는 금융구조를 제시해 준다. 실물 자산 중시와 이자를 금지하는 이슬람 금융의 원리에 따라 이슬람은 채권금융(debt financing)을 지양하고 주식금융(equity financing)을 장려한다. 주식금융은 실물 자산을 매개로 실물 부문과 금융 부문을 연결한다는 특징을 갖는다. 이는 일반적 금융에 비해 이슬람 금융이 안정성을 갖도록 작용하지만, 동시에 거래가 복잡해져서 거래비용을 증가시키는 요인으로 작용한다.

제2절 이슬람 金融 契約 方式과 構造

1. 재화거래 계약

이슬람 계약 방식은 계약의 기능과 목적에 따라 크게 재화거래 계약, 자본조달 계약, 금융중개 계약의 세 가지로 구분할 수 있다. 재화거래 계약 방식은 이슬람 경제구조와 금융구조의 기반을 형성한다. 재화거래 계약은 상품과 자산의 교환, 매매, 상품과 서비스의 유통을 원활하게 하기 위한 실물 부문의 경제적 거래 관계를 핵심으로 한다. 이 재화거래 계약은 교역에 기반을 둔 활동에 근거하고 있다. 교역은 현물(spot)거래 또는 지급이연 거래에 따라 이루어질 수 있고, 재화와 재화의 교환, 재화에 대한 가격 지급, 지급 약속에 대한 재화의 인도로 이루어 질 수 있다. 이러한 거래를 통해 자산을 창출하고 투자 기회를 제공할 수 있다.

이슬람은 교역을 강조하여 상품과 실물 자산 거래를 다른 사업 형태 보다 선호한다. 이슬람의 재화거래 계약은 크게 실물 자산에 대한 소유권 이전계약과 사용권 이전에 대한 계약으로 크게 구분된다. 이슬람은 실물 자산의 거래뿐만 아니라 자산을 사용할 수 있는 권리에 대한 거래도 재화거래로 인식한다.

이슬람은 부동산, 토지, 기계 같은 실물 자산을 기반으로 한 임대(lease) 과정에서 발생하는 사용권 이전을 기술적으로 매매 계약으로 간주한다. 이는 실물 자산이 아니라 사용권(usufruct) 자체를 매매의 대상물로 해석하기 때문이다. 소유권 매매에 관한 계약은 자산 소유권의 이전이 필수적이지만, 자산 이용에 관한 계약은 자산 소유권의 이전이 없이 오직 사용권만이 이전된다. 이 두 형태의 계약으로부터 다른 형태의 계약이 도출되고, 주요한 경제활동의 기반을 형성한다. 이 두 가지 형태의 계약은 스쿠크(Sukuk)의 구조에 그대로 반영된다. 일반적으로 이슬람 금융은 금융 거래에 실물 자산이 연결되어 있는 것으로 이해된다. 이슬람은 실물 자산 자체와 이로부터 파생하는 사용권을 두 개의 독자적인 자산으로 간주한다. 스쿠크 유통에서 반드시 실물 자산이 이전되는 것으로 알려져 혼동을 야기한다. 스쿠크 유통은 실물 자산을 근거로 하지만 반드시 실물 자산이 이전되는 것은 아니다.

2. 자본조달 계약

1) 교역금융

무라바하(murabahah) 계약은 신용으로 재화를 거래할 때 자본을 조달하는 대표적인 이슬람 교역금융 계약이다. 이는 단기간 신용거래를 통해 생산이나 소비를 원활하게 하기 위한 비교적 위험이 작은 금융 방식으로 활용된다. 무라바하는 일반적인 신용거래와 매우 유사하지만, 실물 자산을 근거로 한다는 점에서 다른 특징을 갖는다. 무라바하 계약은 주로 생산활동을 위해 필요한 자본을 갖지 않은 사업가를 대신해서 자본을 보유한 사람이 상품·원료 등을 판매자로부터 구매해서 사업가에게 제공하기 위해 적용하는 방식이다.

자본 조달자와 사업가는 이윤폭에 대해 합의하고 재화에 대한 지급을 특정 기간 동안 이연하며, 자본 조달자는 계약이 종결될 때까지 재화의 소유권을 갖게 된다. 이 점이 통상의 신용판매와 다른 점이다. 실물 자산의 원가에 가산된 부분(cost plus)은 판매자에게는 이윤이고, 구매자에게는 지급이연의 대가로 지급하는 수수료이다. 지급이 이연되는 동안 사업가는 구매한 상품과 원료 등을 이용하여 제품을 생산하여 내다 판다. 이때 발생하는 수입으로 지급이연된 돈을 되갚는다.

샤리아는 무라바하 계약이 유효하기 위해서는 무라바하 계약은 새로 생산한 물품에 대한 거래에 적용해야 하고 기존의 재고를 유통하기 위한 자본조달 수단으로 사용하지 않아야 한다고 규정한다. 무라바하는 원래 상인들이 최종사용자가 요구하는 상품을 구매하고 이를 최종 사용자에게 제공하기 위한 매매거래였다. 가격은 상인들이 지출한 비용에 합의된 이윤을 더해 계산되었다. 은행과 같은 금융중개기관이 등장함에 따라 자본 조달자로서 상인의 역할이 금융중개기관에 의해 대체되었다. 오늘날 실행되는 전형적인 무라바하 거래에는 자본조달자인 이슬람은행, 상품판매자, 자본 수요자인 구매자가 참여한다. 무라바하 계약은 자본조달 계약으로서 구매자와 은행 간의 계약이다.

2) 공동출자

무샤라카(musharakah) 계약은 자본조달 계약 중 공동출자 방식이 적용되는 계약이다. 이 계약은 채권금융(debt financing)을 지양하는 이슬람이 권장하는 자본조달 방식으로서, 이 방식에 대해 샤리아는 포괄적으로 규정하고 있다. 이는 동업(shirakah)과 뒤에서 논의할 자본－경영 결합인 무다라바(mudarabah)의 혼합 방식이다. 이 계약에서 동업자는 공동으로 출자하고 공동으로 경영하면서 손익을 공유한다. 경우에 따라서는 한 자본 제공자가 다른 자본 제공자에게 경영 권한을 위임할 수 있다. 이때 경영을 전담하는 자본 제공자를 무샤릭(musharik)이라고 부른다.

무샤라카 형태는 감축 동업(musharakah mutanaqisah)이라고 불리는 방식으로 주택 구입을 위한 모기지에 적용된다. 이 방식에 따라 자본 조달자와 고객 간에 무샤라카 계약을 체결하고 부동산을 공동으로 소유한다. 고객이 주택구입비에 대해 매달 할부로 지분을 구입함으로써 시간이 흐름에 따라 자본 조달자의 소유권이 줄어들고 궁극적으로 고객이 자산에 대한 완전한 소유권을 획득하게 된다. 고객의 정기적인 지불금은 자본 조달자의 자산 소유 지분에 기반을 둔 임대료와 자본 조달자의 주식 지분을 매입하기 위한 자본 지분 두 부분으로 구성된다. 감축 동업을 적용한 모기지와 이자라를 적용한 모기지는 주택금융이라는 측면에서 유사한 점이 있으나, 자산 소유권의 귀속이라는 측면에서 두 방식은 차이가 있다. 무샤라카에 기반한 모기지 계약에서는 고객과 자본 조달자 간에 자산 소유권이 명백하게 공유되지만, 이자라에 기반한 모기지 계약에서는 임대의 전체 기간 동안 자산 소유권이 자본 조달자에게 귀속된다.

3. 금융중개 계약

샤리아는 이슬람 금융기관의 금융중개 계약에 대해서도 원칙을 제시하고 있다. 금융중개는 자산전환, 지급체계, 보관서비스, 위험관리, 보증 등 광범위한 범위의 일반적인 금융중개 기능을 포함하고 있다. 동업중개는 금융중개 계약에서 가장 중요한 형태이고 신탁은 자산의 안전과 보호를 위해 금융중개 기관에 자산을 맡기는 계약이다. 보증은 경제 주체들 간에 금융계약 이행을 원활하게 하고 금융 성과를 높이기 위한 것이다. 동업 원리에 기반을 둔 금융중개 계약은 자본-경영 결합 금융중개인 무다라바(mudarabah)와 공동출자 금융중개인 무샤라카(musharakah)를 포함한다. 이 둘은 위험공유라는 이슬람 금융원칙을 구현하는 금융중개의 기초를 이룬다. 이 방식에서 대리인은 시장에 대한 지식을 축적하고, 전문성을 발전시키며, 자본 배분을 위해 투자기회를 가려내고 주시 하는 중개인 역할을 수행한다. 이 두 금융중개 계약은 표준화되고 잘 기록되었으며, 잘 구축된 금융 방식으로 발전하였다. 금융중개 중에서 담보 분야도 일반적인 금융중개기관과 마찬가지로 긴요한 경제적 서비스를 제공하는데 있어서 중요한 역할을 수행한다.

제3절 이슬람 債券 스쿠크

1. 발행 배경

이슬람 금융은 실물이 수반되는 복잡한 구조이므로 상대적으로 거래비용이 크고 유동성이 제한된다. 따라서 이슬람은행의 금융중개를 통하지 않고 유동성을 확보하기 위해 이슬람 자본시장을 활용하는 것이 필수적이다. 위험 공유라는 이슬람금융 원칙에 의해 이슬람은 주식시장을 중요하게 여긴다. 그러나 주식은 수익이 각 회사의 사업 성과에 그대로 연결되기 때문에 위험이 가장 큰 증권이다. 따라서 이슬람 지역에서 주식보다는 위험이 작으면서 다양한 실물 자산을 기초로 한 구조화된 자산유동화 증권의 도입 필요성이 지속적으로 제기되었다. 이에 이슬람은 이슬람 금융원칙을 구현하는 자본시장의 금융수단으로서 자산유동화 증권인 스쿠크(sukuk)를 개발했다. 1988년 이슬람 회의기구(Orgarnization of Islamic Conference: OIC)가 이슬람 방식의 구조화 증권 개념을 승인함으로써 스쿠크 발행의 기반이 마련됐다.

1990년에 말레이시아가 세계 최초로 스쿠크를 발행했고 현재 세계 스쿠크시장을 주도 하고 있다. 스쿠크 거래가 주식시장에 비해 비중은 매우 낮지만 이슬람 금융시장과 일반 금융시장을 연결할 수 있는 유용한 수단이다. 스쿠크는 현재 매우 빠르게 발전하고 있고 향후 발전 잠재력이 매우 큰 중요한 이슬람 금융수단이라 할 수 있다.

2. 스쿠크 구조

1) 구조

스쿠크(sukuk)는 '물 자산, 사용권과 서비스, 특정 프로젝트의 자산 또는 특별한 투자활동의 소유권에 대해 분리되지 않는 지분을 표시하는 동등한 가치'의 증서이다. 스쿠크는 자산 집합을 구성하고 그것을 기초자산으로 해서 발행하는 수익증권으로, 정해진 만기 기간 동안 기초자산에 대한 소유권 지분을 나타낸다. 기초자산에 대한 소유권과 기초자산 운용에서 발생하는 수익에 대한 권리를 부여하며 기초자산에 의해 발생하는 현금 흐름과 연계된 수익과 위험을 스쿠크 보유자가 공유하게 된다.

스쿠크의 설계는 일반 자본시장에서 광범위한 자산을 구조화하여 자산을 유동화하고 기초자산을 기반으로 증권을 발행하는 과정과 매우 유사하다. 샤리아(Shari'ah)를 준수해야 한다는 점을 제외하고 일반적인 자산유동화 증권과 구조가 비슷하다.

자산유동화의 원리와 목적은 자산 소유자의 특정 자산을 분리하지 않고 자본조달을 할 때에 비해 비용을 낮추는 것이다. 자산유동화 과정에서 자본을 조달하고자 하는 최초 기초자산 보유자는 잠재적인 파산 위험을 특수목적기구(special purpose vehicle: SPV)에 기초자산을 이전하여 자산유동화 증권을 발행한다. 보통 조세중립성 원칙하에 특수목적기구의 이윤에 대해서는 세금을 부과하지 않는다.

스쿠크는 이러한 일반적인 자산유동화 원리와 목적을 그대로 활용하고 샤리아 원칙에 적합하도록 실물자산을 증서 발행의 기초자산으로 사용한다. 이 점이 기본적인 차이점이다. 발행하고자 하는 스쿠크가 샤리아에 적합한가를 검토하고 이에 대한 전문적인 의견을 제시하는 샤리아 법학자 등이 참여하는 점이 특이하다.

2) 특성

실제 운용에 있어서 스쿠크는 발행 구조에 의해 예측가능한 고정된 수익을 제공할 수 있다. 현금 흐름에 대한 청구권으로서 만기가 정해져 있고 수익의 흐름이 일정하게 운용된다는 점은 일반 채권과 유사한 측면이 있다. 하지만 일반 채권은 기초자산과 연계되지 않고 발행되며 이자를 매개로 한 대출 관계를 나타내는 증서이다. 반면 스쿠크는 기초자산에 연계하여 발행되며 기초자산의 성과에 비례하여 수익을 배분하는 증서라는 점에서 본질적인 차이점을 갖고 있다.

주식과 수쿠크 모두 직접금융 수단이라는 공통점이 있으나 주식은 주식회사의 일반적인 경영을 위한 주식 지분인 반면, 스쿠크는 특정한 프로젝트에 기반하여 발행한다. 주식은 만기가 없이 주식회사가 존속하는 한 영속적이지만, 스쿠크는 만기가 정해진 수익증권이다.

계약 형태에서 주식은 주식 지분을 나타내는 증서로서 자본 소유 계약이지만, 스쿠크는 수익증권으로서 기초자산의 성질에 따라 임대에서 주식 지분까지 다양하다. 담보 측면에서 주식은 동산과 부동산을 포함한 사업자산으로 이루어진 자기자본을 담보로 한다. 반면 스쿠크는 실물 자산을 중심으로 한 다양한 기초자산을 담보로 한다.

스쿠크와 일반 자산유동화 증권을 비교해 보면 스쿠크는 기초자산을 기반으로 유동성을 확보하기 위한 자산유동화 증권이라는 점에서 일반 자산유동화 증권과 공통점을 갖는다. 두 증권 모두 자산을 구조화하는 과정에서 유동화를 위한 SPV를 필요로 한다.

스쿠크는 일반 자산유동화 증권과 기초자산과 자산 소유권의 측면에서 그 성격이 다르다. 스쿠크는 증권의 기초자산에 대한 소유권을 나타내는 반면, 자산유동화 증권은 일반적으로 증권의 기초자산에 대한 소유권을 보장하지 않는다. 일반 자산유동화 증권을 흔히 자산담보부(asset backed) 증권으로 표현하기도 하지만, 일반적으로 기초자산에 대한 청구권이 없다는 점을 고려하면 이를 자산근거부(asset based)로 표현 하는 것이 더 적합하다. 스쿠크는 자산담보부 증권과 자산근거부 증권을 포괄하여 스쿠크를 자산연계부(asset linked) 증권으로 표현하기도 한다.

증권의 형태 측면에서 일반 자산유동화 증권은 채권에 기반한 고정수입증서이지만, 스쿠크는 계약과 기초자산에 따라 다양한 형태를 갖는다. 일반 자산유동화 증권은 채권에 기반한 고정수입증서이지만, 스쿠크는 계약과 기초자산에 따라 다양한 형태를 갖는다. 스쿠크의 기초자산은 채권이 아니라 실물 자산에 기초하고 있다는 점에서 핵심적인 차이점을 나타낸다. 일반 자산유동화 증권은 위험을 투자자로부터 발행자에게 이전하는 수단이지만, 스쿠크는 위험을 투자자와 발행자가 공유하게 하는 수단이다.

3. 스쿠크 종류

1) 무라바하 스쿠크

무라바하(murabahah) 스쿠크는 자본 수요자가 상품을 먼저 구입하고 대금을 나중에 지급하는 신용거래로 구입하고자 할 때 적용된다. 자본 수요자와 특수목적기구(SPV)는 SPV가 자본 수요자에게 신용으로 상품을 제공하는 무라바하 계약을 체결한다. 이를 바탕으로 SPV가 스쿠크를 발행하고 투자자로부터 스쿠크 발행금을 받아 이 자금으로 상품을 현물 거래로 구입한다. 이때 일반적으로 특정한 물품 판매자가 스쿠크 발행자인 SPV에게 물품을 공급하겠다는 매도이행 약정을 맺고, SPV는 특정 판매자로부터 물품을 구매한다.

이 상품이 스쿠크의 기초자산으로서 스쿠크 보유자의 소유가 된다. SPV는 기초자산의 소유권 지분을 가진 스쿠크 보유자의 대리인으로서 기초자산을 운용하는 권한을 갖는다. SPV는 구매한 상품을 자본 수요자에게 이전한다. 자본 수요자는 이 상품을 자신이 직접 사용하거나 시장에 현물거래로 내다 판다. 자본 수요자는 원가에 가산된 부분에 해당하는 금액을 정해진 방법으로 SPV에 지불하는데, 이는 일시불, 정기적인 분할지급, 또는 상호 합의한 방식에 따라 이루어진다. SPV는 이 금액을 수익금으로 투자자인 스쿠크 보유자에게 지급한다. 만기가 되면 자본 수요자는 처음에 약정한 상품대금을 SPV에게 지불하고, SPV는 이를 스쿠크 보유자에게 지급하고 무라바하 계약이 종료되고 SPV는 해체된다.

2) 이스티스나 스쿠크

이스티스나(istisna)스쿠크는 주문에 의해 향후 건설되거나 제작될 기초자산을 기반으로 발행되며 건설과 프로젝트 개발에 활용할 수 있다. 자본 수요자는 프로젝트 개발회사와 주문제작 계약인 이스티스나 계약을 체결하고 향후 제작될 프로젝트의 소유 증서를 SPV로 이전한다. SPV는 향후 주문제작 될 구조물이나 제품, 또는 프로젝트를 기초자산으로 하여 스쿠크를 발행하고 스쿠크 보유자로부터 받은 발행금을 기초자산에 대한 대가로 자본 수요자에게 지불한다.

자본 수요자는 이 자금을 활용하여 구조물 제작에 착수한다. 사업수행자는 건설이나 프로젝트가 진행됨에 따라 발생하는 수익을 SPV에 지불하고, SPV는 이를 스쿠크 보유자에게 지급한다. 사업수행자는 프로젝트를 발주한 개발회사로부터 완성된 프로젝트에 대한 대금을 지급받는다. 만기가 될 때 자본 수요자인 사업수행자는 기초자산에 대한 대금을 SPV에 지불하여 기초자산을 되찾고, SPV는 이 대금을 스쿠크 보유자에게 지급하고 스쿠크를 회수하며 스쿠크 계약이 만료되면 SPV는 해체된다. 사업수행자는 완성된 프로젝트를 발주자인 프로젝트 개발회사에 이전한다. 이스티스나 스쿠크도 이자라 스쿠크와 마찬가지로 현금 흐름을 다양하게 할 수 있다. 일정하게 고정된 현금 흐름을 창출할 수도 있고, 프로젝트가 완성되는 정도에 따라 스쿠크 수익을 제공할 수 있다. 이스티스나 스쿠크는 발행시 실물 기초자산이 존재하지 않는다는 논란 때문에 유통시장에서 거래되지 않는다.

3) 살람 스쿠크

살람(salam) 스쿠크는 미래에 인도할 상품에 대해 미리 대금을 지급받기 위해 금융거래에 적용되는 수익증권으로, 보통 3개월에서 1년 기간의 짧은 만기를 가진 투자 수단이다. 상품 판매자인 자본 수요자와 SPV가 살람 계약을 체결한다. 살람 계약에 더하여 상품 판매자가 상품을 인도할 때 SPV로부터 상품을 구매할 상품 구매자를 알선하고, 미리 결정된 상품 구매자에게 상품을 인도한다는 매도이행 약정을 맺는다.

SPV는 자본 수요자인 상품 판매자가 미래에 인도할 상품을 바탕으로 스쿠크를 발행한다. SPV는 상품을 인도받지 않은 상태에서 스쿠크 발행금을 상품 판매자에게 상품 구매 대금으로 바로 지급한다. 지급받은 상품구매 대금으로 상품 생산에 필요한 비용을 충당해 상품을 생산하고, 자본 수요자인 상품 판매자는 특정한 미래 시점에 약정한 상품을 상품 구매자에게 인도한다.

이때 SPV는 상품구매 원금과 수익을 합한 금액을 스쿠크 보유자에게 지급하고 스쿠크를 회수하면서 종결되고 SPV는 해체된다. 살람 스쿠크는 실물 자산으로 존재하지 않는 기초자산에 기반해서 발행되므로 일반적인 이슬람 금융의 원칙에 부합하지 않는 특징을 나타낸다. 반면 살람 스쿠크는 미래의 실물 자산을 매개로 한다는 점에서는 이슬람 금융의 원칙에 부합하지만, 본질적으로 채권금융(debt financing)의 특성을 갖고 있다. 따라서 살람 스쿠크를 양도하여 유통시장에서 거래하는 것을 허용하지 않기 때문에 스쿠크 보유자들은 이를 만기까지 보유할 수밖에 없다

4) 무다라바 스쿠크

무다라바(mudarabah) 스쿠크는 위험을 공유하는 이슬람 금융 원칙을 가장 잘 구현하는 수단이다. 특정 사업을 관장할 주체가 자본을 제공받아 사업경영을 수행하는 자본

수요자로서 무다립(mudarib)이 되고, 자금을 제공하는 투자자(rabbal mal)인 스쿠크 보유자를 대행하여 SPV가 무다라바 계약을 체결하고 스쿠크를 발행한다. 자본 수요자인 무다립은 수행할 사업 자체를 기초자산으로 삼는다. SPV는 이를 기반으로 스쿠크를 발행하고 스쿠크 보유자로부터 받은 스쿠크 발행금을 무다립인 자본 수요자에게 지불하며, 자본 수요자는 이를 사업운영 자금으로 활용한다. 스쿠크 보유자는 기초자산에 대한 소유권 지분을 갖는다. 자본 수요자는 사업 수행에 의해 발생한 수익을 SPV에 지급하고, SPV는 이를 자본 제공자인 투자자와 사업 수행자인 무다립에게 사전에 약정된 방식에 따라 수익을 분배한다. 만기가 되면 SPV는 스쿠크 대금 지급을 위해 사업수익을 축적하여 충당한 자금을 스쿠크 보유자에게 지급하고 스쿠크를 회수한다. 계약이 만료되고 SPV는 해체되며 무다라바 조직도 동시에 종료된다.

5) 무샤라카 수쿠크

무샤라카(musharakah) 스쿠크도 무다라바 스쿠크와 함께 위험을 공유하는 이슬람 금융 원칙을 가장 잘 구현하는 수단이다. 실물 자본을 제공하면서 특정 사업을 관장할 주체가 무샤릭(musharik)이 되고, 사업운영 자금을 제공하는 투자자인 스쿠크 보유자가 자본 제공자 역할만을 담당하는 무샤라카 계약이 전형적인 방식이다. 실물 자본을 제공하는 무샤릭이 SPV에 기초자산을 이전하고 SPV는 이전된 기초자산을 기반으로 스쿠크를 발행하고 발행금으로 무샤라카의 사업운영 자금을 충당한다.

스쿠크 보유자는 기초 자산에 대한 소유권 지분을 갖고 SPV는 사업 수행에 의해 발생한 수익을 무샤릭과 사업운영 자금 제공자인 투자자에게 사전에 약정된 방식에 따라 수익을 분배한다. 만기시에 SPV는 스쿠크 대금 지급을 위해 사업수익을 축적하여 충당한 자금을 스쿠크 보유자에게 지급하고 스쿠크를 회수한다. 계약이 만료되고 SPV는 해체되며 무샤라카 조직도 종료된다.

6) 이자라 스쿠크

이자라(ijarah) 스쿠크는 스쿠크시장에서 활발하게 활용되고 있는 수단이다. 이자라 계약 구조는 일반적인 임대(lease) 계약과 가장 유사하므로 비이슬람 지역의 투자자들도 이자라 스쿠크에 대해 많은 관심을 갖고 있다. 임대계약에 의해 기초자산을 운영하여 얻은 수익을 투자자에게 제공하는 증권이다. 자본 수요자인 최초 기초자산 보유자는 SPV에 임대할 수 있는 기초자산을 이전하고 SPV는 기초자산을 기반으로 스쿠크를 발행하고 스쿠크 보유자로부터 받은 발행금을 기초 자산에 대한 대가로 자본 수요자에게 지급한다.

SPV는 기초자산을 임차인에게 임대하고 이때 최초 기초자산 보유자에게 기초자산의 임대가 이루어질 수도 있고 스쿠크 보유자는 기초자산에 대한 소유권 지분을 갖는다. 그러나 최초의 기초자산 보유자가 기초자산의 소유권 증서를 SPV로 이전하지 않는 경우가 일반적이다. 스쿠크 보유자는 기초자산의 소유권자로서 기초자산의 유지·보수 책임을 진다. 임차인은 자산 사용에 대한 대가로 약정된 임대료를 정기적으로 SPV에 지불하고, SPV는 임대와 관련된 비용을 정산하고 수익을 투자자인 스쿠크 보유자에게 지급한다. 만기시 자본 수요자는 기초자산 대금을 SPV에 지급하여 자산을 되찾고, SPV는 스쿠크 보유자에게 이를 지급하고 스쿠크를 회수한다. 계약이 만료되면 SPV는 해체된다. 이자라 스쿠는 여러 가지 장점을 가지고 있어 현재 활발하게 활용되며 앞으로도 확산될 전망이다.

4. 이자라 스쿠크 발행 사례

이슬람의 율법은 이자를 불로소득(unearned income)으로 간주하고 이자(interest)를 결코 인정하지 않는 대신 배당(dividend)이라는 편법을 활용한다. 이슬람은 자본조달을 위해 이자라 유형의 채권 스쿠크(SUKUK)를 발행하는데 [그림 3-1]과 같다.

한국의 H기업은 이슬람권의 투자자들의 자금을 차입하기 위하여 3년 만기의 SUKUK를 발행한다고 가정하자. 직접 차입하는 것이 불가능하여 먼저 특수목적회사(SPC)를 설립한다. H기업은 SPC에 H기업 소유의 부동산을 매각(①)하는 절차를 가진다. SPC는 매입한 부동산을 담보로 채권 SUKUK를 발행하고 투자자에게 채권을 매각(②)하고 투자대금(③)을 받아서 차입자 H기업에게 전달(④)한다. SPC는 H기업에게 매입한 자산을 H

[그림 3-1] 스쿠크(SUKUK) 발행절차

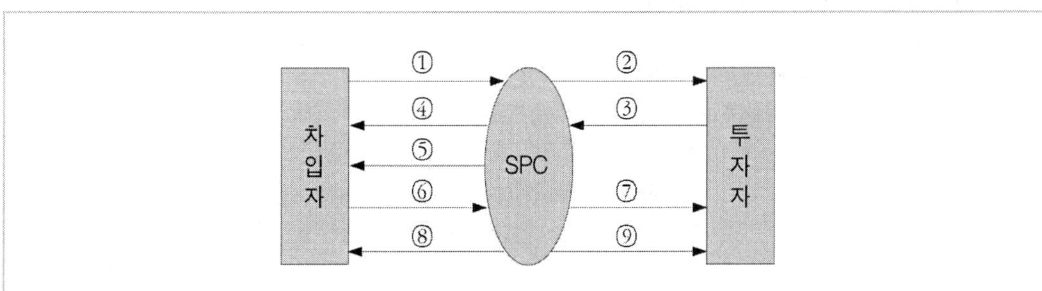

자료: 강한균, 「글로벌재무론」(고양: 피앤씨미디어, 2014), p.114.

기업에게 임대(⑤)하고 매월 임대료(⑥)를 수취하여 투자자에게 투자수익으로 배당(⑦)을 지급하는 형식을 취한다. 3년의 만기가 되면 SPC는 보유 자산을 H기업에 재매각(⑧)하고 매각 대금을 받아 투자자에게 투자원금을 상환(⑨)하면 모든 절차가 종료된다.

이 경우 문제가 되는 것은 부동산을 사고 팔면서 취득세, 등록세, 양도소득세 등이 발생하는데 이는 투자자가 받는 투자수익(⑦)보다 훨씬 크기 때문에 투자자들이 투자를 포기할 수밖에 없다. 이에 정부에서는 세제상의 특혜를 부여하여 이슬람 금융을 유치하자는 목적으로 SUKUK를 발행하려고 했으나 보수 기독교계의 강한 반발로 무산되었다. 한국 정부는 2009년 UAE 원전 건설 계약을 하면서 약 100억 달러의 SUKUK를 발행할 계획이었으나 실패했다.

기독교계의 반발은 특정 종교에 대한 세제 특혜에 반대한다는 명분이 있었으나 실제로 이슬람의 한국 내 포교활동에 대한 우려 측면이 더 강하다고 하겠다. 왜냐하면 샤리아 위원회(Shariah committee)에서는 배당금의 성격을 띤 이자 수입의 2.5%를 자캬트의 이름으로 징수해 자선활동 등에 사용해야 하기 때문에 국내 이슬람의 포교활동을 활성화시키는 근거가 되기 때문이었다.

[참고자료] 이슬람금융 이야기

이슬람금융이란 '이슬람 율법에 부합하는 금융체계이자 서구 금융 시스템의 부익부 빈익빈 현상을 해결하고자 제시된 금융체계이다. 이슬람국가들(사우디, UAE, 카타르, 바레인, 말레이시아 등)에서 발전했는데 다수의 무슬림이 거주하는 국가(태국)에서도 이슬람금융이 자리잡기도 했다. 이슬람금융은 1조 달러 수준에 달하며 약 75개국 300개 이상 기관에서 이슬람금융을 취급하고 있다.

이슬람금융은 수익보다 이슬람 교리인 코란의 가르침을 따르는 것을 더 중요시 한다. 비윤리적 사업(담배, 술, 포르노, 무기, 도박 등)에는 금융지원을 할 수 없다. 또 미래 수익이 확실히 규정되지 않은 파생상품 거래, 고리대금업도 금지 대상이다. 부동산 매매나 자동차 구입 시에는 은행에서 직접 돈을 빌릴 수 없고, 실물자산을 먼저 금융권이 구입한 뒤 구매자에게 할부 또는 리스로 판매한다. 돈을 빌려주고 빌리는 행위는 '돈은 자식(이자)을 낳지 않는다'는 원칙에 의거 엄격히 금지되기 때문이다.

말레이시아는 이슬람금융을 활성화하기 위해 한 은행이 전통적 은행과 이슬람 은행을 동시에 소유하도록 하는 정책을 시행하고 있다. 말레이시아는 이슬람 채권 스쿠크(SUKUK) 발행국이자 이슬람 채권의 중심국이다. 스쿠크는 이자가 아닌 배당금이란 편법으로 투자자에게 대가를 지급한다.

자료: https://m.post.naver.com/viewer/postView.nhn? 부분 발췌

CHAPTER 04

韓國 金融市場과 中央銀行 政策

제 1 절 韓國의 주요 金融市場[1)]

1. 단기금융 시장

1) 콜시장

금융시장(financial market)[2)]이란 자금 공급자와 자금 수요자 간에 금융거래가 이루어지는 장소로 직접금융 시장과 간접금융시장으로 구분된다. 간접금융 시장은 예금과 대출을 통한 금융기관을 통해 자금이 중개되는 시장을 말한다. 직접금융 시장은 금융상품의 만기(통상 1년)를 기준으로 단기금융 시장과 장기금융 시장으로 나누어진다.

단기금융 시장은 자금시장(money market)이라고 하며 콜시장, 환매조건부 매매시장, 양도성정기예금증서 시장, 기업어음 시장, 전자단기사채 시장, 표지어음 시장, 통화안정증권(만기 1년 이내)시장, 재정증권 시장 등으로 구성된다.

콜시장(call market)은 금융기관들이 일시적인 자금 과부족을 조절하기 위해 상호 간에 초단기로 자금을 차입하거나 대여하는 시장이다. 담보제공 여부에 따라 담보콜과 무

---

1) 한국은행, 「한국의 금융시장」(2016), pp.29~415, passim.

2) 우리나라 금융시장은 간접금융시장과 직접금융시장으로 구분된다. 간접금융시장에는 예대시장, 집합투자(펀드)시장, 신탁업시장, 보험시장이 있다. 직접금융시장에서는 단기금융시장, 자본시장, 외환시장, 파생금융시장이 있다. 단기금융시장에는 콜시장, 환매조건부매매시장, 양도성예금증서시장, 기업어음시장, 전자단기사채시장이 있다. 자본시장에는 주식시장과 채권시장(통화안정증권, 자산유동화증권)이 있고 파생금융상품시장에는 주식·금리·통화관련파생상품시장, 신용파생상품시장, 파생결합증권시장이 있다.

담보콜(신용콜)로 구분되며 무담보콜이 거래의 대부분을 차지한다. 콜거래 만기는 최장 90일 이내에서 일별로 정할수 있으나 실제 거래는 익일물이 대부분이다. 콜거래 최소금액은 1억원이며 거래단위는 억원이며 계약체결 방식에 따라 중개거래와 직거래로 구분되며 대부분 중개거래이다.

중개거래는 자금중개회사가 유선을 통해 콜론(call loan) 및 콜머니(call money) 주문을 접수한 후 거래금액이 콜머니기관의 신용공여한도 범위 이내인지 확인하고 거래를 체결시킨다. 직거래는 전체 콜거래의 1% 이내 비중이며 대부분 거래 당사자들이 사전에 합의한 계약에 따라 정기적으로 이루어진다.

2) 환매조건부 매매시장

환매조건부 매매(repurchase agreement: RP)란 미래 특정 시점 또는 거래 당사자 중 일방이 통지한 시점에 특정가격으로 동일한 증권을 다시 매수·매입할 것을 약정하고 이루어지는 증권의 매매이다. RP거래는 매수자에게는 단기 여유자금을 안전하게 운용할 수 있고 매도자에게는 무담보차입에 비해 저렴한 자금조달 수단이 된다.

RP거래는 거래 주체를 기준으로 금융기관과 일반고객 간에 이루어지는 대고객 RP, 금융기관 간의 기관 RP, 한국은행과 금융기관 간의 한국은행 RP로 구분된다. 한국은행은 원칙적으로 단기유동성 조절을 위한 7일물 RP매각을 매주 목요일에 정례적으로 실시하며 이것이 한국은행의 기준금리가 된다. 각 시중은행들은 단기자금 상환을 예측해 RP매매에 참여해 자금 과부족을 조정해야 한다.

거래 기간에 따라 만기가 1일인 익일물(overnight) RP, 만기가 2일 이상인 기일물(term) RP, 거래 당사자 중 일방의 통지가 있을 때까지 매일 자동적으로 만기가 연장되는 개방형(open) RP가 있다.

3) 양도성예금증서 시장

양도성예금증서(negotiable certificate of deposit: CD)는 은행이 정기예금증서에 양도성을 부여한 것이다. CD시장은 CD가 발행·유통되는 단기금융 시장으로 발행기관(은행), 중개기관, 매수기관으로 구성된다. CD는 한국은행법상 지급준비금 적립대상이 되지만 은행을 상대로 발행하는 CD는 지급준비금 대상에서 제외되고 2001년부터 예금보호 대상에서 제외된다.

CD는 중도해지할 수는 없으나 양도가능 하므로 매수자가 보유 CD를 현금화 하고자 하는 경우 매각할 수 있다. CD는 최단 만기에 대해서만 30일로 제한하고 최장만기는 제한이 없으나 대부분 1년 이내로 한다. 최저 액면금액에 제한은 없으나 은행들은 내규 등을 통해 5백만 원, 1천만 원으로 설정해 운영하고 있다. CD는 할인방식으로 발행되어 예치기간 동안의 이자를 공제한 금액을 지급하고 만기에 액면금액을 수취한다.

4) 기업어음 시장

기업어음(commercial paper: CP)은 신용상태가 양호한 기업이 상거래와 관계없이 운전자금 등 단기자금을 조달하기 위해 자기신용을 바탕으로 발행되는 융통어음이다. 상거래로 인해 발행되는 진성어음인 상업어음(commercial bill)과는 성격이 다르지만 법적으로는 상업어음과 같은 약속어음으로 분류된다.

CP시장은 발행기업(issuers), 할인·매출기관(dealers), 매수기관(investors)으로 구성된다. 발행기업은 거래은행으로부터 기업어음증권이 명시된 어음용지를 교부받아 발행하고 은행의 당좌예금계정을 통해 결제한다. 할인·매출기관은 발행기업으로부터 CP를 할인 매입한 후 이를 매수기관에 매출함으로써 매매차익을 얻으며 매수기관은 주로 단기자금의 운용수단으로 CP를 활용하고 있다. 종합금융회사가 할인·매입하는 경우에는 만기 1년 이내 CP에 한해서만 할인·매매·중개할 수 있다.

5) 전자단기사채 시장

전자단기사채는 「자본시장법」 상의 사채권으로서 실물이 아닌 전자적으로 발행·유통되는 단기금융상품이다. 글로벌금융위기(2008) 이후부터 논의되어 2013년 1월 15일 도입되었다. 전자단기사채의 법적 성격은 어음이 아닌 사채권이지만 경제적 실질은 기존의 기업어음과 동일하다. 기업어음은 실물로 발행·유통되지만 전자단기사채는 실물없이 중앙등록기관의 전자장부에 등록(book entry)되는 방식으로 발행·유통되는 점이 다르다.[3] 전자단기사채는 기업어음에 비해 위·변조, 분실 등의 위험이 없고 발행비용이 절약되고 거래의 투명성이 높다는 등의 장점이 있다.

2. 자본시장

1) 채권시장

자본시장(capital market)이란 기업, 정부, 지방자치단체, 공공기관 등이 자금을 조달

3) 전자어음(electronic bill)이란 발행인, 수취인, 금융기관 3자가 약정을 맺어 시스템 및 인터넷 상으로 발행되는 어음이다. 어음거래 투명화, 분실·도난 방지, 유통·관리비용 절감을 보완하기 위해 2005년 9월부터 도입되었다.

하는 시장으로 광의로는 은행의 시설자금 대출 등 장기대출 시장을 포함하지만 통상적으로 국채, 회사채, 주식 등 장기 직접금융증권이 거래되는 증권시장(securties market)을 의미한다.

채권이란 정부, 공공기관, 민간기업 등이 비교적 장기로 불특정 다수로부터 거액의 자금을 조달하기 위해 정해진 이자와 원금의 지급을 약속하면서 발행하는 증권이다. 채권은 매 기간 투자자에게 일정 금액의 이자가 지급된다는 점에서 고정소득증권이라고도 한다.

채권의 종류는 국채, 지방채, 회사채, 특수채 등 다양하며 종류에 따라 발행방식 및 요건 등에 차이가 있다. 회사채는 공모발행(public offering)과 사모발행(private placement)으로 구분되는데 공모는 불특정 일반인에게 신규로 발행되는 증권 취득의 청약을 권유하는 행위로 「자본시장법」상 청약을 권유받은 자가 50명 이상이면 공모(모집)에 해당하고 50명 미만이면 사모에 해당한다.

채권시장은 발행시장과 유통시장으로 구분되며 유통시장은 장외시장과 장내시장으로 구분된다. 대부분의 채권거래는 장외시장에서 주로 증권회사의 단순중개를 통해 이루어지고 있으며 장내시장으로는 한국거래소 내에 일반채권시장과 국채전문유통시장이 개설되어 있다.

2) 통화안정증권 시장

통화안정증권 시장이란 한국은행이 발행하는 채무증서인 통화안정증권이 발행·유통되는 시장이다. 통화안정증권은 환매조건부매매 및 통화안정계정 예치와 함께 한국은행의 주요 공개시장운영 수단으로 활용된다. 한국은행은 경상수지 흑자(적자) 또는 외국인투자자금 유입(유출) 등으로 시중의 유동성이 증가(감소)하여 이를 기초적으로 환수(공급)할 필요가 있을 경우에 통화안정증권을 순발행(순상환)하여 유동성을 흡수(공급)하게 된다.

현재 통화안정증권은 실물증권 없이 전자적 방법으로 등록발행하고 있으나 전시사변이나 이에 준하는 국가비상사태 등의 경우에는 실물발행도 가능하다.

할인채는 할인방식으로 발행되어 만기일에 액면금액이 지급되며 이표채는 이표지급방식으로 발행되어 발행일로부터 3개월 마다 이자를 지급하고 만기일에 액면금액을 지급한다. 통화안정증권 경쟁입찰 및 모집에 참여하기 위해서는 통화안정증권 경쟁입찰·모집 대상기관으로 선정되어야 한다.

3) 자산유동화증권 시장

자산유동화증권(asset backed securities: ABS)은 부동산, 매출채권, 유가증권, 주택저당채권(mortgage) 등과 같이 유동성이 낮은 자산을 기초로 하여 발행되는 증권이다. ABS는 자산보유자가 특수목적회사(SPC)를 설립하여 SPC에 기초자산의 법률적인 소유권을 양도하는 절차를 거쳐 발행된다. 기초자산이 주택저당채권인 경우를 MBS(mortgage backed securities)라고 한다. 자산유동화의 장점 중 하나는 기초자산 보유자의 재무상태를 개선할 수 있다는 점이다. 금융기관이 보유하고 있는 위험자산을 매각해 현금화하여 BIS 자기자본비율을 제고할 수 있고 기업이 ABS를 발행하는 경우 부채비율을 높이지 않고 자금을 조달할 수 있다.

MBS는 주택의 구입 또는 건축에 소요되는 대출자금 등에 대한 채권으로서 당해 주택에 설정된 저당권에 의해 담보된 채권이다. MBS는 일반 ABS와 유사하지만 조기상환위험(prepayment risk)을 갖는다는 점에서 차이가 있다. 조기상환위험이란 모기지 차입자가 추가적인 수수료 없이 잔존 대출금을 만기일 이전에 상환함으로써 ABS발행자 또는 투자자의 현금흐름에 불확실성이 발생하는 위험이다. 미국의 경우 모기지론 조기 상환시 주택자금 차입자에게 어떤 패널티도 부과하지 않지만 한국주택금융공사의 경우 조기상환 수수료가 부과된다.

4) 주식시장

주식은 주식회사의 지분권리를 표시하는 유가증권으로 상환의무가 없고 경영실적에 따라 배당만하기 때문에 발행 기업은 매우 안정적인 자금조달 수단이 되며 기업의 재무구조를 개선시키는 효과가 있다.

주식시장은 기업공개 및 유상증자 등을 통해 주식이 새롭게 공급되는 발행주식과 이미 발행된 주식이 투자자 간에 거래되는 유통시장으로 구분된다. 현재 국내 유통시장은 유가증권시장(코스피 시장), 코스닥시장(KOSDAQ), 코넥스시장(KONEX), K-OTC시장(종전 프리보드)으로 구분된다.

주식의 발행은 주식회사가 설립자본금을 조달하거나 자본금을 증액할 때 이루어진다. 자본금 증액을 위한 주식발행에는 금전의 출자를 받아 자본금을 증가시키는 유상증자 이외에 무상증자, 주식배당 및 전환사채 등이 포함된다. 발행시장은 새로운 주식이 최초로 출시되는 시장이란는 점에서 제1차 시장(primary market)이라고도 한다.

유통시장은 이미 발행된 주식이 매매되는 제2차 시장(secondary market)으로 유가증권시장(코스피 시장), 코스닥시장(KOSDAQ), 코넥스시장(KONEX)은 한국거래소에서 개설·운영되는 장내시장이며 K－OTC(Korea－Over－The－Counter)는 장외시장이다.

주식이 장내시장에서 매매되기 위해서는 상장이라는 등록절차를 거쳐야 한다. 한편 유통시장에서 투자자의 매매주문은 투자중개업을 영위하는 금융투자회사를 거쳐 한국거래소에서 체결되며 이에 따른 결제는 매매일로부터 3일째 되는 날 한국예탁결제원을 통해 이루어진다.

3. 외환시장

1) 현물환시장과 선물환시장

외환이란 자국통화가 아닌 외화, 외화표시 수표, 예금 등을 말한다. 외환시장(foreign market)이란 협의로는 외환의 수요와 공급이 연계되는 장소를 지칭하지만 광의로는 장소적 개념뿐 아니라 외환거래의 형성, 결제 등 외환거래와 관련된 일련의 공간적 메커니즘을 포함한다. 외환시장은 이종통화 간 매매가 수반되고 환율이 매개변수가 된다는 점에서 금리를 매개변수로 하여 외환의 대차거래(금융거래)가 이루어지는 외화자금 시장과는 구별되나 광의로는 포함되는 것으로 볼 수 있다.

현물환(spot)거래는 통상 외환거래일로부터 2영업일 이내에 외환의 인수도와 결제가 이루어지는 거래를 말하며 선물환(forward)거래는 2영업일 경과 후 특정일에 외환의 인수도가 이루어지는 거래이다. 한국의 은행 간 시장에서의 일반 선물환거래는 크지 않으며 대신 외국은행지점과 국내 은행 간 자금조달 등을 위한 외환스왑거래가 활발하게 이루어 지고 있다. 반면 대고객시장에서는 수출입기업과 국내 외국환은행 간 일반 선물환거래 및 외환스왑거래와 비거주자와 국내 외국환은행 간 차액(역외)결제선물환(non deliverable forward: NDF)거래가 활발하게 일어나고 있다.

2) 외화자금 시장

외화자금 시장은 금리를 매개변수로 하여 외환의 대차거래가 이루어지는 시장으로 외환스왑과 통화스왑이 대표적이다. 외환스왑거래는 거래 당사자들이 현재 계약환율에 따라 서로 다른 통화를 교환하고 일정기간 후 최초 계약시점에서 정한 선물환율에 따라 원금을 재교환하는 거래이다. 통화스왑이란 외환스왑거래와 마찬가지로 거래 당사자 간에 서로 다른 통화를 교환하고 일정기간 후 원금을 재교환하기로 약정하는 거래이다.

통화스왑도 자금대차거래라는 점에서 외환스왑과 유사하나 스왑기간과 이자지급에 차이가 있다. 외환스왑은 주로 1년 이하의 단기자금 조달 및 환리스크 헤지(hedge)수단으로 이용되는 반면 통화스왑은 주로 1년 이상의 중장기 환리스크 및 금리리스크 헤지 수단으로 이용된다. 이자지급방법에서는 외환스왑은 스왑기간 중 해당통화에 대해 이자를 교환하지 않고 만기시점에 양 통화 간 금리차이를 반영한 환율(계약시점 선물환율)로 원금을 재교환한다. 반면 통화스왑은 계약기간 중 이자(매 3개월 또는 6개월)를 교환하고 만기시점에 처음 원금을 교환했을 때 적용했던 환율로 다시 원금을 교환한다. 이외에도 은행 간에 초단기로 외화를 차입·대여하는 외화콜시장과 1년물 이내의 기간물 대차거래가 이루어지는 단기 기간물 대차시장 등이 외화자금시장에 속한다.

3) 외환파생상품 시장

외환파생상품 시장에는 통화선물 시장, 통화옵션 시장 등이 있다. 통화선물거래는 거래소(exchanges)에 상장되어 있는 특정 통화에 대해 시장 참가자 간의 호가식에 의해 결정되는 선물환율로 일정기간 후에 인수도할 것을 약정하는 거래이다. 계약 시에 약정된 가격으로 미래의 일정시점에 특정통화를 매입·매도한다는 점에서 선물환거래와 유사하다. 하지만 거래단위, 결제월, 최소가격 변동폭 등 거래조건이 표준화되어 있고 거래소의 청산소(clearing house)가 거래 계약 이행을 보증한다는 점에서 선물환 거래와 차이가 있다.

통화옵션거래는 미래의 특정시점(만기일 또는 만기 이전)에 특정통화(기초자산)를 미리 약정한 가격(행사가격)으로 사거나(call option), 팔수 있는 권리(put option)를 매매하는 거래이다. 통화옵션 매입자는 대상통화를 매매할 수 있는 권리를 사는 대가로 통화옵션 매도자에게 프리미엄(옵션 가격)을 지급하고 이후 환율변동에 따라 자유롭게 옵션을 행사하거나 행사하지 않을 권리를 포기할 수 있다. 반면 옵션매도자는 옵션 매입자가 권리를 행사할 경우 반드시 계약을 이행해야 하는 의무를 부담한다. 이론상 최대손실은 통화옵션매입자는 옵션 프리미엄(option premium)이고 통화옵션 매도자는 무한대이다.

4. 파생금융상품 시장

1) 주요 파생금융상품의 종류

파생금융상품(financial derivatives)은 그 가치가 통화, 채권, 주식 등 기초 금융자산의

〈표 4-1〉 주요 파생상품

	장내거래	장외거래
통화관련	• 통화선물(currency swap) • 통화선물옵션(currency future option)	• 선물환(forward exchange) • 통화스왑(currency swap)
금리관련	• 금리선물(interest rate futures) • 금리선물옵션(interest rate futures option)	• 통화옵션(currency option) • 선도금리계약(forward rate agreement) • 금리스왑(interest rate swap) • 금리옵션(interest rate option) • 스왑션(swaption)
주식관련	• 주식옵션(equity option) • 주가지수선물(index futures) • 주가지수옵션(index option) • 주가지수 선물옵션(index futures option)	• 주식옵션(equity option) • 주식스왑(equity swap)
신용관련		• 신용파산스왑(credit default swap) • 총수익스왑(total return swap) • 신용연계증권(credit linked note) • 합성부채담보부증권(synthetic collateralized debt obligation)

가치변동에 따라 결정되는 금융상품으로서 계약에 따라 <표 4−1>과 같이 거래소 장내거래와 거래소 밖의 장외거래로 구분된다.

2) 주식관련 파생상품 시장

(1) 주가지수(주식)선물 시장

주가지수(주식)선물 시장은 주가지수를 대상으로 선물거래가 이루어지는 시장으로 주가변동에 대한 헤지수단을 제공하기 위한 목적이다. 1982년 2월 미국 캔자스시티상품거래소(KCBT)에서 최초로 개설되었다.

한국에서는 1996년 5월 코스피 200선물시장, 2001년 1월 코스닥 50선물시장이 각각 개설되었다. 코스피 200선물시장은 한국의 대표적인 시장으로 발전했으나 코스닥 50선물시장은 거래 부진 등으로 스타지수선물시장(2005.11~2015.10)을 거쳐 2015년 11월에 코스닥 150 선물시장으로 대체되었다. 한편 2008년 5월에는 개별주식을 기초자산으로 하는 주식선물 시장도 개설되었다. 주식선물시장은 개별주식 위험을 관리하고 ELS(equity linked securities), ELW(equity linked warrant) 등 주가연계 파생증권의 발행과 관련된 헤지가 목적이다.

섹터지수선물 시장은 특정산업이나 시장테마를 기준으로 작성되는 섹터별 지수[4]를 기초자산으로 하는 선물시장으로 2004년 11월 개설되었다. 결제수단은 실물의 양수도가 불가능하므로 거래 시 약정한 주가지수와 실제 주가지수 간의 차이를 현금으로 결제한다. 한편 주가지수선물시장에서는 가격결정이 합리적으로 이루어질 수 있도록 이론가격[5]이 작성·발표된다.

(2) 주가지수(주식) 옵션 시장

주가지수옵션시장은 현물시장의 주가지수를 대상으로 미래의 일정시점에 사전에 약정한 가격으로 매입·매도할 수 있는 권리가 거래되는 시장이다. 1983년 미국 시카고 옵션거래소(CBOE)에 S&P 100지수를 대상으로 최초로 개설되었다. 한국에서는 1997년 7월 코스피 200옵션 시장, 2001년 11월 코스닥 50옵션시장, 2002년 1월 개별주식을 기초자산으로 하는 주식옵션 시장이 각각 개설되었다. 주가지수옵션은 주가지수선물과 마찬가지로 실물이 존재하지 않는 주가지수를 거래대상으로 하고 있으나 거래의 목적물이 권리(option)라는 점에서 주가지수선물과 상이하다.

KOSPI 200옵션시장은 총 11개 결제월물이 있고 최종거래일은 만기 월의 두 번째 목요일이며 거래단위는 1계약이고 1계약의 거래금액은 포인트로 표시되는 옵션가격에 거래승수인 25만원을 곱해서 구해진다. 소액투자를 위해 1계약 당 거래금액이 코스피 200옵션의 1/5로 축소되고 거래승수가 5만원인 미니코스피 200옵션도 상장되었다.

(3) 금리관련 파생상품 시장

금리선물(interest rate futures)란 그 가치가 기초자산인 금리로부터 파생되는 금융상품이다. 기초자산인 금리를 대상으로 현재시점에서 정한 가치로 미래의 특정 시점에서 사거나 팔 것을 약정한 계약이다. 금리선물은 금리위험 축소, 무위험 차익거래, 추가수익 제고, 채권포토폴리오 관리 등의 목적으로 활용된다.

금리를 산다는 것(long interest rate)은 금리를 수취하는 것으로 채권 등에 투자하는 것을 말하며 현재시점에서 정한 금리를 주고 만기시점의 금리를 수취하는 것이라고 할 수 있다. 반대로 금리를 판다는 것(short interest rate)은 금리를 지급하는 것으로 채권 등을 팔거나 발행하는 것을 말하며 현재시점에서 정한 금리를 받고 만기시점의 금리를 지

---

4) 대표적 섹터지수는 업종별, 산업별 지수로 코스피200섹터지수는 코스피200 구성종목을 글로벌 표준산업분류체계에 따라 분류하여 산출된 지수로 기존의 업종별 시황지수와 달리 ETF, ELS 등의 벤치마크로 이용할 수 있도록 개발된 상품지수이다.

5) 주가지수선물 이론가격(기본모형)=기초자산 현재가격(S)×[1+(r−d) × T/365]이다. r는 차입이자율(연율), d는 기초자산의 배당수익률(연율), T는 만기일까지의 잔존일수 이다.

급하는 것을 의미한다. 금리선물 시장은 1975년 10월 미국 시카고상품거래소(CBOT)에서 미국 정부주택저당채권증서(GNMA)를 대상으로 최초 거래되었다.

금리스왑 시장(interest rate swap)은 차입금에 대한 금리변동 위험의 헤지나 차입비용의 절감을 위해 두 차입자가 각자의 채무에 대한 이자지급 의무를 상호 간에 교환하는 계약으로서 통상 변동(고정)금리를 고정(변동)금리로 전환하는 형식이다.

금리스왑거래는 통화, 원금 및 만기가 동일한 부채구조를 가지고 있는 두 당사자 간의 거래가 대부분으로 통화스왑거래와는 달리 계약당사자 간의 이자지급 의무만 있고 원금상환 의무는 없다. 자금흐름도 원금 교환없이 이자 차액만 주고받는 것으로 당초의 자금조달과는 관계가 없는 별도의 계약에 의해 거래가 성립하며 원금을 교환하지 않기 때문에 채권투자 등에 비해 자금부담과 신용위험이 낮다. 일반적으로 최소거래 단위금액은 100억 원이며 고정금리와 변동금리는 3개월 마다 교환된다.

(4) 통화관련 파생상품 시장

통화관련 파생상품 시장에는 통화스왑 시장과 선물환 시장이 있다. 통화스왑(currency swap)은 둘 또는 그 이상의 거래기관이 사전에 정해진 만기 환율에 의거하여 상이한 통화로 차입한 자금의 원리금 상환을 교환하는 거래이다.

예컨대 A는 달러자금을, B는 파운드 자금을 각각 유리한 조건으로 차입할 수 있는데 A는 파운드 자금을, B는 달러 자금이 필요하다고 하자. 이 경우 A는 달러를, B는 파운드를 각각 차입해서 상호 교환한다. 차입자금에 대한 이자는 최초 차입자가 지급하는 것이 아니라 자금 이용자(A는 파운드, B는 달러)가 대신 지급하고 만기가 되면 최초 차입자가 차입원금을 상환할 수 있도록 달러와 파운드를 재교환함으로써 통화스왑이 종료된다. 거래만기는 3개월부터 20년물까지 다양하지만 주로 1~5년물이 주로 거래되며 최소 거래단위는 1천만 달러이며 1천만 달러 단위로 증액된다.

선물환거래는 일방적인 선물환 매입·매도 거래인 단순선물환(outright forward)거래와 선물환거래가 스왑거래의 일부분으로 일어나는 외환스왑(swap forward)거래로 구분된다. 단순선물환 거래는 다시 만기 시점에 실물의 인수도가 일어나는 일반선물환 거래와 만기시점에 실물의 인수도 없이 차액만을 정산하는 차액결제선물환(NDF)으로 구분된다.

(5) 신용파생상품 시장

신용파생상품 시장(credit derivatives)이란 차입자 또는 발행자의 신용에 따라 가치가 변동하는 기초자산(underlying asset)의 신용위험(credit risk)을 분리하여 이를 다른 거래 상대방에게 이전하고 그 대가로 프리미엄(수수료)을 지급하는 금융상품이다. 신용파생상품에는 신용파산스왑(credit default swap: CDS), 총수익스왑(total return swap: TRS), 신용연계증권(credit linked notes: CLN), 합성담보부 증권(synthetic collateralized debt obligation: CDO) 등이 있다.

CDS는 신용파생상품의 근간을 이루며 지급보증과 유사하다. 보장매입자는 보장매도자에게 정기적으로 일정한 프리미엄을 지급하고 그 대신 계약기간 동안 기초자산에 신용사건이 발생할 경우 보장매도자로부터 손실액 또는 사전에 합의한 일정금액을 보상받거나 문제가 된 채권을 넘기고 채권원금을 받기도 한다.

TRS는 기초자산에서 발생하는 총수익과 일정한 약정이자(통상 LIBOR+α)를 일정시점마다 교환하는 계약이다. 이때 총수익에는 채권 이표뿐만 아니라 스왑 종료시점의 자본이득 또는 자본손실 등이 포함된다.

CLN는 CDS를 증권화한 형태로 보장매입자는 기초자산의 신용상태와 연계된 증권을 발행하고 약정된 방식으로 이자를 지급하며 보장매도자는 약정이자를 받는 대신 신용사건이 발생하는 경우 기초자산의 손실을 부담하게 된다. CDO는 보장매입자의 기초자산에 내재된 신용위험을 특수목적회사(SPC)가 이전받아 이를 기초로 발행한 선·후순위채권이다.

(6) 파생결합증권 시장

파생결합증권은 기초자산의 가격, 이자율, 지표, 단위 또는 이를 기초로 하는 지수 등의 변동과 연계하여 미리 정해진 방법에 따라 지급하거나 회수하는 금전 등이 결정되는 권리가 표시된 증권이다. 투자자의 투자손익이 기초자산의 가격변화 등에 연계되어 결정된다는 점에서는 파생상품의 성격을, 최대손실 가능 규모가 투자규모가 투자원금으로 한정된다는 점에서는 증권[6]의 성격을 가진다. 「자본시장법」에서는 파생결합증권을 발행할 수 있는 주체를 증권 및 장외파생상품의 투자매매업 인가를 받은 금융투자업자로 한정하고 있다.

주식워런트증권(EWL)은 특정 주권의 가격이나 주가지수 변동과 연계하여 미리 정해진 방법에 따라 그 주권의 매매나 금전을 수수하는 거래를 성립시킬 수 있는 권리가 표시된 파생결합증권이다. 특정 주권을 미리 정해진 가격으로 구입할 수 있는 권리가 부여된 워런트(warrant)의 일종이지만 발행인이 해당 주권발행인과 다른 제3자라는 점에서 신주인수권증권 등 다른 워런트와는 구별된다. EWL은 기능면에서 주식옵션이나 주

6) 「자본시장법」에서 증권은 채무증권, 지분증권, 수익증권, 투자계약증권, 파생결합증권, 증권예탁증권으로 구분된다.

가지수옵션과 동일하지만 옵션의 매수포지션[7]만을 증권화 한 것으로 최대 손실이 투자원금으로 한정된다는 점에서 차이가 있다.

주가연계증권(ELS)은 특정 주권이나 주가지수의 가격변동에 연계하여 사전에 약정된 조건에 따라 투자손익이 결정되는 파생결합증권이다. 투자손익이 주가 변동에 연계되어 결정된다는 점에서 주가연계펀드(ELF), 주가연계신탁(ELT), 주가연계예금(ELD) 등과 유사하다. 그러나 투자자의 손익이 발행기관의 발행대금 운용성과와는 무관하게 사전에 약정된 방식에 따라 결정되며 투자원리금이 예금보호 대상이 아니라는점 등에서 타 상품들과 구별된다.

기타파생결합증권(DLS)은 특정 주권의 가격이나 주가지수를 제외하고 금리, 환율, 일반 상품의 가격 및 신용위험 지표 등의 변동과 연계된 파생결합증권으로 기초자산의 차이를 제외하고는 ELS와 실질적으로 동일한 특성과 구조이다. DLS는 기관투자자를 대상으로 한 사모발행이 주를 이루고 있으며 시장규모도 ELS에 비해 현저히 작은 편이다. 상장지수증권(ETN)은 투자의 손익이 기초지수[8]의 변동에 연동되도록 구조화된 장내파생 결합증권이다. ELW은 옵션상품이고 ELS와 DLS는 기초자산의 가치변동에 따라 손익구조가 사전에 약정된 조건부 확정수익 상품이다. 반면 ETN은 발행당시 목표로 정해진 기초지수의 누적수익률이 곧 바로 투자수익률이 되는 지수 연동(인덱스)상품이라는 점 등에서 다른 파생결합증권과 구별된다.

제2절 韓國의 資本市場法

1. 자본시장법

1) 제정목적

정식 명칭은 「자본시장과 금융투자업에 관한 법률[9]」이며, 자본시장통합법(자통법)

7) 「자본시장법」상 증권은 투자원본 이하의 손실 가능성이 있는 것으로 제한되므로 손실 범위에 한도가 없는 옵션매도포지션은 파생결합증권이 될 수 없다.

8) 기초지수는 개별 ETN의 손익을 연동시킨 기초자산의 가격, 이자율, 지표, 단위 또는 이를 기초로 하는 지수 등을 의미한다.

9) 원래 「금융투자업 및 자본시장에 관한 법률」로 줄이면 「금자법」이었는데 어휘 연상이 영화제목(친절한 금자씨)을 연상시키기도 하여 명칭이 바뀌었다는 일화가 있음.

또는 자본시장법이라고도 한다. 종전의 증권거래법과 선물거래법, 간접투자자산운용업법, 신탁업법, 종합금융회사에 관한 법률, 한국증권선물거래소법 등 자본시장과 관련된 6개 법률을 통합하여 제정된 법률(법률 제8635호)로서 2007년 8월 3일 공포되어 2009년 2월 4일부터 시행되었다.

「자본시장법」은 금융업종과 상품 간의 벽을 허무는 금융투자업과 자본시장에 관한 법이다. 주된 목적은 은행이나 보험에 비해 상대적으로 경쟁력이 떨어지고 규모가 작은 자본시장 관련 업종을 겸업화, 대형화 그리고 금융혁신을 통해 국제경쟁력을 가진 산업으로 육성하는데 있다.

법의 핵심은 기존의 증권사, 자산운용사, 종금사, 선물회사, 신탁회사 등으로 엄격히 구분되어 있던 것을 금융투자회사로 단일화하여 대형화, 전문화를 이루고 기존 금융업종 간의 벽을 허물며 금융상품의 대폭적인 개발과 운용에 대한 규제를 대폭 완화하여 미국의 골드만삭스 등과 같은 대규모 투자은행(investment bank: IB)이 탄생하는 기반을 조성하는 데 있다.

또 다른 제정 목적은 자본시장 선진화를 통해 산업지원을 활발히 할 수 있는 금융환경을 정착시키고, 고령화 사회에 대비해 다양한 금융상품을 개발하기 위해서다. 자본시장 선진화만이 고위험·고수익의 미래형 혁신산업에 대한 금융지원을 원활히 할 수 있고, 인구 고령화에 따른 장기 투자상품 수요에도 대비할 수 있다고 하겠다.

국내 자본시장 관련 규제는 10여개 법으로 분산되어 있어 금융혁신을 추진하기 어려웠던 지금까지의 어려운 점을 해소하고 「자본시장법」의 시행을 통해 정부는 동북아 금융허브 구축 기반조성을 이루겠다는 의지를 보이고 있다. 하지만 2008년 미국발 글로벌 금융위기의 주범이 미국의 5대 투자은행[10]으로 지목됨에 따라 우리의 롤 모델(role model)에 대한 불신이 앞섰고 안으로는 자본시장법과 하위 시행령, 시행규칙, 행정규칙에 따른 규제 수가 무려 600여 개로 자본시장 발전을 가로 막았다.

2) 주요 내용

총칙, 금융투자업, 증권의 발행 및 유통, 불공정거래의 규제, 집합투자기구, 금융투자업 관계기관, 한국거래소, 감독 및 처분, 보칙, 벌칙 등 총 10편 449조와 부칙으로 이루어져 있다.

주요 내용은 금융투자업 상호 간 겸영 허용, 포괄주의 규제로 전환, 투자자 보호 확

10) 베어스턴스는 JP모건 체이스에 인수, 리먼 브러더스는 파산보호 신청, 메릴린치는 BOA에 인수되었고 골드만삭스와 모건스탠리는 지주회사 체제로 전환되었다.

대, 증권사에 대한 지급결제 업무 허용 등이다. 종전에는 개별 법률에 의거하여 운영해 오던 증권업·자산운용업·선물업·신탁업 등 자본시장과 관련된 금융업이 금융투자업으로 통합된다. 이에 따라 일정한 요건을 갖추면 은행과 보험을 제외한 모든 금융업무를 취급할 수 있다. 증권사와 자산운용사를 하나로 합칠 수도 있고, 별도의 법인으로 겸영할 수도 있다. 또 종전에 금융회사는 법률에서 규정한 금융상품만 판매할 수 있었으나, 포괄주의 규제로 전환함에 따라 일정 요건만 충족하면 법률에서 규정하지 않은 금융상품도 판매할 수 있다.

한 가지 유념할 것은 「자본시장법」에서 상호 간 겸업을 허용하는 것은 투자매매업, 투자중개업, 집합투자업, 신탁업, 투자자문업, 투자일임업 등 6가지 투자업에 한해서이다. 따라서 기존의 은행업과 보험업, 여신전문회사들의 투자업은 겸업이 불가능하므로 은행이 증권회사 또는 보험회사의 업무를 겸할 수는 없다.

투자자 보호를 강화하여 손해와 관련된 입증 책임을 금융투자회사에 두었다. 이에 따라 금융투자회사는 투자자의 투자목적과 재산상황, 투자경험 등을 파악하여 해당 투자자에게 적합한 상품만을 권유해야 하는 적합성의 원칙이 적용되고, 설명의무와 손해배상책임을 법률로 규정하고 있다.

증권사에 지급결제 권한을 부여함으로써 이용자가 증권사 종합자산관리계좌(CMA)에 급여를 자동이체하면서 필요할 때 증권이나 파생상품에 투자하고, 신용카드 결제나 각종 공과금 납부, 송금, 현금자동출납기를 통한 입출금 등을 할 수 있게 되었다. 이 법이 시행됨으로써 투자은행을 육성하고 소비자 입장에서는 선택 폭이 확대된다는 장점이 있지만, 금융투자회사가 자산운용과 상품판매를 동시에 할 수 있어 내부 공모행위 등의 부작용이 생길 수도 있다.

「자본시장법」의 시행 전 국내 금융업은 은행·보험·여신전문회사·증권사·자산운용사·종금사·선물회사·신탁회사 등으로 구성되어 있으나 「자본시장법」 시행 이후에는 은행·보험·여신전문회사·금융투자회사로 재편되어지게 된다. 그러나 현재 증권회사의 명칭은 신한금융투자를 제외하고는 기존 증권회사 명칭을 그대로 사용하고 있다. 자본시장법을 요약하면 <표 4-2>와 같다.

3) 초대형 투자은행(IB)

한국판 골드만삭스[11]의 구호를 외치면서 정부는 5개 증권사에 2017년 11월 초대형

11) 미국 골드만삭스의 자기자본 규모는 약 98조 원(2018.9)인 반면 국내 초대형 IB(2018.6)인 미래에셋대우(8조 1,649억 원), NH투자증권(4조 8,723억 원), 삼성증권(4조 5,490억 원), KB증권(4조 3,910억 원), 한국투

〈표 4-2〉 자본시장법 요약

기본 방향	주요 내용
금융투자상품의 포괄화	• 포괄주의 도입으로 금융투자회사의 취급 가능 상품 대폭 확대 • 금융투자상품을 투자성(원본손실 가능성)이라는 특징을 갖는 모든 금융상품을 포괄하는 개념으로 정의
기능별 규율체제 도입	• 현행 금융회사를 중심으로 규율하는 기관별 규율체제에서 금융회사가 수행하는 업무의 경제적 기능을 기초로 한 기능별 규율체제로 전환 • 금융회사 간 형평성을 맞추어 공정한 경쟁이 가능하도록 유도
업무 범위 확대	• 투자매매업, 투자중개업, 집합투자업, 투자일임업, 투자자문업, 신탁업 등 6가지 금융투자업간 겸영 허용 • 전문 금융투자업자의 신규진입 활성화를 위해 기존 인가, 등록단위를 세분화
투자자 보호 강화	• 투자권유규제 도입, 설명의무, 적합성 원칙 신설 • 발행공시 적용 범위 확대

자료: 금융감독원

투자은행(IB)을 인가했다. 2011년 「자본시장법」을 개정하고 초대형 IB 육성계획을 발표한지 6년 만이었다. 하지만 여전히 미국 투자은행 골드만삭스의 꿈은 멀고 골목대장을 벗어나지 못하고 있다.

미래에셋대우, NH투자증권, 삼성증권, KB증권, 한국투자증권 중에서 초대형 IB업무의 핵심인 발행어음 인가를 받은 곳은 한국투자증권(2017.11.27.)과 NH투자증권(2018.7.2.)뿐이다. 2019년 1월 현재 영업정지를 받은 KB증권(2018.1.3)과 삼성증권(2018.8.17)은 발행어음 인가를 자진 철회했고 미래에셋대우는 일감몰아주기로 공정거래위원회에서 적격성 심사 중이다.

금융위원회가 2016년 8월 발표한 초대형 IB육성 방안에는 자기자본 4조 원 이상의 요건을 갖춘 5개 증권사에 자기자본의 두 배 이상 자금을 조달해 이 가운데 절반 이상을 기업금융에 사용하는 청사진을 제시했다. 인가를 받은 두 곳의 발행어음 잔액은 약 6조 원(2018 말 기준)에 불과해 기대에 크게 못 미쳤다.

4) 자본시장법 개정안

금융위원회는 자본시장혁신과제로 「자본시장법」 절반 이상을 개정하는 대대적 개

자증권(4조 3,103억 원)에 불과하다.

편안을 발표했다(2018.11). 금융투자회사의 영업행위와 기업자산 유동화 등의 부문에서는 일일이 규제가 열거돼 있는 열거주의(positive)를 원칙만 제시하는 포괄주의(negative)로 변경키로 했다. 금융투자업 행위를 사후규제로 전환하는 방안도 고려하고 기업이 보유한 자산유동화 규제를 네거티브로 변경할 계획이다. 신용평가를 받지 않은 초기기업이라도 자산유동화를 허용하고 유동화전문회사(SPC)를 통해 다수의 유동화가 가능하도록 할 계획이다.12)

[그림 4－1]과 같이 비상장기업의 자금조달을 전방위로 지원하고 공모(50인 이상)와 사모(50인 미만) 모두 자본조달을 쉽게 발행요건도 대폭 완화할 계획이다. 전체 개인 투자자의 5% 가량을 투자위험 감수 능력이 있는 전문투자자로 인정해 이들의 투자 확대를 유도키로 했고 혁신기업의 새로운 자금조달 통로로 비상장기업 투자전문회사(BDC)를 도입한다. 코넥스시장도 코스닥시장 이전 상장시 질적심사 면제범위를 확대하고 중소기업이 다양한 자산을 유동화해 자금을 조달할 수 있도록 길을 열어 주기로 했다.

[그림 4-1] 비상장 혁신기업 자금도달 경로 확대(안)

	현행		개편안
사모 발행기준 현실화	50인 미만 청약 권유	→	50인 미만 실제 청약. 전문투자자 대상 공개자금 모집 허용
전문투자자 요건 완화	금융투자상품잔액 5억원 이상 & 연소득 1억원 이상 (또는 총자산 10억원 이상)	→	금융투자상품잔액 0.5억원 이상 & 연소득 1억원 또는 부부합산 1.5억원 이상(또는 순자산 5억원 이상) 금융투자상품잔액 0.5억원 이상 & 금융투자업종사자, 변호사, 회계사, 엔젤투자자, 관련 자격증 소지자 등
소액 공모 허용 범위 확대	10억원 이하	→	30억원 이하(허위기재에 따른 손해배상책임 및 과징금 부과 30억원 초과~100억원 이하(외부감사보고서 제출 의무 추가
비상장기업 투자전문회사(BDC) 도입	투자 대상을 정하지 않은 상태에서 공모로 자금조달하면서 상장한 뒤 비상장기업이나 코넥스기업에 투자하는 투자목적회사		
스타트업의 자산유동화 허용	기업 신용평가를 받지 않은 초기기업도 우량자산이나 기술·지식재산권(IP) 등의 자산유동화방식의 자금조달 허용		

자료: 한국경제(2018.11.2. A5).

12) 반면 동양생명의 육류담보대출 사기사건, 중국 차이나에너지리저브& 케미컬그룹(CERCG) 자회사의 자산유동화기업어음 부도사태 등을 거론하며 투자자 보호책의 필요성을 강조하는 목소리도 크다.

2. 방카슈랑스

1) 방카슈랑스 개념

방카슈랑스(bancassurance)는 프랑스어로 은행(banque)과 보험(assurance)의 합성어로, 도입 초기에는 은행과 보험사가 단순히 판매제휴를 하는 수준이었으나 점차 공동상품을 개발하여 판매하는 종합적인 업무제휴 형태 또는 은행들이 보험자회사를 설립하여 자회사의 보험상품을 은행창구에서 판매하는 형태로 발전해 왔다.

방카슈랑스는 1986년 프랑스의 크레디아그리콜 은행이 자회사로 설립한 프레디카 생명보험사의 보험상품을 은행창구에서 판매하면서 시작되었다. 이렇게 시작된 방카슈랑스 시장은 성공적으로 정착했고, 이로부터 10년 후 프레디카 생명보험사는 프랑스 두 번째의 생명보험사가 되었다. 역으로 보험회사가 은행업무를 취급하는 것을 어슈어뱅크(assurebank)라고 한다.[13)]

한국의 경우 「보험업법」 개정에 의해 2003년 9월부터 방카슈랑스가 도입되어 보험사는 새로운 판매채널을 가질 수 있게 됨과 동시에 새로운 경쟁자가 진입하는 환경에 처하게 되었다. 방카슈랑스 제도 도입으로 생겨나는 금융기관 대리점은 금융기관이 가지고 있는 영업망, 고객기반, 물적 시설 등에 기초하여 고객층 확대에 기여할 수 있다. 반면에 은행 등 금융기관이 자체적 보험 영업망을 보유할 수 있게 됨으로써 보험업 진출이 용이해져 새로운 경쟁자로 서서히 부각되었다.

방카슈랑스의 도입은 유럽에서 경험한 바와 같이 금융 및 보험산업의 경쟁구도를 근본적으로 바꾸는 계기가 될 것이다. 은행 입장에서는 방카슈랑스가 분업주의에서는 기대할 수 없었던 새로운 기회요인을 제공할 수 있다. 기회요인을 실현하는 과정에서 이종(異種) 금융산업 간 합작 또는 인수 등이 발생하여 분업주의 환경과는 전혀 다른 새로운 형태의 경쟁구도가 만들어질 것이다. 은행은 금융상품 및 보험상품을 모두 판매하는 원스톱 서비스(one stop service)를 제공할 수 있다.

보험사 입장에서는 방카슈랑스의 도입이 기회보다는 위험적인 요소가 더 많다고 볼 수 있다. 방카슈랑스를 통해 보험사는 은행의 점포망을 판매 채널로 확보하고, 별도의 영업조직이 필요 없기 때문에 비용을 절약할 수 있고 이러한 비용절약은 보험료의 인하로 이어진다. 그러나 은행이 보험사와의 전략적 제휴보다는 결국 은행계 보험 자회사를 선호하게 될 것이며 은행은 보험사와의 경쟁자로 부상하게 될 가능성이 높다고 하겠다.

---

13) 통신회사(Telecommunications Company)와 보험(Assurance)의 합성조어로 텔레슈랑스(Telesurrance)가 있다.

2) 방카슈랑스 장·단점

방카슈랑스 보험상품이 가지는 장점은 먼저 상품의 다양성과 가격이다. 기존 제도에서는 보험설계사가 소속회사의 보험상품 판매를 전담한다. 반면 방카슈랑스 제도에서는 은행이 여러 보험회사의 상품을 다양하게 판매함으로써 고객 입장에서는 비교하면서 상품을 구입할 수 있는 장점이 있다. 보험설계사를 배제하고 은행창구에서 직접 구입함으로써 보험상품의 가격이 저렴하다.

방카슈랑스의 단점은 은행이 보험사 상품을 판매하고 수수료만 획득하면 되므로 보험상품에 대한 설명을 게을리할 수 있고 보험상품에 대한 전문적인 지식이 미흡할 수 있다. 또 은행이 대출 고객들을 상대로 강제로 보험상품을 판매하는 소위 꺾기의 불공정행위 폐단이 발생할 수 있으며 보험설계사의 대량실업, 은행과의 제휴가 어려운 중소형 보험사의 부실화 등의 부작용이 나타날 우려도 있다.

방카슈랑스는 소비자 및 금융기관에 긍정적인 영향뿐만 아니라 부정적인 영향을 미칠 수도 있다. 우선 소비자 입장에서 보면 은행의 수입증대와 보험회사의 비용절감으로 인해 보다 낮은 비용으로 동일한 보장을 받을 수 있고, 원스톱(one stop) 서비스의 편리성에 의해 계약자의 효용이 증대될 수 있다. 따라서 방카슈랑스는 업무영역 완화를 통해 소비자 효용성을 증대시킨다고 볼 수 있다.

방카슈랑스의 도입 후 예상과는 달리 금융기관 간 이해상충에 따른 시장교란, 동반부실화에 의한 리스크 증대, 고객정보 악용 등의 부작용이 발생한다. 이는 사회적 비용의 증대로 계약자의 보험효용이 감소될 수도 있다. 은행과 보험회사에게도 긍정적 효과뿐만 아니라 부정적 효과를 가져올 수 있다. 은행의 경우는 방카슈랑스를 통해 새로운 수입원을 창출할 수 있으며, 보험회사의 경우는 새로운 판매채널로써 은행의 지점을 이용할 수 있고, 은행의 고객정보를 활용할 수 있다는 이점이 있다.

방카슈랑스가 활발히 진행되고 있는 유럽의 경우를 보면 반드시 성공사례만 있는 것은 아니다. 어떤 기업은 방카슈랑스에서 성공을 하고 있지만 어떤 기업은 방카슈랑스를 통해 오히려 실패를 경험하고 있는 실정이다. 초기 방카슈랑스 단계라고 할 수 있는 판매제휴 단계를 지나면 은행은 추가적 이익의 확대를 위해 보험회사가 보유하고 있지 못한 명성, 고객정보 및 판매채널 특유의 우위를 내부화(internalization)하려 할 것이다.

이렇게 될 경우 보험회사는 시장을 상실할 위험이 매우 높아진다. 더욱이 한국과 같이 보험의 은행 진출은 매우 제한되어 있고, 은행의 보험 진출이 완화되는 환경에서는 방카슈랑스가 보험회사에게 기회보다는 위협적인 요소를 더 많이 가져올 것으로 예상된다.

3) 한국 방카슈랑스 도입단계

과거 금융서비스산업은 규제 및 감독상의 어려움, 금융서비스산업의 관행, 금융업무영역 간 위험요소의 상이성, 유동성 및 만기 등의 차이로 인해 은행, 증권 및 보험이라는 3대 업무영역으로 분리, 운영되어 왔다.

1980년대 이후 인구분포의 변화, 저축성향의 변화, 복합금융 상품에 대한 소비자 수요 증대, 은행수익성 저하와 경쟁의 증대, 신기술 발달에 따른 진입장벽의 완화 등 다양한 요인에 의하여 금융업무 영역 간의 차이가 좁혀져 왔다. 특히 수익성 감소와 경쟁 증대로 인한 은행의 종합금융 그룹화 움직임과 함께 자유화 및 규제완화 추세는 금융겸업화를 촉진시키는 결정적인 요인으로 작용했다고 할 수 있다.

한국에서는 1997년 단체신용생명보험의 형태로 처음 도입되었고 2003년 9월부터 방카슈랑스 제1단계가 시행되었다. 방카슈랑스 제1단계는 은행에서 저축성 보험상품의 판매가 허용되었다. 방카슈랑스 제2단계는 2005년 4월 상해, 질병, 건강보험 중에서 만기에 환급되지 않는 순수 보장성보험만 허용되었고 방카슈랑스 제3단계는 2007년 8월 시행되었으며 상해, 질병, 간병보험 등 제3보험 중에서 만기환급형 상품에 대해서 허용되었다. 방카슈랑스 마지막 제4단계는 개인 자동차보험, 종신보험, 일반 장기보장성보험, 치명적 질병(critical illness: CI)등 개인 보장성보험 등에 대해서 전면 개방하는 것으로 2008년 4월에 실시될 예정이었다. 그러나 국회 시행에 앞서 국회와 정책당국은 보험설계사의 대량 실업, 불완전 판매 증가 등 검증되지 않은 이유를 내세워 세계적인 금융겸업화의 대표적 사례의 하나인 방카슈랑스 4단계 시행계획의 철회에 합의하고 관련 법조항을 삭제함으로써 은행업계의 반발에도 불구하고 제4단계의 시행은 무산되었다.

선진국의 경우도 방카슈랑스가 점진적으로 이루어져 왔었다. 유럽 선진국들의 경우 1980년부터 방카슈랑스가 본격화되었고 미국도 1990년 말부터 겸업화가 시작되었다. 일본의 경우는 1998년 「금융시스템개혁법」을 시행함으로써 현재 방카슈랑스가 신용생명보험 판매부터 시작하여 정액 및 분액 개인연금보험 상품까지 진전되고 있다.

4) 복합 점포

복합 점포(branch in branch: BB)란 기존 금융회사 점포 일부에 별도로 다른 금융회사가 영업소나 부스 형태로 들어와 소규모로 운영하는 형태의 점포를 말한다. 기존 은행점포에 소규모 증권 창구나 보험 창구를 신설하는 경우가 일반적이다. 주로 은행, 증권사, 보험사 등 계열사를 둔 지주사를 중심으로 확산되고 있다. 기존의 점포를 활용하기에 비용은 최소화하면서도 타 금융권과 정보인프라 등을 공유하는 시너지 효과는 높일 수 있다는 것이 장점이다.

시중은행들이 한 공간에서 종합적인 자산관리(WM) 서비스가 가능한 복합 점포를 확대하고 있다. 예·적금뿐 아니라 증권사나 보험사 상품 등도 판매할 수 있는 점포를 늘려 고객만족도를 높이고, 계열사와의 시너지를 확대하려는 목적이다.

은행들은 갈수록 고객 발길이 줄어드는 일반 점포는 비용 절감과 효율성 제고 차원에서 줄여 나가고 있지만, 복합점포는 오히려 늘리는 추세다. 복합점포는 고객이 한 공간에서 은행과 증권업무를 볼 수 있어 편리한데다 은행과 증권사 직원(PB)이 한 팀을 구성해 맞춤형 상품을 추천하는 등 종합적인 자산관리도 받을 수 있다.

복합점포는 몇 년 전까지만 해도 은행, 증권, 보험사의 사무공간을 각각 분리해야 한다는 이른바 칸막이 규제에 막혀 찾아보기 어려웠다. 금융당국이 2014년 다른 업권 점포 간 상담공간의 공동 이용과 정보공유를 가능하게 하는 등 관련 규제를 완화하면서 은행·증권·보험사 등을 보유한 금융지주사를 중심으로 복합점포를 본격 확대했다. 2018년 말 기준 복합점포는 신한금융 70개, KB금융 66개, 하나금융 24개, 농협금융 12개, 우리금융 7개, IBK기업은행 19개 등 약 200개에 달한다.

보험 복합점포는 여전히 고전을 면치 못하고 있다. 보험업계의 반발과 불완전 판매 등의 문제가 있어 당국은 금융지주나 금융그룹에 최대 3개까지 보험복합점포를 허용했다가 5개 보유로 완화했지만, 일부 금융지주사는 실적이 좋지 않은 보험복합점포를 없앨 정도다. 저축성보험은 은행의 방카슈랑스와 겹치고, 생명보험이나 손해보험은 아직까지 설계사 중심으로 판매가 이뤄져 고객들이 복합점포는 잘 찾지 않는 경향이 있다.

5) 핀테크 금융

핀테크(fintec) 금융은 정보·통신기술(ICT)을 가운데 두고 금융산업을 혁신하는 것이다. 금융(finance)과 정보기술(technology)의 합성어로, 인터넷·모바일 공간에서 결제·송금·이체, 인터넷 전문은행, 크라우드 펀딩, 디지털 화폐 등 각종 금융 서비스를 제공하는 산업을 뜻한다. 과거에도 인터넷뱅킹과 모바일뱅킹 등 실시간 입출거래, 현금자동입출금기, 홈트레이딩 주식거래 등의 ICT는 금융에서 중요한 역할을 해왔다. 종전에는 금융 회사들이 필요에 따라 ICT를 주도적으로 채택해 활용해온 반면, 최근에는 비금융 분야의 ICT가 주도권을 잡고 금융 관련 영역으로 진출하고 있다는 점이 다르다. 핀테크는 스마트폰, 인터넷을 통해 간편하게 금융 업무를 처리할 수 있도록 해주기 때문에 전 세계에 금융 혁명을 몰고 올 것으로 예상된다.

세계 최초 인터넷 전문은행은 1995년 미국 시큐리티 퍼스트 네트워크뱅크(SFNB)인데 무리한 금리경쟁, 과도한 마케팅 비용, 자금운용 실패 등의 이유로 2001년 8월 캐나다 RBL은행에 합병되었다. 국내 인터넷 전문은행은 케이뱅크(K-bank)가 2017년 4월, 카카오 뱅크(Kakao Bank)는 동년 7월에 출범했고 최근 제3 인터넷전문은행 출범을 준비하고 있다.

영국 무역투자청(UKTI)은 현재 IT와 금융의 융합은 크게 지급 결제, 금융데이터 분석, 금융 소프트웨어, 플랫폼의 4가지 영역으로 구분한다. 지급결제회사로 애플페이와 삼성페이 같은 하드웨어 기반 모바일 간편 결제 서비스부터 카카오페이와 라인페이 같은 앱 기반 간편 결제 서비스까지 다양한 서비스가 있다. 비바리퍼블리카나 한국 NFC 같은 핀테크 스타트업도 편리한 서비스를 무기로 큰 기업이 따라잡지 못하는 사이 새로운 기회를 열어가는 중이다.

기존 금융데이터 분석 업무[14]는 고객의 금융 거래를 바탕으로 신용도를 파악해 적절한 이자율을 계산하는 일을 주로 했으나 핀테크 기술은 이 업무를 한 차원 발전시켰다. 금융 소프트웨어는 금융 업무를 더 효율적으로 만드는 소프트웨어를 제공한다. 리스크 관리나 회계 업무 등을 더 효율적으로 만드는 것도 여기에 속한다. 페이팔이 자체적으로 꾸린 사기거래탐지(FDS)[15] 기술도 금융 소프트웨어 분야라고 볼 수 있다.

플랫폼은 금융기관이 가운데 개입 않고도 전세계 고객이 자유롭게 금융업무를 처리할 수 있는 기반을 제공하는 분야다. 대표적인 플랫폼 핀테크 회사는 기업가치를 9조원으로 평가받으며 뉴욕증권거래소에도 상장한 P2P 대출회사 렌딩클럽(Lending Club)이다. 렌딩클럽은 많은 고객에게 남는 돈을 빌리고 그 돈을 다시 많은 고객에게 빌려준다. 은행과 다른 점이 있다면 투자금 모집과 대출 신청 및 집행을 모두 온라인 플랫폼에서 처리한다는 점이다.

페이팔도 플랫폼으로 볼 수 있고 비트코인을 앞세운 가상화폐 또는 암호화폐도 기

---

14) 비주얼DNA라는 회사는 이 서비스를 이용해 금융거래 내역이 없이 몇 가지 설문조사로 신용도를 평가한다. “무슨 색을 좋아하나요?”, “비 오는 날은 파전을 먹나요, 부추전을 먹나요?”라는 식으로 사용자 취향과 심리 상태를 물어본다. 얼핏 보면 터무니없어 보이지만 사회심리학과 통계학을 바탕에 둔 치밀한 평가 방법이다. 마스터카드는 2014년 비주얼 DNA 신용도 평가 데이터를 대출 업무에 도입해 부도율을 기존보다 23% 낮췄다. https://search.naver.com

15) 한국에서 쓰인 신용카드가 1시간 뒤 미국의 한 백화점 명품 매장에서 쓰인다면 아무래도 자연스럽지 않다. 기존 거래 패턴에서 어긋나는 거래가 일어날 경우 이를 이상 거래로 인식하고 추가 인증을 요구해 사기거래를 막는 기술이 FDS다. 페이팔은 초기에 20%에 이르렀던 사기거래 비용을 스스로 부담하면서 FDS를 발전시켰고 비자나 마스터카드 같은 국제적인 신용카드 회사도 자체 FDS를 가동중이다. https://search.naver.com

존 금융회사를 대체하는 플랫폼이다. 위·변조가 불가능한 블록체인 위에서 작동하기 때문에 언제 어디서든 아주 적은 돈도 실시간으로 보낼 수 있다.

국내 금융회사들이 포화상태인 안방을 벗어나 인구 6억 3,000만 명, 연평균 6% 내외의 동남아시장에서 금융한류 K파이낸스 시동에 들어갔다. 한국 금융사들은 기존 영업 방식과 달리 현지화와 모마일 금융의 핀테크로 외연을 확장하고 있다. 선두 주자 신한은행은 베트남에서 1위 SNS 잘로와 손잡고 새로운 개인신용평가 모델을 개발했다. KB국민은행은 모바일 송금 및 대출결제 서비스를 하는 리브캄보디아를 앞세워 핀테크 영업에 열을 올리고 있다. 또 KEB하나은행은 인도네시아에서 모바일 메신저 플랫폼 라인과 손잡고 디지털 금융사업을 하고 있다.

알리바바의 마윈 회장은 테크핀(techfin)이란 신조어를 만들었다. 핀테크는 금융회사가 IT기술을 접목한데 비해 테크핀은 IT업체가 기술력을 기반으로 금융업에 진출한다는 차이가 있다.

제3절 中央銀行制度와 通貨政策

1. 중앙은행 제도

1) 자유은행주의와 중앙은행주의[16)]

일국의 중앙은행은 반드시 존재해야만 하는 것인가. 전세계적으로 중앙은행이 없는 국가를 찾기 어렵고 모든 국가에서 법령에 의해 중앙은행 또는 통화위원회(currency board) 형태의 통화당국이 설치되어 있다.

반면 스미스(V. Smith), 카메론(R. Cameron), 하에크(F. Hayek), 클레인(B. Klein), 셀긴(G. Sellgin), 팀버레이크(R. Timberlake) 등의 자유은행주의자들은 중앙은행을 불필요하거나 제거되어야 할 대상으로 보고 있다. 최근 블록체인의 암호통화 비트코인(bitcoin) 거래가 활발하면서 머지않은 장래 비트코인이 중앙은행의 통화 기능을 상당 부분 대신할 수도 있지 않겠느냐는 의견도 없지 않다.

자유은행주의자들은 중앙은행이 존재하지 않더라도 상업은행 간의 경쟁에 의해 금

16) 한국은행, 「한국의 금융제도」, (2018), p.65.

융제도가 효율적으로 운영될 수 있다고 주장한다. 따라서 발권력을 중앙은행에 독점시킬 것이 아니라 화폐도 일반적 상품처럼 자유시장의 원리에 따라 경쟁적으로 공급되는 것이 바람직하다고 생각한다.

상업은행들이 시장원리에 따라 경쟁적으로 화폐를 공급하면 자신이 발행하는 화폐의 가치를 유지하고 신뢰를 얻기 위해 노력하는 과정에서 화폐의 효율성과 안정성이 높아질 것이고 시장에 다양한 화폐가 공급되기 때문에 한 은행이 파산하는 등의 충격이 있더라도 금융공황으로 이어질 위험도 작다는 것이다. 따라서 이들은 중앙은행이 발권력을 독점하는 것은 규제의 산물일 뿐이라고 주장한다.

자유은행주의자들의 견해는 자본주의적 시장기구가 내재적인 자동조정장치에 의해 경제 전체의 효율성 및 안정성을 보장할 수 있다는 믿음에 기초한다. 하지만 금융시장은 정보 비대칭 등으로 인해 내재적으로 불안정성을 가지지 않을 수 없다. 따라서 현대에는 영리를 추구하지 않는 중앙은행이 안정적으로 화폐를 공급해야 한다고 보는 중앙은행주의자들의 견해가 설득력이 있다.

2) 미국 중앙은행

미국 중앙은행인 연방준비제도(Federal Reserve System: Fed)는 1907년 발생한 은행 공황[17)]으로 인해 1913년 12월 23일 연방준비은행법(Fedreal Reserve Act)에 근거해서 탄생했다. 1907년 은행공황은 다행히 뉴욕 최대 부호인 은행가 모건(John Pierpont Morgan)과 록펠러(John Davision Rockefeller)를 비롯한 부유한 은행가들이 재무부 장관과 협력해 뱅크런(bank run)의 위기를 진정시켰다.

은행위기가 자주 발생하는 것에 대비하기 위해 모건 등 은행가를 통한 금융시스템 구제를 경험한 연방정부는 은행시스템 개혁에 착수했다. 마침내 1913년 국립은행 시스템이 폐지되고 모든 예금취급 금융회사가 적절한 지급준비금을 보유하고 이들의 계좌를 감독할 수 있도록 하기 위한 Fed[18)]를 창설한 것이다.

Fed는 정부의 은행기능을 주목적으로 설립된 영국의 영란은행과 달리 1907년 금융

---

17) 1907년의 위기는 신탁회사(Trust Company)라고 알려진 뉴욕의 니커보커 신탁(Nickerbocker Trust)이 주식 투자 실패로 엄청난 손실을 입고 부도를 내면서 시작되었다. 니커보커의 부도로 겁에 질린 예금 고객들은 자금을 인출하려고 신탁 회사와 은행에 장사진을 이루었다. 뉴욕 청산소 가입을 거부(가입시 많은 지급준비금 요구로 신탁회사 이익이 감소함)한 니커보커 신탁에 뉴욕청산소가 자금 공급을 거부했으며 건전한 신탁 회사조차 심각한 공격을 받아 이틀 내에 주요 신탁 회사 12곳이 파산했다. https://blog.naver.com/shp9948/221046653008

18) 당시 미국에서는 은행가의 이미지가 좋지 않아 미국 중앙은행의 명칭을 정할 때 은행(bank)이라는 명칭 대신 연방준비제도(Fed)라고 명명하였다.

위기를 계기로 금융안전망 확충을 위한 제도적 장치로 도입되었다. 미국의 금융제도는 단위은행제도를 근간으로 하고 있어 금융위기에 취약했고 연방준비제도 설립 이전에는 최종대부자 기능이 민간은행 연합체인 뉴욕청산소(New York Clearing House)에 의해 제한적으로 수행되었다. 따라서 Fed 설립 목적은 단위은행제도의 취약점을 발권력을 가진 중앙은행 설립을 통해 보완하는데 있었다.

독일 유대인계 이민자 폴 와버그(Paul Warburg)는 당시 연방준비은행법(1918)을 주도 설계하면서 12개 연방준비은행(Federal Reserve Bank)으로 전체시스템을 구성하고 실제 화폐발행을 비롯한 통화량 조절업무는 뉴욕연방준비은행이 담당하게 했다. 12개 연방준비은행으로 구성한다는 것은 중앙은행의 업무가 금융 수도 뉴욕에 집중되지 않는다는 것과 연방준비제도 본부를 수도 워싱턴(Washington D.C.)에 두어 뉴욕 출신 은행가에 대한 반감을 다소 줄일 수 있다는 의미를 내포하고 있다.

미국 중앙은행(Fed)의 역할은 달러를 발행하고 기준금리, 재할인율 및 지급준비율, 재무부 채권매입과 발행 등을 결정하며 이를 위해서 연 8회 연방공개시장위원회(FOMC)를 개최한다.

Fed는 정부기관이 아니고 로스차일드를 비롯한 국제금융재벌[19)]이 소유한 민간은행이지만 중앙은행 의장 등을 대통령이 지명하여 형식상 반관반민의 운영 형태를 취하고 있다. 중앙은행이 조폐국에서 인쇄한 지폐를 제작 원가에 사들이면 정부는 중앙은행으로부터 발행된 달러를 액면가(지폐제작 원가가 아닌)로 빌린다. 빌린 원금은 빚으로 남으며 엄청난 이자까지 복리로 지급해야 한다. 미국 독립의 선각자 벤저민 프랭클린을 비롯해 역대 많은 미국 대통령들[20)]이 민간 중앙은행이 통화발행권을 갖는 것에 반대했으나 결국 실패했다.

[참고자료] 도움의 역설

옛날 어느 마을에 젊은 새 원님이 부임했다. 의욕이 충만한 새 원님은 고을을 더 잘살게 하기 위해 밤낮으로 일했다. 바로 직전까지 있던 옛 원님은 나이가 많고 의욕이 거의 없던 사람이었기에 자신이 조금만 열심히 해도 고을의 살림이 훨씬 나아질 것이라고 생각했다. 하지만 시간이 지날수록 고을에는 오히려 도둑이 늘어나고 살림이 어려워졌다. 자연히 젊은 새 원님에 대한 고을 백성들의 불만도 높아졌다.

젊은 새 원님은 의욕도 없이 매일같이 풍류나 즐긴 전임자에 비해 자신은 밤낮으로 열심히 노력했는데 결과는

---

19) Fed의 실제주인은 미국 태생의 3대 금융가인 록펠러, 골드만삭스, 레먼을 포함해 유럽의 M.A. 로스차일드, 와벅, 라자드, 쿤롭, 시프 등으로 알려져 있다.

20) 토머스 제퍼슨(3대), 제임스 메디슨(4대), 앤드류 잭슨(7대), 아브라함 링컨(16대), 존F 케네디(35대) 등임.

오히려 나빠진 것을 납득할 수 없었다. 그래서 이제는 은퇴해서 고향으로 돌아간 전임자를 찾아가서 물었다고 한다. "내가 듣기로는 전임 원님께서는 고을 살림살이에 신경 쓰기보다는 풍류를 즐기셨다고 하는데, 그럼에도 불구하고 고을이 잘 돌아간 이유가 무엇입니까?" 그러자 나이가 많은 전임 원님은 다음과 같이 답했다고 한다. "제가 고을 살림에 무심하고 풍류만 즐긴다는 사실을 잘 아는 고을 백성들이 원님은 믿을 수 없다는 생각에 스스로 열심히 살았기 때문입니다."

1929년 미국에서 일어난 대공황의 원인은 여러 가지가 있지만 적어도 그중 하나가 은행들을 돕는 은행이라 할 수 있는 중앙은행(Fed)의 등장이었다고 한다. 전에는 한 은행이 어려움에 빠지면 주변의 다른 은행들이 자금을 빌려주고 도와서 피해를 최소화하는 자체적인 구제제도가 있었고 그것이 잘 기능하고 있었다. 그런데 어려운 은행을 정부가 공식적으로 도와주는 Fed가 설립되고 나서 발생한 대공황 시기에 은행들은 이제는 정부가 알아서 어려운 은행을 도울 테니 자신들이 나설 필요가 없다고 생각했다. 그러나 Fed는 은행들이 기대했던 만큼 신속한 도움을 주지 못했고 그 결과 은행들이 차례로 도산하는 사태가 벌어졌다. 이것이 경제위기가 초기에 해결되지 못하고 대공황으로 이어진 이유의 하나다.

자료: 한순구의 비타민 경제, 도움의 역설, 한국경제(2017.5.17)

2. 중앙은행의 통화정책

1) 재정정책과 통화정책

일반적으로 정부의 정책에는 재정정책과 통화정책이 있다. 재정정책이란 정부가 세율과 정부지출을 변화시키는 정책이고 확장적 재정정책과 긴축적 재정정책이 있다. 확장적 재정정책은 세율을 낮추고 정부지출을 늘이는 것이고 긴축적 재정정책은 세율을 높이고 정부지출을 줄이는 정책을 말한다.

재정정책 효과로 승수효과(multiplier effect)와 구축효과(crowding out effect)가 있다. 승수효과는 정부가 실제로 지출한 금액보다 한계소비성향(△C/△Y) 크기에 따라 승수배 만큼 총수요가 더 크게 증가하는 현상이다. 구축효과는 확대재정정책으로 오히려 총수요가 줄어드는 현상이다. 정부가 재정지출을 늘리기 위해 그 재원을 마련하기 위해 국채를 발행한다면 가계의 가처분소득이 감소해 소비 가능 여력을 감소시킨다. 또 금융시장에는 자금부족으로 이자율이 상승하여 기업의 투자를 감소시킨다. 재정정책의 효과는 민간부문의 효과를 밀어내어 총수요를 위축시키는 구축효과와 승수효과 어느 것이 더 큰가에 따라 효과가 달라진다.

통화정책은 통화 공급이나 이자율을 조정하는 정책으로 확장적 통화정책은 통화량을 증가시키는 것이고 긴축적 통화정책은 통화량을 감소시키는 것이다. 밀턴 프리드먼(M. Friedman)과 같은 신자유주의 시카고학파의 통화주의자들은 통화 공급이 경제의 상승과 하락의 열쇠가 된다고 믿고 통화 공급이 정부지출 수준보다도 경제의 미래 진로에 훨씬 더 큰 영향을 미친다고 생각한다. 통화주의자들은 정부의 개입보다는 보이지 않는 손(invisible hand)에 의한 자연적인 치유를 더 강조하고 느리지만 지속적인 신용창조 기능을 중시하는 통화 공급의 확대를 주장한다. 중앙은행의 통화정책에는 일반적으로 공개시장 운영(조작)정책, 지급준비율 정책, 재할인율정책이 있다.

케인스(Keynes) 학파는 기업의 투자는 이자율 보다는 기업가의 동물적 본능에 더 좌우되어 이자율이 상승하더라도 기업의 투자가 줄기 보다는 오히려 더 증가할 수 있어 확대재정정책을 강조했다. 한편 통화주의 학파는 투자가 이자율에 민감하게 반응한다면서 정부지출의 확대로 이자율이 상승하면 기업의 투자가 크게 줄어들 것으로 보았다. 정부의 재정정책 효과가 크지 않을 뿐더러 정부부문이 지나치게 비대해지고 민간부문이 크게 위축되는 부작용이 나타난다는 것이다. 특히 정부지출과 세금을 변동시키는 정책이 입안되고 집행되기까지 오랜 시간이 걸리기 때문에 재정정책의 효과가 나타나는 시점에는 이미 경제 상황이 바뀔 수 있다. 재정정책이 경기 안정이라는 목적을 달성하지 못할 뿐만 아니라 경기변동 폭을 확대하여 오히려 상황을 악화시킬 수 있다는 것이다.

2019년 미국에서 급부상하는 현대통화(화폐)이론(Modern Monetary Theory: MMT)에서는 정부가 더 많은 적자를 내기 위해 통화량을 남발하는 것에 관대하다. 기축 통화국은 재정적자를 키워 경제를 살려야 한다. 왜냐하면 저물가 저금리 상황에서 달러를 찍어대도 문제가 없다는 것으로 트럼프 정부의 입맛에 맞는 정책이었다.

반면 주류경제학자들은 MMT가 쓰레기이며 미친 사람들의 생각이라고 비난하고 있다. 저금리 저물가 속 한동안 증시 부담은 완화되지만 미국 국가부채가 증가한 후 금리가 급상승하는 경우 디폴트(default) 리스크가 발생할 수 있다는 것이다.

[참고자료] 샤워실의 바보들(Fools in the shower room)

시카고대학 교수이자 노벨 경제학상 수상자인 Milton Friedman(1912-2006)이 정부의 시장경제 개입에 반대하기 위해 사용한 비유이다. 샤워실에서 갑자기 물을 틀면 너무 찬 물이 나오는데 이를 못 참고 더운 물쪽으로 수도꼭지를 돌려버렸다가 뜨거운 물이 나오면 놀라서 찬물로 돌려버린다. 결국 샤워실에 들어가 물만 낭비하고 샤워는 하지 못하는 바보처럼 정부의 섣부른 경제정책이 경기변동폭을 오히려 크게 만들 수 있다고 한다.

프리드먼은 경기의 고점과 저점을 판단하는 게 쉽지 않고, 설령 경기판단이 정확해도 정부의 정책 결정 과정은 오랜 시일이 필요해 적절한 타이밍을 놓치기 쉽다는 점을 지적하고 있다.

완전고용을 목표로 온수꼭지를 열어 젖혔던 중앙은행이 뜨거운 물에 화들짝 놀라 다시 냉수 꼭지를 급히 열어젖힘으로써 경기침체와 실업을 야기하게 되어 중앙은행의 시장개입이 전혀 의도하지 않았던 문제를 야기하게 된다는 것이다.

> 프리드먼은 경제란 시장에서 생기는 스스로의 자정 기능 덕분에 알아서 안정을 찾아가는 것이라고 보았다. 따라서 경기가 과열 혹은 침체 기미를 보인다고 사사건건 개입하다가는 오히려 역효과만 생긴다는 것이 그의 주장이다.
>
> 자료: https://namu.wiki/w 나무위키(2018.4.16) 부분 발췌

2) 양적완화

미국은 2008년 미국발 글로벌금융위기로 인한 유동성 부족을 중앙은행의 비전통적 통화정책인 양적완화(quantitative easing: QE)[21]로 정면 대응했다. 양적완화는 이자율이 너무 낮아 중앙은행이 전통적인 금리인하를 통한 효과를 기대할 수 없을 때 사용하는 비전통적인 경기부양 수단으로 중앙은행이 장기 국채 등을 매입하여 유동성을 직접 시장에 푸는 조치이다. 금리 중시 통화정책을 시행하는 중앙은행이 정책금리가 0%에 근접하거나 다른 이유로 시장경제의 흐름을 정책금리로 제어할 수 없는 이른바 유동성 저하 상황 하에서 유동성을 충분히 공급하기 위한 목적이다. 중앙은행은 채권이나 다른 자산을 사들임으로써 이자를 더 낮추지 않고도 돈의 흐름을 늘이게 된다. 양적완화의 장점은 경기후퇴를 막고 시장의 자신감을 향상시키는 반면 달러화의 가치 하락과 과도한 인플레이션을 유발할 수 있다는 단점도 있다.

미국 금융기관의 도산은 결국 미국 정부가 공적자금으로 인수했고 이에 필요한 달러는 중앙은행의 화폐발행으로 이어졌다. 당시 벤 버냉키(Ben Bernanke) 미 연준(Fed) 의장은 헬리콥터를 타고라도 돈을 뿌리겠다라고 하여 헬리콥터 벤(Helicopter Ben)이라는 별명을 얻기도 했다.

미국은 3차례에 걸쳐 양적완화를 실시하였다. 1차 양적완화(Q1: 2008.11.25.~2010.1분기)는 총 1조 7천억 달러, 2차 양적완화(Q2: 2010.11.3.~2011.6.30)는 6천억 달러로 두 차례의 정책은 실물경기 회복에 기대만큼 미치지 못해 3차 양적완화를 실시했다. 3차 양적완화(Q3)는 매월 400억 달러의 주택담보부증권(MBS)을 매입하고(2012.9.13) 이어서 매월 450억 달러의 미국 국채를 추가매입(2012.12.13)하여 합계 매월 850억 달러의 양적완화를 실시하였다. 3차 양적완화는 채권 매입 규모와 기간을 1,2차와는 달리 무제한 매입한다는 점에서 차이가 있었다.

이후 저금리의 풍부한 자금이 풀리면서 마이너스 성장률을 보이던 경제성장률이 2014년 상반기에 4.6%까지 회복되었으며 실업률이 하락하는 등 경기부양 효과가 나타

21) 양적완화 용어는 1994년 동경 소재 자딘플레밍증권사의 수석 이코노미스트 베르너(R. Werner)가 니혼게이자이 신문에 중앙은행이 자산매입 등을 통해 신용창출을 확대할 필요가 있다는 내용을 기고하면서 처음 사용했으며 2001년 일본은행은 디플레이션 장기화 등에 대응해 국채를 매입한 조치를 양적완화라고 칭했다.

나 2014년 10월 3차 양적완화는 종료되었다.

한편 2013년 5월경부터 미국은 양적완화의 문제점을 우려하고 미국경기의 회복을 예상하여 양적완화 축소인 테이프링(tapering)[22]을 거론하기 시작했다. 양적완화축소 계획이 거론되자 마자 신흥국들(인도·터키·태국·인도네시아 등)의 외국인 투자자금이 급속히 유출되기 시작했고 신흥국에 대한 외국인투자가 감소하고 신흥국 통화가치가 급락하는 등의 긴축발작 즉 테이퍼 탠트럼(taper tantrum) 현상이 나타났다.

한국도 미국의 양적완화가 본격적으로 이루어지면 미국 경제의 호황으로 한국의 수출증대라는 긍정적인 면도 있지만 국내금리의 상승이 이루어져야 하고 가계부채의 이자부담, 주식, 채권 등의 외국인 자금 유출 등의 부정적 효과도 있다.

미국발 글로벌 금융위기 여파로 EU 또한 경기진작을 위해 시중에 돈을 사실상 무한정 푸는 양적완화를 2015년 3월부터 실시하여 죽어가던 경제를 살린 호흡기라는 긍정적 평가를 받았으며 2018년 12월 말을 기해 공식적으로 중단했다.

미국은 과도한 유동 달러를 흡수하고 거품경제를 방지하기 위해 기준금리 인상 조치를 단행했다. 2016년부터 금리를 수차례 인상해 0%대의 기준금리가 2019년 3월 현재 2.25%가 되었으나 트럼프의 Fed 맹비난에 추가 금리 인상은 주춤한 모습을 보였다.[23]

유럽중앙은행(ECB)은 2015년부터 4년 간 2조 6천 유로(약 3,331조원)를 쏟아 부은 결과 유로존의 경제성장률은 호황을 구가했다. ECB는 그리스, 스페인 등의 국채를 무제한 매입해 돈을 푸는 양적완화를 실시했지만 유로존 19개국은 서로 파열음을 냈다. 안정된 경제력을 갖춘 유럽 북부지역 국가들은 자신들의 돈이 경제사정이 열악한 남부국가로 흘러 들어간다며 ECB에 불만을 토로했다. 유럽 단일통화 유로화에 반대하는 포퓰리즘 정당들은 이를 빌미로 입지를 넓히며 분열을 부추겼다.

양적완화는 2013년 일본에서도 소위 아베총리의 아베노믹스(Abnomics)를 통해 실시되었다.[24] 인플레이션이 2%가 될 때까지 일본 중앙은행이 매입한도 없는 무제한 채권매입을 선언하여 엔저를 기반으로 수출경쟁력을 확보하겠다는 것이다. 일본이 양적완화를 실시하는 목적은 재정적자가 너무 많아 통화정책에 의존할 수밖에 없고 엔화의 가치를 떨어트려 수출경쟁력을 높이는 것이었다. 2012년 달러당 80엔의 환율은 2015년 120

---

22) 원래 의미는 마라톤 용어로 대회를 앞두고 훈련량을 줄이고 컨디션을 조절하는 것을 말하는데 양적완화를 축소시킨다는 뜻으로 사용되고 있다.

23) 2019년 이후 미국 경제는 과도한 국가부채, 지속적 저금리 환경이 경기과열을 부추겨 강력한 태풍을 칭하는 퍼펙트 스톰(perfect storm)을 경계하는 목소리도 없지 않다.

24) 일본의 경우 2001년 3월 일본은행이 장기간의 침체를 벗어나기 위해 처음으로 양적완화를 실시했다. 2006년 3월 종료시까지 5년 동안 지속되었으나 효과는 크지 않았다.

엔까지 올라가면서 일본의 수출 가격 경쟁력은 높아졌고 낮은 금리덕분에 국채 이자부담도 낮아졌다. 일본의 양적완화가 대기업과 주주를 위한 정책이라는 비판도 없지 않지만 기업의 경기회복, 일자리 창출에 상당한 효과를 거두었다.

한국도 정치권에서 양적완화가 거론되기도 했지만 실행에 옮기기는 어려웠다. 왜냐하면 막대한 원화 발행 통화의 공급을 흡수할 수 있는 세력이 없기 때문에 결국 인플레이션으로 이어지기 때문이다. 미국 달러화는 기축통화로서 전 세계 달러의 수요가 있고 일본 엔화는 안전자산으로서 또한 전 세계 수요가 존재하기 때문이다.

3) 공개시장운영

중앙은행인 한국은행은 통화정책[25] 수단으로 통화량 조절을 목표로 공개시장운영(open market operation)을 실시하는데 공개시장이란 단기금융시장이나 채권시장을 말한다.[26] 중앙은행이 공개시장에서 국공채를 사들이면 그 대가로 화폐를 지급해야 하므로 시중의 통화량이 증가하고 반대로 국공채를 팔면 통화량이 감소한다. 한국은행은 '조작'이란 부정적 이미지를 해소하기 위해 2016년 1월 종전의 공개시장조작에서 공개시장운영으로 명칭을 변경했다.

공개시장운영의 기원은 1830년대 영란은행의 금융기관 간 익일물(overnight) 자금거래의 금리로 만기가 정해져 있지 않은 콘솔(consol)공채 매각에서 찾을 수 있다. 미국은 연방정부의 중앙은행 차입을 금지하고 있어 재정적자를 국채발행에 의존해 해결할 수밖에 없어 1913년 연방준비제도 설립과 함께 공개시장운영에 관한 사항을 가장 먼저 입법화했다. 중앙은행은 평상시에는 공개시장운영을 통해 초단기금리 시장금리가 정책금리 수준에 근접하게 움직이도록 유도한다.

금융위기시에는 공개시장운영이 금융안정, 경기부양 등을 위해 활용되기도 한다. 공개시장운영은 증권매매, 중앙은행 채무증서 발행, 예치금 수입 등을 통해 실행된다. 이중 가장 활발히 사용되는 수단인 증권매매는 환매조건부(repurchase agreement: RP)매매, 또는 단순매매(outright sales and purchases)의 두 가지 방식으로 수행된다. RP매매는 중앙

---

25) 성공적인 통화정책을 위해서는 화폐수요를 정확히 추정해야 한다. 새로운 통화가 공급되었을 때 그것이 화폐수요에 맞게 공급되었는지 과잉 또는 과소 공급되었는지에 대한 즉각적인 피드백과정이 중앙은행 제도에는 없다. 그것을 알 수 있는 유일한 방법은 물가수준이 변화한 이후이다. 새로운 화폐발행과 물가수준 변화를 통해 인지하는 데는 상당한 시차가 존재한다. 따라서 정보문제로 인해 중앙은행 시스템에서는 화폐 불균형 문제가 근본적으로 상존할 수밖에 없다.

26) 공개시장운영의 유형 중 operation twist란 중앙은행이 보유한 단기채권을 시중에 팔고 장기채권을 사들이는 공개시장운영 방법이다. 중앙은행이 직접 신규자금을 풀지 않고도 장기시중금리를 낮추어 금융시장 안정과 경기를 부양하는 효과를 거둘 수 있다.

은행이 일정 기간 후 다시 매입할 것을 조건으로 보유채권을 매각하거나 반대로 일정기간 후 다시 매각할 것을 조건으로 채권을 매입하는 거래이다. 반면 단순매매는 중앙은행이 채권을 매입하거나 매각함으로써 소유권이 완전히 이전되는 거래방식으로 유동성을 조절하고자 할 때 사용된다.

미연방준비제도, 영란은행, ECB, 일본은행 등 주요국 중앙은행은 RP 매매를 증권매매 방식으로 하고 있으며 한국은행도 2006년 4월부터 RP매매를 담보부 자금대차방식에서 증권매매 방식으로 변경했다.

한국은행은 금융시장에서 통화안정증권, 환매조건부증권과 같은 채권을 사고 파는 공개시장운영을 통하여 시중에 풀려있는 돈의 양과 채권의 가격에 영향을 줌으로써 간접적으로 금리를 조절한다. 한국은행이 시중으로부터 돈을 거두어들이기 위하여 가지고 있는 채권을 시장에 내다 팔면 시중의 통화량이 줄어들고 채권공급 증가로 채권 가격이 떨어져 금리는 올라가게 되며 반대로 채권을 사들이면 통화량이 늘어나고 채권수요 증가로 채권 가격이 올라가 시중 금리는 떨어진다. 한국은행 금융통화위원회는 매년 공개시작운영 대상기관을 국내소재 외국금융기관을 포함하여 은행과 증권사를 선정하여 발표하고 있다.

2008년 3월 한국은행 통화정책 운영체계 개편으로 종전에 한국은행이 필요시 수시로 공개시장운영을 했으나 개편 후 매주 목요일 1회 7일물 환매조건부채권(RP) 매매로 정례화했다. 공개시장운영은 은행과 비금융기관 등 다양한 경제 주체가 참여하는 금융시장에서 시장메커니즘에 의해서 이루어지기 때문에 그 효과가 금융시장을 통해 광범위하게 무차별적으로 파급되는 특성이 있다. 실시시기, 조작 규모와 조건 등을 수시로 조정할 수 있어 신축적인 정책운용이 가능하다. 그러나 공개시장운영은 운용대상이 되는 국공채의 물량이 풍부해야 하고 금융시장이 잘 발달되어야 하는 등의 조건이 필요하다. 이 때문에 대부분의 국가들은 경제개발 초기에는 주로 중앙은행 대출정책이나 지급준비정책에 의존하다가 금융경제가 어느 정도 성숙되면 공개시장운영을 활용하게 된다.

4) 여수신제도[27)]

여수신제도란 중앙은행이 금융기관을 대상으로 수신 및 대출을 통해 자금의 수급을 조절하는 정책이다. 중앙은행 대출제도는 자금의 최종대부자(lender of last resort)인 중앙은행이 적격 어음의 할인 또는 적격 증권을 담보로 한 대출 등의 형태로 금융기관에 자금을 지원하는 제도이다.

27) 한국은행, 경제심화학습. http://public.bookededucation.or.kr

중앙은행 제도 초기에는 중앙은행은 상업은행이 기업에 할인 해 준 어음을 다시 할인, 매입하는 형식으로 자금을 지원했기 때문에 중앙은행 대출제도를 재할인율제도라고 칭하기도 했다. 가장 먼저 재할인제도를 운용한 영국 영란은행은 진성어음에 입각해 실물거래의 결과 발생한 진성어음만을 재할인 적격대상으로 하여 자금의 공급량이 경제활동 수준에 맞추어 조절될 수 있도록 했다. 그러나 진성어음주의에서는 중앙은행이 수동적인 역할만 하게 되므로 경기조절을 위한 능동적 통화정책 수행이 어렵다는 한계가 있었다. 이러한 한계점을 극복하기 위해 각국 중앙은행은 어음재할인 방식뿐만 아니라 증권을 담보로 해서도 금융기관에 대출할 수 있도록 제도를 개선했다.

중앙은행 대출제도는 도입 초기 상당 기간 은행들이 중앙은행으로부터 일상적인 영업자금을 조달하는 수단이었으나 최근 자금이 부족한 은행이 필요자금을 조달하기 어려울 경우 마지막으로 의존하는 창구로서의 성격이 강해졌다. 시중은행에 대한 상시적 영업자금 공급기능 보다는 대출금리의 변경을 통해 통화정책 기조의 변경을 시장에 알리는 금리공시 기능에 중점을 두었으며 이 과정에서 유동성조절 대출제도가 도입되었다.

도입 초기에는 시장금리 보다 낮은 금리가 적용되었으나 그 후 적용금리를 정책금리 보다 높게 설정하는 대신 금융기관의 필요에 따라 자금을 차입할 수 있도록 하는 롬바르트(Lombard)형 대출제도[28]로 변경되었다.

이러한 제도적 변화과정을 거쳐 대부분의 주요국 중앙은행은 대기성여수신제도를 도입·운영하고 있다. 대기성여신제도는 중앙은행이 차입기관의 자금사정이나 자금용도 등에 대한 제한없이 단기자금을 제공하되 시장금리 보다 높은 벌칙성 금리로 제공하는 담보대출제도이다. 차입은행이 기본적인 자산건전성 등의 요건을 충족하는 한 차입수요에 따라 제한없이 자금을 자동적으로 공급한다는 점에서 금융기관의 단기유동성 부족을 해소하는 안전판 기능을 수행한다. 이에 비해 대기성 수신제도는 중앙은행이 시중은행의 여유자금을 금액 제한 없이 수신하여 정책금리보다 낮은 금리를 지급하는 제도이다.

중앙은행의 여수신제도는 금융기관에 유동성을 공급하는 기능과 최종대부자기능 수행에 중요한 역할을 한다. 중앙은행은 여수신제도를 통해 정책금리를 중심으로 상하 일정한도의 금리수준서 제한 없이 유동성을 공급·흡수함으로써 단기시장의 변동성이 지나치게 커지지 않도록 제어한다. 단기시장금리는 대기성 여신금리보다 높아지기 어렵고 대기성 수신금리보다 낮아지기 어렵기 때문에 대기성 여수신금리가 단기시장금리의 상하한으로 작용한다.

---

28) 중앙은행이 차입기관의 자금사정이나 자금 용도 등에 대한 제한 요건을 최소화 하되 단기신용을 시장금리 보다 높은 벌칙성 금리로 제공하는 대출제도를 말한다.

주요국 중앙은행에서는 대출제도로 대기성 여수신제도와 일중당좌대출제도를 주로 운영하고 있다. ECB, 영란은행, 캐나다은행, 호주준비은행, 일본은행 등이 대기성 여수신제도를 모두 운영하고 있고 미연방준비제도는 대기성 여신제도를 운영하고 있지만 대기성 수신제도는 운용하고 있지 않다. 현재 한국은행이 운용하고 있는 여수신제도는 총액한도대출, 자금조정 대출 및 자금조정 예금, 일중당좌대출, 특별대출 등 5가지가 있다.

5) 지급준비제도

지급준비금(reserve requirement) 제도는 금융기관이 고객으로부터 받아들인 예금의 일정비율을 중앙은행에 예치하는 제도로써 일종의 예금자 보호제도다. 법정지급준비율이란 은행의 예금액 중에서 법정지급준비금이 차지하는 비율로써 고객들이 예금을 인출해 갈 경우를 대비해서 중앙은행이 예금은행에게 예금액의 일정부분을 반드시 보유하고 있도록 하는 비율을 말한다. 이 일정비율의 금액을 지급준비금이라고 한다. 원래 예금자 보호에서 출발했으나 오늘날에는 중앙은행의 전통적인 통화신용정책수단의 하나로 활용되고 있다.

중앙은행이 지급준비율을 인상시키면 시중은행들은 더 많은 지급준비금을 보유해야 하므로 예금 중에서 대출할 수 있는 금액이 줄어 시중에 유통되는 자금의 양이 줄어들고 한편 지급준비율을 인하하면 그 반대가 된다.

중앙은행은 시중에 자금이 너무 많이 풀려있다고 판단되면 금융기관의 지급준비율을 높여 신용창조능력을 줄임으로써 통화량을 줄이고 그 반대의 경우에는 지급준비율을 낮추어 통화량을 늘리게 된다.

역사적으로 보면 1863년 제정된 미국 「국립은행법」(National Bank Act)에서 은행권의 유동성 확보와 예금자 보호 차원에서 국립은행권 및 예금에 대해 법정지급준비금을 부과한 것이 지급준비금제도의 효시라고 할 수 있다. 그후 1930년대 지급준비율을 변경하여 본원통화를 조절하면 통화 승수(money multipler)[29] 효과를 통해 통화량에 영향을 준다는 사실이 밝혀지면서 지급준비제도는 중앙은행의 유동성조절수단으로 등장하고 중앙은행의 통화정책수단으로 자리 잡았다.

한국은행의 현행 지급준비율은 최고 50%를 초과하지 않는 범위 내에서 예금 종류별로 결정하도록 되어 있으며 현저한 통화팽창기에는 지정일 현재의 예금액을 초과하는 증가액에 대하여 50%에서 100%까지의 한계지준율을 추가로 지정할 수 있도록 하였다.

---

29) 중앙은행이 본원통화를 공급하면 통화는 승수배 만큼 늘어난다는 것으로 금융기관의 신용창조능력에 근거한다. $M=m\times MB$, $m=1/r$ (M : 통화량, m : 통화승수, MB : 본원통화, r : 지급준비율)

구체적인 지급준비율은 예금 종류별로 차등화되어 있다.[30] 한국은행이 지준율을 인상한다는 것은 은행의 의무적인 예치금을 늘리도록 함으로써 시중 통화량을 흡수하는 효과를 가져 온다. 이는 은행 대출여력의 축소로 이어지고 대출금리를 상승시킨다.

2008년 3월부터 한국은행 통화정책 운영체계 개편으로 지급준비금 적립기간 개시 이전에 필요한 지급준비금 규모를 확정하여 불확실성을 제거하도록 했다. 종전에 지급준비금 적립일을 기준으로 콜시장의 변동성이 컸던 점을 개선하고자 지급준비금 적립일과 정책금리 결정일이 조화를 이룰 수 있도록 변경하였다. 종전의 반월계산 7일 이연방식(매월 7일과 22일)에서 반월계산 1개월 이연 적립방식으로 변경했다.

지급준비금 계산기간은 종전과 동일하지만 지급준비금 적립기간은 종전의 일자 기준에서 요일 기준으로 변경되었다. 매주 목요일 7일물 환매조건부채권(RP)을 통한 공개시장조작을 실시함으로써 매월 목요일 둘째 주 목요일에 있는 정책금리 결정일과의 조화를 도모하여 금융기관의 혼선을 최소화 하도록 했다.

한국은행은 2008년 3월부터 대기성여수신제도를 도입하여 시중은행들이 금액이나 횟수에 상관없이 자금을 하루 동안 한국은행에 예치하거나 대출받을 수 있도록 해 지급준비금 부족을 메우도록 한다. 또 부족 정도가 심한 금융기관에 대해서는 아예 과태금을 부과하기도 한다. 실제지급준비금이 필요지급준비금에 미달하는 은행은 부족금액 평균잔액의 1%를 과태금으로 한국은행에 납부해야 한다.[31]

금융시장이 미 발달한 개도국에서는 지급준비정책이 강력한 통화량 조절효과를 거두는 매력있는 정책수단이었다. 하지만 1980년대 이후 금융자유화와 개방화 등으로 법적 강제력 보다는 시장 기능에 기초한 통화정책의 필요성이 제기되면서 공개시장운영이 주된 통화정책이고 지급준비정책의 역할은 상대적으로 낮아졌다.

[참고자료] 美도시 "현찰 받아라... 아마존고 부글부글"

미국 일부 주(州)정부와 대도시 의회가 현금을 받지 않는 '캐시리스 매장'에 제동을 걸고 나서자 아마존 등 정보기술(IT) 기업들이 반발하고 있다.

---

30) 2019년 4월 현재 장기주택마련주택, 재형저축은 0%, 정기예금, 정기적금, 상호부금, 주택부금, 양도성예금증서는 2%, 기타예금은 7%이다.

31) 지급준비금에 대해서는 원칙적으로 이자를 지급하지 않기 때문에 적용대상 은행의 입장에서는 무수익 자산이 증가하게 되며 지급준비금 적용을 받지 않는 제2금융권과 형평성 논란이 있기도 하다. 미국 FRB는 중앙은행이 상업은행의 지급준비금에 대해 2011년 10월부터 이자지급을 허용하는 법안을 통과시켰다(2006).

7일(현지시간) 월스트리트저널(WSJ)에 따르면 미국 펜실베이니아주 필라델피아시의회는 오는 7월부터 주요 소매업체가 현금 결제를 거부하지 못하도록 하는 법안을 통과시켰다. 캐시리스 매장 이용이 쉽지 않은 저소득층을 배려한 조치다. 저소득층 가운데 상당수는 은행 계좌가 없고 신용카드 발급도 어려워서다.

필라델피아시는 현금을 받지 않는 업체엔 2,000달러(약 230만원) 이하의 벌금을 물리게 된다. 다만 주차장과 코스트코 등 멤버십을 운영하는 대형 유통업체, 예치금 결제가 필요한 렌터카업체, 호텔 등은 예외로 인정했다.

짐 케니 필라델피아시장 대변인은 "시 거주자의 26%가 빈곤선 이하의 저소득층이고 이 가운데 상당수는 은행 계좌가 없다"고 말했다. 통장 잔액이 부족하거나 수수료 부담이 커서 은행 계좌를 개설하거나 신용카드를 발급받을 수 없는 빈곤층을 배려한 조치라는 설명이다. 미국 연방예금보험공사에 따르면 2017년 기준 미국 가계의 6.5%가 은행 계좌를 개설하지 않고 있다. 뉴저지주, 뉴욕시, 샌프란시스코, 시카고, 워싱턴DC 등에서도 이 같은 법안이 추진되고 있다.

반발도 크다. 현금 결제를 강제하면 거래 비용을 줄일 기회를 막게 된다는 비판이 제기된다. 디지털 결제 전쟁에서 뒤처질 것이라는 우려도 상당하다.

아마존은 법안이 제출됐을 당시부터 무인 편의점 '아마존고'에 미칠 영향에 대한 우려를 드러냈다고 WSJ는 전했다. 아마존고에선 현금 결제가 이뤄지지 않고 있다. 아마존고는 소비자가 매장에 들어서면 스마트폰 앱(응용프로그램)의 코드를 스캔한 뒤 센서를 통해 물건을 집어서 나가는 움직임을 포착해 자동으로 결제 청구가 이뤄지는 시스템이다.

아마존은 2021년까지 아마존고 매장을 3000개까지 늘리겠다는 계획에 차질이 빚어질 수도 있을 것으로 보고 있다. 미국소매협회(NRF)는 "업체들이 결제방법을 선택할 수 있어야 한다"고 반발했다.

자료: 한국경제(2019.3.9) http://www.thinkpool.com

CHAPTER

05 金利와 債券 이해

제 1 절 金 利

1. 금리와 현가

1) 금리 개념

타인의 자금을 차용하는 경우 일정기간 후에 원금에 덧붙여 갚아야 하는데 이 때 덧붙여 주어야 하는 돈이 이자(利子)이고 이자의 원금(元金)에 대한 비율(%)을 금리(interest) 또는 이자율이라고 한다. 금리는 왜 발생할까? 돈을 빌려 주는 사람은 당장 수중의 현금을 포기함으로써 당장 구입하고 싶은 재화나 서비스를 포기해야만 한다. 돈을 빌려 준 사람은 빌려준 돈을 회수할 때까지 소비에 대한 욕구 충족의 기회를 미루게 되고 이에 대한 대가인 기회비용(opportunity cost)이 이자가 되는 셈이다. 유태인들은 이 세상에 돈을 빌려 주고 싶은 사람(대출자)과 돈을 빌리고자 하는 사람(차입자)은 파레토(Pareto)법칙[1]의 비율과 유사한 각각 약 78%와 22%라고 생각했다.

서구 경제학에서는 이자를 지금의 소비를 미래로 연기한 대가로 보고 시간의 가치를 이자로 보지만 이슬람은 시간 그 자체는 무가치이며 돈은 자식을 낳을 수 없으며 이자를 불로소득으로 간주한다.

---

1) 파레토법칙은 소위 80:20의 법칙으로 정확히는 78:22의 법칙에서 ±1, 2의 오차를 감안한 78강 22약의 우주의 법칙이다. 대기 중의 질소와 산소의 비율, 인체 수분과 비수분의 비율, 정사각형과 내접원의 면적, 상위 20% 히트상품의 매출이 전체의 80%를 차지한다는 등 다양하게 사용된다. 파레토법칙과 반대되는 롱테일법칙(long tail law)도 있다.

금리는 경제에서 가장 주목받는 변수 가운데 하나이다. 이자율의 움직임은 직접적으로 우리의 일상생활에 영향을 미치고, 경제의 건실함을 유지하는데 중요한 결과를 초래하기 때문에 언론매체를 통해 거의 매일 보도되고 있다. 이자율은 글로벌기업이 자금을 조달할 때 가장 깊이 고민해야 할 변수이다. 이자율에 대한 용어의 의미를 정확히 하지 않으면 우리 주변에서 접하는 수많은 금리의 개념이 우리를 혼란스럽게 만들 수 있다.

2) 만기수익률과 현재가치

이자율을 계산하는 여러 가지 방식 가운데 가장 중요한 개념은 만기수익률(yield to maturity)이라는 개념이다. 만기수익률은 금융상품이 미래에 지급하는 금액의 현재가치를 지금 현재의 가격과 일치시키는 이자율이다. 경제학자들은 만기수익률이 이자율을 측정하는 가장 정확한 방법이라고 간주한다.

현재가치(present value)의 개념을 이용해 단순대출에 대한 만기수익률을 구해보자. 먼저 이러한 대출은 대출자가 차입자에게 일정한 원금을 빌려주고 만기일에 이자를 동시에 상환받는 형태이다. 예컨대 은행으로부터 100만원을 대출받았다고 가정해 보자. 100만원을 은행으로부터 대출을 받으면서 연이율 10%로 1년간 대출을 받았다면 1년 후 만기에는 원금 100만원과 이자 10만원을 합하여 110만원을 상환해야 할 것이다. 이것을 식으로 나타내면 다음과 같다.

$$100\text{만원} \times (1+0.1) = 110\text{만원}$$

만약, 단순이자율(i)을 계산한다면 다음과 같이 쉽게 계산할 수 있을 것이다.

$$i = \frac{10}{100} = 0.1 = 10\%$$

이 돈을 일 년간 더 빌린다면 그 다음 해에 갚을 돈은 다음과 같이 계산될 것이다.

$$110\text{만원} \times (1+0.1) = 121\text{만원}$$

즉, $100\text{만원} \times (1+0.1) \times (1+0.1) = 100\text{만원} \times (1+0.1)^2 = 121\text{만원}$

이를 일반화하면 n년 후에는 처음의 100만원이 다음과 같이 된다.

$$100\text{만원} \times (1+0.1)^n$$

이것은 너무 간단해 보이지만 아주 중요한 개념을 내포하고 있다. 최초의 100만원은 이자율이 10%일 경우 1년 뒤의 110만원과 가치가 같다고 할 수 있다. 이것을 역으로 계산하면 다음과 같이 될 것이다.

$$\frac{110\text{만원}}{(1+0.1)} = 100\text{만원}$$

이를 현재가치(present value)로 환산하였다고 한다. 여기서 현재가치를 PV, 미래가치를 FV(future value), 이자율을 i이라고 일반화한다면 다음 공식과 같이 될 것이다.

$$PV = \frac{FV}{(1+i)^n}$$

현재가치의 개념은 매우 유용하다. 왜냐하면 어떤 금융상품을 보유하면서 미래에 받게 되는 각각의 지급액에 대한 개별적인 현재가치를 모두 합하면 주어진 이자율 수준에서 그 금융상품의 현재가치, 즉 가격을 계산할 수 있기 때문이다. 따라서 단순대출의 경우 이자율과 만기수익률은 동일하다.

2. 금리 종류

1) 명목금리와 실질금리

물가변동을 고려하느냐 않느냐에 따라 명목금리(nominal interest rate)와 실질금리(real interest rate)로 구분할 수 있다. 명목금리는 화폐의 가치변동을 고려하지 않고 외부로 표현된 숫자상의 금리이며 실질금리는 명목금리에서 물가상승률을 차감한 금리이다. 예를 들어 특정 연도의 은행에서 1년만기 정기예금의 명목금리가 6.5%였고 소비자물가 상승률이 연 3.0%였을 경우 실질금리는 3.5%가 되는 셈이다.[2)]

1970년대 명목금리는 연 20%를 넘었지만 물가상승률도 20% 안팎에 달해 실질금리는 거의 0%에 가까웠다. 물가상승률이 높은 경우 사람들은 화폐보다는 실물자산을 소유하기를 선호한다. 세계대전 기간 중 독일에서 재미있는 일화가 있다. 부지런한 형은 열심히 은행에 저축을 했고 술을 좋아하는 동생은 빈 병이 앞마당에 산더미처럼 쌓였다고 한다. 전쟁이 종료되고 형이 전시 중에 저축한 돈은 휴지조각에 불과했고 동생은 실물자산인 빈병을 팔아 부자가 되었다고 한다. 이처럼 인플레이션(inflation)[3)]으로 물가가 인

---

2) %와 % point(포인트)는 완전히 다르다. 만약 이자율이 5%에서 10%로 높아졌다면 5% point 증가했고 100% 증가했다고 해야 정확한 표현이다.

3) 인플레이션은 총수요가 총공급을 초과하여 발생하는 수요견인 인플레이션(demand pull inflation)과 생산비용이 상승하여 발생하는 비용인상 인플레이션(cost push inflation)이 있다. 원유 등 원자재 수입가격이

상되면 화폐자산보다는 실물자산의 소유자, 채권자 보다는 채무자를 유리하게 된다.

한편 기준금리가 소비자물가 상승률을 밑도는 현상을 마이너스금리[4]라고 한다. 실질금리가 낮으면 저축보다는 투자와 소비를 촉진하는 긍정적인 효과도 있지만 국가경제에 많은 문제점이 발생한다.

2) 마이너스 금리

마이너스 금리(negative interest rates)란 두 가지 의미로 사용되는데 명목금리에서 물가상승률을 공제한 것이 마이너스인 경우와 금리 자체가 마이너스인 경우이다. 금리가 0% 미만으로 예금을 하거나 채권을 매입 시 그 대가로 이자를 받는 것이 아니라 오히려 일종의 보관료를 지급하고 은행으로부터 돈을 빌릴 때 오히려 수수료를 받는다는 의미이다.

마이너스 금리는 일반인과 기업 예금에 대해서는 적용하지 않고 시중은행과 중앙은행간의 예금에 대해서만 적용한다. 시중은행이 마이너스 금리를 일반 고객에게 적용한다면 예금자들이 손해를 보지 않기 위해 앞다퉈 현금을 인출하고 이로 인해 은행이 부도를 내는 등의 금융 혼란이 발생할 수 있기 때문이다. 마이너스 금리는 2008년 금융위기 이후 글로벌 저성장이 낳은 기현상이다. 중앙은행이 시중은행의 초과 지급준비금에 마이너스 금리를 적용하는 것으로 유럽 각국과 일본 등이 자국 경기를 살리기 위해 각자도생식으로 대응하면서 등장한 정책이다.

2012년 7월 비유로존 국가인 덴마크가 당좌예금(시중은행이 중앙은행에 예치하는 금리)에 마이너스 금리를 도입한 것이 시작이다. 2014년 6월에는 유럽중앙은행이(ECB) 유로존 19개국을 대상으로 마이너스 금리를 도입했고 스위스, 스웨덴 등이 그 뒤를 따랐다. 아시아에서는 일본이 2016년 1월29일 시중은행이 중앙은행에 맡기는 당좌예금 중 일부에 대해 0.1%의 수수료를 물리는 마이너스 금리 도입을 전격 결정했다. 경기 활성화라는 목표는 같지만 각국별로 마이너스 금리를 도입한 이유는 약간씩 다르다.

스위스와 덴마크는 자국 통화가치의 급격한 상승을 막고자 하는 목적이 강했다. 유

상승하여 물가가 상승하는 경우는 비용인상 인플레이션의 좋은 예이다. 특히 수입농산물가격의 인상으로 발생하는 인플레이션을 농업(agriculture)과 인플레이션(inflation)의 합성어인 에그플레이션(agflation)이라고 한다. 경기가 침체(stagnation)된 상태하에서의 인플레이션을 스태그플레이션(stagflation)이라 한다. 에코플레이션(ecoflation)이란 환경(ecology)과 인플레이션의 합성어로 환경보호 및 온실가스 감축, 지구온난화 방지 등 글로벌 환경기준의 강화로 인해 기업의 제조원가가 상승하면서 결국 물가도 따라서 급등하는 현상 즉 환경적 요인에 의한 인플레이션을 뜻한다. 근원인플레이션(core inflation)은 농산물, 국제 유가 등의 일시적 공급 충격의 영향을 제외한 기초적 물가상승률이다.

4) 2012년 독일, 프랑스 국채가 마이너스 금리로 발행된 적이 있다. 투자자가 이자를 받기는커녕 만기 때 받게 되는 원금보다 비싸게 즉, 웃돈을 주고 국채를 매입한다는 것을 의미한다. 이는 투자자들이 마이너스 금리를 감수하고도 안전자산을 선호하기 때문이다.

로존을 떠난 자금들이 스위스, 덴마크 등으로 몰리면서 중앙은행은 통화가치 상승에 따른 수출 비상을 어떻게든 막아야 했다. 한편 스웨덴 중앙은행은 저물가를 끌어올리려는 목적이 강했다.

마이너스금리 정책 효과에 대해서는 논란이 적지 않다. 마이너스 금리를 도입한 스웨덴은행은 수익악화와 대출금리가 오히려 상승하면서 GDP가 감소했다고 주장했다. 시중은행이 중앙은행에 예치한 자금에는 마이너스금리가 적용되고 은행이 고객으로부터 받은 자금엔 마이너스 금리를 적용하지 못해 은행수익이 악화되었다는 것이다. 일본의 경우 마이너스 금리정책이 당초 기대와는 달리 정반대로 물가 하락을 촉발했다는 견해도 있다. 낮은 금리로 자금을 조달한 기업은 제품가격을 인상하지 않아도 수익을 얻을 수 있기에 저수익 사업이 지속되고 낮은 가격이 유지된다는 것이다.

3) 고정·변동 금리와 확정·실적 금리

고정금리란 가입시점부터 만기까지 동일한 금리가 적용되는 것을 의미하고 변동금리란 가입 후 만기 이전에 적용되는 금리가 변동되는 것을 의미한다. 고정금리와 혼용되어 사용되는 것으로 확정금리가 있다. 확정금리는 가입시점부터 일정한 기간동안 동일한 금리가 적용되는 경우이고 고정금리는 가입시점부터 만기시까지 동일한 금리를 말하는 것으로 정확히 말하면 고정금리가 확정금리를 포함하는 포괄적인 개념이나 동의어로 사용되어 지고 있다.

변동금리와 유사한 실적금리가 있다. 변동금리란 가입 후 만기 이전에 적용되는 금리가 변동하는 것을 의미하며 실적금리는 은행 신탁, 펀드 등에 쓰이는 용어로써 금융기관에 투자자들의 돈을 모아서 그것을 투자대상에 운영하여 나타나는 실적을 결과로 하여 상품에 적용되는 금리를 말한다.

고정금리와 변동금리의 구분은 만기까지의 동일한 금리가 적용되는지 여부에 따른 금리 구분법으로 예금자의 입장에서 미래 금리가 상승할 것으로 예상되면 변동금리가 유리하고 고정금리가 불리하다. 반면 자금 차입자 입장에서는 미래 금리가 하락할 것으로 예상되면 변동금리가 유리하고 고정금리가 불리하다고 하겠다.

4) 단리와 복리

이자계산에는 단리와 복리가 있다. 동일 은행에서 동일 상품에 투자하면서도 배당률이 달라지는 것은 단리와 복리의 이자계산법이 다르기 때문이다. 단리란 이자를 만기에 한번만 계산하는 것이다. <표 5-1>에서 보는 바와 같이 1백만원을 단리 10%의 정

〈표 5-1〉 단리와 복리 비교

구 분	표면금리	이자지급액(세전)	실효금리
단리	10%	$1{,}000{,}000 \times 0.1 = 100{,}000$	10%
복리 1개월	10%	$1{,}000{,}000 \times (1+0.1)^{12} = 104{,}700$	10.47%
복리 3개월	10%	$1{,}000{,}000 \times (1+0.1)^{4} = 103{,}800$	10.38%
복리 6개월	10%	$1{,}000{,}000 \times (1+0.1)^{2} = 102{,}500$	10.25%

기예금에 1년동안 예치하였다면 만기에 받는 이자는 10만원(세전)이다. 2년 동안 예치하였다면 만기때 이자는 20만원이다. 이자를 만기에 한번만 계산하기 때문이다.

반면 복리는 만기이전에 이자를 원금에 가산하여 다시 이자를 산정하여 추가하는 방법이다. 복리기간이 짧을수록 이자는 증가하기 마련이다. 100만원을 연 10% 정기예금에 예치하였을 경우 1개월 복리는 104,700원, 3개월 복리는 103,800원, 6개월 복리는 102,500원이 된다.

5) 표면금리와 실효금리

<표 5-2>에서 보는 바와 같이 표면금리(coupon rate)란 겉으로 나타난 금리로 통장에 표시된 금리를 말하고 실효금리 또는 실효수익률은 실제로 수취하거나 지급하는 금리를 말한다. 표면금리가 동일한 예금일지라도 복리, 단리 등의 이자계산 방법이나 과세여부 등에 따라 실효금리는 서로 달라지며 대출의 경우에도 역시 이자계산방법, 대출금 회수방법, 대출과 연계된 예금의 유무 등에 따라 실효금리는 달라진다. 실효금리는 이자로 받는 실수령액을 투자원금으로 나누고 100을 곱하여 %로 나타낸 것이다(보다 구체적인 실효수익률 산정방법은 제3장 제2절 <표 5-4>참조).

국공채나 회사채가 발행되어 거래되는 채권시장에서는 금리보다 수익률이라는 말을 더 많이 사용하고 있는데 채권수익률은 만기보유시 채권투자로부터 얻을 수 있는 모든 수익을 투자원금과 비교하여 계산한 이자율이다.

〈표 5-2〉 월복리 정기예금 수익률 비교

구 분	표면금리	총수익률	연평균수익률	실효수익률
1년제	10%	10.47%	10.47%	10.47%
2년제	10%	22.04%	11.02%	10.47%
3년제	10%	34.82%	11.61%	10.47%

6) 시장실세금리

채권이나 양도성정기예금증서(CD) 등은 시장을 통해서 거래가 된다. 자금의 공급자와 수요자가 직접 채권시장에서 실시간에 거래를 하기 때문에 시장금리 또는 시중금리라고 한다. 시장금리는 은행금리보다 시중의 자금사정을 더 잘 반영하고 있다.[5] 시장금리 중에서도 시중 자금사정을 가장 잘 반영하는 금리를 실세금리라고 하는데 국내에서는 만기 3년 국고채와 만기 91일 CD의 유통금리(수익률) 등이 여기에 해당된다. 이것들은 거래규모가 매우 크고 다른 금리에 미치는 영향이 크기 때문이다.

채권의 금리는 발행금리와 유통금리가 있는데 발행금리는 기업에서 채권을 발행할 때 제시하는 표면금리이고 시장실세금리인 유통금리는 발행된 채권이 채권시장에서 매매될 때 적용되는 금리를 말한다. 예컨대 시장실세금리가 상승한다는 것은 채권가격이 하락했다는 것을 의미한다. 만약 10,000원으로 발행된 채권의 오늘 유통금리가 10%라고 가정하면 채권의 가격은 9,090원이 된다. 즉 9,090원으로 채권을 매입하여 소유하면 1년 뒤에 10,000원을 받게된다는 것이다. 그런데 유통금리가 11%로 상승하면 채권의 가격은 9,009원으로 하락하게 된다. 금리가 상승하면 채권가격은 하락하게 되는 것이다.

2010년 6월 이후 국내 시중은행의 대출금리로 COFIX(Cost of Funds Index) 금리가 많이 이용되고 있다. 8개 시중은행(기업, 국민, 농협, 신한, 우리, 하나, 한국씨티, SC제일)의 평균 자금조달비용지수로 은행이 고객들에게 파는 8가지 수신상품(정기예금·정기적금·상호부금·금융채 등)을 팔면서 고객들에 부담하는 평균적 금리이다. 각 은행들이 보내 준 평균 가중치 금리를 은행연합회에서 수집해 매월 15일에 1회씩 발표하고 있다. 금융당국이 신코픽스(new COFIX) 산식으로 2019년 7월부터는 사실상 금리인하 효과가 발생하게 되었다. 기존에 반영하지 않던 요구불예금(자유입출금)과 은행이 저금리로 빌리는 정부, 한국은행 차입금 등을 포함했기 때문이다.

7) 세전금리와 세후금리

금리에 따라 지급되는 이자에는 반드시 세금이 부과되며 이를 이자소득세라고 한다. 금융기관에서는 이자를 지급할 때 아예 이자소득세(주민세 포함)를 원천징수한다. 이자소득세율이 얼마인가에 따라 실제 수령하는 이자가 달라진다. 세전 이자가 아무리 많아도 이자소득세를 제외하고 수령하는 금액이 적다면 예금금리가 결코 높다고 할 수 없다.

---

5) 2014년 한국은행의 기준금리는 변동하지 않고 시중 은행들은 여·수신금리를 계속해서 내린 적이 있었다. 이는 채권금리가 계속 하락하고 있었기 때문이다. 채권시장에서 향후 금리가 추가로 하락할 가능성이 높다고 보고 채권을 사두려는 수요가 증가함에 따라 채권가격은 오르고 금리는 하락했었다.

예컨대 이자소득세를 한푼도 내지 않는 비과세상품의 경우는 세전이자율과 세후이자율이 동일하다. 따라서 두 가지 예금상품을 비교할 경우 예금자의 입장에서는 반드시 세후금리를 비교해 보아야만 할 것이다.

8) 국제기준금리

(1) 미국 연방기금금리

미국의 중앙은행 연방준비제도(Fed)는 매월 연방공개시장위원회(FOMC)를 통하여 연방기금금리(Federal Fund Rate) 목표치를 결정한다. 연방기금금리는 미국에서 은행 간 자금거래에 적용되는 대표적인 단기금리로 부족한 지급준비금이나 필요자금을 연방기금시장에서 조달할 때 상업은행들이 부담하는 금리이다. 일반 상업은행들은 이 금리를 기준으로 대출금리 수준을 결정한다. 이 금리는 재할인율과 함께 금융시장에 큰 영향을 미치므로 연방준비제도의 중요한 정책수단으로 활용되고 있다.[6)]

(2) 미국 재무성채권금리

미국의 대표적 재무성채권금리에는 Treasury bill rate(재무성 단기채권 할인율), Treasury note rate(재무성 중기채권 수익률), Treasury bond rate(재무성 장기채권 수익률)이 있다. T-Bill rate는 만기 1년 이하의 단기채권 발행에 적용되는 금리로 전세계적으로 가장 많이 사용되는 단기금리 가운데 하나이다. T-Note rate는 만기가 2년에서 10년이하인 중기채권에 적용하는 금리이고 T-Bond rate는 만기가 10년을 초과하는 장기채권으로 15년, 20년, 30년 등이 있다. T-Bill rate는 이자가 미리 할인되어 발행하는 할인채로 T-Note rate, T-Bond rate는 발행 후 일정기간 마다 이자를 지급하는 이표채이다.

(3) LIBOR와 EURIBOR

리보(London Inter Bank Offered Rate)는 런던은행간 대출금리로 런던 금융시장에 있는 주요 16개 일류은행 간 자금거래에 적용되는 대출금리로 국제금융시장에서 가장 중요한 기준금리가 되고 있다. 영국은행연합회는 매일 주요 20개 글로벌 은행의 조달금리를 모아 상하위 양극단 2개씩을 제외한 16개 은행의 평균금리를 런던시간 11시 현재로 고시해 왔다. 그런데 20개 은행 중 하나인 영국의 바클레이스 은행[7)]이 금리를 고의로 낮

---

6) 그린스펀의 수수께끼(Greenspan's Conundrum)는 2000년대 초반 Fed 의장 그린스펀이 물가를 잡기 위해 정책금리를 인상했으나 시장금리가 계속해서 하락하는 기현상을 말한다. 이는 중국 등 아시아 국가들이 막대한 외환보유액으로 미국 국채를 매입하면서 국채가격은 상승하고 채권금리는 하락했기 때문이다.

7) 리보는 300조 달러가 넘는 전 세계 금융거래와 대출 금리를 결정하는 기준이다. 하지만 2012년 6월 영국의 대형은행 바클레이스가 리보 조작으로 2억 9,000만 파운드(약 4억 7,000만 달러)의 벌금을 부과받으면

게[8] 제출하여 금리조작을 주도 했다는 사건이 2012년 내부 고발자에 의해 폭로되었고 영국 금융당국이 리보 산정방식에 대한 전면적인 개편에 나섰다. 리보금리는 2021년 새로운 금리 지표로 대체될 예정이다. 통상적으로 자금을 차입할 때는 신용도에 따라 LIBOR $+\alpha$로 결정하며 여기서 α는 가산금리(spread)이며 신용도가 낮을수록 가산금리는 높게 결정된다.

한편 유리보(EURIBOR)는 참가국내 소재하는 57개 은행의 고시 이자율에서 상하위 15%를 제외시킨 나머지를 평균한 이자율로 벨기에 브뤼셀에 본부를 두고 있는 유럽중앙은행회가 현지시간 11시에 고시하는 기준금리이며 현재 유로 회원국내의 3,000여개 은행들이 기준금리로 이용하고 있다.

LIBOR와 EURIBOR는 서로 간에 국제표준금리를 선점하기 위한 경쟁을 하고 있다. 유로 국가들은 유로존에 참여하지 않은 영국의 리보를 대신하기 위해 자국의 금융기관에 유리보를 기준금리로 삼도록 압력을 가하고 있어 유럽 금융거래의 기준금리가 될 것으로 예상하고 있다.

[참고자료] 미국, 리보금리 대체 금리기준 내놓는다... 379조달러 자금시장 지각변동

370조달러(약 39경 6,048조원) 규모 금융상품 시장을 흔들 새 금리 기준이 다음달 3일 나온다. 2012년 조작 스캔들로 신뢰가 훼손된 런던은행 간 금리(리보·Libor)를 대신해 미국이 환매조건부채권(RP)에 기초한 금리(secured overnight financing rate: SOFR)를 새로운 기준으로 내놓은 것이다. 영국 리보의 아성을 깨고 미국의 새 금리 기준이 단기 자금거래 시장의 주도권을 잡을지 주목된다. 영국의 리보금리는 2021년 사라지고 새로운 금리로 대체될 예정이다.

◆ 2019년 4월 3일부터 매일 발표

블룸버그통신에 따르면 미국 뉴욕연방은행은 재무부와 함께 다음달 4월 3일 오전 8시(미 동부시간 기준) SOFR을 처음 공개한다. 이날부터 매일 SOFR을 발표할 예정이다. 5월 7일에는 시카고상품거래소(CME) SOFR선물(1~3개월물)을 출시한다.

SOFR은 뉴욕연방은행이 후원하는 대안기준금리위원회(ARRC)가 리보를 대체하기 위해 지난해 6월 제안한 새 금리 기준이다. 이 위원회는 SOFR 정착을 위한 6단계 계획을 수립했다. 이 계획에 따라 CME는 5월 7일 1개월물과 3개월물 SOFR 선물을 출시한다. 파생상품 시장 활성화로 유동성이 풍부해져야 SOFR이 장기적으로 안정적인 대체 금리 기준으로 사용될 수 있기 때문이다.

리보는 1960년대 중반 이후 런던 금융시장에서 은행끼리 단기자금을 거래할 때 적용되는 이자율로 세계 금융거래의 금리 기준 역할을 해왔다. 학자금 대출, 모기지, 신용카드 대출 등 370조 달러에 달하는 금융상품의 이자가

서 리보금리를 결정하는 권한에 대한 논란이 불거지는 등 리보에 대한 전 세계 은행들의 신뢰성에 금이 가기 시작했다.

8) 금리를 낮추면 은행은 자금 조달비용을 낮출 수 있고 투자자들은 낮은 금리로 돈을 차입할 수 있다.

리보에 따라 결정되고 있다. 하지만 2012년 미국과 유럽 규제당국이 대형 은행들의 리보 담합 혐의를 밝혀내면서 신뢰가 훼손됐다. 바클레이즈, 도이치뱅크, UBS, 로열뱅크오브스코틀랜드, 라보뱅크, 소시에테제네랄, 로이드, JP 모간 등 주요 은행은 리보 조작 사실이 드러나면서 막대한 벌금을 물었다.

주요 은행 간 설문조사 방식으로 산출되는 리보 금리의 한계점이 드러나면서 세계 각국은 새로운 대안 마련에 나섰다. 미국의 SOFR 외에 스위스 사론(RP 금리 연동), 영국 소니아(은행과 건설업계가 이용하는 무담보 익일 대출금리), 일본 토나(시장금리 기준 무담보 익일 대출금리) 등이 대안으로 제시됐다.

리보금리		SOFR
20여개 런던은행간 설문조사 매일산출	산출방식	딜러, MMF, 자산운용사 등 다양한 시장참여자의 환매조건부채권(RP)실거래 기반. 거래규모가중치 적용한 중간금리로 산출
무담보 금리	담보유무	담보 금리
5개통화 산출, 만기 1일~1년	금리	익일물 확정금리
5억달러(3개월물 달러리보기준)	규모	7천억－8천억 달러(일간 RP거래규모기준)

◆ 리보에 비해 안정적

리보와 SOFR의 가장 큰 차이는 금리 산출 방식이다. 리보는 주요 은행이 예상한 금리에 의존하지만 SOFR은 증권 중개인과 딜러, 머니마켓펀드(MMF)·자산운용사·보험회사·연기금 등의 펀드매니저 등 다양한 시장 참여자의 실제 거래에 근거해 산출된다. 전날 밤 RP 거래 금리에 기초해 거래 규모를 가중 평균한다.

SOFR은 담보 금리이기 때문에 무담보 리보에 비해 투자자에게 위험이 작다. SOFR의 산출 근거인 RP는 주로 미국 국채를 담보로 산출된다. SOFR은 익일물 확정금리지만, 리보는 5개 통화로 산출되고 만기도 1일물에서 1년물까지 7개로 나뉜다.

금리 산출 근거가 되는 거래 규모도 SOFR이 리보에 비해 훨씬 크다. ARRC에 따르면 지난해 기준 RP의 하루 평균 거래 규모는 7,000억~8,000억 달러에 달한다. 3개월물 리보 거래 규모는 5억 달러로 추산된다.

◆ 영-미 주도권 싸움 벌어지나

업계 전문가들은 SOFR이 당장 리보를 대체하기는 어려울 것으로 보고 있다. 하지만 리보 종주국인 영국도 미국에 이어 대체 금리를 찾고 있는 만큼 변화는 시작됐다고 블룸버그통신은 전했다.

리보를 대체할 새 벤치마크를 놓고 영국과 미국 간 주도권 싸움도 예상된다. 영국 금융감독청(FCA)은 2021년 말까지 리보 사용을 중단하기로 하고 새로운 기준금리를 도입하기로 했다. SOFR이 새 기준으로 자리 잡기 전에 영국이 대체 금리를 공식적으로 내놓는다면 주도권 싸움은 한층 격해질 전망이다. 유럽중앙은행(ECB)도 2020년까지 익일물 무담보 대출금리를 개발할 계획이라고 밝히며 경쟁에 가세했다.

미래가 불확실해지면서 리보에 연동된 금융상품에 대한 투자자 보호 우려도 나오고 있다. 마크 보야지안 프랭클린템플턴인베스트먼트 채권그룹 선임부사장은 "금융회사들이 신규 발행 대출채권 약정서에 다른 관련 금융회사 동의 없이도 리보에서 다른 대체 금리로 변경할 수 있는 조항을 추가하는 행태를 보이고 있다"며 "투자자 권리가 침해될 위험이 있다"고 말했다.

자료: 한국경제(2019.3.27) https://www.hankyung.com

(4) SIBOR, BIBOR, TIBOR와 KORIBOR

씨보(SIBOR)는 Singapore Inter－Bank Offered Rate로 싱가포르 금융시장 소재 은행 간 대출금리를 말하며 비보(BIBOR)는 Bahrain Inter－Bank Offered Rate로 바레인 은행 간 대출금리를 말한다. SIBOR와 BIBOR는 소재 은행 간 자금의 수요와 공급에 영향을 받는 것은 물론 RIBOR와 EURIBOR 등의 기준금리에도 많은 영향을 받는다. 티보(TIBOR)는 Tokyo Inter－Bank Offered Rate로 일본의 도쿄 은행 간 대출금리이다.

국내에서는 코리보(Korea Inter－Bank Offered Rate: KORIBOR)가 있다. 2004년 7월 기준금리 도입을 위해 10개 국내은행의 자금업무 담당부장과 한국은행, 은행연합회 등의 모임인 기준금리협의회가 만들어 2007년부터 일부은행들이 코리보에 연동한 금리를 대출금리로 이용하고 있다.

그동안 국내에서는 단기 기준금리의 역할을 91일물 CD금리가 해왔다. 만기가 91일인 양도성정기예금증서의 금리를 단기 간 거래의 기준금리로 정했으나 폐단이 적지 않았다. CD는 거래량이 많지 않기 때문에 단기자금 시장의 움직임을 제대로 반영하지 못해 기준금리로서의 자격이 부족하다는 비판을 받았다. 코리보는 국내 시중은행, 특수은행, 지방은행, 외국은행 등 금융기관에서 금리를 제시하면 그중에서 상위 3곳과 하위 3곳을 뺀 나머지 8개의 금리를 단순 평균한 값이 코리보 금리로 결정된다. 2014년 7월부터 6종(1주, 1·2·3·6·12개월)의 만기만 매 영업일 11시에 발표된다.

(5) 프라임 레이트

프라임 레이트(Prime Rate)는 우대금리로 미국의 금융시장에서 은행들이 가장 우수한 고객들이 자금을 차입할 때 적용하는 가장 유리한 대출금리이다. 신용도가 상대적으로 낮은 고객들이 돈을 빌릴 때는 Prime Rate $+\alpha$로 가산금리가 붙게 된다.

미국에서는 신용점수에 따라 700점 이상의 프라임모기지 레이트(Prime mortgage rate)는 최우대금리를 적용하고, 620점 이상의 알트에이모기지 레이트(Alt A mortgage rate)는 프라임모기지 레이트 보다 1~2% 높고, 서브프라임모기지 레이트(Sub prime mortgage rate)는 620점 미만으로 알트 에이 모기지 레이트보다 2~3% 높다.

9) 콜금리와 한국은행 기준금리

한국은행은 2008년 3월 7일부터 통화정책 운용방식을 콜금리 목표제에서 한국은행 기준금리제로 전환하였다. 이는 콜금리가 자금수급 사정과는 관계없이 정책목표 수준에 거의 고정[9]됨에 따라 콜금리의 시장 신호 전달 및 자금배분 기능이 약화되었기 때문이다.

---

9) 콜금리가 사실상 고정금리화 되자 외국계은행 지점 등 일부 금융기관들은 금리변동 위험성이 거의 없는

그동안 한국은행 금융통화위원회[10]가 매월 두 번째 주 목요일 회의를 열어 콜금리(무담보 익일물) 목표치를 발표했으나 2008년 3월부터는 한국은행 기준금리를 발표하고 있다. 한국은행은 기준금리를 7일물 RP금리로 변경하면서 RP매매시기도 정례화했고 시중은행들은 RP매매에 참여하여 자금과부족을 조정하게 된다.

한국은행 기준금리는 단기유동성을 조절하기 위해 한국은행과 금융기관 간 거래의 기준이 되는 금리로써 한국은행의 RP(환매조건부 채권)[11]매매, 대기성여수신(자금조정 대출/예금)[12]금리의 산정 기준으로 활용된다. 한편 콜금리는 통화정책 파급경로의 시발이 되는 시장금리의 운용목표로써의 기능을 계속 수행하므로 한국은행은 콜금리가 기준금리 수준에서 크게 벗어나지 않도록 노력하고 있다. 한국은행은 기준금리를 기준으로 은행 전체의 자금수급을 조절하기 때문에 단기자금 시장에서의 은행 간 조절금리인 콜금리는 한국은행 기준금리 수준으로 수렴하게 된다.

콜금리가 갖는 의미는 매우 중요한데 그 이유는 콜금리가 모든 시장금리의 기초가 되기 때문이다. 콜시장은 금융시장 전체의 자금 흐름을 민감하게 반영하는 곳이기 때문에 여기서 결정되는 금리를 시장금리의 지표로 활용하고 있다.

콜 금리(Call Rate)는 콜시장에서 금융기관 간의 초·단기 자금대차 거래에서 적용되는 금리이다. 금융기관 간 영업활동 과정에서 남거나 부족한 자금을 30일 이내의 초단기로 빌려주고 받는 것을 콜(call)이라 부르며, 이때 은행·보험·증권업자 간에 이루어지는 초단기 자금거래에 적용되는 금리가 바로 콜금리이다.

콜(call)이란 자금을 요청한다는 의미이고 빌려주는 입장에서는 콜론(call loan), 빌리는 쪽에서는 콜머니(call money)라 하며 최장만기는 30일이나 실물거래에 있어서는 1일물이 대부분을 차지하고 있다. 따라서 통상 콜금리는 1일물(overnight) 금리를 의미하여 단기 자금의 수요와 공급에 의하여 결정된다.

콜금리 중개업무는 한국자금중개주식회사와 서울외국환중개주식회사 등 2개 중개

콜자금을 빌려다가 채권투자에 나섰고 이로 인해 채권금리가 하락하면서 한국은행 통화정책의 실효성이 떨어진다는 지적이 나왔다.

10) 금융통화위원회는 한은 총재, 부총재포함 7인의 위원으로 구성된 회의체로서 의결의 형식으로 그 권한을 행사한다. 통화정책방향 정기회의는 2017년부터 기존의 연 12회에서 8회로 조정하는 한편 금융안정회의를 연 4회 개최한다.

11) Repurchase Agreement는 금융기관이 일정 기간이 지난 후 확정금리를 가산하여 되사는 조건으로 발행하는 채권을 말한다. 중앙은행과 시중은행 간에 유동성을 조절하는 수단으로 활용되기도 한다.

12) 미국의 재할인율제도와 유사한 형태로 은행이 한국은행으로부터 자금을 빌릴 때는 기준금리보다 1%포인트 높게, 자금을 맡길 때는 기준금리보다 1%포인트 낮은 이자를 받게 된다. 한국은행은 다만 지준마감일에는 이같은 가산금리를 0.5%로 축소해 운용키로 했다. 한편 종전의 일시부족 자금대출 및 유동성 조절대출제도는 폐지했다.

회사가 담당하고 있으며, 은행 간 직거래도 이루어지고 있다. 콜금리에 영향을 미치는 요인으로는 은행권의 지급준비금 사정, 채권의 발행 및 상환, 기업체 등의 단기자금 수요, 기관의 단기자금 운용형태 등이 있고, CP(기업어음)금리, CD(양도성예금증서)금리[13] 등 여타 단기금리와도 밀접한 관련이 있다.

10) 장·단기금리 차이 의미

일반적으로 장기금리는 단기 금리에 비해 높다. 왜냐하면 장기간 자금이 묶여 있는 만큼 더 높은 수익률을 약속해야 하기 때문에 채권시장에서 장기채권은 단기채권 보다 수익률이 높다. 즉, 장기채권이 단기채권보다 가격이 낮다.

이 경우 시장에서는 이차적으로 높은 금리가 약속된 장기채권의 매력이 상대적으로 커져 장기채권 가격이 올라(채권금리 하락)가게 된다.

하지만 장기적으로 경기가 좋지 않으면 투자자들은 마땅한 투자처를 찾지 못하게 되고 채권수익률(금리)이 낮은 장기채권이라도 기꺼이 투자하려고 할 것이다. 즉 채권 발행자는 낮은 수익률 즉 비싼 가격으로 채권을 팔아도 채권 매입자가 많아 잘 팔리게 된다.

글로벌 금융위기 직전인 2007년 이후 12년 만에 미국에서 장기 국채금리가 단기 국채금리보다 낮아지는 현상이 발생했다. 국제금융센터에 의하면 제2차 세계대전 이후 지금까지 미국에서 9차례의 장·단기 국채금리 역전 현상이 있었는데 그중에서 8차례의 경기침체(recession)가 왔었다.

장기채권의 금리가 낮다는 것은 채권가격이 높다는 것으로 투자자들에게 장기채권이 인기가 있다는 것이다. 투자자들이 향후 경기를 비관적으로 보기 때문이며 경기 침체의 강한 전조로 받아들여 진다. 글로벌 경제 전반에 R공포가 번지고 투자자들이 주식 등 위험자산 투자를 회피하는 현상이 벌어지게 된다.

3. 인플레이션

물가수준의 상승율이 0보다 커 물가가 올라가는 현상을 인플레이션(inflation)이라고 하고 물가수준의 상승률이 0보다 작아 물가수준이 하락하는 현상을 디플레이션(deflation)

---

13) 리보금리 조작사태 이후 국내에서도 CD금리조작 사태가 2012년 7월 발생했다. 대출금리 결정시 금융기관들이 담합하여 0.1% 포인트만 올려도 연간 수천억 원 부당이익이 발생한다. 담합자진신고자 감면제인 리니언시 프로그램(Leniency Program)을 활용해 어느 증권회사가 폭로하면서 알려지게 되었다.

이라고 하며 양자가 동시에 일어나는 현상을 믹스플레이션(mixflation) 또는 바이플레이션(biflation)이라고 한다. 최근 국내 주택가격이 수도권에서는 하락하고 비수도권에서는 상승하는 현상은 좋은 예이다.

농산물 가격이 올라 인플레이션을 유발하는 현상을 에그플레이션(agflation)이라고 하는데 농업(agriculture)과 인플레이션(inflation)의 합성어이다. 기상이변, 투기수요 등의 원인으로 식표품 물가의 급등현상을 푸드인플레이션(food inflation)이라고 한다. 1970년대 유가파동으로 경기는 침체(stagnation)하고 물가는 상승(inflation)하는 스태그플레이션(stagflation), 환경적 요인으로 인플레이션이 발생하는 에코플레이션(ecoflation)이 있다.

물가수준이 상승하고는 있으나 물가가 급격히 오르는 인플레이션과는 달리 물가상승율이 감소하는 인플레 현상을 디스인플레이션(disinflation)이라고 하며 디스인플레이션이 길어지면 물가가 지속적으로 하락하고 경기가 장기 침체 국면에 접어드는 디플레이션에 빠질 우려가 높다. 최근 경기가 반짝 회복하였다가 다시 침체하는 현상을 더블 딥(double dip)이라고 하는데 경제에 있어서 지나친 인플레이션도 문제지만 지나치게 물가가 정체하는 현상도 바람직하지 않다. 정책 당국이 경기 불황기에 경기회복을 위해 인플레이션을 일으키지 않을 정도로 통화량을 늘리는 소위 통화재팽창 행위를 리플레이션(reflation)이라고 한다. 2008년 미국의 글로벌 금융위기 이후 양적완화(QE)정책은 리플레이션의 좋은 예이다.

[참고자료] 조삼모사(朝三暮四) 재해석

금융론 강의에 곧잘 등장하는 고사성어가 있다. 朝三暮四 대 朝四暮三이다. 중국 춘추전국시대 송나라의 저공이란 사람이 "앞으로 너희 원숭이들에게 주는 도토리를 아침에 3개 저녁에 4개로 제한하겠다"고 말하자 원숭이들은 잔뜩 화를 냈다. 그래서 저공이"그렇다면 아침에 4개를 저녁에 3개를 주겠다"고 하자 원숭이들이 반색하더란 얘기다.

조삼모사는 똑똑한 사람이 간교한 꾀로 어리석은 자를 속여 희롱하는 짓을 뜻한다. .조삼모사나 조사모삼이나 도토리의 단순 합은 7개로 동일하다. 그러나 원숭이는 눈 앞의 큰 이익만 쫒았으니 정말 바보다. 이것이 중국발 통설이다. 반면 서양발 금융론의 재해석은 똑똑한 원숭이다. 이른바 '화폐의 시간가치(TVM)'를 감안하면 조사모삼이 조삼모사보다 득이 된다는 것이다. 오늘 4억원을 받고 1년 뒤 3억원을 받는 것과 오늘 3억원을 받고 1년 뒤 4억원을 받는 것엔 분명한 차이가 있는 것과 같은 이치이다. 연 10% 금리라면 전자의 현재가치는 대략 6억 7,273만원, 후자는 6억 6,364만원이다. 똑똑한 자라면 당연히 909만원을 득 보는 전자를 선택할 것이다.

다시 원숭이 얘기로 돌아가 보자. 아침부터 저녁까지 몇 시간 안 되는 기간에 발생할 수 있는 조삼모사와 조사모삼의 가치 차이는 극히 미미해 대수롭지 않게 여길 수 있다. 그렇다고 그 차이를 반긴 원숭이가 무슨 잘못을 저지른 것도 아닌데 2,000년 넘게 조롱당하는 것은 좀 이상하다는 게 현대적 해석이다. 오히려 낮 활동에 대비해 아침에 많이 먹고 자기 전에 적게 먹는 건강식사법까지 잘 아는 원숭이로 치켜세워 줄 수 있겠다.

글로벌 금융위기 1년 조삼모사의 통설처럼 도전받는 제도·관행이 적지 않다. 월가금융계 돈벼락 보너스체계도 그 중 하나이다. 경쟁력의 마법이 지금은 위기를 부른 원흉이다. G20 정상회의를 앞두고 각국 정상들이 보너스 규제의 필요성을 역설했다.가장 소극적이었던 오바마 미국 대통령도 보너스 개혁에 동참하겠다고 밝혔다. 과거에는 상상할 수 없던 일이다. 금융계는 "보너스를 덜 주면 인재가 빠져 나갈 것이다"라며 울상을 짓고 있다. 하지만 조삼모사의 원숭이보다 계산에 밝고 건강도 잘 챙기는 금융인들이야말로 세상에 걱정만 끼칠 것이 아니라 명쾌한 자체 해법을 내 놓아야 하는 게 아닐까.

자료: 중앙일보/분수대(2009.9)

제2절 債 券

1. 채권 개념과 채권시장

채권이란 정부, 지방자치단체, 특수법인, 상법상의 주식회사 등의 발행회사가 불특정 일반 투자자들로부터 비교적 장기의 자금을 집단적, 대량적으로 조달하기 위하여 발행하는 일종의 차용증서로써 채무를 표시하는 유가증권이다. 통상의 차용증서와는 달리 공신력이 높은 정부, 금융기관 또는 상법상의 회사가 일반대중을 상대로 발행한 것이다.

채권을 발행할 수 있는 기관과 회사는 법률로써 정해지며 정부는 발행자격이 있더라도 국회의 동의가 필요하며 채권은 증권거래법이 정하는 바에 의하여 증권회사를 통해서 유가증권시장에서 자유롭게 거래할 수 있는 유동성을 가지고 있다.

채권시장은 제1차시장(primary market)과 제2차시장(secondary market)으로 구분되는데 제1차시장은 발행시장으로 발행자, 발행기관(간사회사, 이수기관, 청약기관), 투자자로 구성된다. 한편 제2차시장은 유통시장으로 이미 발행된 채권이 투자자 사이에 매매되는 시장을 말한다. 유통시장의 거래당사자는 금융기관, 일반법인, 각종기금 및 공제조합, 개인투자자 등이 있다. 유통시장은 상장종목만 거래되는 증권거래소시장인 장내시장과 비상장채권을 포함한 전 종목이 거래되는 장외시장이 있는데 주식의 유통시장과는 달리 장외시장의 비중이 약 90% 이상인 것이 특징이다.

[참고자료] 사망채권(Death Bond)

생명보험 가입자의 사망보험금을 투자수단으로 삼는 죽음을 통해 돈을 버는 투자상품이다. 보험 가입자가 매월 보험료 지급이 어렵거나 갑자기 자금이 필요한 경우 보험계약을 해약하는 대신 생명보험 유동화전문회사(Life

Settlement Provider)가 보험증서를 매입하여 유동화한 채권을 말한다. 생명보험 유동화전문회사는 할인된 가격(사망보험금의 20~40% 정도)으로 보험증서를 사들이고 대신 매달 보험료를 지급해 주고 가입자가 사망하면 사망보험금의 수익자가 된다.

유동전문화회사는 사들인 보험증서를 헤지펀드나 투자은행에 되팔고 헤지펀드는 200개 이상의 보험증서를 모아 이를 담보로 유동화증권을 발행해 투자자를 모은다. 이것이 사망채권이다.

보험가입자가 얼마나 빨리 사망하느냐가 수익률의 관건이므로 보통 65세 이상 노인의 보험증서만을 대상으로 하며 지급금액도 건강검진 등을 통해 가입자의 예상수명을 측정한 뒤 정해진다.

만약 보험가입자가 예상 보다 더 오래 사는 경우 사망채권의 수익률은 하락(채권가격 상승)하지만 다수의 보험증서를 근간으로 Pool로 구성된 채권이라는 점에서 리스크 분산효과가 있다. 채권 보유자는 자고나면 피보험자의 생사를 확인 하려고 할 것이다. 사람의 죽음을 담보로 한 상품이라는 도덕적 비난도 크지만 많은 경제지표에 영향을 전혀 받지 않고 안정적인 수익률을 올린다는 점에서 월가에서 투자자들의 많은 관심을 끌고 있다.

자료: http//blog.naver.com

2. 채권 종류

<표 5-3>에서 보는 바와 같이 채권은 기준에 따라 여러 가지로 분류할 수 있다. 발행 주체별로는 국가가 발행하는 국채, 지방자치단체가 발행하는 지방채, 특별법에 의해 설립된 법인이 발행하는 특수채, 특수채 중 발행주체가 은행 등 금융기관인 금융채, 주식회사가 발행하는 회사채 등이 있다.14)

회사채에는 전환사채(convertible bond: CB)와 신주인수권부 사채(bnd with wrrant: BW), 주식예탁증서(dpositary rceipt: DR), 교환사채(echangeable bnd: EB), 옵션부사채(otional bond) 등이 있다. CB는 일정한 기간이 경과된 후 사채권자가 주식으로 전환할 수 있는 권리가 부여된 채권으로 전환권 행사 후에는 사채권이 소멸되며 BW는 일정한 가격으로 미리 정해진 신주를 배정 받을 수 있는 권리가 부여된 회사채로써 신주인수권 행사 후에도 사채로 존속한다.

DR은 주식의 국제적 유통수단으로 외국에서 원활하게 거래되도록 고안된 주식대체 증권, 즉 거래의 신속성을 부여할 목적으로 국내기업의 주식을 국내금융시장에 보관하고 해외에서 이를 담보로 예탁증서를 발행하여 유통시킨다. ER은 사채권자에게 교환청구 기간 내에 사채발행회사가 보유한 다른 상장회사 유가증권(주식 및 채권)으로 교환을 청구할 수 있는 권리가 부여된 사채로 교환 청구시 추가자금이 필요하지 않으며 자본금의 증가를 수반하지 않는다.

---

14) 3개월 이상 원리금을 갚지 못해 회수가 불확실한 대출채권을 부실담보채권(Non Performing Loan: NPL)이라고 한다. 은행은 부실한 채권을 매각하여 조기에 자금을 회수하고 유동화회사는 이를 매입하여 유동화 시켜 채권을 발행하며 투자자들은 NPL의 매입자가 된다.

〈표 5-3〉 채권 종류

분 류		내 용	종 류	특 징
발행주체	국채	국가가 발행하는 채권	국민주택채권, 양곡증권, 재정정권, 외국환평형기금채권, 국고채권 등	정부 보증, 높은 신용도
	지방채	지방자치단체 발행	지하철공채, 지역개발공채, 도로공채 등	
	특수채	특별법에 의해 설립된 법인 발행	토지개발채권, 한전채권, 기술개발금융채권, 한국도로공사채권 등	
	금융채	특수채 중 발행주체가 은행 등	통화안정증권, 산업금융채권, 장기신용채권(국민은행채권), 중소기업금융채권, 주택금융채권, 일반은행채권, 신용카드채권, 리스채권 등	
	회사채	주식회사가 발행하는 채권	보통사채, 무보증사채, 담보부사채, 주식관련사채, 옵션부사채 등	
이자	이표채	채권의 권면에 이표부착, 이자지급일에 일정액 수령	일반적인 채권형식	표면이자율과 만기수익률 불일치
	할인채	액면금액에서 만기일까지의 이자를 할인한 금액으로 매출한 채권	산업금융채권, 장기신용채권, 일반은행채권, 통화안정증권	만기일까지 보유시 수익률에 의한 연복리 계산
	복리채	이자가 단위 기간수만큼 복리로 재투자되어 만기에 원금과 이자가 지급되는 채권	국민주택채권, 산업금융채권 등	
보증유무	보증채 - 정부보증채	보증의 주체가 정부인 채권	토지개발채권 등	
	보증채 - 일반보증채	금융기관, 서울보증보험, 신용보증기금 등이 지급을 보증하는 채권	일반적인 회사채	
	무보증채	발행회사의 자기신용으로 발행되는 채권		
만기유무	영구채	만기가 정해져 있지 않고 원금 상환없이 이자만 영구지급	투자자는 발행 후 일정기간 경과 후 발행회사가 환매하지 않으면 풋옵션(매입청구권) 행사 가능함. 이때 신용공여은행은 채권매입 책임짐.	

옵션부사채는 채권을 발행할 때 미리 정한 조건이 만족될 때 만기전에 발행회사나 사채권자가 채권의 조기상환을 요청할 수 있는 권리가 부여된 사채로 발행회사 권리채(call option bond)와 사채권자 권리채(put option bond)가 있다. 콜옵션사채는 발행회사가 중도에 조기상환을 요청할 수 있는 권리를 부여한 것이고 풋옵션사채는 채권 소유자인 사채권자가 조기상환을 요청할 수 있는 권리가 부여된 것이다.

이자의 지급방법에 따라 채권의 권면에 이표가 붙어 있어 이자 지급일에 일정금액을 지급 받는 이표채(利票債), 액면금액에서 만기일까지 이자를 할인한 금액으로 매각하는 할인채인 제로쿠폰채(zero coupon bond), 이자가 복리로 재투자되어 만기에 원금과 이자가 지급되는 복리채가 있다.

정부의 보증 여부에 따라 보증의 주체가 정부인 정부보증채, 금융기관 등이 보증하는 일반보증채, 발행회사의 자기신용으로 발행되는 무보증채가 있다. 상환기간별로는 만기 1년 미만인 단기채, 만기 1년 이상 5년 미만인 중기채, 만기 5년 이상인 장기채로 구분할 수 있으며 모집방법에 따라 채권발행을 공개적으로 모집하는 공모, 개별적으로 계약하는 사모가 있다. 지급이자율 변동에 따라 금리확정부채권, 금리연동부채권(시중은행 1년제 정기예금이자율), 변동금리부채권(FRN, 91일물 CD 1개월 간 유통수익률 평균) 등이 있으며 긴급한 위기를 타개하기 위한 기금조성을 목적으로 한시적으로 발행된 채권으로 표면이자에 대한 원천징수대상 채권이나 자금출처가 면제되고 상속세와 증여세가 면제되는 채권으로 외국환평형기금채권, 고용안정채권, 증권 금융채권 등이 있다.[15]

부채와 자본의 혼합된 성격을 가진 영구채권(console bond/perpetual bond)이 있다. 이론적으로 채권의 만기를 주기적으로 연장할 수 있어 사실상 만기가 없는 채권이다. 영구채는 주식과 채권의 중간 성격을 띠는 신종자본증권(하이브리드채권)으로, 부채지만 발행자의 명시적 상환의무가 없다는 측면에서 국제회계기준(IFRS)상 자본으로 인정받고 있다. 따라서 부채비율을 낮출 수 있고, 유상증자와 비교 시 대주주 지분율도 그대로 유지되어 지배구조에 변동 없이 자본 확충을 동시에 꾀할 수 있다는 장점 때문에 최근 대기업들의 자금조달 수단으로 각광받고 있다.[16]

---

15) 외화표시채권은 외환보유고를 확충하기 위해 발행되고 고용안정채권은 실업대책에 필요한 자금을 마련하기 위해 발행되며 증권금융채권은 긴급한 경제 및 금융위기를 타개하기 위해 발행된다.

16) 영구채는 일반 채권 보다 표면 금리가 높은 장점은 있지만 2013년 바젤 Ⅲ도입으로 영구채 투자자에게 불리한 요건이 발생했다. 금리인상시 시장금리가 인상하는 만큼 1%이내에서 채권의 금리를 올릴 수 있는 step up 조항이 금지되어 금리인상에 대한 혜택이 전혀 없다. 국내에서는 은행권을 제외하고 최초로 두산인프라코어가 2012년 10월 $5억의 영구채를 발행했다. 금융당국의 견해 차이로 영구채를 자본으로 볼 것이냐 부채로 볼 것이냐는 뜨거운 논쟁이 있었으나 IFRS는 최종적으로 자본으로 결론을 내린바 있다. 영구채를 자본으로 인정받게 되면 기존 차입금상환에 사용해 재무구조를 개선할 수 있는 이점이 있다.

자금 조달이 필요할 때 만기상환의 부담 없이 투자금을 모을 수 있는 장점이 있는 반면, 재무구조가 열악한 기업이 악용하거나 재무제표를 왜곡시켜 투자자 피해를 야기한다는 논란도 있어 왔다.

국내에서도 영구채가 자본인가 부채인가라는 논란 끝에 2013년 국제회계기준위원회(IASB)로부터 회계상 자본으로 인정받아 BIS 자기자본 비율을 높일 수 있었다. 하지만 모든 신종자본증권이 자본으로 인정받는 것은 아니다. 2012년 금융회사가 아닌 일반기업으로 최초 5억 달러의 영구채를 발행한 두산인프라코어 영구채[17]는 발행 기업이 현금 등 금융자산을 상환할 의무를 부담하지 않는다는 이유에서 자본으로 분류됐다. 신종자본증권을 발행한 기업은 투자자에게 지급하는 이자를 비용으로 인정받아 법인세를 절감할 수 있다.

최근 IASB는 영구채를 부채로 변경하는 국제회계기준(IFRS) 개정을 검토하고 있다.

[참고자료] 영구채 회계처리 난기류 만난 대한항공
국제회계기준 委, 영구채를 자본 → 부채 회계변경 검토

영구채권(신종자본증권)의 회계처리 변화 가능성이 대한항공 재무 안정성을 흔들 잠재 변수로 떠오르고 있다. 영구채 발행 잔액을 대차대조표상 자본에서 부채 항목으로 옮기도록 하는 원칙 변경을 국제회계기준위원회(IASB)가 검토하기 시작해서다. IASB는 국제회계기준(IFRS)을 제·개정하는 기구다.

대한항공은 국내에서 영구채를 가장 활발하게 발행해온 기업 중 하나다. IASB가 회계처리 원칙을 변경하면 영구채의 지속적인 차환(신규 발행을 통한 상환)에 차질을 빚을 수 있다는 우려가 나온다.

◆ 영구채 회계변경 돌발변수

대한한공의 지난해 말 기준 영구채 발행 잔액은 약 7,000억원이다. 자기자본 3조 317억원의 23%에 해당한다. 진행 중인 IASB의 자본 분류 원칙 변경 논의 결과에 따라서 현재 자본으로 분류한 영구채 발행액이 전부 부채로 옮겨갈 가능성이 있다. 이 경우 대한항공의 연결 부채비율은 지난해 말 기준 744%에서 997%로 상승한다.

아직까지 회원국 의견 수렴 단계지만 IASB가 회계처리 원칙 변경을 검토하고 있다는 사실만으로도 기존 영구채의 차환 또는 추가 발행에 걸림돌이 될 가능성이 있다는 분석이다. 금융감독원도 IASB에 '영구채는 자본이 아니라 부채로 인식해야 한다'는 의견을 전달한 것으로 알려졌다. 업계에선 이를 '영구채 발행을 자제하라'는 신호로 해석하고 있다.

대한항공은 영구채를 발행하면서 이를 자본으로 인정받지 못하면 회사 선택에 따라 즉시 상환 가능하다는 계약을 맺었다. 대한항공은 회사채 증권신고서를 통해 "영구채의 자본 분류 원칙이 바뀌면 재무구조 개선 효과가 사라

17) 금융위원회는 은행예금나 은행채에 비해 미래 후순위라는 조건이 누락되어 있고 5년 후 조기상환이 이루어지지 않으면 금리가 5%p 오르는 step up 조항이 포함되어 있다는 점을 들어 부채로 판정했다. 반면 국제회계기준해석위원회(2006)는 조건이 어떻든 원금상환과 이자지급 결정권을 발행회사가 가지고 있다면 자본으로 보아야 한다고 판단했다. 영구채는 회사 부도시 후순위이며 고위험 고수익채권이며 2017년 수출입은행은 대우조선 인수시 1조원의 영구채를 부채로 판단했다.

지고 조기 상환 요건을 충족한다"고 설명했다.

◆ 자본 확충 압박 요인

영구채를 신규 회사채로 대체(차환)하는 과정에서 부채비율이 높아지면 일부 회사채가 조기 상환 요구에 몰릴 가능성을 배제할 수 없다. 지난해 말 대한항공의 원화 공모 회사채 잔액 1조 6,254억원 가운데 4,200억원어치는 연결 부채비율 1,000% 유지 조건을 달고 있다. 이 조건을 지키지 못하면 빌린 돈을 만기 때까지 자유롭게 쓸 권리인 '기한이익'의 상실 사유가 발생한다. 사채권자들이 집회를 열고 채무의 즉시 반환을 요구할 수 있다는 의미다.

대한항공은 실적 부진으로 과거에도 수차례 기한이익 상실 위기에 몰렸다. 2015년 9월 말(부채비율 1,050%) 이후 2016년 6월 말(1,082%), 2016년 말(1,178%)까지 세 차례 재무비율 조건을 지키지 못했다. 그때마다 유상증자와 영구채 발행으로 상실 사유를 해소했다.

대한항공은 오는 30일 올 들어 처음으로 2000억원 규모 회사채를 공모 발행할 예정이다. 한 증권사 회사채 담당 임원은 "지난해엔 고금리 회사채 인기에 힘입어 대한항공이 유동성 걱정을 크게 덜었다"며 "올해도 개인 수요가 풍부할 것으로 예상하지만 다양한 변수가 등장한 만큼 지켜봐야 할 것"이라고 말했다.

자료: 한국경제(2019.4.23.) A23 발췌

3. 채권수익률

1) 수익률 개념

수익률(rate of return or yield)이란 화폐의 현재가치와 미래가치의 교환비율이며 화폐의 현재가치와 맞바꾸어지는 화폐의 미래가치를 비율관계로 표시한 것이다. 채권을 일정기간 보유했을 때 얼마나 돈을 벌게 되었는지는 채권수익률로 측정할 수 있다. 채권의 수익률은 그 채권의 보유로 인한 총수익(채권이자 수입 및 채권가격의 변동금액)을 채권에 투자한 원금으로 나눈 값이다.

채권수익률은 채권의 보유기간 중 실제 수취하는 총수익의 원금에 대한 연 단위로 환산한 비율을 의미하며 이자율이란 예금처럼 시장유동성 없이 단순히 만기시에 이자의 원금에 대한 연 단위의 비율을 의미한다. 그러나 수익률과 이자율이 혼용되어 사용되기도 한다.

2) 채권수익률 변동요인

채권의 가격이란 미래의 현금흐름을 현재의 채권수익률로 할인하여 현재가치화한 개념으로 채권수익률의 변동요인이 바로 채권가격의 변동요인을 의미하게 된다. 채권은 이자가 확정되어 있고 대부분 원리금의 지급이 신용도가 높은 금융기관에 의해 보증되기 때문에 주식에 비해 안전성이 높다고 할 수 있다.

그러나 채권은 유통시장에서 채권수익률의 변화에 따라 매일 가격이 변화하고 있기 때문에 항상 안전하다고 할 수는 없다. 따라서 채권수익률의 변화를 잘 예측하여야 채권수익을 극대화 할 수 있는데 채권수익률 변화에 미치는 영향을 잘 파악해야 한다.

일반적으로 채권수익률에 영향을 주는 요인은 외적요인과 내적요인으로 크게 구분된다. 외적요인은 시장요인으로 경기동향, 물가동향, 통화금융정책, 시장의 수급관계, 시중자금사정, 시장의 자금 수요와 공급, 과세제도, 환율 및 국제금리 수준 등이다. 한편 내적요인은 채권자체의 요인으로 채권의 잔존기간, 표면이율, 채무불이행위험(발행자의 신용도), 유동성 등이 있다.

3) 채권수익률 종류

채권수익률은 표면이율, 유통수익률, 실효수익률, 실질수익률, 연평균수익률, 총수익률 등 다양하다. 표면이율은 채권 권면에 기재된 이율로 1년 간 발행자가 지급하는 이자를 액면으로 나눈 것으로 재투자 개념이 없고 단리로 수령하는 연 단위 이자율을 말한다. 표면금리가 같은 상품이라도 이자계산 및 지급방식에 따라 고객이 실제로 받게 되는 연간 이자총액은 달라지게 된다.

유통수익률이란 만기수익률 또는 내부수익률이라고도 하며 매출된 채권이 유통시장에서 계속 매매되는 과정에서 시장의 여건에 따라 형성되는 수익률을 의미하며, 통상 시중 실세금리라고 한다. 시중 유통수익률은 채권시장의 금리동향에 따라 매일 변동되며, 유통수익률이 상승하면 채권가격은 떨어지고 수익률이 낮아지면 채권가격은 상승한다.

실효수익률이란 채권의 최종수익을 산출할 때 복리이율의 사고방식으로 더욱 강력하게 전개한 것이다. 채권투자를 비교·분석하는 기준으로 여러 가지 투자수익률을 이용하는데, 실효수익률은 원금, 표면이자, 재투자수익 등 3가지 수익을 모두 계산한 투자수익의 증가율을 나타낸다. 이는 채권투자액 1원당 미래가치를 구하고 1원당 미래가치와 같게 하는 연 단위 복리수익률을 계산해 구한다. 즉 이자의 재투자 운용이율을 현실 금리수준과 그 전망 수준에 고쳐놓고 계산한 복리이율이다. 단순한 복리이율의 경우는 이자의 재투자 이율은 유가증권마다 일정한데, 실효이율이라는 것은 상정되는 온갖 재투자이율로 바꾸어 이율을 산출하는 것이다. 연금, 신탁, 생명보험 등의 기관투자가가 곧잘 이용한다.

실질수익률이란 명목수익률을 투자기간 중 물가변동률 즉 인플레이션율로 조정하여 계산한 투자수익의 실질구매력(real purchasing power)을 의미한다. 연평균수익률이란 만기가 1년 이상인 채권이 만기시점까지 벌어들인 총수입을 채권 판매가액으로 나눈 비율을 만기(년수)로 단순 산술평균한 값을 말한다. 총수익률은 채권의 만기 또는 중도 처분으로 인한 수령액과 해당기간의 이자수입을 합한 금액에서 채권매입에 소요된 금액을 공제한 금액 즉 총수익을 채권 원금으로 나눈 비율을 말한다.

4) 복리표 이용한 주요 수익률 계산

<표 5-4>는 만기 3년 원금 1,000원을 복리로 은행에 예치하는 경우의 이자액을 나타낸 것이다. 1년차 연평균수익률은 1년 동안의 총이자액이 104.7131원이고 이는 연평균이자액이기도 하다. 따라서 총수익률과 연평균수익률은 104.7131÷1,000=10.47%로 동일하다. 실효수익률은 (실수령액÷투자원금)×100으로 정의됨으로 (104.7131÷1,000)×100=10.47%로 1년차의 경우 총수익률, 연평균수익률, 실효수익률이 모두 동일하다. 2년차의 경우 총이자액은 220.391원이고 연평균 이자액은 110.1955원(220.391÷2)이다. 따라서 총수익률은 (220.391÷1,000)×100=22.04%, 연평균수익률은 (110.1955÷1,000)×100=11.02%이다. 한편 실효수익률은 (220.391−104.7131)÷1,104.713×100=10.47%로 1년차 실효수익률과 동일하다.

3년차의 경우 총이자액은 348.1818원이고 연평균이자액은 116.0606원(348.1818÷3)이다. 따라서 총수익률은 (348.1818÷1,000)×100=34.82%, 연평균수익률은 (116.0606÷1,000)×100=11.61%이다. 한편 실효수익률은 (348.1818−220.391)÷1,220.391=10.47%로 1,2년차와 동일하다.

5) 채권수익률과 채권가격

기업이 채권을 발행하는 경우 발행권의 표면에 이자율을 표시하는데 이를 표면이율(이표) 또는 발행이율이라고 한다. 또한 일년에 이자를 몇 번 지급하는지도 명시되어 있다. 만약 어떤 기업이 3년 만기 100만원 짜리 채권을 연 10% 이자율로 발행하여 이자는 일 년에 한번씩 지급한다고 하자. 이 때 이 채권을 만기까지 가지고 있을 경우 채권이자율과 만기수익률은 동일하다.

하지만 채권 소유자가 이 채권을 만기까지 가지고 있지 않고 중간에 시장에서 이 채권을 매각하기를 희망한다고 가정하자. 만약 2년 동안 이 채권을 보유한 뒤 판매하려고 한다면 2년 동안의 이자액 20만원을 먼저 수령한 뒤 채권시장에 내놓을 것이다. 한편 2년이 지난 시점에서 판매자는 액면가에 사려는 사람이 없자 가격을 약간 내려 98만원에 팔았다고 하자. 이 경우 채권을 매입하게 될 사람의 수익률은 얼마일까?

〈표 5-4〉 복리표(만기 3년) 이자액과 수익률 (단위: 원, %)

표면금리 10% 복리원금(원)	예치 개월	월이자액 (원)	이자총액 (원)	연평균이자액 (원)	연평균수익률 (%)	실효수익률 (%)
1000.000	0	8.333333*	(연 10%÷12)×1,000			
1008.333	1	8.402778	1,008.333×(연 10%÷12)			
1016.736	2	8.472801				
1025.209	3	8.543408				
1033.752	4	8.614603				
1042.367	5	8.686391				
1051.053	6	8.758778				
1059.812	7	8.831767				
1068.644	8	8.905365				
1077.549	9	8.979577				
1086.529	10	9.054407				
1095.583	11	9.129860			104.7131÷1,000	
1104.713	12	9.205942	104.7131	104.7131	10.47%*	10.47%*
1113.919	13	9.282658				
1123.202	14	9.360014				
1132.562	15	9.438014				
1142.000	16	9.516664				
1151.516	17	9.595970				
1161.112	18	9.675936				
1170.788	19	9.756569				
1180.545	20	9.837874				
1190.383	21	9.919856				
1200.303	22	10.00252				(220.391−104.7131)÷
1210.305	23	10.08588		220.391÷2년	110.1955÷1,000	(1,000+104.7131)
1220.391	24	10.16992	220.391	110.1955*	11.02%*	10.47%
1230.561	25	10.25467				
1240.816	26	10.34013				
1251.156	27	10.42630				
1261.582	28	10.51318				
1272.095	29	10.60079				
1282.696	30	10.68913				
1293.385	31	10.77821				
1304.163	32	10.86803				
1315.031	33	10.95859				
1325.990	34	11.04992				(348.1818−220.391)÷
1337.040	35	11.14200		348.1818÷3년	116.0606÷1,000	(1,000+220.391)
1348.182	36	11.23485	348.1818	116.0606*	11.61%*	10.47%*

채권을 매입한 사람은 나머지 1년간 수령하게 될 이자액 10만원에다 만기일에 100만원을 받는다면 2만원 싸게 샀다는 것을 고려하면 12만원의 수익을 올린 셈이다. 따라서 채권 매입자의 수익률은 연 12%(12만원÷100만원)가 된다. 채권의 표면이자율은 연 10%였지만 최종적으로 보유했던 사람의 채권수익률은 연 12%로 표면이자율과 채권 수익률이 다르다고 하겠다.

이와 반대의 경우를 가정해 보자. 만약 어떤 투자자가 주식시장에 투자하는 것보다는 채권시장에 투자하는 것이 유리할 것 같아 약간 비싼 가격이라도 채권을 구매하는 것이 유리할 것이란 판단을 했다고 하자. 채권 구입자는 채권발행 2년이 경과한 시점에서 2만원을 더 주고 102만원에 채권을 매입했다고 하자. 이 경우 채권매입자의 채권수익률은 얼마가 될까?

만기에 채권매입자는 1년분 이자 10만원과 원금 100만원을 수령한다면, 실제 채권 구입에 소요된 102만원을 공제하면 총수익은 8만원이 되어 채권 수익률은 연 8%(8만원÷100만원)가 된다.

위의 두 경우를 보면, 채권발행시장에서의 표면금리(10%)는 변함이 없지만 유통시장에서의 채권가격이 올라가면(102만원) 채권수익률은 하락하고(8%), 채권가격이 내려가면(98만원) 채권수익률은 올라간다(12%)는 사실을 알 수 있다. 따라서 채권가격과 수익률은 반대방향으로 움직인다고 할 수 있다.

채권 구입시 채권의 표면금리만 보고 그 채권을 보유했을 때 얼마나 돈을 벌게 될지 알 수 있다고 생각하면 착각이다. 따라서 변동하는 유통수익률을 항상 고려해야 한다는 것을 명심하여야 할 것이다.

[참고자료] 채권가격과 이자율에 대한 오해

흔히 "이자율이 상승하면 채권 가격은 하락한다"라고 말한다. 그런데 이는 전세계적으로 보편적인 채권의 가치평가와 우리나라의 번역 관행이 뒤섞인 표현으로, 어찌 보면 당연하고 또 어찌 보면 2% 부족한 표현이다. 이 말을 제대로 이해하기 위해, 이를 일반인에게 보다 친숙한 주식에 적용하면 어떻게 될까?

주식은 이자를 지급하지 않으므로 "이자율이 상승하면 주식 가격은 하락한다"라는 말 자체가 성립이 안 된다. (물론 이자율이 시장의 할인율을 의미하는 경우를 제외한다) 위 표현을 주식에 응용한다면, "수익률이 상승하면 주가는 하락한다"가 적절한 표현이다. 이 말도 잘 이해가 안되면, "x는 y이다"를 "y는 x이다"로 바꾸어, "주가가 하락하면 수익률은 상승한다"로 표현할 수 있다. 이것도 이해가 어려우면 숨겨진 조건을 명시하여, "다른 모든 것이 동일할 때, 주가가 하락하면 주식 투자 수익률은 상승한다"로 말할 수 있다. 현대차의 수익성 등 다른 조건들이 변하지 않았는데 오늘 무슨 이유에서 주가가 하락했다면, 오늘 값이 이 낮아진 가격으로 현대차 주식을 사면 (이전에 더 높은 가격으로 매수한 을의 투자 수익률보다) 갑의 투자 수익률이 더 높을 것이라는 말이다.

이를 다시 채권에 적용하면, "다른 모든 것이 동일할 때, 채권 가격이 하락하면 채권 투자 수익률은 상승한다"가 된다. 이 말은 원래의 표현보다 훨씬 더 이해하기 쉽다. 이를 간략히 그리고 x, y의 순서를 바꿔 표현하면, "수익률이 상승하면 채권 가격은 하락한다"가 된다. 사실은 이런 의미로 "이자율이 상승하면 채권 가격은 하락한다"라고 말하는 것이다. 그리고 이때 이자율은 채권에 대한 시장의 요구 수익률 즉 할인율(discount rate)을 의미한다. 채권에 대한 다른 내용들은 변하지 않았는데 투자자들이 요구하는 투자 수익률이 상승한다면, 이를 충족시키는 유일한 길은 그 채권의 가격이 더 낮아지는 것이기 때문이다.

자료: 유진 한양대 교수, 한국경제(2016.3.31) http://hankyung.com

CHAPTER 06

國際金融市場과 金融·外換危機

제 1 절 國際金融市場 意義와 構造

1. 국제금융과 국제금융시장

1) 국제금융 개념과 특성

금융이란 금전을 융통하는 일로 자금을 빌려주고 자금을 빌리는 대출과 차입의 행위를 금융이라고 한다. 이러한 행위가 국내 거주자 간에 일어나면 국내금융(domestic finance), 거주자와 비거주자 간에 일어나면 국제금융(international finance)이라고 한다. 특히 대여자와 차입자 모두 비거주자인 경우의 거래도 국제금융이며 역외금융(offshore finance)이라고도 한다.

보다 구체적으로 말하면 국제금융이란 이동 측면에서 보면 국가 간의 자금이동이며 조달과 운용측면에서 보면 자금의 공급과 수요 즉, 자금의 대차가 이루어지는 경우를 말한다. 이러한 국제금융은 직접적인 자금의 대차거래로 인해 발생하기도 하지만 수출업자가 수입상에게 재화 및 용역을 수출하고 수출대금을 외상으로 연기해 주는 공급자 신용(supplier's credit) 등으로 발생하는 경우도 있다.

국제금융의 특성은 국가 간 채권·채무를 원활하게 결제해 주는 국제대차결제 기능, 국가 간 상품 및 용역의 수출입대금을 융자해 줌으로써 국제교역을 촉진하는 기능, 국가 간 중장기 국제투자 및 시설금융까지 취급하는 국가 간의 유동성과부족 조정 기능,

효과적인 국제자금관리수단의 제공 기능 등이 있다.[1)]

2) 국제금융시장 의의

신용(credit)의 대여자와 차입자가 거주자이고 금융중개기관이 국내에 소재하는 경우 국내금융시장(domestic finance market)이라 하고, 대여자나 차입자의 일방이 비거주자이거나 혹은 금융중개기관이 외국에 소재할 경우 국제금융시장(international financial market)이라고 한다.

국제금융(international finance)의 효시는 19세기 영국은행의 해외진출에 기인했으나 본격적인 국제금융은 1950년대 말부터 미국 밖의 지역에서 거래가 이루어지는 유로(Euro) 달러시장의 형성과 미국은행의 유럽진출에 의해 이루어졌다. 국제금융은 은행 등의 자금중개시장을 통해 자금을 조달하는 간접금융시장에서 기업이 직접 채권 등의 발행을 통해 자금을 조달하는 직접금융시장으로 발전해 왔다.[2)]

WTO 시스템하의 글로벌화된 세계경제에서는 지구상의 어떠한 국가도 외부의 여타 국가로부터 경제적 영향을 받지 않고 독립된 경제운용정책을 사용할 수는 없게 되어 있다. 왜냐하면 글로벌경제란 네트워크로 이루어져 있어 일국의 경제는 타국에 반드시 영향을 미친다. 특히 디지털경제(digital economy)하의 국제금융 부문에서는 파급효과가 광속의 리얼타임으로 이루어진다. 이것이 오늘날 국제금융의 역할과 기능의 중요성이 더 한층 부상되는 이유이기도 하다.

종전의 개별국가에서 금융이 실물경제의 한 부문에 속한 것과는 달리 금융이 실물경제를 좌지우지하게 되었고 국제금융 역시 세계의 실물경제를 지배하는 구조를 가져오게 하였다. 마치 개의 몸통이 꼬리를 흔드는 것이 아니라 개의 꼬리가 몸통을 흔든다고 하여 웩더독(wag the dog)[3)] 현상이라고 부르기도 한다.

국제금융시장은 두 가지 의미로 사용되는바 첫째는, 구체적 장소·건물로 미국, 유럽 등의 주요 금융시장을 말하며 둘째는, 추상적 개념의 시장으로서 국제자금의 수요와 공급 즉, 자금의 차입과 대출이 이루어지는 것을 말한다. 오늘날 국제금융시장은 정보통신기술의 발달과 함께 장소적 개념은 희박해지고 일반적으로 추상적·총체적 개념의 시장을 의미한다.

장외거래시장(over the counter market: OTCM)은 대표적인 추상적 시장이며 SWIFT[4)]

1) 지호준, 「국제재무관리」(서울: 경문사, 2000), pp.215~216.

2) 최생림외 2인, 「국제재무관리론」(서울: 법문사, 1995), p.195.

3) Wag the Dog은 미국 클린턴 정부가 백악관 섹스(sex) 스캔들 등 국내문제의 관심을 외부로 돌리기 위해 고의로 대 테러전쟁을 벌인다는 내용의 할리우드 영화명이며 주객전도의 의미로 다양하게 사용된다.

4) 국제은행 간 통신협정(1973.5)으로 컴퓨터 네트워크로 구성하고 각국 주요은행을 묶어 은행간 지급, 송금

(Society for Worldwide Interbank Financial Telecommunication), CEDEL(Center for the Delivery of Securities)[5] 등과 같은 24시간 국제금융거래가 이루어질 수 있는 국제결제시스템이 발달하여 있는 실정이다.

2. 국제금융시장 구조

1) 한국 금융시장 구조

한국의 금융시장은 크게 전통적 금융시장, 외환시장, 파생금융상품시장으로 구분할 수 있다. 전통적 금융시장은 금융상품의 만기를 기준으로 자금시장과 자본시장으로 구분된다. 이러한 분류 외에도 금융시장을 거래규칙에 따라 거래소시장[6]과 장외시장[7]으로 구분하기도 하고 금융상품의 신규발행 여부에 따라 발행시장(primary market)과 유통시장(secondary market)으로 구분하기도 한다.

자금시장(money market)은 만기 1년 이내의 단기 금융상품이 거래되는 시장으로 콜시장, 환매조건부 매매시장, 한국은행 환매조건부증권 매매시장, 양도성증기예금 증서시장, 기업어음시장 등으로 구분된다. 자본시장(capital market)은 장기금융시장이라고도 하는데 주로 기업, 금융기관, 정부 등이 장기자금을 조달하는 시장으로 채권시장, 통화안정증권시장, 자산유동화증권시장, 주식시장으로 구분되며 채권시장은 국채, 지방채, 회사채, 금융채, 특수채 등이 거래 된다. 자금시장에서 거래되는 상품은 만기가 짧아 금리변동에 따른 자본손실 위험이 작은 반면 자본시장의 대표적인 채권은 금리변동에 따른 가격변동 위험이 크다.

외환시장은 서로 다른 종류의 통화가 거래되는 시장으로 거래 당사자에 따라 외국환 은행 간에 이루어지는 도매시장의 성격을 지닌 은행간시장과, 은행과 비은행 고객간에 이루어지는 대고객시장으로 구분된다. 은행간시장의 규모가 대규모를 차지하고 일반적으로 외환시장이라고 하면 은행간시장을 말한다.

파생금융상품 시장은 전통 금융상품 및 외환의 가격변동위험과 신용위험을 관리하

업무 등 데이터 통신교환을 목표로 한다. 북한은 마지막으로 남아있던 4개 은행(조선무역은행, 금강은행, 고려신용개발은행, 동북아은행)이 회원기준을 준수하지 않아 2017년 3월 스위프트의 금융결제시스템 망에서 완전 퇴출되었다.

5) 유로채 결제기관으로 유럽과 미국은행에 의해 1970년 9월 설립되었다.

6) 한국거래소가 있으며 은행, 증권회사, 선물회사 등이 회원으로 가입하여 주식, 채권, 선물, 옵션 상품 등을 거래한다.

7) 거래 상대방이 직접 거래주문을 주고 받는 직접거래시장과 거래 주문을 중개하는 딜러·브로커 등이 있는 점두시장(over the counter market)으로 구분된다.

기 위해 고안된 파생금융상품이 거래되는 시장으로 주식관련 시장, 금리관련 시장, 통화관련 시장, 신용파생상품시장, 파생결합증권시장 등이 있다.

2) 국제금융시장 구조

국제금융시장은 [그림 6-1]에서 보는 바와 같이 외환시장과 신용시장으로 대별된다. 국제금융시장은 여러 가지 기준에 의해 구분될 수 있으나 자금의 중개경로와 관할권의 두 가지 기준에 의해 나타낼 수 있다.

광의의 국제금융시장(international financial market)은 자본수단이 거래되는 외환시장(foreign exchange market)과 신용이 거래되는 협의의 금융시장인 신용시장(market for credit)으로 대별된다. 외환시장은 현물환시장과 선물환시장 등으로 구분되며 신용시장은 형태에 따라 직접금융시장(direct financial market)과 간접금융시장(indirect financial market)으로 구분된다. 협의의 국제금융시장은 역내시장(internal market)과 역외시장(external/offshore market)으로 구분할 수도 있다.

역내시장은 외국채권시장(foreign bond market)과 외국중개(국제여신)시장(foreign loan market)으로 역외시장은 유로채권(본드)시장(Euro bond market)과 유로커런시시장(Euro currency market)으로 구분된다.

국내금융시장은 대부자와 차입자가 내국인이고 금융중개기관이 국내에 소재하는 시장이며 국제금융시장은 대부자와 차입자의 일방이 외국인이거나 금융중개기관이 국외에 소재하는 시장이다.

[그림 6-1] 국제금융시장 구조

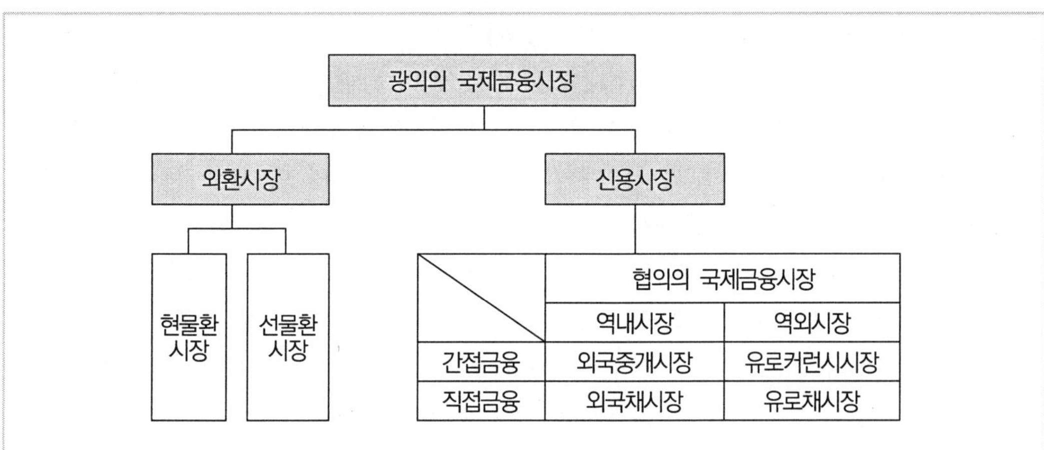

직접금융시장은 채권시장과 주식시장으로 구분되며, 채권시장은 기업이 직접 채권시장과 주식시장에서 채권 및 주식을 발행하여 자금을 직접 조달하는 시장이고 간접금융시장은 기업이 자금조달을 은행 등의 자금중개기관을 통하여 간접적으로 조달하는 시장이다.

글로벌기업들은 자국의 증권거래소에서 주식을 발행하여 자금을 조달하는 것은 물론 뉴욕, 런던, 파리, 프랑크푸르트 등 해외증권거래소에 주식 또는 해외증권거래소에 주식 또는 주식예탁증서(DR)를 상장하여 자금을 조달하기도 한다. 물론 해외의 거래소에 상장된 주식 또는 주식예탁증서는 대부분 외국의 감독기관으로부터 각종 규제와 감독을 받고 있으나 채권과 달리 주식의 경우에는 외국주식이라 하지 않고 국제주식이라고 한다.

간접금융시장은 국제은행시장으로 각국의 은행을 통해 국제적으로 자금을 빌리고 빌려주는 간접금융시장을 말한다. 이는 자금수요자와 공급자가 직접 거래하지 않고 은행 등과 같은 금융중개기관을 통해 간접적으로 거래가 이루어지는 시장을 말하며 역내의 외국중개시장과 역외의 유로커런시시장으로 구분된다.

그 외에도 간접금융시장과 직접금융시장의 성격을 동시에 가지고 있는 파생금융시장이 있다. 금융선물, 금융옵션, 금융스왑 등 파생금융상품들이 거래되는 파생금융시장은 증권시장과 은행시장을 토대로 금융상품들이 거래되므로 직접금융시장과 간접금융시장의 성격을 동시에 가지고 있다고 볼 수 있다.[8] 오늘날 대부분의 국제금융시장의 차입이 단순한 차입보다는 스왑, 옵션 등의 파생금융상품을 사용한 차입구조를 형성하여 이루어지는 것이 일반적이다.

역내시장은 금융기관 소재지를 중심으로 볼 때 내국인과 외국인 간에 또는 외국인 상호 간의 자금대차가 금융기관 소재국의 통화로 이루어지는 시장이며 전통적인 국제금융시장이다. 역외시장은 금융기관 소재지를 중심으로 볼 때 내국인 간 혹은 외국인 간에 자금대차가 외국통화표시로 이루어지는 시장이다. 역외시장에서는 정부의 규제나 관할권이 미치지 않는 시장으로 자금중개의 효율성이 높을 뿐만 아니라 각 시장 간의 연계가 잘 이루어져 있어 국제금융시장의 글로벌화를 촉진하는 기능을 해왔다.

국제채(internatinal bond)시장은 외국채(foreign bond)시장과 유로채(Euro bond)시장으로 구분된다. 외국채권시장은 외국본드시장이라고도 하며 주요국의 국내자본시장에 비거주자가 참여하여 본드를 소재국의 통화표시로 발행하여 자금을 조달하는 시장이다. 예컨대 한국기업이 미국에서 달러표시의 채권을 발행하면 양키본드시장(Yankee bond

---

8) 지호준, 「전게서」, pp.220~221.

market), 영국에서 파운드화표시 채권을 발행하면 불독본드시장(Bulldog bond market), 일본에서 엔화표시 채권을 발행하면 사무라이본드시장(Samurai bond market)이라고 한다.[9) 외국중개시장은 외국여신시장이라고도 하며 주요국의 금융중개기관에 비거주자가 참여하여 대출을 받고 예금을 하는 시장으로 국제여신시장 또는 외국중개시장이라고 한다.

외국의 차입자(비거주자)가 우리나라 자본시장에서 원화표시로 발행하는 외국채로서 아리랑본드(Arirang bond)가 있다. 아리랑 본드는 1995년 9월 처음으로 아시아개발은행(ADB)에 의해 ADF(Asian Development Fund)자금 납입을 위해 1억 달러를 발행한데 이어 1997년 4월과 5월에 세계은행(IBRD)과 유럽부흥개발은행(EBRD)에 의해 발행한 바 있다. 일본 최대 투자은행 노무라 그룹은 2015년부터 5년 연속 아리랑본드를 국내에서 발행해 영업자금을 조달했고 중국 동방항공도 2019년 발행했다.

아리랑본드는 비거주자의 국내 원화표시채권 발행을 자유화함으로써 현재는 발행주체가 국제기구에서 외국정부 및 지자체, 공공기관, 금융기간, 외국기업 등으로 확대되었으며, 발행방법에 있어서도 비거주자(국제금융기구)발행 원화표시채권에 대해서 일부(발행액의 50% 이내) 해외판매를 허용하고 있다.

유로본드시장은 특정통화국 표시의 본드가 통화발행국 이외의 지역에서 발행되어 판매되는 시장으로 예컨대 한국기업이 미국 밖의 지역에서 미국통화인 달러표시의 채권을 발행하는 경우이며, 한국기업이 일본 밖의 지역에서 엔화 표시의 채권을 발행하는 경우 등이다. 유로커런시 시장은 특정통화국 표시의 예금과 대출이 통화발행국 이외의 지역에서 이루어지는 시장이다.

유로본드의 일종으로 김치본드(Kimchi bond)와 쇼군본드(Shogun bond)가 있다. 김치본드란 외국인이 한국에서 원화 이외의 통화 표시로 채권을 발행하는 것을 말하고 쇼군본드란 외국인이 일본내에서 엔화 이외의 통화 표시로 채권을 발행하는 것을 말한다.

미국 증권회사인 베어스턴스가 2006년 6월 최초로 한국에서 3억 달러 규모의 김치본드를 발행했으며 2007년 9월에는 SK해운의 영국 현지법인 SK Shipping Europe PLC가 국내에서 본사나 국내 금융기관 보증없이 5,000만 달러 규모의 외화금리변동채권(FRN)인 김치본드를 발행했다. 국내기업의 해외법인이 본사 보증없이 국내에서 FRN을 발행한 것은 처음이다. 쇼군본드는 비거주자가 일본내에서 엔화 이외의 통화 표시로 채권을 발행하는 것으로 1985년 8월에 발행된 세계은행의 달러표시 채권발행을 효시로 발행액

---

9) 외국기업이 홍콩에서 위안화로 채권을 발행하면 딤섬본드(Dim sum bond), 호주에서 호주 달러로 발행하면 캥거루본드(Kangaroo bond), 말레이시아에서 링깃화로 발행하면 링깃본드(Ringgit bond), 태국에서 바트화로 발행하면 밧본드(Baht bond), 중국에서 위안화로 발행하면 팬더본드(Panda bond)라고 한다.

이 증가하고 있다.

유로(Euro)란 원래 미국 달러가 런던을 비롯한 유럽지역에서 예치되었던 장소에서 연유한다. 그러나 일반적으로 거래발생 지역에 관계없이 모든 역외거래(external transaction)[10]를 지칭한다. 유로통화란 유럽에 있는 통화란 의미가 아니고 해당 통화의 발행국 이외의 지역에 예치되어 있는 통화를 말한다. 미국 밖의 통화가 유로달러이고 일본 밖의 엔은 유로엔이고 영국 밖의 파운드가 유로파운드이다. 이러한 역외통화를 모두 합한 것을 유로커런시(Euro currency)라고 한다.

3. 국제금융 상품

국제금융시장은 간접금융시장인 국제은행시장, 직접금융인 국제채권시장, 국제주식시장 등으로 구분할 수 있다. 국제은행시장은 자금의 차입, 대출 및 투자 등이 국경을 넘어 국가 간에 국제적으로 이루어지는 시장을 말한다. 국제은행으로는 국제상업은행(international commercial bank: CB)과 국제투자은행(international investment bank: IB), 국제금융기구[11] 등이다. 한국도 「자본시장법」에 의해 국제투자은행의 출범이 비로소 가능하게 되었다.

국제은행시장의 주요 금융상품으로는 신디케이트론(syndicated loan)과 유로은행시장에서의 유로정기예금(Euro time deposit), 유로CP(commercial paper), 유로CD(negotiable certificate of deposit) 등이 있다.

신디케이트론은 2개 이상의 은행이 차관단을 구성하여 공동으로 융자하는 중·장기대출이다. 신디케이트는 다수의 은행이 참여함으로써 중·장기적으로 대규모의 자금조달이 가능하며 융자금 회수에도 유리한 장점이 있다.

유로은행(Euro bank)이란 소재국 이외의 국가 통화로 표시된 자금의 대출 또는 예탁업무를 수행하는 은행을 말한다. 예컨대 한국의 은행이 달러표시의 차관을 일본은행으로부터 도입한다면 원화와 엔화가 아닌 달러화로 표시되었기 때문에 한국의 은행과 일본의 은행은 모두 유로은행이라고 할 수 있다. 유로정기예금은 유로은행들이 상호 간

10) 역외금융시장은 협의의 개념으로는 유로시장을 의미하나 광의의 개념으로는 유로시장, 바하마, 버뮤다 등과 같이 각국의 기업과 금융기관에 세제상 특별우대를 하는 조세피난처(tax haven country), 미국의 International Banking Facilities, 일본의 Japan Offshore Market, 싱가포르의 Asian Currency Unit 등과 같이 국내에서 국제금융거래의 활성화를 위해 외국은행 유치 또는 국제금융센터로서의 기능확대를 목적으로 한 역외시장을 포함한 개념이다.

11) 국제금융기구에는 세계은행(IBRD), 아시아개발은행(ADB), 유럽부흥개발은행(EBRD), 중국 주도의 아시아인프라투자은행(AIIB) 등이다.

예치를 할 때 활용하며 유로예금의 가장 큰 비중을 차지하며 양도가 불가능하며 만기가 정해져 있으며 차입한 은행은 하루의 예금에도 이자를 지급한다.

유로 CP는 유로기업어음으로 유로통화로 발행된 무보증약속어음이며 단기자금조달에 적합하며 인수약정[12)]이 필요없어 발행절차가 간편하고 수수료가 절감되어 차입비용이 낮은 장점이 있다. 유로CD는 양도성 정기예금증서로 높은 유동성과 낮은 위험을 가짐으로써 유로정기예금의 금리보다 다소 낮게 정해진다.

국제채권시장의 금융상품에는 유로채와 외국채가 있으며 유로채는 주로 통화표시 발행국 이외의 지역에서 모집되고 판매되기 때문에 관할기구, 허가, 등급결정 등에 대한 제약을 받지 않는데 비해 외국채는 통화표시 발행국 내에서 판매되기 때문에 발행국의 규제를 받게 되는 차이점이 있다.

유로채 시장의 특징은 공모발행으로 이루어지며 유로달러채, 유로스털링채, 유로엔채, 쇼군본드, 김치본드 등이 있다. 외국채는 공모와 사모 두 가지로 발행되며 미국에서 발행되는 양키채(Yankee bond), 일본에서 발행되는 사무라이채(Samurai bond), 영국에서 발행되는 불독채(Bulldog bond) 등이 있다. 서울올림픽 호돌이명을 따서 한국에서 외국인이 발행하는 원화표시채권을 타이거본드(Tiger bond)라 하고 구체적으로는 1995년 8월 아시아개발은행(ADB)이 원화표시 채권을 발행한 아리랑본드(Arirang bond)가 있다.

국제주식시장의 상품은 국제채권시장의 상품과 혼합되어 통합되어 가는 추세를 보이고 있다. 이러한 추세는 투자가와 차입자의 특별한 요구조건을 충족시킬 수 있는 새로운 형태의 증권을 개발할 수 있다는 새로운 형태의 증권을 개발할 수 있다는 장점 때문이다. 이러한 국제혼성증권상품(hybrid securities)으로 대표적인 것은 해외전환사채(CB), 해외신주인수권부사채(BW), 주식예탁증서(DR) 등이 있다.

4. 외환시장과의 관계

외환(foreign exchange)이란 자국통화 이외의 외국통화 및 외화로 표시된 수표, 어음, 예금 등의 지급수단을 말하며 외환시장이란 외환의 매매가 이루어지는 장소적·공간적 시장을 말한다. 외환과 국제금융과의 관계는 매우 밀접한 관계에 있다.

국제금융(international finance)이란 이동측면에서 보면 국가 간의 자금이동이며 조달

12) 1985년 중반까지 단기어음시장은 유로 노트퍼실리티(Note Insurance Facility)가 대부분을 차지했는데 자금의 차입자는 금융기관과 먼저 어음인수계약을 체결하고 단기어음을 투자자에게 매각하게 되는데 어음이 제대로 매각되지 않을 경우 인수약정을 맺은 금융기관의 어음을 인수해야만 했다. 그러나 유로CP는 인수약정의 부담이 없고 발행절차가 간편해 1985년 중반이후 거래가 활성화되었다.

과 운용 측면에서 보면 자금의 공급과 수요 즉, 자금의 대차가 이루어지는 것을 말하고 외환(foreign exchange)이란 국제금융의 수단이 된다.

외환시장 또한 무역거래, 무역외거래, 자본거래 등 국제금융거래에 수반되는 외환의 매매거래가 이루어지는 시장이며 광의의 국제금융시장의 일부분으로 볼 수 있다. 외환시장은 자금의 대차가 이루어지는 각국의 금융시장과 유로시장이 연계되어 있으며 특히 국제단기금융시장과 상호 밀접한 관계를 가지고 있다.

외환시장은 세계적으로 볼 때 하루 24시간 거래되면서 주요국 통화들의 환율이 지속적으로 변동하는 시장이다. 서울, 동경, 시드니 등의 아시아권 외환시장이 개장할 무렵 LA, 샌프란시스코 외환시장이 하루 거래를 마감하며 아시아권 외환시장이 문을 닫을 무렵 유럽의 은행들은 문을 열고 중동지역은 개장한지 몇 시간이 지난 시간이다. 한편 뉴욕시장은 런던, 파리, 프랑크푸르트 등의 유럽 외환시장이 정오가 될 무렵 하루 거래를 시작한다. 이와 같이 외환시장은 세계 어느 곳에서든지 24시간 쉬지 않고 열려있는 거대한 시장이다.

두 종류의 통화를 동시에 사고 파는 방식의 외환거래에 FX(Foreign Exchange)마진거래라는 것이 있다. 달러, 파운드, 유로, 엔 등의 통화 가운데 2개를 교환해 환율 변동에 따른 환차익을 노리는 것이다. 금리가 낮고 펀드투자가 활성화 되어 있지 않은 일본에서는 FX 마진거래가 200만개나 될 정도로 개인투자가가 이 거래에 많이 참여하고 있다. 전업주부, 평범한 샐러리맨이 대부분인 일본의 투자자들은 저금리인 엔화로 고금리 외화에 투자한다. 일본의 전업주부들이 한때 저금리의 엔화를 차입하여 고금리국인 뉴질랜드에 투자하므로써 뉴질랜드의 환율변동에 큰 영향을 미치기도 했다. 소위 엔케리 트레이드(Yen carry trade)를 활용하는 당시 이들 일본 전업주부 투자자들을 와타나베 부인(Mrs. Watanabe)이라고 한다. 그 밖에 달러 캐리 트레이드 자금을 스미스 부인(Mrs. Smith), 유로화 캐리트레이드 자금을 소피아 부인(Mrs. Sophia), 중국계 자금을 왕씨부인이라고 칭하기도 한다.

5. 역내시장과 역외시장 이자율 구조

1) 역내시장과 역외시장의 차이점

첫째, 유로은행 즉, 역외시장에서 중개업무를 하는 은행은 역내은행과 달리 예금에 대하여 지급준비금을 강제적으로 둘 필요가 없기 때문에 수익성 높은 대출이 가능하다.

둘째, 유로은행은 역내은행들과 달리 대출 및 예금금리 결정에 있어서 정부의 간섭을 받지 않는다. 끝으로 유로은행들은 세계 어느 국가이든 간에 세율이 낮은 곳을 찾아다니므로 납세 전 순수익이 조금 적다고 하더라도 납세 후 순수익을 비교하면 역내금융기관 보다 유리하다.

2) 이자율 구조

역내시장과 역외시장의 금리구조는 국가 간 자본이동의 제한이 없는 경우 [그림 6-2]와 같이 역외시장(유로달러시장) 대출금리는 역내시장(미국 내 금융기관) 대출금리보다 낮으며 역외시장 예금금리는 역내시장 예금금리보다 높다. 왜냐하면 대출을 받는 고객의 입장에서 역외시장보다 미국 내 은행의 대출금리가 더 낮다면 굳이 유로달러 시장을 이용하려고 하지 않을 것이다.

한편 예금하려는 고객의 입장에서는 유로달러시장의 예금금리가 미국내 은행의 예금금리보다 낮다면 굳이 유로달러 시장을 이용할 필요가 없을 것이다. 유로달러시장의 금융기관들은 예금과 대출이자의 마진이 매우 작지만 대규모의 자금을 취급하고 있고 앞서 언급한 유리한 점이 있기 때문에 생존과 발전이 가능한 것이다.

[그림 6-2] 역내·외 자본이동이 자유로운 경우

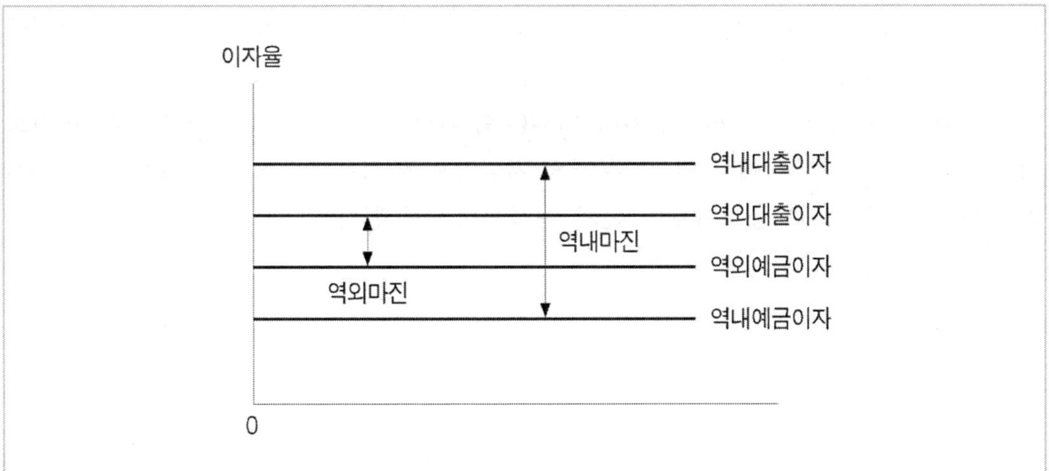

자료: 민상기, 「국제재무관리」(서울: 한국방송통신대학출판부, 1982), p.23.

[그림 6-3] 역내에서의 자본유출 통제

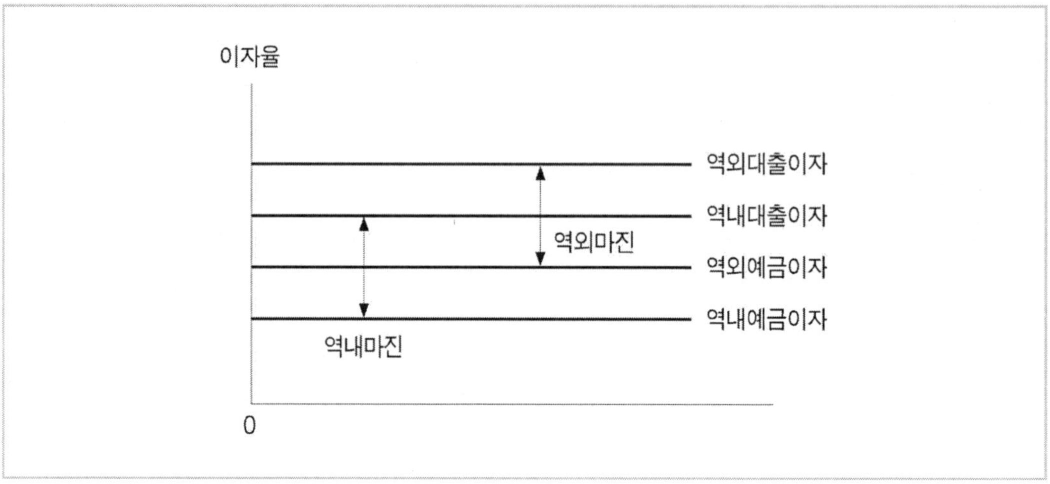

자료: 민상기, 「전게서」, p.24.

[그림 6-3]의 역내에서의 자본유출통제는 미국의 경우 1964년부터 1974년 1월까지 나타났던 현상으로 미국이 경상수지적자를 이유로 역외(유럽)로의 달러유출을 제한하기 위하여 이자평형세(Interest Equilization Tax)[13]를 부과하던 경우가 이에 해당된다고 하겠다. 역외의 유럽기업체는 역내(미국)의 낮은 대출이자율로 자금을 차입하고 싶어도 대출수혜가 불가능하기 때문에 역외의 높은 유로달러를 차입할 수밖에 없다. 따라서 역외대출이자는 역내대출이자보다 높게 되는 것이다.

[그림 6-4]에서는 역내(미국)에서 역외(유럽)외국인이 미국은행에 높은 예금이자로 예금을 원하여도 미국내에서 역외로부터의 자금유입을 허용하지 않는 경우이다. 따라서 역내예금이자가 역외예금이자보다 높게 형성되어지게 된다.

13) 금리평형세라고도 하며 1963년 7월 제35대 대통령 J.F.케네디가 제안해 1964년 9월부터 발효되어 1974년에 폐지되었다. 미국의 이자가 다른 나라에 비하여 낮아서 미국 투자자들이 높은 이자율의 외국증권에 투자하는 경향이 컸다. 이것이 미국 국제수지를 악화시키는 한 요인이 되었다. 미국과 외국 사이의 금리차이를 세금으로 거두어들여 미국 국내 자본시장에 있어서의 외채 발행 등을 억제하기 위해 제안되었다.

[그림 6-4] 역내에서의 자본유입 통제

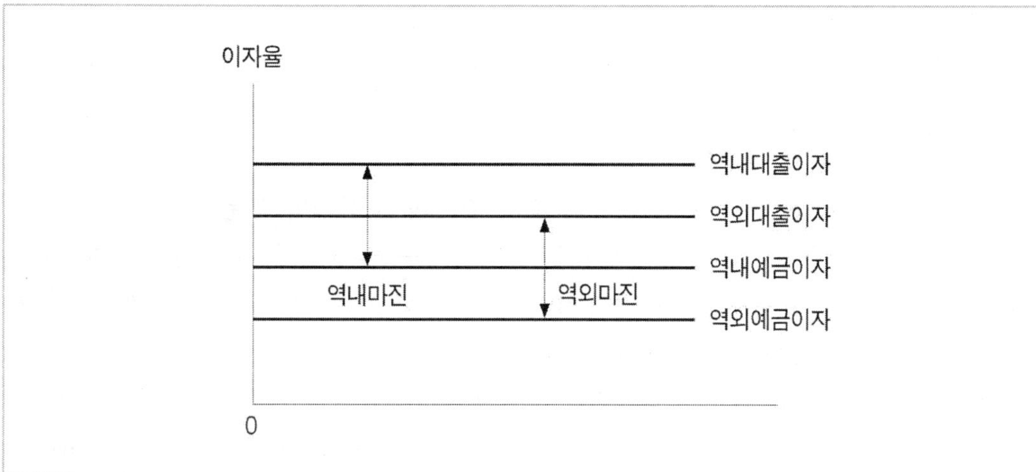

자료: 민상기, 「전게서」, p.25.

[참고자료] 신종 금융사기(New Banking Fraud) 용어

전화를 통해 불법적으로 개인정보를 빼내서 범죄에 사용하는 범법행위인 Voice Phishing(보이스 피싱)은 Private Data(사적 정보) + Fishing(낚시질)의 합성어이다. 문자메시지(SMS)를 이용해 개인정보(금융정보)를 낚는다는 Smishing(스미싱)은 SMS+Fishing의 합성어이고 PC에 가짜 은행사이트로 유도하는 악성코드를 설치하여 금융정보를 빼낸 후 예금을 무단 인출하는 Pharming(파밍)은 Phishing + Farming(농사)의 합성어이다.

그리고 램(RAM)이라고 불리는 주기억장치에 저장되는 데이터를 절취하거나 이를 조작하는 해킹기법을 Memory Hacking(메모리 해킹)이라고 한다.

사기단은 금융감독원이라고 속이고 개인에게 전화를 한다. 신용등급을 올려 줄테니 돈을 입금하면 대출금액을 높여서 해주겠다고 유도한다. 그리고 휴대폰에 악성앱을 깔기를 권유한다. 전화를 끊고 실제 금감원에 확인해보면 전화가 사기단 일당들이 받게 되는 수법을 이용한다.

제 2 절 國際資本調達과 國際債券市場

1. 국제자본조달 의사결정

글로벌기업은 자본비용, 자본의 가용성, 자본조달에 대한 제약 및 규제 등을 충분히 고려하여 자본조달을 국내금융시장을 이용할 것인지 국제금융시장을 이용할 것인지를 먼저 결정해야 한다. 다음으로 채권, 은행부채 등의 부채성 자본조달인 부채금융(debt finance)으로 조달할 것인지 주식발행의 유상증자를 통한 자기자금으로 조달할 것인지를 결정하여야 한다. 이러한 선택은 기업의 최적자본조달의 측면에서 결정되어야 하고 주식전환에 자본증가를 통하지 않는 부채와 주식의 혼합된 성격을 지닌 전환사채(CB), 신주인수권부사채(BW)의 결정도 함께해야 한다.

부채로 자본을 조달하는 경우 표시통화의 환율과 고정금리 또는 변동금리의 선택, 자금의 소요기간, 여타 조건의 변화에 따른 만기결정을 해야 한다. 한편 유상증자시에는 거래소시장의 유동성, 자사주의 이미지 및 투자자의 관심도에 따라 어느 국가의 주식시장에 상장할 것인지를 결정해야 한다.

부채로 차입을 하는 경우 차입조건과 차입금융구조를 결정할 필요가 있다. 차입조건은 물론 차입의 경우 단순한 차입이 아니라 금융선물(financial futures), 금융스왑(financial swap), 금융옵션(financial option) 등의 파생금융상품을 이용한 차입구조를 이루기 때문에

[그림 6-5] 국제자금조달의 의사결정단계

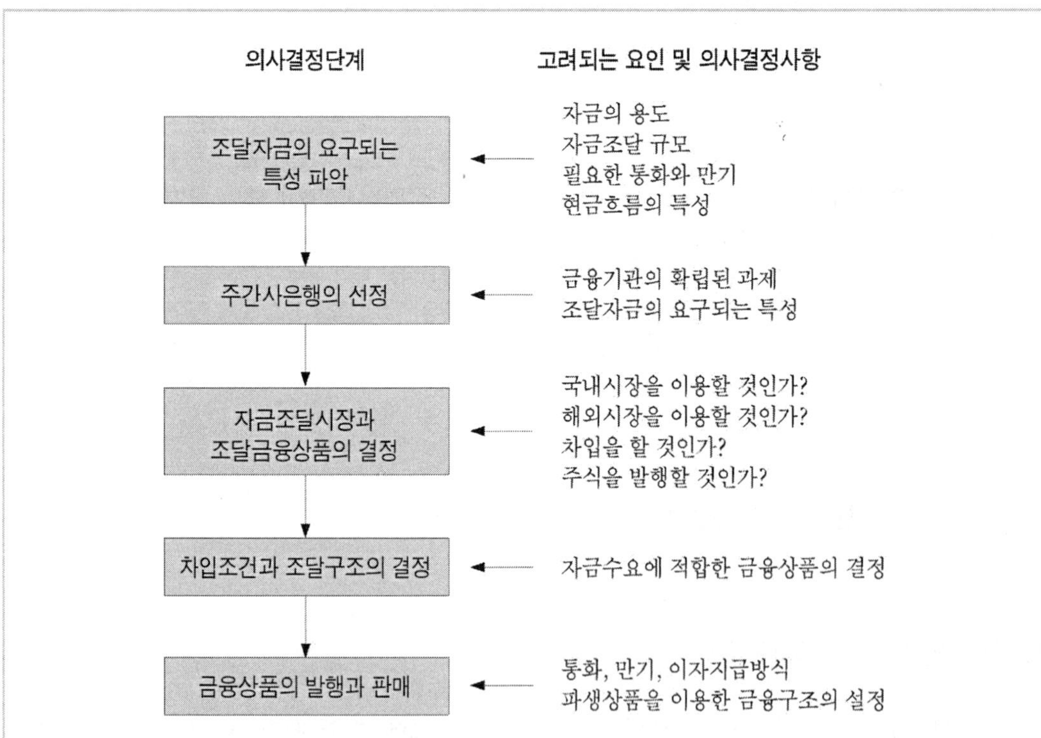

자료: 민상기·정창영, 「전게서」, p.465.

최적의 차입구조를 설정하는 것이 바람직하다.

기업의 이러한 자본조달 전체과정을 관리해 줄 수 있는 주간사(leader manager) 투자은행 선정이 또한 중요한 요인이 된다. 거래금융기관은 기업의 자본차입계획의 수립에서부터 발행증권의 판매와 소화에 이르기까지 주도적으로 역할을 하기 때문에 매우 중요하다. 주간사은행은 자신의 경험, 시장정보에 입각하여 최적 자본조달조건을 결정하고 필요한 경우 발행과 관련된 위험을 흡수한다. 이상의 다양한 국제자금조달 의사결정의 단계를 정리하면 [그림 6-5]와 같다.[14]

2. 국제채권시장

1) 의 의

국제채권시장은 기업이나 정부기관 등이 해외에서 채권을 발행하여 자금을 조달하고 발행된 국제채권이 유통되는 시장으로써 국제금융시장의 가장 중요한 부분이다. 대기업이나 정부기관 등은 자금조달상의 이점이나 투자계획에 가장 적합하도록 해외채권발행을 통하여 자금조달할 유인을 갖게 된다.

해외자금조달을 위해 발행되는 국제채권(international bond)에는 외국채(foreign bond)와 유로채(Euro bond)로 구분된다. 외국채의 경우 발행지 국가의 규제를 받으며 이러한 규제는 일반적으로 차입비용을 증가시키게 된다. 반면 유로채권의 발행지는 규제가 적게 적용되어 발행과 관련된 비용을 최소화 할 수 있다. 국제채권의 한 유형으로 볼 수 있는 글로벌채권(global bond)이 있다. 글로벌채권은 전 세계의 투자자들을 대상으로 발행하는 채권으로 대규모의 자금조달, 높은 유동성을 확보할 수 있는 장점이 있다.

유로채권시장은 1963년 이탈리아 도로공사가 1,500만 달러표시채권을 런던에서 발행한 것으로 시작되었다. 이는 미국이 이자평형세(Interest Equalization Tax)를 부과하게 됨에 따라 외국인에 의해 발행되는 달러화표시 채권은 미국 이외의 국가에서 발행하는 것이 유리하게 되었다. 이는 당시 유로채권시장 성장의 원동력이 되었다. 또 지속적인 무역적자에 대처하기 위하여 닉슨 대통령이 미국기업의 해외채권발행을 허용하게 됨에 따라 유로채권시장은 더욱 가속적으로 성장하게 되었다.

2) 국제채권시장 참가자

국제채권시장의 참가자는 크게 차입자(발행자), 투자자, 중개금융기관의 세 그룹으

---

14) 민상기·정창영, 「글로벌재무전략」(서울: 명경사, 1978) pp.462~465. passim.

[그림 6-6] 국제채권시장의 참가자

	투 자 자	자금중개기관	차 입 자
(예)	은행, 연금, 상호기금 생명보험회사 개인투자자 등	국제상업은행 국제투자은행	각국 정부 글로벌 기업 국제금융기구 등
(기능)	자산포트폴리오 구성	자금중개	국제 자금조달

자료: 최생림 외 2인, 「전게서」 p.210.

로 나누어 볼 수 있으며 [그림 6-6]과 같다. 투자자는 세계 각국의 연금기관, 상호기금, 보험회사, 투자신탁회사, 은행과 증권회사 등의 기관투자가가 중심을 이루고 있다. 이들은 국제금융 여건의 변화에 따라 즉시 국제자산 포트폴리오의 재구성을 통해 국제적인 자산운용을 하고 있다.

한편 자금을 조달하는 차입자는 세계은행(IBRD), 국제통화기금(IMF), 국제금융공사(IFC), 아시아개발은행(ADB) 등과 같은 국제금융기구 각국의 중앙정부와 지방정부, 공기업, 글로벌기업 등을 들 수 있다.

국제채권시장에 참가하는 중개금융기관(국제투자은행, 국제상업은행 등)은 발행시장에서 차입자와 투자자, 유통시장에서 매도자와 매입자를 연결시켜 주고 필요한 경우 스스로가 거래의 일방이 되어 위험을 흡수함으로써 거래가 원활히 일어나도록 하는 시장조성의 기능을 한다.

중개금융기관이 수행하는 업무는 크게 ① 발행전 준비작업(orgination: 차입자가 위임을 받아 적절한 차입구조를 디자인하고 가격을 설정함), ② 인수단 형성(syndication: 주간사은행을 중심으로 인수단을 형성하여 인수업무의 처리를 주로 맡아서 할 관리단을 선정하고 인수단에 참가하는 은행들에게 일정한 비율을 배정함), ③ 판매(distribution: 인수받은 채권은 바로 판매에 들어가는데 실제로 채권의 발행이 마감되지 않은 상태에서 채권의 판매가 시작됨), ④ 트레이딩(trading: 채권발행이 마감되면 채권의 거래에 들어가는데 중개은행이 활발한 트레이딩을 통하여 유통시장의 유동성을 높임)이 있다.

[참고자료] 스튜어드십 코드(Stewardship Code)

기관투자자들의 의결권 행사를 적극적으로 유도하기 위한 자율 지침으로, 기관투자자들이 투자 기업의 의사결정에 적극 참여해 주주와 기업의 이익 추구, 성장, 투명한 경영 등을 이끌어 내는 것이 목적이다. 국내에서는 2016년 시행됐으며, 최대 투자기관인 국민연금이 2018년 7월 스튜어드십 코드를 도입해 투자 기업의 주주가치 제고, 대주주의 전횡 저지 등을 위해 주주권을 행사하고 있다.

2019년 3월 대한항공 주주총회에서 조양호 회장의 연임 저지에 성공한 바 있다.서양에서 큰 저택이나 집안일을 맡아 보는 집사(스튜어드·steward)처럼 기관들도 고객 재산을 선량하게 관리해야 할 의무가 있다는 필요성에 의해 생겨난 용어다. 스튜어드십 코드는 주요 기관투자자가 주식을 보유하는 데에 그치는 것이 아니라 투자 기업의 의사결정에 적극 참여해 주주와 기업의 이익을 추구하고, 지속 가능한 성장과 투명한 경영을 이끌어 내는 것이 목적이다.

3. 유로채 발행절차

유로채는 낮은 비용의 자금을 조달할 수 있다는 이점이 있다. 유로채의 발행절차는 차입자와 은행간의 협의로부터 출발한다. 발행자는 원하는 표시통화와 발행금액 및 차입할 용의가 있는 이자율인 목표금리 수준을 결정한다. 만약 어떤 은행이 차입자로부터 그 발행을 주선해 달라는 의뢰를 받으면 그 은행이 해당 유로채의 주간사은행(leader manager)이 된다. 주간사은행의 중요한 책임 중의 하나는 안정화책임인데 이것은 주간사은행이 시장에 개입하여 신규발행채권의 가격을 지지함으로써 채권이 잘 판매된다는 인식을 유지하고 신디케이트 참여자에게 보상을 해주기 위한 것이다.

발행자에 대한 설명과정에서 거래규모가 크고 복잡할 경우에는 주간사은행이 몇몇 다른 은행을 공동간사은행(co manager)으로 참여시킬 수도 있다. 이들이 함께 간사단(managers)을 구성하여 목표투자집단이 받아들일 만한 금리나 기타 거래조건들을 협의한다. 간사단의 가장 중요한 역할은 여러 나라의 은행, 투자은행, 증권회사 등 수십개의 기관으로 이루어지는 인수단(underwriters)을 구성하는 것이다. 간사은행들은 여러 은행앞으로 유로채발행에 참여할 것을 권유하는 초청텔렉스(inviting telex)를 분담해 송부한다. 어떤 은행이 발행채권을 인수한다는 것은 사실상 발행자에게 풋옵션(put option)을 주는 것이 된다. 정해진 채권물량을 특정한 가격으로 약정일에 매입할 것을 약정하는 것이다. 인수 후에 만약 채권가격이 하락하거나 인수자가 채권을 매각할 수 없게 되는 경우에는 그 은행은 손해를 보게 된다.

다음 단계는 실제로 그 채권을 최종투자가에게 판매하는 은행이나 중개인으로 구

[그림 6-7] 유로채 신디케이트의 구성그룹

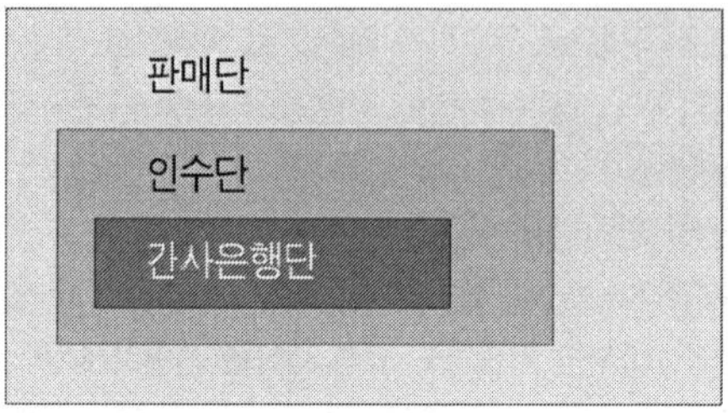

성된 판매단(selling group)에 의해 이루어진다. 판매단은 간사은행, 인수자 그리고 채권을 판매하기는 하지만 채권이 대중에게 판매되지 않을 경우에 이를 매입할 책임을 지지 않는 은행이나 중개인으로 구성된다.

간사단과 판매단의 차이는 인수(commitment)와 할당(allotment)간의 차이와 같다. 간사은행은 실제로 자금을 발행자에게 지급하고 각각의 초청텔렉스에 명시된 인수물량에 대해 책임을 지는 반면 판매단의 구성원은 할당된 채권을 받아서 판매하기만 하면 된다. 만약 판매단의 일부가 발행종료일(closing day)에 할당금액을 조성하지 못하면 모든 간사은행이 비례배분기준에 따라 발행자에게 그 금액을 지급해야 할 의무가 생긴다.

이상을 요약하면 전형적인 유로채발행 신디케이트(syndicate)는 간사단, 인수단, 판매단이 [그림 6-7]과 같이 세 당사자가 중복되어 구성되어 있다. 이러한 형태의 신디케이트가 전형적이기는 하지만 발행거래를 자체적으로 소화할 수 있을 만큼 매각능력이 강한 소수의 은행이 신디케이트를 구성하여 그들이 간사단, 인수단, 판매단의 역할을 모두 수행하는 경우도 드물지 않다.

4. 펀드 개념과 종류

1) 펀드 개념

펀드(Fund)란 타인의 자금을 맡아 특정대상물에 대신하여 투자하는 뭉칫돈 자금의 의미를 지니고 있으며 고객의 자금을 모집하여 자금을 운용하는 것을 말한다. 펀드는 자산 보유자 대신에 투자를 대행해 주는 자산관리전문가가 국내 또는 해외의 자산(채권, 주식, 부동산 등)에 분산투자하여 발생된 이익금을 되돌려 주는 금융상품이기도 하다. 국내 법률용어로는 「간접투자자산운용업법」상 간접투자라고 하기도 한다.

2) 모집방법

펀드의 모집방법에는 공모(公募, public offerings)와 사모(私募, private offerings)가 있다. 공모란 펀드의 투자자를 불특정 다수를 대상으로 모집하는데 비하여 사모는 소수의 특정인을 대상으로 모집하는 것이다. 「간접투자자산운용업법」상 공모는 50명 이상의 불특정 투자자 다수를 대상으로 공개적으로 모집하는 것이고 사모는 49명 이하의 소수 투자자를 대상으로 모집하는 것이다.

공모펀드(mutual fund)는 운용기간에 특별한 제한을 두지 않고 가입과 해지가 모두 자유로운 편이나 투자자 모집이나 펀드 운용규제가 비교적 엄격하다. 보통 공모펀드는 동일종목에 신탁재산의 10% 이상 투자할 수 없고, 동일회사 발행주식의 20% 이상을 매입할 수도 없다.

공모펀드는 자산운용사[15]에서 만든 펀드로 여러 가지 펀드상품을 만들어 놓고 고객들에게 선택의 폭을 준다. 해외 유명 뮤추얼펀드는 중국펀드, 원자재, 채권, 지수펀드 등을 운영하는 템플턴펀드가 있으며 세계적 자산운용사 블랙록(Blackrock)은 다수의 뮤추얼펀드를 운영하고 있다.

한편 사모펀드는 이러한 제한에서 자유로워 기업 인수합병(M&A)에 많이 이용된다. 국내 공모펀드와 사모펀드의 차이점은 <표 6－1>과 같다.

3) 사모펀드·헤지펀드·수익증권

사모펀드(private equity fund: PEF)와 헤지펀드(hedge fund)는 사모방식으로 소수 고액 투자자들로부터 자금을 모아 단기간 수익을 극대화하며 투명성이 낮고 펀드운영 측면에서 적은 규제를 받는 등 상당히 유사하다. 헤지펀드[16]는 투자전략에 따라 간접적으로 경영권에 영향을 주는 경우가 있지만 일반적으로 기업경영에 개입하지 않고 단기간에 매매차익을 얻는 것을 목적으로 한다. 대표적인 헤지펀드는 조지 소로스의 타이거 펀드, 짐 로저스와 조지 소로스가 공동 설립한 헤지펀드가 있다. 헤지펀드는 고객이 돈을 맡기면 운용하는 사람들이 자유롭게 투자가 가능하다. 투자 대상도 선물옵션 파생상품, 부동산, 원자재, M&A 등 모든 부문이 가능하다.

---

15) 국내 자산운용사(미래에셋자산운용, 교보악사자산운용, 삼성자산운용)는 증권회사(미래에셋증권, 교보증권, 삼성증권)으로부터 자금을 운용해 달라는 의뢰를 받는다.

16) hedge는 본래 울타리, 보호, 위험회피의 의미를 지니고 있으나 헤지펀드의 경우 헤지는 투기의 성격이 강하다.

〈표 6-1〉 공모펀드와 사모펀드 차이점

	공모펀드	사모펀드
개 념	불특정 다수 공개모집	소수 기관투자자, 적격투자자 비공개
투자자 수	50인 이상 대규모	49인 이하 소규모
자금운용	한주식에 10% 이상 투자금지	제한 없음
	주식외 채권, 유가증권에도 10% 이상 투자 금지	
투자주체	기관투자자. 개인투자자	기관투자자.* 전문투자자. 거액투자자. 일반투자자
종 류	거치식, 적립식 펀드	사모헤지펀드
상품홍보	신문 방송 가능	불가
채 널	증권사 영업점. 온라인 모집	증권사 PB점
원금보장	안됨	안됨
위험/수익	저수익/중위험	고수익/고위험
최소투자액	제한없음	개인투자조합(1억), 적격투자자(3억)
분산투자	적용	비규제
종 류	미래에셋3억 만들기. 솔로몬증권3호	벤처펀드. 메자닌. BUYOUT. 부실채권

주) * 기관투자자는 금융투자, 투자신탁, 사모펀드, 은행, 보험, 연기금·공제, 국가, 기타금융, 기타법인, 기타외국인의 10종류가 있음.

자료: http://blog.naver.com 창업일보(2018.7.3)

한편 한국형 헤지펀드는 2009년 2월 「자본시장법」으로 설립이 허용되었으나 2008년 미국발 글로벌금융위기 영향으로 수많은 규제 하에 2011년 12월 16일 1,490억 원으로 출발했고, 2015년 말 진입문턱을 낮춘 후 매년 두 배씩 성장하고 있다. 2015년 3조 원, 2016년 6조 원, 2017년 12조 원 2018년 23조 원대 규모로 성장했다. 국내 출시된 헤지펀드는 2,000개에 달하며 헤지펀드운용사는 모두 150여 곳이 된다. 2019년에는 영국계 160년 전통의 이스트스프링자산운용이 최초로 한국형 헤지펀드에 참여했고 국내 한국형 헤지펀드 타임플리오자산운용은 싱가포르 진출에 성공했다. 한국투자신탁운용은 2017년 12월 미국의 타깃데이터펀드(TDF), 2017년 2월 미국 SSAG와 제휴해 펀드를 출시했고 2018년 7월에는 베트남펀드를 통해 노무라증권이 일본에 도쿄해상베트남 주식펀드를 출시하기도 했다.

사모펀드는 기업의 경영권을 인수하거나 이에 영향을 미쳐 기업가치를 높인 후 되팔아(buyout) 이익을 얻는 것을 목적으로 한다. 사모펀드는 초창기 차입매수회사라고 불려졌다. 사모펀드는 1980년대 여러 회사를 구조조정 위기에 빠트리면서 논란을 야기하기도 했다. 대표적인 사모펀드는 외환은행을 인수한 론스타, SK경영권을 위협했던 소버린, 군수산업의 칼라일, 부동산업의 블랙스톤, 에너지업의 TPG 등이 있다.

4) 수익증권

수익증권(beneficiary certificates)은 투자신탁에 의한 것과 대부신탁에 의한 것으로 구분된다. 투자신탁 수익증권은 투자신탁으로 모집된 자금을 증권회사가 신탁회사에 맡기고 이에 대한 수익권을 균등하게 소액으로 분할한다. 대부분 주식에 투자하고 일부사채와 극소수는 현금으로 운용된다.

주식형 수익증권은 계약형으로 신탁약관에 의해 불특정 다수를 상대로 투자자를 모집한다는 점에서 뮤추얼펀드와 동일하며 한정된 고객을 대상으로 모집하는 사모의 헤지펀드와 구별된다. 주식형수익증권은 계약형으로 투자자가 투자회사로부터 수익증권(통장)을 수령하는데 비해 뮤추얼펀드와 헤지펀드는 투자자가 주식을 수령하는 주주가 된다는 점에서 가장 큰 차이가 있다. 주식형 수익증권의 경우 투자자는 주주와 같은 입장이나 의결권이 없고 경영에도 참가할 수 없으며 사채소유권자처럼 사채권자 집회 등에도 참여할 수 없다.

대부신탁은 신탁재산의 대부분이 주요 사업에 대한 대부나 어음 할인 등에 운용된다. 투자신탁은 원금 보장이 없는 대신 가격상승 기대는 가능해 주권적 성격이 있는 반면 대부신탁은 원금이 보장되는 대신 가격상승 희망이 없는 사채권적 특성이 있다. 투자신탁과 대부신탁의 공통점은 대부분 무기명이며 수익배분율이 불명확하다는 점이다.

5) 행동주의 헤지펀드

일정한 의결권을 확보하고 기업에 자산 매각, 배당 확대, 자사주 매입, 구조조정, 지배구조 개선 등을 요구해 단기간에 수익을 내는 투자 전략을 사용하는 헤지펀드이다. 단순한 투자보다는 자사주 매입, 배당 확대, 자회사와 계열사의 보유 지분 매각 등의 방식으로 단기 주주 가치를 높이는 것을 목적으로 하는 헤지펀드를 일컫는다. 저금리 및 저성장 장기화에 따라 행동주의 헤지펀드에 자금이 몰리면서 이 자금을 바탕으로 행동주의 헤지펀드가 주식을 대량 매입한 후 기업에 막강한 영향력을 행사하는 사례가 늘어 거래 투명성을 확보해야 한다는 비판이 있다. 삼성물산과 제일모직 합병에 반대하며 소송을 제기하였던 엘리엇 매니지먼트(Elliott Management)가 대표적인 행동주의 헤지 펀드이다.

[참고자료] 크라우드 펀딩(Crowd Funding)

인터넷이나 SNS를 통해 불특정다수 군중(crowd)으로부터 투자자금을 모으는 투자방식으로 소셜펀딩(social funding)이라고도 한다. 자금이 없는 예술가, 사회활동가, 정치인들이 많이 활용한다.

최근 우크라이나 국민들이 가난한 정부군에 크라우드 펀딩으로 자금을 모아 무인기(드론)를 제작하여 정부에 전달하기도 하였다.

5. 국부펀드

1) 정 의

국부펀드(Sovereign Wealth Fund)란 용어는 2005년 런던 소재 금융기관에 근무하던 앤드루 로자노브(Andrew Rozanov)가 최초로 사용했으며 한 국가의 정부, 혹은 정부직영 은행이 직접 경영하는 펀드를 말하며 주식, 채권, 파생상품, 원자재, 귀금속 등에 광범위하게 투자하고 있다. 일반 투자기업이 관리하는 펀드와는 달리, 국가의 국부를 펀드화해서 해외에 투자하는 것이다. 새롭게 성장하는 중국, 러시아, 중동 산유국가 등은 모두 이 국부펀드를 가지고 있고 엄청난 속도로 그 규모를 키우고 있으며 단순히 투자수단을 넘어 투자대상 국가와 기업의 결정권을 좌지우지할 정도로 규모가 커지고 있다.

국부펀드는 정부가 소유 또는 관리하는 공공자금을 출자하여 설립한 투자펀드 또는 기구로 각기관 및 국가마다 국부펀드의 정의에 대하여 다양한 차이가 있다. 국부펀드는 각국의 외화자산을 해외에 투자하여 해당 국가의 국부를 운용하고 증대시키는 것을 고유의 목적으로 하고 있다. 국부펀드 연구소인 SWF Institute는 경상수지 흑자, 민영화, 정부이전, 재정흑자, 자원 수출액으로 설립한 펀드로 국제수지, 통화정책을 목적으로 통화기관에서 운용하는 외환보유액, 공무원 연금펀드 등은 배제하고 있다.

반면 IMF IWG(International Working Group)는 정부에 의해 소유 또는 관리 되고 있는 특별 투자펀드(special purpose investment fund or arrangement)로 정의하고 있다. OECD는 국가 차원의 정책적 목표달성을 위한 정부의 자산(Pools of Assets)으로 미 재무부는 외환보유액과는 별도로 관리되는 정부투자기구(government investment vehicle)에서 운영하는 기금으로 정의하고 있다.

외환보유액은 위기 때 긴급한 대외지급, 시장개입 재원 등에 즉시 활용할 수 있는 국가 비상금이므로 안전성과 유동성 위주로 운용되는 반면 국부펀드는 국부증식을 위해 외환보유액보다 상대적으로 적극적인 수익 추구를 목적으로 한다. 외환보유액은 주로 선진국의 국채에 투자되는 반면 국부펀드는 주로 주식, 채권, 파생상품 및 부동산, 기업의 인수합병, 사모펀드 또는 헤지펀드 등 고수익 고위험 자산을 포함한 다양한 자산에 투자되고 있다.

2) 국부펀드의 역사

1953년 쿠웨이트 투자청(KIA) 설립으로부터 시작되었으며 주로 중동 국가 등 산유국들의 원유 수출로 발생하는 국부의 효율적 운영을 위해 국부펀드를 설립하고 운영해 왔다. 상품에 기초한 국부펀드의 사례는 1954년 KIA(쿠웨이트 국부펀드), 1976년 ADIA(Abu Dhabi Investment Authority)가 있고 비상품에 기초한 국부펀드는 주로 비산유국들이 무역수지 흑자로 축적된 외환보유액을 활용하여 만든 펀드로 싱가포르의 테마섹(Temasek)펀드와 GIC(Government of Singapore Investment Corporation) 등이 있다.

2000년 이후 국제 원자재가격 상승 및 아시아 및 아시아 신흥시장국의 외환보유액 증가로 국부펀드 설립이 본격적으로 확대되었고 2008년 9월 칠레 정상회의에서는 세계 주요 국부펀드 회원들로 구성된 ISWF가 IMF에 의한 자체 행동강령(산티아고의 원칙)[17]에 동의하였다.

3) 국부펀드 종류와 현황

국부펀드는 국가가 운영하는 투자자본으로서 수익성추구, 장기투자의 성격으로 기존의 사적인 투자자들과 구분되는 특성을 가진다. 국부펀드 운영 목적에 따라 재정안정화 펀드, 저축펀드, 외환수익률 제고펀드, 개발펀드, 연금펀드 등으로 구분된다.

재정안정화 펀드는 중동 산유국 펀드로서 원자재가격 급등락에 대비한 재정 또는 경제안정화 달성을 목표로 한다. 저축펀드는 쿠웨이트 KIA처럼 지하자원 고갈에 대비해 자원개발을 통해 차세대 저축으로 활용하는 것이 목표이다. 외환수익률 제고펀드는 잉여 외환액을 활용해 수익극대화를 목적으로 하는 한국투자공사 KIC가 해당된다. 개발펀드는 경제개발을 위해 산업육성 자금마련을 위한 목적으로 중국 CIC, 두바이 ICD 등이

17) Satiago 원칙(Generally Accepted Principles and Practices)은 국부펀드와 관련하여 적절한 지배구조, 책임성, 투자부문에서 구성원 간의 자발적인 원칙 및 규범으로 합의된 최초의 원칙으로 2008년 10월 IWG가 산티아고 원칙을 IMF에 제안하여 OECD 및 EU 재무장관들과 회의에서 합의한 바 있다.

다. 연금펀드는 연금기금의 수지악화에 대비하기 위한 목적으로 운용된다.

세계 주요 국부펀드로는 아부다비투자청(ADIA), 사우디의 SAMA, 싱가포르 투자청(GIC), 노르웨이 정부연기금(NGPF), 쿠웨이트 투자청(KIA), 중국투자공사(CIC), 싱가포르 테마섹(Temasek), 러시아 안정화기금 등이 있다.

한국투자공사(KIC)는 2005년 「한국투자공사법」에 의해 설립되었으며, 현재(2018.10) 운용하는 자산은 약 1,001억 달러에 이른다. 국가 공공자금을 국제금융시장에서 효율적으로 운용해 국부의 장기 구매력을 보존하고 증대하기 위해 설립되었으며 정부, 한국은행, 공공기금 등에서 위탁받은 자산을 효율적으로 운영하고 글로벌 투자인력을 양성하기 위한 목적을 가진기관이다. 현재 글로벌 분산투자 원칙에 따라 69개국 주식에 투자하며 채권부분은 22개 통화, 58개 국채를 비롯해 회사채 등 다양한 채권에 투자하고 있다.

4) 국부펀드의 역할과 우려

시장자본주의에서 정부가 직접적인 시장 참여자로 사적 투자자와 함께 이익 극대화를 추구하면서 경쟁하는 것이 과연 정당한가? 또 국가자본주의를 이용해 국제금융질서 왜곡을 초래하지는 않는가에 대한 다수 학자들의 논란이 있어왔다.

국부펀드는 국제금융시장에서 긍정적 역할과 함께 부정적인 우려도 적지 않다. 먼저 긍정적인 역할을 보면 2008년 미국의 서브프라임론(sub prime loan) 문제에 휘말려 휘청거리던 시티 뱅크를 구한 것은 중동 국가의 국부펀드였고, 도산 직전의 미국 블랙스톤사에 30억 달러를 투자한 것은 중국의 국부펀드(Chinese Investment Corporation: CIC)이었다. 또 CIC는 미국의 투자기업 모건 스탠리의 지분 10%를 50억 달러에 2007년 12월에 사들이기도 했다.

한편 이러한 긍정적인 역할 이면에는 자금이 유입되는 국가의 입장에서 부정적인 측면도 없지 않다. 이렇게 방대한 규모의 투자를 하게 되면 해당 기업의 결정권에 상당한 영향력을 가할 수 있게 될 뿐만 아니라, 한걸음 더 나아가 이들 기업에 조세수익과 국가 경제개발전략에 의존하고 있는 해당 국가의 정책에까지도 영향을 줄 수 있게 된다.

미국의 서브프라임모기지 부실 여파로 막대한 손실이 발생한 미국과 유럽 금융기관에 대한 아시아 및 중동 국부펀드들의 투자사례가 증가하고 있다. 이에 대해 미국, 유럽 등 선진국 금융당국 및 국제기구들이 국부펀드에 대한 구체적인 감독 및 규제 마련의 필요성을 촉구하고 있다. 그러나 현실적으로 마땅한 규제책의 마련이 쉽지 않은 것도 사실이다.

지금까지 미국의 국력을 등에 업은 IMF가 최종대부자(lender of last resort)의 역할을 하면서 국제금융시스템의 축을 유지해 왔으나 머지않아 신흥 성장국들의 국부펀드에 위협을 받을 수 있다는 우려도 없지 않다.

EU 차원과 IMF 실무대책 작업반의 국부펀드 규제에 대한 규제 논의가 있다. EU는 2008년 국부펀드의 투명성, 예측가능성, 책임에 대한 기준을 제시했다. IMF는 2007년 10월 G7 재무장관회의에서 "기관구조, 위험관리, 투명성과 신뢰성 등의 영역에서 국부펀드를 위한 최선의 관행을 확인하는데 가치가 있다고 본다"라고 선언했다. 아울러 IMF와 OECD에 이 문제에 대해 숙고해 볼 것을 요청했다. 2008년 9월 IMF 국제실무대책반을 조직해 국부펀드의 적절한 지배구조, 관리책임 및 투자관행 지침 초안에 합의했다.

5) 외환보유액과 차이점

보유목적상 외환보유액은 평상시 외화유동성이 부족할 경우 이를 적시에 공급하고 위기시에는 외채상환 등 긴급한 대외지급 용도로 사용되는 반면 국부펀드는 장기적으로 외화자산을 활용해 미래 세대를 위해 국부를 증대시키는데 있다. 자금의 조성 방법으로는 외환보유액은 주로 중앙은행이나 정부의 부채증가가 수반되지만 국부펀드는 원자재 관련 수익이나 재정잉여금, 연기금 또는 장기 국채 발행으로 조성된 국가의 여유자금을 재원으로 하는 경우가 많다.

운용방식에서의 차이는 외환보유액은 유사시에 사용하는 국가 비상금이므로 안전성과 유동성을 수익성 보다 우선시하여 선진국의 우량채권을 중심으로 투자되는 반면 국부펀드는 미래 세대를 위한 운용수익 극대화에 초점을 맞추어 채권, 주식 등 전통적 자산 외에 부동산, 사모펀드 등 대체자산에도 투자하고 있다. 대체자산은 유사시에 현금화가 용이하지 않으므로 IMF는 외환보유액 산정시 이를 제외하도록 권장하고 있다.

운용 주체면에서 외환보유액은 대부분 중앙은행이 운용하지만 국부펀드는 중동, 중국, 싱가포르, 한국 등에서와 같이 국가가 별도로 운용하거나 노르웨이, 홍콩처럼 중앙은행이 외환보유액과 국부펀드를 동시에 운용하기도 한다.

[참고자료] 자산유동화 증권(ABS)의 종류

기업 또는 은행은 보유자산(대출채권)을 조기에 유동화(현금화) 하기 위해 유동화회사인 서류상의 회사(paper company)인 특수목적회사(SPC)에 양도하고 대금을 지급받으며 SPC는 자산유동화 증권 ABS(Asset Backed Securities)를 발행 투자자에게 매각하여 자금을 조달한다. 이때 ABS의 상환 가능성은 전적으로 유동화자산으로부터 발생하는 현금흐름에 의존하게 된다.

ABS에는 주택저당증권*(Mortgage Backed Securities), 부채담보부증권(Collateralized Debt Obligation), 신용부도 스와프(Credit Default Swap)등이 있다. MBS는 금융기관들이 주택자금을 대출해 주고 취득한 주택저당채권을 담보로 발행하는 것이며 CDO는 여러개의 MBS를 묶어서 만든 것이며 투자은행이 CDO를 만들어 다른 금융기관에 매각시 위험부분만을 따로 떼어 내어서 만든 것이 CDS이다. 투자은행은 다른 금융기관에 일정 보증료를 지급하고 별도로 만든 CDS에 대한 보증 책임을 맡기게 된다.

예컨대 A라는 투자은행이 B라는 금융기관에 CDO를 매각시 위험 부분만을 떼어 내서 C라는 금융기관(주로 보험회사와 재보험회사)에게 일정 보증료(프리미엄)를 지급하고 CDS를 맡긴다. 미국의 글로벌금융위기 당시 미국의 AIG 보험회사가 C의 역할을 맡으면서 부실해졌고 결국 미국의 공적자금이 투입되어야만 했다.

이후 만약 CDO를 구성하고 있는 MBS에 채무 불이행 사항이 발생하여 부실이 발생하게 되면 B는 C에게 일정 규모의 보험금을 요구하게 되고 C는 B에게 보험금을 지급할 의무가 있다.

한편 A투자은행은 발행한 CDO의 원활한 매각을 위하여 CDO자체에 대해서 신용등급을 부여할 수 있는데 신용등급을 부여하는 회사는 S&P와 같은 신용평가 회사들이다. 2008년 미국의 글로벌 금융위기는 월가의 투자은행, 보험회사, 신용평가회사들의 3자가 탐욕에 물들어 엉터리에 가까운 신용등급을 부여하고 CDO를 매매시킨 것으로 알려졌었다.

* 2008년 미국 글로벌금융위기의 주범은 신용등급이 가장 낮은 사람들에게 돈을 빌려 주고 무리하게 주택을 사게 한 후에 대출 채권을 담보로 발행한 서브프라임모기지(sub prime mortgage)이었다.

제3절 글로벌 金融·外換危機

1. 경제사조 변천

1) 중상주의와 중농주의

아담스미스(A. Smith)의 국부론이 출간되기 이전까지 유럽을 풍미하였던 경제사조는 중상주의(mercantilism)와 중농주의(physiocracy)이다. 광의의 중상주의는 15세기부터 18세기 후반에 이르기까지 지속되었다고 볼 수 있다. 근세에 있어서 경제학의 역사는 중상주의에서 비롯되었다고 할 수 있다.

중상주의의 대표적인 주창자는 영국의 크롬웰(Oliver Cromwell), 프랑스의 콜베르(Jean Baptiste Colbert)이다. 중상주의의 본질에 대한 견해는 통일되어 있지 못하지만 일반적으로 중상주의는 국가의 부가 금·은 등의 귀금속에 있다고 보고 금을 중시하는 중금주의(bullionism), 금의 더 많은 국내 유입을 위해서는 수입보다는 수출을 장려[18]하는 무

18) 예외적인 경우도 있어 제조업의 원료, 직업상의 도구류 등의 경우에는 국내 제조업자에게 독점권을 주어

역차액주의, 수출을 위해서는 국내산업을 보호하는 보호주의로 요약할 수 있다.

한편 중농주의는 국가사회 부의 기초는 농업에 있어 토지생산물이 일국의 소득과 부의 주된 원천이라고 보는 경제사상이다. 18세기 후반 루이 15세의 애첩인 뽕빠듀루의 주치의였던 프랑스의 케네(Francois Quesnay)가 경제표를 발표하면서 그는 국민의 대다수를 차지하는 농민의 희생으로 강행되고 있는 중상주의 정책에 반대했다. 농업을 유일한 생산적 산업이라고 생각하여 농업의 자본주의화에 의하여 농업을 파멸상태에서 절대왕정의 재정적 위기를 극복하자는 것이었다. 자연법 사상에 바탕을 둔 인간사회의 자연적 질서의 존재를 확신하고 그 질서가 전면적으로 실현되었을 경우의 위대한 왕국을 상정한 것이다. 중농주의에서는 수공업자, 제조업자, 상인의 계급을 비생산적인 계급으로 간주한다.

2) 고전파

근대경제학은 고전학파인 아담 스미스(A. Smith)로부터 시작되었다고 보는 것이 일반적이다. 고전파(Classical School)의 태두인 아담 스미스는 1776년 유명한 국부론(The Wealth of Nations)을 발표했다. 아담 스미스는 국부론의 중상주의 부분에서 중상주의 경제노선을 추구하는 각 국가들이 부란 금·은의 축적에서 오는 것으로 보고 이를 위해 무역에 제한을 두고 식민지를 건설하여 불평등한 무역을 하게 되는 것에 대해 비판을 했다. 아담 스미스는 절대생산비설(absolute cost principle)을 주장하며 자유무역을 할 때 무역이익이 발생한다고 하였다. 또 국가는 경제를 통제하는 것보다는 자유방임(laissez faire) 주의에 입각하여 보이지 않는 손(invisible hand)인 가격기능에 맡겨 두어야 한다고 주장했다.

아담 스미스는 인간의 본성이 이기적이라고 하였지만 인간이 오직 이기적인 본능에 의해서만 움직인다고 하지는 않았고 이러한 이기심(self interest)으로 인해 사람들은 자신의 이익을 위해 보상을 위해 일을 할 것이고 이기적인 본능이 다른 것보다 더 강력하고 지속적으로 동기를 부여할 수 있다고 믿었다.

이런 이기심을 어떻게 이용해야 사회 전체에 도움이 될 것인가를 연구했다. 따라서 경제정책에 있어서도 각 개인의 이기심을 억제하고 제한하는 정책보다는 개인이 자기의 이기심을 최대한으로 발휘하여 사회 전체적인 부를 보다 더 증진시킬 수 있도록 중상주

그들로 하여금 모든 외국 시장에서 타국의 제조업자보다 더욱 저렴한 가격에 상품을 판매할 수 있도록 했다. 제조업의 원료를 수입하는 경우 관세를 면제하는 방법으로 외국산 원료의 수입을 장려했다. 외국의 원료와 국내산 원료와의 경쟁을 통해 원료비를 더욱 낮춤으로써 값비싼 완성품의 수입을 억제하기 위한 수단이었다.

의정책보다는 보다 자유로운 자유무역정책을 옹호했다. 아담 스미스의 절대생산비설은 리카도(D. Ricardo)에 의해 비교생산비설(comparative advantage principle), 밀(J. S. Mill)의 상호수요균등의 법칙 등에 의해 자유무역이론이 크게 발전했다.

3) 신고전파

신고전파(Neo Classical School)는 생산 수단이 유일한 노동뿐이라고 가정한 노동가치설의 고전파에서 보다 발전하여 생산수단으로 자본의 개념이 도입되고 사회적 부를 생산이 아니라 교환측면에서 강조하고 재화의 가치를 한계효용(marginal utility) 개념을 도입하여 설명했다.

모든 인간행동은 이윤이라든가 효용을 극대화하려는 합리적이고 계산된 시도로서 환원된다. 그 대표적인 이론이 소위 공리주의(utilitarianism)이며 그 출발의 대표자는 벤담(Jaremy Bentham)이다. 아담 스미스의 국부론에서 다이아몬드의 가치가 물보다 큰 것에 대하여 명백한 답을 주지 못한 것에 대하여 벤담은 한계효용의 관점에서 비판하고 명쾌한 답을 제시한다. 그 외에 세이(Say), 제본스(W. S. Jevons), 왈라스(L. Walas), 마샬(A. Marshall) 등이 있다. 폴 샤무엘슨(Paul A. Smuelson)은 중요한 경제학적 문제를 수학적 도구를 활용해 신고전파 경제학과 케인스경제학을 종합한 신고전파종합이론을 확립하기도 했다.

4) 케인스학파

케인스학파(Keynesian School)는 1936년 케인스(J. M. Keynes)가 「고용·이자 및 화폐의 일반이론(The General Theory of Employment, Interest and Money)」을 발표하면서 고전파 경제학파와의 결별을 선언하게 된다. 고전파 경제학에서 경제는 가격기구의 자동 조절작용에 의해 움직이며 호황과 불황은 단순히 반복되는 현상이며 항상 실업이 존재하지 않는 완전고용이 성립한다고 가정했다. 케인스(1883~1946)는 경제가 자발적 실업뿐 아니라 비자발적 실업이 존재하는 불완전고용 상태에서도 균형이 이루어진다고 보고 이는 유효수요의 부족에서 기인하므로 유효수요의 증대를 통한 완전고용 달성을 이론의 핵심으로 하고 있다. 케인스주의는 불완전한 시장경제하에서 정부가 적절한 규제를 하여야 한다고 강조한다.

제1차 세계대전 이후 미국은 호황을 누렸다. 매일 파티가 열리고 주식투자가 유행했다. 공급(생산)이 수요(인간의 욕심)를 능가할 수 없다는 것이 사회의 지론이었으며 기업들은 더 많은 이윤을 창출하기 위해 생산량을 증가시켰다. 하지만 구매력을 동반한 유효수요가 부족하고 공장의 재고가 축적되고 노동자는 해고되고 다시 구매력이 부족해지는 악순환의 와중에서 주식의 거품이 꺼지면서 미국은 1929년 대공황(Great Depression)을 맞게 된다.

수많은 실업자들이 거리로 내몰리고 사람들은 일자리를 찾기 위해 방황했고 은행은 문을 닫았고 저축한 돈을 되찾지 못하는 사람들이 수두룩했다. 주식시장이 붕괴되면서 불어 닥친 대공황은 이 같은 시장중심의 고전학파 체제에 의구심을 낳게 했다. 현대경제학도 이 무렵에 탄생했다.

당시 아담 스미스의 자유방임주의와 보이지 않는 손을 부정하면서 케인스가 나서게 된다. 시장의 능력에는 한계가 있기 때문에 정부가 규제를 해야 한다고 주장했다. 미국은 루즈벨트의 뉴딜정책 등을 통해 정부가 핵심산업인 도로와 철도, 건설 등을 주도했으며 실업자들을 고용시켰다. 이렇듯 정부는 재정정책을 통하여 실업자들에게 일자리를 찾게 하여 구매력을 가지게 함으로써 부족했던 유효수요가 창출되었으며 경제의 선순환의 고리를 회복하게 된다.

하지만 1973년과 1979년 두 차례의 오일쇼크(oil shock)로 소위 경기침체하에 인플레이션을 경험하는 스태그플레이션(stagflation) 앞에서 케인스학파는 무력해졌다. 정부가 인플레이션을 규제하면 불경기가 심화되고 부양책을 쓰면 인플레이션에 빠지는 진퇴양난에 빠졌다. 바로 이 때 나타난 것이 소위 시카고학파(Chicago School)인 신자유주의이다.

5) 시카고학파

1970년대 오일쇼크로 인한 스태그플레이션을 맞으면서 프레드리히 하이에크(Friedrich Hayek)는 케인스주의에 반기를 들게 된다. 하이에크(1899~1992)를 지적 대부로 삼는 시카고학파는 시카고 대학의 프리드만(M. Friedman) 교수를 중심으로 합리적 경제운영을 기하고 물가상승 억제를 위해서는 자유스러운 가격기능을 부활시키지 않으면 안 된다고 주장한다. 프리드만은 대공황의 원인을 유효수요 부족이 아니라 통화공급의 부족에 따른 극심한 금융경색에서 찾으며 케인스의 이론을 부정했다.

공황이 찾아 온 것은 경제활동이 위축되기 시작했는데도 중앙은행이 개입하여 통화량을 늘리기는커녕 오히려 이를 대폭 줄였기 때문이라는 것이다. 프리드만은 국가가 경제에 개입하는 경우 문제가 되는 것은 통화정책이 무력하다는 사실이 아니라 오히려 너무나 큰 힘을 지니게 된다는 것이라고 말했다. 정부활동 보다는 자유로운 행동을 중시하고 생산, 고용, 가격 등의 수준을 결정하는 요인으로 통화공급량을 통한 이자율을 중시한다. 시카고학파인 통화주의자들은 정부지출이나 조세정책에 비중을 두고 경제를 운영하는 재정정책의 효과는 일시적이고 미약하다고 주장한다. 시카고학파는 케인스학파의 정부지출이 승수효과를 통해 국민소득이 증가하기는 하지만 세금을 더 징수하게 되면 가처분 소득이 감소하고 이자율 상승으로 투자가 감소하는 효과 때문에 기대만큼 크지 않다고 주장한다.

정부가 세금을 감면하는 목적은 가처분소득을 늘리고 가계의 소비지출을 늘려 국민소득을 반복적으로 증가시키기 위해서이다. 세금감면액 보다 더 많은 금액의 소득이 증가하는 것은 승수효과(multiplier effect) 때문이다. 케인스학파는 감세보다는 재정지출 확대로 인한 소즉등대 효과에 더욱 주목하고 있다. 경기부양책으로 감세를 할 것이냐 재정지출을 늘릴 것이냐에 대해서는 학자에 따라 지금도 토론이 치열하다.

한때 미국의 재정지출 확대를 놓고 그레고리 맨큐(Gregory N. Mankiw)와 폴 크루그먼(Paul R. Krugman) 간의 논쟁이 뜨거웠다. 재정지출을 늘리자는 측이나 감세를 주장하는 측이나 모두 승수효과에 주목하고 있는데 조사 결과 마다 차이가 많아 아직은 명백한 결론이 났다고 보기 어렵고 또 쉽게 해결될 문제도 아니다.

아담 스미스의 국부론은 시카고학파의 출발점이라고 할 수도 있다. 그러나 아담스미스 당시에는 현대 수학에 기초한 거시경제학의 기초가 확립되어 있지 않았을 때이므로 이 당시 경제학은 시장과 경제에 대한 사상, 철학의 의미를 띠는 학문에 불과했다.

시카고 학파는 1970년대 스태그플레이션을 수습하고 1980년대 로날드 레이건 대통령의 레이그노믹스(Reaganomics)의 공급경제학, 마가렛 대처 수상의 대처리즘(Thatcherism)의 중심을 이루며 소위 신자유주의(Neo Liberalism)를 구가하게 된다.

시카고학파는 2008년 미국의 글로벌 금융위기가 발발하기 전까지 선진국 경제의 근간을 이루었으나 글로벌 금융위기를 맞이하면서 케인스주의의 거센 비난과 함께 위기의 책임을 뒤 집어쓴 채 퇴장하게 되었다. 물러나면서도 그들은 정부의 과도한 규제를 비판했고 유럽의 재정위기도 정부의 실패 때문이라고 주장했다. 이제 세계 각국은 저마다 경기부양책을 쓰고 있다. 이처럼 현대경제학은 정부와 시장기능의 효율성을 놓고 갑론을박을 벌이면서 발전하고 있다.

2. 신자유주의

1) 신자유주의 내용

신자유주의(Neo Liberalism)의 뿌리는 시카고학파의 통화주의, 하이에크, 아담 스미스에까지 거슬러 올라 갈 수 있을 것이다. 신자유주의가 본격적으로 힘을 발휘한 것은

1979년 영국의 대처 행정부와 1981년 미국의 레이건 행정부이다. 이어서 신자유주의는 1995년 세계무역기구(WTO)의 출범과 함께 세계화의 도도한 물결과 함께 지금까지 진행되고 있는 지구상의 화두가 되었다. 유럽정치에 도입된 것은 1999년 6월 런던에서 영국의 블레어 총리와 독일의 슈뢰드 수상이 채택한 "유럽: 제3의 길, 새로운 중도"라는 공동선언문에 잘 나타나 있다.

「사회민주주의는 정직, 사회정의, 자유, 기회균등, 타인에 대한 책임과 연대의식을 영원한 가치로 삼아야 한다. 국가는 기업을 지원하되 대신해서는 안된다. 과거에는 사회적 정의가 평등의 요구를 흔히 혼동했다. 또 개인적 노력과 책임감이 무시되거나 제대로 보상받지 못함으로써 사회민주주의는 창의와 다양성, 효율성을 낳기 보다는 낮은 수준으로 일치시키는 경향을 보여 왔다. 공공지출 수준이 사회적 정의의 척도가 되어서는 안 된다. 시장의 결함을 국가가 시정해야 한다는 강박관념은 거의 예외 없이 국가재정의 과도한 팽창과 관료주의로 귀착되었다. 평생직장 개념은 시대착오적인 것이 되었다. 사회민주주의는 유연성의 요구에 부응하면서 사회적 규범을 최소한으로 유지하도록 노력해야 한다. 과거 사회민주주의는 흔히 기업에 대한 높은 세금에서 정체성을 찾으려했다. 그러나 세제개혁과 세금인하가 사회적 목표실현에 오히려 기여할 수 있다는 것이 현대적 사회민주주의의 신념이다. 국가는 기업이 충분한 자유를 누릴 수 있도록 해야 한다. 각종 규제와 규정들 때문에 기업들이 숨이 막혀서는 안 된다. 노동, 자본, 재화시장은 모두 동시에 유연해야 한다. 개방성과 역동성이 분야별로 차이가 나서는 안 된다. 고용창출 능력을 제약하는 사회보장제도는 개혁되어야 한다. 기존의 사회보장제도는 궁극적으로 개인의 책임으로 가기 위한 발판이다.」

선언문에서 알 수 있듯이 신자유주의란 시장원리 준수, 자유경쟁 촉진, 정부규제 철폐, 기업구조 조정, 공공지출의 억제, 조세삭감, 규제완화, 기업중심주의, 반노조, 반복지주의, 민영화 등을 주장하는 경제사상이다. 신자유주의의 '자유'의 의미는 통제 또는 규제의 철폐를 의미한다. 블레어 총리가 주장하는 공급측 사회주의(supply side socialism)라는 것도 미국 레이건 대통령 당시의 공급측 경제학(supply side economics)과 큰 차이가 없다고 하겠다. 신자유주의는 IMF가 소재한 워싱턴(Washington D.C.)의 이름을 따서 워싱턴 컨센서스(Washington Concensus)라고 불리워지기도 한다.

이러한 신자유주의 사상은 국제통화기금(IMF), 세계은행(IBRD)과 같은 국제기구에서도 철저하게 신봉되고 있다. 이들 기구들은 경제개발의 목표가 불완전한 국가보다는 불완전한 시장을 통해서 이루어진다고 철저히 믿고 있는 것이다. 이러한 신자유주의는 세계화의 흐름을 바탕으로 글로벌자본주의(global capitalism)를 이끌고 있는 것이다.

2) 신자유주의와 양극화

자유주의에 대한 비판은 양극화와 관련이 깊다. 시장의 무한경쟁을 추구하는 신자유주의자들이 주창하는 세계화가 이 세상을 부자와 빈자만 존재하는 사회로 만들었다는 것이다. 부자들은 더 부유해지고 가난한 사람은 더욱 가난해 진다는 것이다. 소위 20 대 80의 사회에서는 20%의 부자를 위해 80%의 가난한 자들이 희생을 감수해야만 한다는 것이다.

20대 80의 사회라는 말은 다가오는 21세기에는 노동 가능한 인구 중에서 20%만 있어도 세계경제를 유지하는 데 별 문제가 없다는 것이다. 일자리를 구하는 다섯 중 하나면 모든 상품을 생산하고 값어치 있는 서비스를 제공하기에 충분하다. 20%의 사람들은 국적을 불문하고 돈벌이나 소비생활에 적극적으로 참여할 수 있게 된다. 그렇다면 나머지는 어떻게 되는 것인가? 일을 하고 싶은 사람들 중의 80%는 놀아야만 하는가? 노동의 종말을 쓴 미국의 저술가 제레미 리프킨(Jeremy Rifkin)은 확실히 그렇다라고 말한다.[19]

신자유주의가 소중하게 여기는 시장은 약육강식의 전쟁터 같은 것이어서 경쟁에서 패배한 사람들은 비참한 삶을 살아야만 한다는 것이다. 따라서 신자유주의에 대한 비판은 시장에 대한 비판, 경쟁에 대한 비판으로 이어진다.

IMF는 「국제화와 불평등」이란 2007년 보고서에서 지난 10년 간 세계화가 전 세계의 부를 증대시켰지만 빈부격차는 오히려 확대시켰다고 밝혔다. 1980년대부터 줄곧 세계화를 지향해야 한다며 세계 각국에 문화를 개방하라고 권고하던 IMF가 세계화의 폐해를 인정하는 것은 이례적이다.

IMF는 신자유주의 세계화의 3대 요소인 외국자본, 투자, 무역을 꼽았다. 이 중 무역은 소득격차를 해소하는 데 기여한 반면 기술발전과 외국자본의 투자는 빈부격차 확대요인으로 작용했다고 분석했다. 기술발전의 경우 저개발국의 부를 상승시키는 효과를 가져왔지만 비숙련노동자보다는 숙련노동자를 더 필요로 하다 보니 결과적으로 빈부격차를 확대하는 요인으로 작용했다는 것이 IMF의 분석이다.

외국인직접투자의 경우에도 주로 기술집약적 고부가가치 산업에 집중되다 보니 역시 임금이 높은 숙련노동자에게 더 많은 부를 배분하는 결과를 초래했다고 지적했다. 이에 비해 무역은 저개발국의 상품판매를 촉진해 빈부격차 해소에 도움이 되었다고 주장한다.

---

19) Hans Peter Martin and Harald Schumann, *DIE GLOBALISIERUNGSFALLE*, 강수돌역 「세계화의 덫」(서울: 영림카디날, 1997), p.26.

IMF의 이 같은 분석은 무역과 투자의 증가가 개발도상국에 더 많은 비숙련 노동자를 위한 일자리를 만들어내 빈부격차가 해소될 것이란 세계화를 옹호하는 기존 신자유주의 옹호론과는 배치되는 것이었다. IMF는 이러한 빈부격차 확대라는 문제점을 해소하기 위해서는 비숙련노동자들과 저임금 계층에 교육의 기회를 대폭 확충해 세계화와 기술발전의 수혜를 볼 수 있도록 해야 한다고 주장했다.

1980년대 이후 세계경제를 주도했던 신자유주의의 실천 리더인 레이건 대통령과 대처 총리는 노동조합의 불법파업을 강경진압하고 기업이 근로자를 쉽게 해고시킬 수 있도록 했다. 레이건 대통령은 정부지출 감축, 세금감면, 규제완화를 경제성장의 엔진으로 삼았고 비슷한 시기에 집권한 대처 총리도 자유시장경제와 민영화, 직접세 감면, 노동조합 반대, 복지정책 축소정책을 추진했다.

정치적으로는 신자유주의가 소비에트연방과 동유럽 공산주의의 몰락을 끌어내는데 크게 기여했으나 부정적인 측면도 적지 않았다. 대처 집권기간 소득 불평등을 나타내는 지니계수는 1979년 0.25에서 1990년 0.34로 악화되었다. 레이건의 감세정책도 무역적자와 연방재정적자를 촉진시켜 국가부채를 심각하게 증대시킴으로써 미국 경제위기의 근원을 만들었다는 비판을 받기도 한다.

3. 자본주의 4.0

영국 타임스지 칼럼니스트인 아나톨 칼레츠키(Anatole Kalesky)는 2010년 저서 자본주의 4.0(Capitalism 4.0: The Birth of a New Economy in the Aftermath of Crisis)에서 현존 자유시장경제에 어둠이 드리우고 새로운 단계 자본주의가 절실하게 요구되고 있다고 주장했다.

업그레이드 되는 컴퓨터의 버전(version)처럼 자본주의 버전의 발전은 시장과 정부, 경제와 정치와의 관계 변화에 따라 이루어진다. 20세기 초 아담스미스(A. Smith)의 자유방임(laissez faire)적 고전적 자본주의 시대를 자본주의 1.0으로 보고 1930년대 대공황 이후 케인스(J. M. Keynes)가 내세운 정부개입의 수정자본주의는 자본주의 2.0에 속하며 1970년대 스태그플레이션(stagflation)을 겪으면서 정부개입을 불신하고 시장의 자율을 주창한 신자유주의 시대를 자본주의 3.0으로 구분한다.

자본주의 4.0은 효용을 다한 신자유주의의 자본주의 3.0에 이어 등장할 새로운 자본주의이다. 자본주의 1.0과 3.0이 시장의 기능을 중시하고 자본주의 2.0은 정부의 개입을 강조했으나 자본주의 4.0은 정부와 시장의 역할을 동시에 강조한다. 신자유주의는 글로벌라이제이션과 의기투합하면서 도덕적해이(moral hazard)와 함께 전대미문의 미국발 글로벌금융위기를 불러왔다. 연이어 유럽의 재정위기에 불을 당기면서 전 세계를 금융의 공포시대로 불러오기까지의 시기가 3.0에 해당한다.

신자유주의가 스태그플레이션을 겪으면서 동력을 잃고 있던 자본주의에 활력을 불어넣고 세계경제의 부흥에 기여한 것은 분명하다. 하지만 글로벌경제의 무한경쟁은 승자독식, 빈익빈, 부익부 등 국가 간, 계층 간의 극심한 양극화 현상의 부작용을 초래했고 더 이상 지속 가능하지 않다는 한계에 이르렀다.

2011년 9월 17일 자본주의 심장부 미국 뉴욕 맨해튼의 주코티공원(Zucotti Park)에서 월가점령 시위(Occupy Wall Street)가 시작되었다. 시위대는 '우리는 99%이다(We are 99%)'라는 구호를 통해 상위 1%에 집중된 부의 불평등에 항의하며 거리를 점령했다. 시위는 미국 내 주요 도시와 유럽, 아시아로 번졌고 신자유주의 모순에 대한 글로벌 분노(global anger)의 목소리는 커져 2012년 들어 미 의회 앞에서 '의회를 점령하자'는 구호(Occupy Congress)까지 나왔다.

따뜻한 자본주의, 복지자본주의, 지속가능한 경제, 지속가능한 복지를 내세우는 자본주의 4.0시대에도 여전히 기업의 이익증대는 필수이지만 그 방법에 있어서 협력업체와의 나눔과 사회에 대한 사회적 책임, 사회적 연대의식, 유기적 사회의 건강한 발전 등을 강조한다. 또 사회 구성원들로부터 감동과 동감을 얻어 지속가능한 기업과 사회를 이루는 것이 목표다. 대기업과 중소기업, 정규직과 비정규직, 부유층과 빈곤층의 양극화 심화 등 글로벌라이제이션에 따른 부작용들을 극복하려면 거시경제 관리와 금융규제 등 몇몇 분야에서 정부가 적극 개입할 수밖에 없으며 앞으로 이 실험기가 자본주의 버전 4.0이 될 것이다. 그 대안으로 두 가지가 있다. 하나는 정부가 적극적으로 시장에 개입하고 지나친 복지포퓰리즘을 조장하여 국가재원 고갈과 지속불가능을 초래하는 지속불가능자본주의이고 다른 하나는 시장과 기업의 생태계를 근본적으로 개혁하고 개선하여 공생 성장을 통한 지속가능한 자본주의 4.0을 맞이하는 것이다.[20)]

고용없는 성장(jobless growth)이 계속되고 비숙련노동보다 숙련노동을 요구하는 글로벌 경쟁사회에서 빈곤층이 어떻게 안정적인 일자리를 얻고 빈곤을 탈출할 수 있을까 하는 것이 모든 정부의 공통된 고민이다. 도래할 자본주의 4.0시대의 글로벌라이제이션은 신자유주의의 자본주의 3.0시대와 어떤 달라질 모습을 보일 것인가는 지켜볼 일이다.

국내에서는 아나톨칼레츠키가 정부와 기업의 긴밀한 협력을 촉구하는 자본주의 4.0시대의 도래를 선포한 것에 나아가 대기업-중소기업 간 공생의 산업생태계를 중심으로 한 새로운 자본주의 스마트 자본주의 5.0시대를 선언하기도 했다. 시장의 현안들을 해결

20) 자료: Chosun Biz(2011.8.2) http://biz.chosun.com/site/data/html-dir/2011/08/02

하고 고용불안, 비정규직 문제 등의 갈등을 풀기 위해서는 근본적으로 정부보다는 경제 주체인 기업이 리더가 되어 공생과 지속 가능한 발전을 추구해야 한다는 것이다.[21]

4. 경제학 4.0[22]

금융위기 이후 세계 경제와 국제금융시장이 뉴 노멀(New Normal) 시대에 접어들었다. 규범과 이론, 관행이 통하는 노멀시대에 대비되는 개념이다. 경제 분야가 특히 심하며 자유방임 고전주의 경제학 1.0 시대, 케인스언식 혼합주의 경제학 2.0 시대, 신자유주의 경제학 3.0 시대에 이어 경제학 4.0 시대로 구분하는 시각도 있다.

경제학 4.0 시대에 가장 먼저 눈에 띄는 것은 국가를 전제로 했던 종전의 세계경제 질서가 크게 흔들리는 현상이다. 세계 모든 국가를 대상으로 한 세계무역기구(WTO), 뉴라운드, 파리 기후변화협정 등과 같은 다자주의 채널이 급격히 악화되는 추세다. 도널드 트럼프 대통령 취임 이후 미국 주도의 다자 협상은 한 건도 이뤄지지 않았다. 각국의 국제규범 이행력과 구속력은 2차 대전 이후 가장 낮은 수준이다.

자유무역협정(FTA)과 같은 양자 협력도 스파게티 볼 효과(spaghetti bowl effect)가 우려될 정도로 복잡해 교역 증진에도 한계를 보이고 있다. 지역 블록은 아예 붕괴 조짐이 일고 있다. 질서없는 불안한 브렉시트(Brexit)가 당사국인 영국은 물론이고 한국을 비롯한 세계 경제와 국제금융시장에 커다란 충격을 초래할 것으로 우려된다. 영국의 브렉시트(Brexit)는 다른 회원국 탈퇴의 단초가 될 가능성도 높다. EU와 같은 종전에 국경을 전제로 했던 세계 경제 질서가 흐트러지면 경제주체(시장 포함)는 혼란스러워질 수밖에 없다. 그 대신 트럼프 미국 대통령과 같은 포퓰리스트가 판치면서 국수주의가 기승을 부리고 있다. 슬로벌라이제이션(Slowbalisation)으로 대변되는 경제학 4.0 시대에 있어 한국처럼 대외환경에 크게 의존하는 국가일수록 피해가 클 것이다.

5. 금융·외환위기 사례

1) 동아시아 외환위기

1997년 7월 2일 태국 바트화(Baht)의 폭락을 필두로 인도네시아. 말레이시아, 필리

---

21) 이민화 외「스마트자본주의 5.0」(서울: 나남신서, 2012).

22) 한상춘, “브렉시트 이후 영국과 유럽연합(EU)은 어떤 길로 갈 것인가?”, https://m.post.naver.com(2019. 3.15) 발췌.

핀으로 외환위기[23]가 파급되었고 한국도 1997년 10월 외환위기를 피할 수가 없었다. 동남아 국가들의 외환위기의 원인은 1994년 중국 위안화의 평가절하에 따라 이들 국가들의 수출경쟁력이 약화되었고 경상수지 적자가 지속되는 데도 불구하고 통화가치는 하락하지 않고 고평가 되어 있었다. 이에 일본 및 서구 자본이 향후 통화가치 하락을 우려하여 서둘러 단기간에 자금을 회수하면서 외환위기를 맞았다. 외환위기의 원인이 사전에 상당히 예상되어진 측면이 적지 않았다고 하겠다.

한국은 1997년 12월 3일 IMF로부터 자금지원 양해각서(MOU)를 체결하고 구제금융(bail out)을 요청하면서 IMF의 혹독한 지시를 감내해야만 했다. 당시 국내 외환보유액 관리 실패로 물밀듯이 전파되는 동남아 외환위기의 전파를 불과 수십억 달러의 가용 외환으로 막는 것은 불가능했다. 부채비율이 높은 국내 기업들은 규모 여하를 불문하고 도산했고 이들 기업에 대출을 해준 은행들도 통폐합되어졌으며 높은 실업률, 고금리, 원화가치 폭락으로 이어졌다.

한국의 외환위기에 대한 원인에 있어서 다양한 의견들이 있다. 물론 한국의 외환보유 관리 실패의 유동성 부족으로 인한 국제신뢰의 붕괴가 직접적인 원인이겠지만 정치적 요인도 없지 않았다. 국내 외환시장의 일시적 유동성 부족은 그 전에도 수차례 있었고 그 때 마다 미국에서 유동성 공급을 받아 해결했다. 하지만 1997년은 상황이 달랐다. 1996년 12월 한국이 OECD에 가입하고도 경쟁력이 가장 약했던 금융 부분 개방속도를 주저하자 한국시장을 노리는 미국 월스트리트 자본은 한국의 유동성 부족에 대한 미국 정부의 지원을 방해했고 심지어 한국 정부의 일본 정부로부터의 지원도 압력 로비를 통해 방해를 했다는 것이다.[24]

아무튼 한국은 3년 8개월 만인 2001년 8월 23일 IMF의 긴급 구제금융 580억 3천 500만 달러 전액을 상환하고 IMF를 졸업했고 경제적 사회적으로 많은 실과 득을 경험하게 되었다. IMF 당국도 구제금융 지원 기간 중 한국에 혹독한 지시의 시행착오가 있었

23) 외환위기(currency crisis)는 일국 통화에 대한 투기적 공격이 그 통화의 평가절하를 유발시키거나 정부가 외환보유액의 사용 또는 국내 이자율 상승을 통해 환율을 방어하는 경우를 지칭한다. 한편 금융위기(banking crisis)는 실제적 혹은 잠재적 예금인출 쇄도가 은행부채의 태환성을 보장하지 못하거나 정부가 이를 막기 위해 대규모의 개입을 하는 경우를 지칭한다. 김인준·이영섭, 「국제금융론」, 율곡출판사(2014), p.594.

24) 한국의 1997년 외환위기 원인에 대해서는 다양하다. 정부의 지나친 고 원화가치 유지 정책으로 인한 외환보유액 고갈, 정경유착에 의한 기업들의 높은 부채 증대 등의 내부적 원인에서부터 일본의 내수침체로 인해 해외로 진출했던 단기 엔화 자금(Yen carry trade)의 급격한 회수, 일본은행의 국내 투자자금 회수시 한국정부의 일본정부에 대한 행정지도 요청에 대해 미국정부의 일본정부에 대해 거절할 것을 압력행사하는 등 외부적 원인 등이 있다. 그외 동아시아 외환위기에 대해서는 미국 월가의 투기자본이 태국 바트화를 공격하자 혼비백산한 양떼처럼 외환위기가 동남아국가로 확산되었다는 양떼속성이론, 말레이시아 마히티르 총리가 주장한 조지 소르스를 중심으로 미국의 유태자본이 화교자본을 공격했다는 음모론 등 다양하다.

음을 시인했다.

2008년 글로벌 금융위기를 기점으로 IMF는 노선을 바꾸려는 시도를 했다. 한국을 비롯한 아시아 국가 외환위기 때 긴축을 강요한 것이 잘못됐다고 인정했을 뿐 아니라 무조건 부채비율이 낮은 게 좋은 것만은 아니라고 강조한다. 소득 불평등을 감수해야 하는 부산물이 아니라 해결해야 하는 문제로 보려는 관점도 강했다. 이러한 현상은 2017년 2월 IMF가 발표한 그리스 보고서(Grexit)에서 나타났으며 그리스 문제 역시 IMF가 잘못 다루었다고 시인했다.

2) 미국발 글로벌 금융위기

(1) 신자유주의 원인 제공

자유주의를 기치로 내건 미국 레이건 행정부도 정부의 규제완화를 신조로 하는 신자유주의를 철저히 신봉했다. 부시행정부부터 미 연준(Fed) 의장으로 2006년 퇴임시까지 18년 6개월 동안 경제대통령으로 지낸 앨런 그린스펀(Alan Greenspan)도 파생상품시장 규제를 적극 반대했다. 철저한 시장자율과 규제완화를 주창하는 그는 파생상품의 일반적 유용성을 옹호하면서 기업부도 위험을 상품화한 크레디트 디폴트 스와프(CDS)를 규제하지 않았고 미 연준(Fed)은 2005년 말까지 비우량 주택담보대출인 서브프라임 모기지의 전체 규모조차 파악하지 못했다. 특히 금융당국이 규제하지 않으면 은행 등 금융회사들이 자율적으로 주주들을 보호할 줄 알았고 시장경제를 지나치게 믿었던 것이다.

결국 그린스펀은 2008년 10월 하원청문회에서 4시간의 곤욕을 치루었고 글로벌금융 위기는 100년에 한번 있을까 말까하는 신용쓰나미로 규정하면서도 파생상품규제를 반대한 것과 자유시장에 허점이 있었음을 인지하지 못한 것에 대해 자신의 부분적 잘못이 있었음을 시인했다.

(2) 서브프라임 모기지와 신용평가

2000년대 미국의 저금리를 바탕으로 한 부동산 시장이 호황을 맞으면서 금융기관들은 경쟁적으로 부동산 담보대출을 증가시켰고 신용도가 매우 낮은 사람들에게도 아무런 부실위험을 고려하지 않고 대출을 확대시켰다.

당시 미국 정부 또한 무주택자들에 대한 주택공급을 권장했고 낮은 이자를 부담하면서 주택을 구입한 사람들은 주택가격이 지속적으로 오르고 있어 높은 수익을 올릴 것이라고 믿고 있었다. 그러나 문제는 이자가 거꾸로 오르기 시작했고 주택가격은 하락함에 따라 신용이 열악한 사람들은 집을 팔아서라도 은행의 대출금과 이자를 갚지 못하는 깡통주택이 등장했다. 은행의 대출 이자를 지급하지 못하는 주택 소유자들은 쫓겨나고 금융기관들은 대출 채권을 회수하지 못하고 깡통주택들을 헐값에 경매에 넘기면서 파산하기 시작했다.

미국의 서브프라임 모기지(sub prime mortgage)는 신용점수가 620점 미만인 신용도가 가장 낮은 고객들이 집을 담보로 금융기관으로부터 돈을 빌릴때 신용도가 높은 프라임 모기지(prime mortgage)나 알트에이 모기지(alt a mortgage)보다 다소 높은 가산금리를 지급해야 한다.

미국 서브프라임 모기지의 구조는 [그림 6-8]과 같이 집이 없는 신용도가 낮은 사람들이 주택 구입자금의 약 10~20%의 초기 일시금(down payment)을 지급하고 나머지는 주택담보대출 회사인 모기지회사로부터 주택을 담보로 장기대출을 받는다. 모기지회사는 주택 담보대출 자금을 조달하기 위해서 주택저당 채권인 모기지를 금융회사에 판매

[그림 6-8] 서브프라임 모기지 구조도

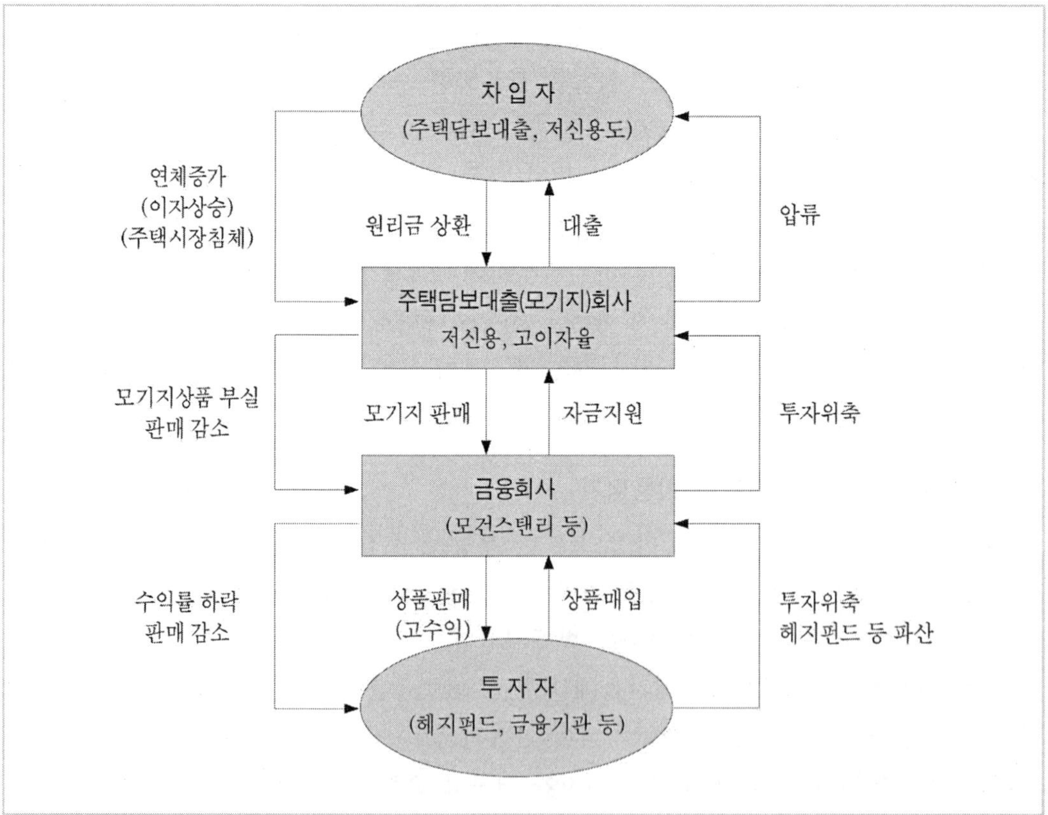

자료: 중앙경제 http://artical.joins.com/article/artical.asp

하게 된다. 금융회사 또한 자금조달을 위해 매입한 주택저당 채권을 수개로 통합하는 등의 수법으로 채권을 발행하게 되며 헤지펀드, 금융기관 등의 전 세계 투자자들이 투자를 하게 된다.

문제는 이러한 호순환이 깨졌을 때이다. 미국에서 최초의 담보대출을 통해 주택구입을 했던 개인이 대출을 받을 당시에는 저금리에다 주택 매매시장이 활발해 주택가격이 높게 형성되었다. 그러나 시간이 지나면서 고금리에 대출이자를 갚지 못하여 연체이자가 발생했고 주택가격이 폭락하면서 집을 팔아서라도 원리금 상환이 불가능해지자 발행된 주택저당채권도 연쇄적으로 부실해 질 수밖에 없었다.

또 다른 문제는 발행된 채권에 대한 유명 신용평가기관의 부실한 평가이었다. 미국 하원 주택감독·정부개혁위원회(2008.10)에 의하면 신용평가사인 무디스(Moody's)와 스탠다드앤푸어스(S&P) 직원들 간의 도덕적 해이의 단면을 보여 주는 이메일 문건[25]을 공개하여 충격을 주기도 했다.

(3) 미국 금융기관 몰락

미국은 2008년 9월 7일 주택담보대출을 담당하는 양대 모기지업체인 패니매(Fannie Mae)와 프레디맥(Freddie Mac)에 대하여 2,000억 달러의 파격적인 구제금융(bail out)을 지원하면서 금융붕괴를 막았다. 글로벌 금융시장 불안의 진앙지인 패니매는 정부의 주택공급 의지에 따라 프레디맥(1938)과 경쟁업체 패니매(1970)가 설립되었다. 민영화 이후 정부가 지분을 보유하고 있지는 않지만 암묵적 보증을 받는 이른바 공공기관형 사기업(Goverrnment Sponsored Enterprise: GSE)이다.

두 회사는 모기지 회사이지만 주택매입자들에게 직접 자금을 대출해 주지는 않는다. 씨티그룹 등 대형 금융회사, 중소형 지방은행 등이 고객들에게 대출을 하고 대출을 담보로 발행한 주택저당채권을 두 모기지 회사가 사들이면서 자금을 간접 지원한다. 두 모기지 회사는 주택저당권을 모아 시장에서 사고 팔 수 있는 주택저당증권(MBS)으로 만들어 다시 대출업체들에게 넘긴다. 이때 MBS가 원활하게 매매될 수 있도록 두 회사가 대출업체들로부터 수수료를 받고 MBS에 대해 원금과 이자지급 보증을 서준다. 대출업체들은 MBS를 받아 국내외 투자자들에게 판매해 대출자금을 조달한다.

두 회사가 보증을 섰거나 보유하고 있는 모기지는 전체 모기지시장(12조 달러)의 절반 가량인 5조 3,000억 달러에 달했다. 하지만 주택가격이 거품이 꺼지면서 주택 매입자

25) '카드로 만든 집이 무너지기 전에 부자가 돼서 은퇴하길 바라자' '이번 딜은 말도 안 되는 거였다. 그 평가모델은 리스크를 절반도 반영하지 않았다' '우리는 소가 만든 상품이라도 등급을 매겨야 한다' '자신들이 괴물을 만들었다' '돈에 눈이 멀어 영혼을 팔았다' 등의 이메일이 발견되었다.

들의 담보대출 원리금 상환이 연체되거나 아예 불가능해지고, 주택이 대거 차압당하는 현상이 심화되었다. 보유 모기지와 MBS가 부실화됨에 따라 이자와 원금지급 보증을 섰던 손실이 발생할 수밖에 없기 때문이다. 패니매와 프레디맥이 붕괴되면 미국 모기지시장은 파탄이 불가피했다. MBS와 이를 기초자산으로 만든 파생상품을 사들인 전 세계 투자자, 패니매와 프레디맥이 발행한 채권과 주식을 갖고 있는 글로벌 투자자 역시 동반 피해를 보지 않을 수 없었다.[26)]

미국의 소위 5대 투자은행, 골드만삭스, 모건스탠리, 베어스턴스, 메릴린치, 리먼브러더스에도 큰 변화가 왔다. 구제금융을 받은 베어스턴스는 J.P. 모건체이스가 인수(2008.3.16)하였고 메릴린치는 뱅크오브아메리카(BOA)가 인수(2008.9.15)했으며 리먼브러더스는 파산보호신청(2008.9.15)을 했다. 1위와 2위의 골드만삭스와 모건스탠리는 지주회사 체제로 전환했다.[27)] 이로써 1933년 이래 75년 동안 미 금융가를 대표해 왔던 투자은행

〈표 6-2〉 세계 주요 금융기관 순위변동(시가 기준) (단위: 억 달러)

순 위 (1999.5)	은행명	시 가	순 위 (2009.3)	은행명	시 가
1	씨티그룹(미)	1,509	1	중국공상은행(중)	1,753
2	BOA(미)	1,129	2	중국건설은행(중)	1,287
3	HSBC(영)	937	3	중국은행(중)	1,128
4	로이즈TSB(영)	720	4	JP모건체이스(미)	945
5	패니메이(미)	696	5	HSBC(영)	783
6	뱅크원(미)	668	6	웰스파고(미)	621
7	웰스파고(미)	661	7	미쓰비시UFJ(일)	562
8	UBS(스위스)	634	8	산탄데르(스페인)	541
9	미스비씨(일)	618	9	골드만삭스(미)	457
10	체이스맨해튼(영)	611	10	로열뱅크오브(캐)	403
11	모건스탠리(미)	551	11	BOA(미)	401
20	골드만삭스(미)	323	26	모건스탠리(미)	256
28	JP모건(미)	245	46	씨티그룹(미)	137

26) 2008년 9월 기준 패니매와 프레디맥 채권 현황은 한국은행 약 380억 달러, 삼성생명, 삼성화재 등 보험회사 4억 6,500만 달러, 국민연금 1억 달러, 신한은행, 우리은행 등 시중은행 8,500만 달러이다.

27) 골드만삭스와 모건스탠리는 기존 투자은행 영역에다 합병이나 신설을 통해 상업은행을 자회사로 두는 금융지주회사로 변신했으며 대신 Fed, 은행연합회 등의 강력한 규제를 받았다.

시대가 막을 내리게 되었다. 이러한 미국발 글로벌금융위기는 전 세계 투자자들의 주머니를 반 토막 나게 하였고 미국의 경기침체는 세계경제를 위축시키고 유럽의 재정위기로 이어졌다.

<표 6-2>에서 보는 바와 같이 글로벌 금융위기 이후 미국, 영국 중심의 글로벌 금융력은 중국과 캐나다 중심으로 옮겨졌다. 10년 전까지만 해도 글로벌금융 수도 뉴욕과 런던의 위상은 확고하여 세계 20대 금융기관 중 미국은 11개, 영국은 4개를 차지하고 있었다. 그러나 글로벌금융위기 직후 부동의 1위였던 씨티그룹은 46위로, 2위였던 BOA도 11위로 추락하였고 중국은행들이 1위부터 3위를 차지하였다. 한편 영국은 브렉시트(Brexit)로 런던의 금융 중심지를 박탈당할 위기에 있다.

(4) 양적완화

미국 금융기관의 도산은 결국 미국 정부가 공적자금으로 인수했고 이에 필요한 달러는 중앙은행의 화폐발행으로 이어졌다. 당시 벤 버냉키(Ben Bernanke) 미 연준(Fed) 의장은 헬리콥터를 타고라도 돈을 뿌리겠다라고 하여 헬리콥터 벤(Helicopter Ben)이라는 별명을 얻기도 했다.

미국은 금융위기로 인한 유동성 부족을 중앙은행의 비전통적인 통화정책인 양적완화(quantitative easing: QE)로 정면 대응했다. 양적완화는 중앙은행이 금리인하 등 전통적인 통화정책을 사용할 수 없을 때 사용하는 비전통적인 경기부양 수단으로 중앙은행이 장기 국채 등을 매입하여 유동성을 직접 시장에 푸는 조치이다. 금리 중시 통화정책을 시행하는 중앙은행이 정책금리가 0%에 근접하거나 다른 이유로 시장경제의 흐름을 정책금리로 제어할 수 없는 이른바 유동성 저하 상황 하에서 유동성을 충분히 공급하기 위한 목적이다. 중앙은행은 채권이나 다른 자산을 사들임으로써 이자를 더 낮추지 않고도 돈의 흐름을 늘이게 된다. 양적완화의 장점은 경기후퇴를 막고 시장의 자신감을 향상시키는 반면 달러화의 가치 하락과 과도한 인플레이션을 유발할 수 있다는 단점도 있다.

미국은 3차례에 걸쳐 양적완화를 실시했다. 1차 양적완화(Q1: 2008.11.25.~2010.1분기)는 총 1조 7천억 달러, 2차 양적완화(Q2: 2010.11.3.~2011.6.30)는 6천억 달러, 3차 양적완화(Q3)는 매월 400억 달러의 주택담보부증권(MBS)을 매입하고(2012.9.13) 이어서 매월 450억 달러의 미국 국채를 추가매입(2012.12.13)하여 합계 매월 850억 달러의 양적완화를 실시하였다. 3차 양적완화는 채권 매입 규모와 기간을 1, 2차와는 달리 무제한 매입한다는 점에서 차이가 있었다.

이러한 양적완화는 2013년 일본에서도 소위 아베총리의 Abnomics를 통해 실시되었다. 인플레이션이 2%가 될 때까지 일본 중앙은행이 매입한도 없는 무제한 채권매입을 선언하여 엔저를 기반으로 수출경쟁력을 확보하겠다는 것이다. 유럽중앙은행(ECB)도 그리스, 스페인 등의 국채를 무제한 매입해 돈을 푸는 양적완화를 실시했다.

한편 2013년 5월경부터 미국은 양적완화의 문제점을 우려하고 미국경기의 회복을 예상하여 양적완화 축소인 테이프링(tapering)[28]을 거론하기 시작했다. 양적완화축소 계획만 거론되었는데도 신흥국들(인도·터키·태국·인도네시아 등)의 외국인 투자자금이 유출되기 시작했고 신흥국에 대한 외국인투자가 감소하고 신흥국 통화가치가 급락하는 등의 문제점이 나타나기도 했다. 한국도 미국의 양적완화가 본격적으로 이루어지면 미국 경제의 호황으로 한국의 수출증대라는 긍정적인 면도 있지만 국내금리의 상승이 이루어져야 하고 가계부채의 이자부담, 주식, 채권 등의 외국인 자금 유출 등의 부정적 효과도 있다.

미연준(Fed)은 과다하게 풀린 유동성 달러를 흡수하기 위해 2016년부터 2018년까지 수차례에 걸쳐 기준금리를 인상했다. 하지만 2019년 3월 연방공개시장위원회(FOMC)는 시중의 유동성을 흡수하는 긴축정책의 종료를 사실상 선언했다. 미연준은 또 다른 긴축정책인 보유자산 축소를 2017년 10월 시작해 2019년 말로 종료한다는 선언을 한 바 있다. 그러나 미·중 무역갈등, 중국과 유럽의 경기둔화, 영국의 불확실한 브렉시트 등 글로벌 경제에 리스크가 확실해지면서 선언을 사실상 철회했다.

유럽중앙은행(ECB)도 통화정책회의(2019.3)에서 정책금리를 제로(0)로 동결했을 뿐 아니라 새로운 장기대출프로그램(TLTRO－Ⅲ)을 도입해 양적완화 프로그램을 종료한지 얼마 되지 않아 다시 완화정책으로 돌아섰다. 일본 은행도 장기간 유지하고 있는 마이너스 금리(－0.1%)와 국채매입 프로그램을 그대로 두기로 했다(2019.3).

(5) 유로존 재정·금융위기

유로화를 사용하는 19개국의 유로존(Euro Zone)은 2008년 미국 발 금융위기의 영향을 받아 유럽의 부동산 가격이 하락하고 금융기관들의 대출이 부실화되었고 실물경제의 침체로 이어졌다. 한편 정부는 경기침체로 인한 세수 부족과 공적자금 지출로 재정적자가 악화되었다.

남유럽 국가 포르투갈,[29] 아일랜드, 이탈리아, 그리스, 스페인 5개국의 소위 PIIGS

---

28) 원래 의미는 마라톤 용어로 대회를 앞두고 훈련량을 줄이고 컨디션을 조절하는 것을 말하는데 양적완화를 축소시킨다는 뜻으로 사용되고 있다.

29) 구제금융을 졸업한지 2개월도 되지 않은 포르투갈에서 최대은행 방쿠 에스티리투 산투(BES)의 유동성위기가 터지면서 세계 금융시장이 술렁이기도 했다. 은행의 지주회사 회계부정 파문으로 주가가 17.2% 폭락한

국가들은 재정적자가 심각했다. 2009년 12월 그리스 정부는 재정적자와 정부부채가 종전의 발표보다 훨씬 심각하다는 진실이 드러나자 시장의 신뢰를 잃고 제일 먼저 재정위기를 맞이했으며 2010년 IMF와 EU로부터 구제금융(bail out)을 받게 되었다.

이어서 위기는 포르투갈, 아일랜드로 전파되고 국제금융시장에서 채권 발행의 어려움을 경험하게 되었다. 그리스의 채무 상환불능 상태인 디폴트(default)의 위기감은 유로존의 경제규모 3위국인 이탈리아와 4위국인 스페인의 국가 신용등급까지 추락시켰다. 마침내 그리스(2010.5), 아일랜드(2010.11), 포르투갈(2011.5), 스페인(2012.6)은 EU, IMF, 유럽중앙은행(ECB)으로부터 구제금융을 받게 되었다. 2013년 3월에는 키프로스발 국제금융불안이 우려되자 IMF, ESM, ECB 등으로부터 구제금융을 받아 해결했다. 키프로스발 구제금융 당시 특이한 점은 예금자(10만 유로 이상)들도 위험의 일부를 부담했다는 점이다.

유럽재정위기의 본질은 다음의 두 가지 점에서 통화동맹의 한계를 보였다고 할 수 있다. 첫째, 환율, 금리의 자동조절 메커니즘이 존재하지 않는다는 점이다. 예컨대 유로국가의 대외채무가 증가하고 경상수지 적자가 누증되면 시장 신뢰도가 하락하고 유로화의 가치가 하락하고 금리가 상승하여 경상수지 적자가 개선되고 채무가 감소되어야 하는데 단일통화의 단일환율로 인해 자동조절메커니즘이 작동하지 않는다는 점이다. 유로존 참여 국가들 간에 경제 펀드멘탈(fundamental)은 서로 상이한데 가치가 동일한 단일통화를 사용한다는 것이 문제가 됐다. 둘째, 유로 국가들 간에 신속한 정책대응이 어렵다는 점이다. 회원국들 간에 서로 경제적 이해관계가 상충되기 때문에 정책적 합의를 도출하기가 쉽지 않았다.

한편 유로존 19개국들은 유럽 재정위기 극복을 위한 노력으로 2013년부터 재정건전화 노력, 2014년부터 단일감독기구 도입을 합의, 2012년 10월 ESM 출범 등 다각적인 노력을 했다. 2014년 유로존 경제가 다소 회복세를 보였으나 노키아의 몰락으로 인한 핀란드 경제, 천연가스 수출 감소로 경기부진을 경험했던 네덜란드는 이상고온에 가스수출 감소 등으로 2014년 1분기 GDP가 감소하는 등의 저성장이 지속되어 유로존의 새로운 문제아로 전락될까 우려되기도 했다. 유로존 재정 위기를 극복하는 과정에서 EU가 위기 국가들에게 과도한 긴축을 요구하면서 복지 혜택을 축소한 것이 반EU, 반유로화 정서를 확산시켜 유럽의회 선거에서 반 EU를 기치로 내건 극우 및 극좌파 정당들이 약진하고 있는 것도 EU의 또 다른 고민이 되고 있다. 이는 영국의 EU 탈퇴 이후 여타국으로 확산될 우려를 남기고 있다.

끝에 거래가 정지되고 은행의 일부 단기외채 상환이 연기되기도 했다. 동아일보(2014.7.12) 인용.

(6) 다국적기업의 제2금융위기 우려

2003년부터 2008년 글로벌 금융위기 전까지는 글로벌 유동성의 주된 파급 역할을 했던 은행은 위기 이후 부채 감축에 나서며 유동성 전파기능이 줄었다. 반면 글로벌 금융위기 이후 다국적기업이 외채발행으로 외화자금 조달을 늘리고 글로벌 유동성을 전파하는 새로운 경로로 부상하면서 다국적기업의 준금융기관 역할이 주목되는 긍정적인 면도 없지 않지만 한편으로는 신흥국 다국적기업들이 제2 금융위기의 촉발 진원지가 될 수도 있다는 우려가 나오고 있다.[30)]

중국, 인도, 브라질 등 신흥국가들의 대외 외화 자금조달에서 기업부문이 차지하는 비중이 확대되면서 자산 운용사 등 국제투자자들이 고수익을 쫓아 신흥국가들의 외채투자를 늘렸기 때문이다. 다국적기업들은 주로 해외 자회사를 통하여 역외에서 채권을 발행해 외화를 조달한 이후 자국 금융기관에 자국통화로 예금하고 있는데 여기에는 위험성도 뒤따르고 있다.

예컨대 중국기업이 홍콩에서 달러화 표시 채권을 발행한 후 그 자금을 자국 금융기관에 위안화로 예치하게 되면 달러－위안화 환율 변동에 따라 환위험(foreign exchange risk)에 크게 노출 될 수 있을 것이다. 또 신흥국에 투자한 국제투자자들이 대거 자금을 회수할 경우의 위험성도 배제할 수 없다. 기준금리 인상 등 거시경제 환경이 바뀌는 기업의 설비투자비 등이 높아져 경제성장률이 둔화될 가능성이 존재하는데 국제투자자들이 이를 빌미로 만기 채권의 상환을 요구하면서 자금을 대거 회수해 갈 가능성이 있기 때문이다.

제4절 金融의 規制

1. 금융업무 제한법

은행업무의 규제에 관해서는 은행 고유의 업무 이외의 업무 즉 증권업무를 취급하지 못하게 하는 소위 한국과 같은 분리주의(specialized banking)와 독일·프랑스와 같이

30) 2014년 6월 한은 국제콘퍼런스에서 신현송 국제경제은행(BIS) 수석 이코노미스트의 "글로벌 유동성의 두 번째 국면"의 주제 발표 내용임. 한국경제(2014.6.3.)A6 발췌 인용함.

허용하는 겸업주의(universal banking)로 구분할 수 있다.

미국은 1930년대 금융대공황 이전에는 양자를 구분하지 않았으나 금융대공황의 원인이 은행이 모든 업무를 취급함으로써 비롯되었다는 인식 때문에 양자를 엄격하게 구분하는 「글래스 스티걸법」(Glass Steagall Act, 1956)을 제정했다. 이러한 장벽을 허물려는 노력은 마침내 1999년 11월 「글래스 스티걸법」과 함께 은행의 겸업을 금지해온 「은행지주회사법」이 폐지되고 「금융개혁법」(Financial Service Modernization Act of 1999)의 통과로 은행·증권·보험 상호 간의 업무장벽이 철폐되어 이들 간의 겸업이 가능하게 되었다.

2008년 미국 서브프라임 모기지로 인한 글로벌 금융위기가 발생하자 오바마 정부는 사태 재발을 막기 위해 광범위한 금융규제법 「도드 프랭크법」(Dodd－Frank Act)을 발효(2010.7)시켰다. 「도드 프랭크법」은 은행의 업무영역을 엄격히 구분해 상업은행(CB)은 상업은행 업무만, 투자은행(IB)은 투자은행 업무만 하도록 제한한 1930년대 「글래스 스티걸법」의 부활이라는 평을 들었다. 월가와 공화당은 「도드 프랭크법」이 금융회사에 대한 오바마케어(전 국민건강보험개혁법)이라며 강력히 비판하기도 했다.

「도드 프랭크법」 안에는 핵심인 볼커 룰(Volcker rule)이 포함되어 있는데 이는 금융기관의 부실을 방지하기 위한 감독강화 방안으로 상업은행이 위험이 높은 헤지펀드, 사모펀드를 소유 투자하는 것도 금지되었다.

트럼프 정부가 들어서자 오바마 업적 지우기로 미 금융권을 강력히 규제하던 「도드·프랭크법」을 대폭 축소하는 새로운 법안이 발의되었고 공화당은 환영하고 민주당은 반대로 맞섰다.

미 하원은 2017년 6월 「도드 프랭크법」의 대체 법안인 금융선택법(Financial Choice Act)을 통과시켰고 상원에서 논의 중이다. 「금융선택법」은 재무구조가 건전한 상업은행 등은 볼커룰 규제 적용을 완화해주며 금융안정감시위원회(CFPB)의 권한을 축소하는 내용이다. 「금융선택법」이 발효되면 주식투자가 활성화 될 것으로 예상하고 있다.

한편 일본은 1992년 6월 금융제도개혁법안이 국회에서 통과됨에 따라 은행 및 증권회사들이 자회사를 통해 상호 상대방 업무에 진출할 수 있도록 허용했다. 이후 1997년에 확정되어 2001년까지 목표로 추진되었던 금융개혁에는 금융지주회사 설립을 통해 은행, 증권, 보험의 벽을 허물고 상호 참여를 허용하고 보험사에서 은행종합계좌를 은행창구에서 투신상품을 판매하는 등 통합금융시대가 열리게 되었다.

2. 바젤협정과 재무건전성

1) 바젤협정

국제결제은행(BIS)은 스위스 바젤(Basel)에 소재하고 있으며 1930년 제1차 세계대전 패전국인 독일의 전쟁배상문제 처리를 위해 미국·영국·프랑스·이탈리아·벨기에·독일 6개국이 설립한 주식회사이다. 현재는 50여개 회원국 중앙은행의 협의체로 발전했으며 한국은 1996년 9월, 34번째 정회원국으로 가입했다.

바젤협정(Basel Agreement)은 1961년 3월 스위스의 바젤에서 개최된 BIS의 중앙은행 총재회의에 참석한 8개국(영국, 프랑스, 이탈리아, 네덜란드, 독일, 벨기에, 스웨덴, 스위스) 사이에 맺어진 성문화되지 않은 신사 국제금융협정이다. 1961년 1차 협정 체결 이후 1968, 1977년에도 협정이 체결되었고 1998년 7월 Basel I 이 제정되었다. 1988년 7월 은행감독 업무의 국제적 협조를 위해 감독에 관한 광범위한 지도기준을 마련했는데 이를 바젤협약이라고도 한다.

2) 바젤 I

바젤 I 은 1970년대에는 금융규제가 굉장히 완화되어 있어서 은행들끼리의 수익성 경쟁이 치열했으며 은행들은 점점 높은 수익을 추구하기 위해 고수익 고리스크를 추구했다. 이를 방지하기 위해 1988년 7월 바젤 I 이 도입되었고 1996년 1월 바젤 I 개정이 있었다.

종전에 신용리스크 산정시 모든 기업에 대해 일률적으로 100% 위험가중치를 정했으나 바젤 I 도입으로 위험가중치를 차등화 했다. 예컨대 종전 BIS 협약에서는 은행이 자금을 빌려 준 기업에 대해 신용리스크 산정 시 모든 기업에 대해 일률적으로 100% 위험가중치를 적용했다. 하지만 바젤 I (1988.7)에서는 적격 외부 신용기관이 평가한 신용등급에 따라 위험 가중치[31]를 적용토록 했다. 1996년 1월에는 바젤 I 개정이 있었는데 시장리스크[32]를 반영했다. BIS 자기자본(자산 조달 중 갚을 필요가 없는 자금) 비율은 8% 이상 유지할 것을 요구했다. 바젤 I BIS 자기자본 비율 공식은, 자기자본÷위험가중자산(신용리스크+시장리스크)×100≥8%이다.

---

31) 위험가중치는 현금, 정부 채권 등은 0%, 주택담보대출은 50%, 신용대출은 100% 등이다.

32) 종전 BIS협약과 동일한 금리, 주식, 외환가격의 변동에 따른 리스크를 반영한다.

3) 바젤Ⅱ

2007년 1월 바젤Ⅱ(2007.1)가 도입되었는데 바젤Ⅰ의 신용·시장리스크의 범위가 더 커지고 운용리스크가 추가되었다. 운영리스크는 부적절한 내부절차, 직원, 시스템 또는 외부의 사건으로부터 초래될 손실리스크를 반영한다. BIS 자기자본 비율은 8% 이상을 유지할 것을 요구했다. 바젤Ⅱ BIS 자기자본 비율 공식은, 자기자본÷위험가중자산(신용리스크+시장리스크+운영리스크)×100≥8%이다.

BIS 비율이 몇 % 이상이어야 하는가에 대한 명확한 근거는 없다. 1980년대 남미 금융위기가 발발했을 때 미국 채권은행 가운데 8%가 넘는 은행들이 주로 살아남았다는 설이 있다. 미국은행을 사들이는 일본은행을 견제할 목적으로 만들었다는 주장도 있다. 1988년 BIS가 은행 자기자본비율을 발표할 당시 일본은행들은 5%선에도 미달했다. 국내에선 1997년 외환위기로 금융기관 통폐합에 BIS 8% 기준을 적용해 5개 은행(동화, 대동, 동남, 충청, 경기)이 사라지고 다수 은행이 통폐합된 바 있다.

4) 바젤Ⅲ

2010년 12월 바젤Ⅲ(2010.12)가 도입되었는데 궁극적인 목표는 은행의 손실 흡수능력 강화, 금융산업의 안정성 제고 및 경제성장 기여이고 이러한 목표를 달성하기 위한 글로벌 규제자본 체계의 강화와 글로벌 유동성 기준도입이라는 2가지 수단을 도입했다. 글로벌 규제자본 체계의 강화에는 자본의 질·양 및 투명성 제고, 위험인식 범위 확대, 레버리지비율(leverage ratio)[33] 도입, 자본보전 및 경기대응 완충자본[34] 도입이 있고 글로벌 유동성 기준도입에는 유동성커버리지비율(liquidity coverage ratio),[35] 순안정자금 조달비율(NSFR)[36]이 있다. 바젤Ⅲ BIS 자기자본 비율 공식은 바젤Ⅱ와 동일하다. 다만 자기자본의 질·양 및 규제비율을 강화한 점이 다르다. 바젤협정의 변천과정은 [그림 6-9]와 같다.

---

33) 부채성비율이라고도 하며 기업이 타인자본에 의존하고 있는 정도와 타인자본이 기업에 미치는 영향을 측정하는 모든 비율을 말한다. 유동성비율은 단기 채권자의 재무위험을 측정함에 반해 레버리지 비율은 장기 채권자의 재무위험을 측정하는 경우가 일반적이다. 익스포주어 대비 기본자본(TierⅠ)이 3% 이상 설정으로 요구함.

34) 2008년 글로벌 금융위기를 초래한 원인의 하나로 은행의 경기순응적 영업 행태가 지적되었으며 이를 해결하기 위해 바젤은행감독위원회(BCBS) 등은 2010년 12월 「경기대응 완충자본」제도 규제안을 도입했다.

35) 한 달 기준의 국채 등 고유동성 자산을 순현금유출로 나눈 비율로 바젤 III의 핵심이며 비율이 높으면 유동성 위기가 발생했을 때 그만큼 오래 견딜 수 있다. 단기유동성비율=고정유동자산÷(30일간 순 현금유출)≥100%

36) 금융기관 자산부채 구조에 내재된 유동성 위험을 보완하기 위해 1년 이내 유출가능성이 큰 부채규모를 충족할 수 있는 장기 안정적 조달자금을 금융회사가 충분히 확보하고 있는지를 나타내는 비율로 장기유동성비율이라고도 한다. NSFR=가용안정자금÷필요 안정자금 ≥100%

[그림 6-9] 바젤의 변천과정

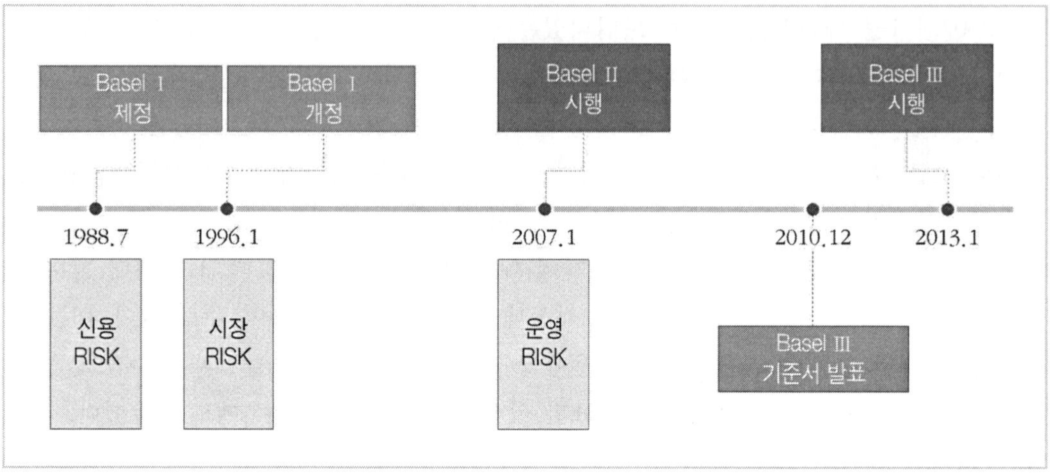

자료: http://www.blog.naver.com

3. 글로벌 금융규제 완화 동향

각국의 현행 금융규제는 2008년 금융위기 직후 미국 워싱턴에서 열린 G20 정상회의에서 규제개혁의 필요성에 대한 공감대가 형성된 후 변화된 국제적인 정책 공조의 결과이다. 리먼브러더스 파산 직후인 2008.11월 워싱턴에서 개최된 1차 G20 정상회의에서 각국 정상들은 금융기관의 과도한 위험추구와 도덕적 해이 문제, 금융시장의 연계성으로 인한 글로벌 위험 전염 가능성 등에 공감하고 이를 방지하기 위한 금융규제 개혁에 합의했다.

금융안정위원회(FSB), 바젤위원회 등 국제기구에서는 G20국이 합의한 방향에 맞춰 최저 가이드라인(Pillar 1)을 제시하고 있고, 이에 추가적으로 각국 금융당국이 개별 상황에 맞는 차별적 규제(Pillar 2)를 적용하도록 권고했다.

하지만 최근 바젤Ⅳ[37] 도입을 위한 각국 중앙은행 및 금융감독기구 수장 모임(GHoS)[38]이 연기되는 등 금융규제에 대한 글로벌 공조가 흔들리고 미국을 중심으로 금융규제 완화 기류가 확산되고 있다. 유럽 은행들의 반대와 트럼프 대통령의 규제완화 성향을 의식해 2017년 1월 GHoS 회의가 연기되었으며 바젤Ⅳ 도입 가능성은 당분간 희

37) 바젤 III에서는 BIS 비율(자기자본/위험가중자산) 산정시 위험가중자산을 표준모형 또는 감독당국의 승인을 받은 내부모형 중 선택해 산정 가능하다. 바젤Ⅳ에서는 이러한 산정방식 차이로 인해 발생하는 BIS 비율 차이를 축소하기 위하여 표준모형의 사용을 권장하고, 내부모형을 사용시에도 표준모형으로 구한 위험가중자산의 70~80%가 되도록 하한 값을 도입하도록 할 예정이었음.

38) GHoS(Governors and Heads of Supervision)는 28개 회원국(EU 포함) 45개 기관의 수장이 참석하는 회의

박하다.

바젤Ⅳ 제정안에서 문제가 되는 것은 위험가중자산 산출방법에는 바젤감독위원회 감독당국이 정하는 표준모형과 은행이 독자적 방식으로 정한 내부모형이 있다. 산정방식에 따라 일부은행은 자기자본을 더 쌓아야 하는 부담이 생긴다. 바젤위원회의 규제안은 은행이 위험가중자산을 지나치게 낮게 측정해 바젤위원회의 자기자본비율 규제를 피해가려는 것을 막기 위해서이다. 바젤위원회는 내부모형으로 구한 위험가중자산이 표준모형으로 구한 위험가중자산의 최소 75%(2025년까지)가 되도록 한다는 것이 목표였다. 이 경우 독일, 프랑스 등 상당수 유럽은행들이 내부모형에 의존하고 있어 타격을 받을 우려가 커 규제안에 반대하고 있는 실정이다.

[참고자료] 한국, 공공차관 47조원 모두 갚았다.

◆ 마지막 美농업차관 조기상환… 57년만에 '순수 차관 공여국' 전환

정부가 경제 개발을 위해 해외에서 들여왔던 공공차관을 전부 갚았다. 한국이 명실상부한 '순수 차관 공여국'이 된 것이다. 기획재정부는 2017년에서 2021년 사이 만기가 돌아오는 공공차관의 조기 상환을 15일 완료했다고 밝혔다. 공공차관이란 정부가 외국 정부나 국제기구 등에서 빌려온 자금이나 자본재, 원자재 등을 말한다. 상업차관보다 상환 기간이 길고 이자율이 낮은 것이 특징이다.

최근까지 남아있던 차관은 1981년까지 미국에서 도입한 농업차관이다. 당시 정부는 국내 농산물의 흉작 피해를 메우기 위해 미국 농산물을 10년 거치 30년 상환(고정금리 3.0%) 방식으로 들여왔다. 기재부는 최근 미국 농무부와 협의를 거쳐 잔액 1,730만 달러 상환을 15일 마무리 지었다. 기재부 측은 "조기 상환으로 발생한 별도 수수료는 없으며, 앞으로 지급해야 할 이자 지출이 12억 원 가량이 절감됐다"고 설명했다.

한국은 공공차관 전액 상환으로 명실상부한 '순수 차관 공여국' 지위를 확보하게 됐다. 우리 정부는 1959년부터 1999년까지 세계은행 등으로부터 총 395억 6,000만 달러(505건) 규모의 차관을 도입해 경제 개발 자금으로 활용해 왔다. 경부고속도로, 수도권 전철, 경부고속철도, 장충체육관, 노량진수산시장 등이 공공차관을 이용해 지어졌다. 1997년 외환위기 당시 구조조정차관을 도입한 이후 추가로 도입한 차관은 없었다.

전형식 기재부 국고과장은 "이번 공공차관 조기 상환을 기점으로 경제협력개발기구(OECD) 개발원조위원회(DAC) 회원국으로서의 국제적 위상을 더욱 높여 나가겠다"고 밝혔다.

자료: 동아일보(2016.12.16) http://biz.donga.com

CHAPTER 07

國際收支 槪念과 收支表 作成

제 1 절 國際收支 槪念 理解

1. 국제수지와 국제수지표

국제수지(Balance of Payments: BOP)란 일정기간 동안 일국의 거주자(resident)와 비거주자(nonresident) 간의 「소유권 변동」이 있는 모든 경제적 거래[1])를 체계적으로 분류하여 총괄적으로 집계한 것을 말하며 이를 표로 나타낸 것을 국제수지표라고 한다. 일정기간이란 통상 1년을 기준으로 하고 있으나 분기별, 월별로 작성하기도 한다.[2]) 현재 한국에서는 한국은행이 국제수지표를 월별로 작성하여 발표하고 있다.

거주자와 비거주자의 개념은 국가에 따라 다소 차이가 있으나 일반적으로 거주자란 이익의 중심(center of interest)이 자국에 있는 자를 말하며 외국법인의 국내지점 및 출장소, 국내 장기간 체류사업가, 1년 이상 국내거주 외국인 근로자 등이며 비거주자란 이익의 중심이 외국에 있는 자이며 국내에 거주하고 있는 외교관, 외국유학생, 치료 목적의 체류자, 외국군관계자 및 외국관광객, 국내국적을 가지고 있는 해외거주 교포, 국내거주 1년 미만 외국인 근로자, 해외에서 1년 이상 거주하고 있는 자국 운동선수 등이 이에 속한다.

---

1) 종전에 거주자와 비거주자 간의 「모든」 경제적 거래로 개념이 정의되었으나 IMF 제6판 개정 매뉴얼에 의하면 모회사와 자회사 간의 가공용 원재료의 수출과 가공품 반입은 소유권 이전이 없다고 보고 국제수지 통계에서 제외함으로써 「소유권 변동이 있는」 모든 경제적 거래로 정의되어야 한다.

2) 일본, 독일 프랑스 등은 월별로 작성하고 영국, 미국, 중국, 대만, 싱가포르 등은 분기별로 작성하고 있다.

경제적 거래란 재화, 용역, 자본, 증여, 원조 등의 모든 쌍방 및 일방거래를 말하며 일정시점의 저량 즉, 스톡(stock)개념이 아닌 일정기간 동안의 유량인 플로우(flow)개념이다.

거주자와 비거주자 간의 모든 경제적 거래를 계상하는 것이 아니라 소유권 변동이 없는 거래는 제외하고 소유권 변동이 있는 거래만 국제수지표 기록의 대상이 된다.

국제수지의 계상시점은 상품에서는 소유권이 이전(change of ownership)되는 시점이고 서비스는 서비스를 제공하는 시점이며 수출입 모두 본선인도가격(FOB)으로 한다. 체계적인 집계란 국제수지가 복식부기(double entry system)의 원리에 따라 국제적으로 통일된 기준에 의해 작성된다는 것이다. 즉, 개별거래는 대차평균의 원리에 의하여 이론적으로는 차변과 대변의 합계가 항상 일치하여야 한다. 대가를 지급하지 않는 원조, 증여 등과 같은 일방적인 이전거래의 경우에는 별도의 항목을 설정하여 대차를 균형시킨다.

경상수지와 자본수지는 총액기준으로 기록되고 금융계정은 자산과 부채의 각각 순액으로 기록되며 경상수지가 일정 기간의 손익계산서(I/S)개념을 가지는데 비해 금융계정은 일정시점의 자산과 부채를 나타내는 대차대조표(B/S)에 해당된다고 할 수 있다.

2. 국제수지표와 국제투자대조표

국제수지표(BOP)가 일정기간 중에 발생한 거주자와 비거주자 사이의 소유권 변동이 있는 모든 경제적 거래내용을 기록한 플로우 통계인 반면 국제투자대조표(International Investment Position)는 특정시점에 한 나라가 보유하고 있는 내국인 대외투자잔액 및 외국인 국내투자잔액의 변동내역을 체계적으로 나타내주는 스톡 통계이다. 국제수지표가 기업의 손익계산서(Income Statement)에 해당하는 반면 국제투자대조표는 대차대조표(Balance Sheet)와 유사한 성격을 지니고 있다.

외국과 거래를 하고 나면 그 결과 국내 거래당사자들의 대외금융자산(외화 또는 대외채권)과 대외부채에 변동이 발생하기 때문에 국제수지표와 국제투자대조표는 [그림 7-1]과 같이 불가분의 관계(국제수지표는 거래표, 국제투자대조표는 잔액표)를 맺고 있다.

국제투자대조표는 내국인이 외국에 투자하는 대외투자와 외국인이 우리나라에 투자하는 외국인투자로 구분하고 대외투자에서 외국인투자를 차감한 금액이 순국제투자이다.

대외투자와 외국인투자는 기능별로 직접투자, 증권투자, 파생금융상품, 기타투자 및 준비자산 등으로 분류된다. 이는 국제수지표의 금융계정의 항목과 정확히 일치하며 금융계정과의 차이점은 금융계정이 거래적 요인만 고려하는 반면 국제투자대조표는

[그림 7-1] 국제수지(BOP)와 국제투자대조표(IIP)의 관계

<table>
<tr><td></td><td>○ 경상수지</td><td colspan="3"></td><td></td></tr>
<tr><td></td><td>□ 상품</td><td colspan="3"></td><td></td></tr>
<tr><td></td><td>□ 서비스</td><td colspan="3"></td><td></td></tr>
<tr><td></td><td>□ 본원소득</td><td colspan="3"></td><td></td></tr>
<tr><td></td><td>□ 이전소득</td><td colspan="3"></td><td></td></tr>
<tr><td></td><td>○ 자본수지</td><td colspan="3"></td><td></td></tr>
<tr><th>〈기초 잔액〉</th><th>〈거래 요인〉</th><th colspan="3">〈비거래 요인〉</th><th>〈기말 잔액〉</th></tr>
<tr><td></td><td>○ 금융계정</td><td colspan="3"></td><td></td></tr>
<tr><td>1. 직접투자</td><td>□ 직접투자</td><td rowspan="5">가격 변동</td><td rowspan="5">환율 변동</td><td rowspan="5">기타 변동</td><td>1. 직접투자</td></tr>
<tr><td>2. 증권투자</td><td>□ 증권투자</td><td>2. 증권투자</td></tr>
<tr><td>3. 파생금융상품</td><td>□ 파생금융상품</td><td>3. 파생금융상품</td></tr>
<tr><td>4. 기타투자</td><td>□ 기타투자</td><td>4. 기타투자</td></tr>
<tr><td>5. 준비자산</td><td>□ 준비자산</td><td>5. 준비자산</td></tr>
<tr><td></td><td>○ 오차 및 누락</td><td colspan="3"></td><td></td></tr>
</table>

주: 준비자산이 증가할 경우 BOP표에서는 부(−), IIP에서는 정(+)으로 표시됨.
자료: 한국은행.

거래요인뿐만 아니라 가격변동, 환율변동, 기타변동 등의 비거래 요인을 고려한다는 점이다.

3. 국제수지표와 통관·외환수급 통계

국제수지표는 주로 통관통계와 외환수급통계 등을 기초로 작성되어 진다. 통관통계는 일국의 경제활동 가운데서 외국과의 거래에서 일어난 재화의 이동상황을 일정한 기준에 의하여 분류, 집계한 통계로서 전국의 각 세관 및 출장소의 수출입 신고 수리실적이 관세청에 의해 전산집계되어 작성되고 있다.

통관통계는 관세선(custom line)인 세관을 통과한 실물자산을 기준으로 작성되기 때문에 국내외로 유출입되는 것이면 상업적 거래 뿐 아니라 소유권 변동없이 관세선을 통과한 재화도 포함된다. 즉, 수리나 검사를 위해 반출되는 재화, 이사화물, 현물차관, 위탁가공무역 등 모든 것이 포함된다.

통관통계에서 수출입의 계상시점은 수출입신고 수리일자를 기준으로 하되 다만 수

입신고 수리전에 보세구역으로부터 반출되거나 보세구역에서 사용된 경우에는 반출 또는 사용승인일자를 기준으로 하고 있다. 가격은 수출의 경우 본선인도가격(FOB), 수입의 경우 운임·보험료 포함가격(CIF)을 기준으로 하며 실제거래의 결제조건에 관계없이 관세선 통과여부를 기준으로 통일된 기준의 가격을 적용하여 평가한다. 이는 수출입 모두 FOB가격으로 처리하는 국제수지와 상이하다.

외환수급통계는 일국의 대외거래를 외환의 수취와 지급이 이루어지는 시점에서 외국환은행으로부터 보고를 받아 원인별로 집계한 것이다. 외환수급통계가 일정기간(flow) 동안의 외환거래를 집계한다는 의미에서 국제수지표의 기초자료로 이용되고 있으나 다음과 같은 점에서 차이가 있다.[1] ① 국제수지에서는 거주자와 비거주자 간의 경제적 거래를 포함하지만 외환수급통계에서는 외환의 수취 및 지급이 발생하는 거래만 포함하므로 현물차관, 현물증여, 물물교환 및 비거주자의 원화표시 채권발행 등은 제외된다. ② 계상시점은 국제수지통계가 발생주의 원칙에 의거 거주자와 비거주자 간의 소유권이 변동되는 시점인데 비하여 외환수급통계는 현금주의 원칙에 의거 외국환은행을 통하여 외환의 수취와 지급이 발생한 때에 계상된다. ③ 국제수지에서는 수출입가격은 모두 FOB 가격으로 하는데 비하여 외환수급통계의 수출입은 통일된 기준이 없고 실제 거래된 조건에 따라 기록한다.

4. 상품수지와 무역수지

<표 7-1>에서 보는 바와 같이 국제수지표 상의 상품수지는 소유권 변동이 발생한 모든 재화를 대상으로 수출입 모두 본선인도가격(FOB)으로 소유권이 변동한 시점을

〈표 7-1〉 상품수지와 무역수지의 차이점

	상품수지	무역수지	비 고
포괄범위	소유권 변동이 발생한 모든 재화	관세선을 통과한 모든 재화	견본품 및 국제벙커링 제외
가격평가	수출: FOB 수입: FOB	수출: FOB 수입: CIF	운임 및 보험료는 BOP에서 서비스수지
계상시점	소유권 변동시점	수출입신고 수리시점	

자료: 한국은행.

1) 자료: 한국은행 www. bok.or.kr

계상시점으로 한다. 한편 통관통계 상의 무역수지[2]는 관세선을 통과한 모든 재화를 대상으로 하고 수출은 FOB, 수입은 운임보험료 포함가격(CIF)으로 수출입 신고시점을 계상시점으로 한다. 통상 상품수지와 무역수지의 흑자와 적자의 방향성은 일치하는 것이 일반적이지만 그렇지 않는 경우도 있다. 언론 등에서 상품수지와 서비스수지를 합한 것을 편의적으로 무역수지로 표현하기도 한다.

제 2 절 國際收支 改編 內容

1. 국제수지 구편제 구성

한국이 IMF에 가입한 1958년을 계기로 IMF의 국제수지편제 기준에 따라 국제수지표를 작성해 왔다. 한국을 비롯한 대부분의 국가에서는 국제수지표를 IMF가 정한 국제수지통계 편제기준에 따라 작성하고 있다. IMF는 1977년 국제수지 편제기준 제4판을 발간한 이후 전 세계적으로 나타나기 시작한 금융·자본시장의 국제화 및 자유화와 금융혁신의 진전 등으로 인한 세계교역 및 금융환경의 변화를 반영하고 국제수지 통계와 국민계정의 일관성을 제고시키기 위하여 1993년 9월 국제수지 편제기준 제5판을 발간하

〈표 7-2〉 국제수지 구편제(제5판)

항 목
* 경상수지 상품수지(운수조달재화 및 재화수리 포함) 서비스수지(운수조달재화, 재화수리 제외) 소득수지(급료 및 임금, 투자소득) 경상이전수지(자본이전거래는 자본계정)
* 자본수지(예금은행의 자본거래와 통화당국의 대외부채증감 포함) 투자수지(직접투자, 증권투자, 기타투자) 기타자본수지(자본이전, 특허권 등 기타자산 거래 * 오차 및 누락
* 준비자산증감(통화당국의 유동성 높은 대외자산증감)

2) 언론 등에서는 편의상 무역수지를 (상품수지 + 서비스수지)를 일컫기도 한다.

였고 2009년 제6판(BMP 6)을 발간하고 각국에 새로운 기준에 의거 국제수지표를 작성할 것을 권고했다.

<표 7-2> 2010년 제6판 이전의 기준을 구편제라하고 한국의 경우 2013년 말부터 신편제에 의한 국제수지표를 작성하여 발표했다.

2. 국제수지 신편제 구성

IMF는 2010년 1월 Balance of Payments and International Investment Position Manual,[3] Six Edition(BMP 6)을 공표하고 회원국에 이행을 권고하였고 한국은행은 2013년 말부터

〈표 7-3〉 국제수지 신편제

항 목
* 경상수지 • 상품수지 (일반상품수지, 중계무역 순수출, 비화폐용금수지) • 서비스수지 (운송, 여행, 건설, 보험서비스·금융서비스, 통신·컴퓨터·정보서비스, 지적재산권 등 사용료, 유지보수서비스, 기타사업서비스, 개인·문화·오락 서비스, 정부서비스) • 본원소득수지 (급료 및 임금수지, 투자소득수지) • 이전소득 수지 (일반정부 이전소득수지, 기타부문 이전소득수지)
* 자본수지 • 자본이전 • 비생산비금융자산
* 금융계정 • 직접투자 • 증권투자 • 파생금융상품수지 • 기타투자 • 준비자산
* 오차 및 누락

주: 경상수지+서비스수지+자본수지+금융계정+오차 및 누락=0

3) IMF의 제5판 매뉴얼 명칭은 Balance of Payments Manual 이었다.

신편제에 의한 국제수지표를 <표 7-3>과 같이 개편 공표했다. [그림 7-2]는 IMF 제5판 구편제와 제6판 신편제의 변경된 내용을 비교한 것이다.

[그림 7-2] 국제수지 구편제와 신편제 비교

구편제	신편제	비 고
■ 경상수지	■ 경상수지	
• 상품 및 서비스수지 →		○ 삭제(분류체계 단순화)
• 상품수지	• 상품수지	○ 선박수출은
수출(FOB)	수출(FOB)	인도→건조 진행기준
수입(FOB)	수입(FOB)	
(재화수리수지) → 유지보수서비스		
• 서비스수지	• 서비스수지	
운수 →	운송	○ 명칭변경
여행	여행	
통신서비스	통신서비스	
건설서비스	건설서비스	○ 본사직영 해외장기건설공사는
보험서비스	보험서비스	직접투자→건설서비스
금융서비스	금융서비스	
컴퓨터 및 정보서비스	컴퓨터 및 정보서비스	
특허권 등 사용료	지적재산권 등 사용료	○ 명칭변경
사업서비스	유지보수서비스 →	○ 신설(재화수리는
개인 문화 오락서비스	사업서비스	상품수지→유지보수서비스)
정부서비스	가공서비스	
	개인 · 문화 · 오락서비스	
	정부서비스	
	기타사업서비스	
• 소득수지 →	• 본원소득수지	○ 명칭변경
• 경상이전수지 →	• 이전소득수지	○ 명칭변경
■ 자본계정 →	■ 자본 · 금융계정	○ 명칭변경
• 투자수지 → 금융계정	• 자본수지	○ 명칭 및 위치변경
직접투자	• 금융계정	○ 명칭 및 위치변경
(해외장기건설공사) → 건설서비스	직접투자	
증권투자	증권투자	
파생금융상품	파생금융상품	
기타투자	기타투자	
• 기타자본수지 → 자본수지	준비자산	○ 분류변경(IIP기준체계 일치)
■ 준비자산증감 → 준비자산		
■ 오차 및 누락	■ 오차 및 누락	

자료: 한국은행.

1) 경상수지

(1) 상품수지

경상수지(current balance)는 거주자와 비거주자 간의 상품 수출·입 거래를 기록하는 것으로 상품수지, 서비스수지, 본원소득수지, 이전소득수지로 구성된다. 상품수지는 일반상품(가공용 재화 포함[4])수지, 중계무역 순수출, 비화폐용 금수지로 구성된다. 한국의 경우 일반상품 수지가 약 90% 내외를 차지하고 있다. 비화폐용 금은 한국은행이 통화용으로 보유한 금을 제외한 장식용 및 공업용 금이며 기초자료는 관세청의 통관자료 등을 활용하며 소유권 변동시점, 운임보험료 등을 조정한 금액으로 계상한다.

상품수지의 주요 개편 내용은 구편제에서 상품수지를 구성하던 독립된 가공용재화 항목은 신편제에서는 상품수지의 일반상품에 포함되었다. 또 구편제에서 서비스수지에 속했던 중계무역을 신편제에서는 상품수지의 중계무역 순수출로 새로 신설되었다. 국제수지통계에서 중계무역(intermediary trade)이란 해외에서 생산된 물품을 국내로 들여오지 않고 해외로 수출하는 것으로 한국의 관세선을 통과하지 않아 통관통계에는 잡히지 않고 한국의 입장에서 수출입 대금의 흐름만 나타나게 된다.

가공용재화의 편제방법은 구편제에서는 소유권 변동없는 가공용 원재료의 해외반출(국내반입)과 가공품의 국내반입(해외반출)은 가공용 재화 수출·입으로 상품수지로 계상되었다. 하지만 신편제에서는 소유권 변동이 없는 가공용 원재료 및 가공품의 반출입은 [그림 7-3]에서 보는 바와 같이 수출·입에서 제외했으며 소유권 변동이 있는 가공용 재화는 상품거래와 마찬가지로 소유권 변동 시점에 일반상품 수출·입으로 계상된다. 한국의 경우 대 중국 가공무역을 고려하면 구편제 보다 신편제에서 상품수지 흑자가 크게 나타나는 것으로 알려져 있다.[5] 이 부분은 그동안 중국이 미국으로부터 대미 상품수지 흑자폭이 증대됨에 따라 미국으로부터 위안화 절상의 압력을 지속적으로 받아온 것과 무관치 않다. 중국은 자국의 순수한 수출보다는 중국 내의 외국인투자기업의 가공무역으로 인한 수출 부분이 통계에 크게 작용한다고 IMF에 불만을 표출해 왔었다.

신편제에 의하면 [그림 7-3] 거래 A와 B는 가공용 원재료 및 가공품 모두 소유권은 위탁국인 한국에 있다고 보고 소유권의 변동이 없음으로 국제수지표 작성에서 제외

---

4) 가공용재화는 외국(국내)에서 가공하기 위해 수출(수입)한 원자재를 가공 후 수입(출)하는 재화이다.

5) 한국은행은 2011년 경상수지를 신편제로 계상한 결과 당시 구편제에 의한 흑자(261억 달러)보다 14.4% 증가한 것으로 나타났다. 2013년 GDP 대비 경상수지 흑자 비율이 5.2~5.3% 정도로 외환위기 당시 1999년 5.3%에 버금가는 최고 수준이 예상되자 미국 재무부는 한국 정부가 경상수지 흑자폭을 늘리기 위해 환율시장에 인위적으로 개입했다는 정확이 포착되었다고 시장개입 자제를 요청했다. 한국경제(2013.11.7), A 12면 인용.

[그림 7-3] 신편제 가공무역 흐름도

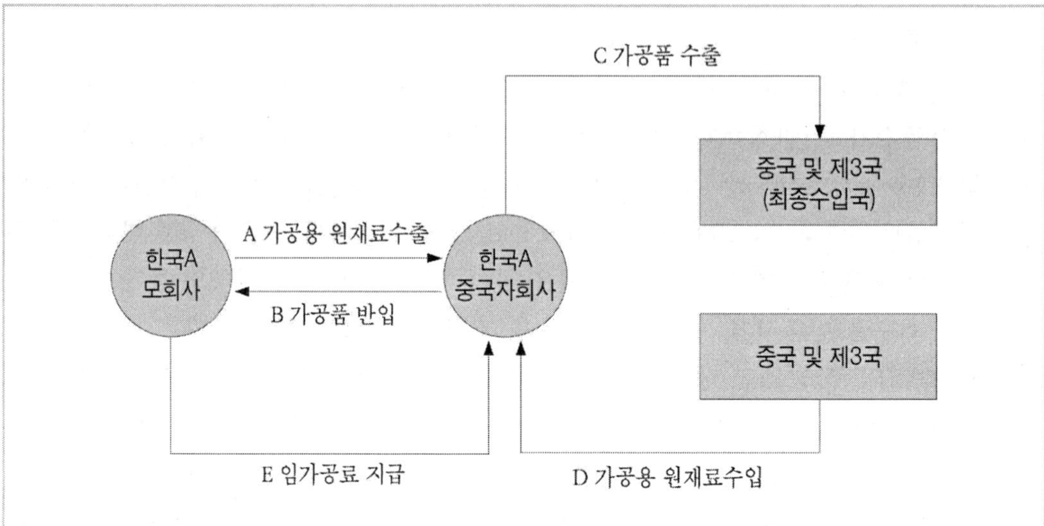

자료: 한국은행 자료 참고하여 작성함.

된다. 즉 소유권 변동이 없는 가공용 원재료 국내반출(A)과 가공 후 가공품 수입(B)은 수출입에서 제외된다.

한편 C는 가공품의 소유권이 한국에서 중국 또는 제3국으로 이전되고 D는 원재료의 소유권이 중국 또는 제3국에서 한국으로 이전되고 E는 한국 모회사가 중국 자회사에 임가공료를 지급하는 것으로 거주자와 비거주자의 거래로 국제수지표 작성에 포함된다. 위탁가공의 해외조달 원재료(D)와 가공 후 해외판매 가공품(C)은 각각 수입 및 수출로 계상된다.

(2) 서비스수지

신편제에 의한 서비스수지는 운송, 여행, 건설, 보험서비스, 금융서비스, 통신서비스, 지적재산권 등 사용료, 컴퓨터 및 정보서비스, 유지보수서비스, 사업 서비스, 개인·문화·오락·서비스, 정부서비스의 12가지에 제조용서비스와 연구개발서비스가 신설되었다.

운송은 거주자와 비거주자 간의 선박, 항공기 등을 통한 여객 및 화물 운송거래이고 여행은 여행자가 타 경제권을 방문하여 취득한 재화 및 서비스이다. 신편제에서는 구편제에서 경상이전수지로 취급하던 유학 연수비용은 여행수지로 기록된다. 건설은 기업이 타 경제권에서 수행하는 건설 및 설비공사를 포괄하며 지적소유권 사용료는 특허권,[6]

상표권 등의 지적재산권 사용료 수입과 지급을 기록한다. 사업서비스는 다른 항목에 포함되지 않은 거주자와 비거주자 간 여타의 모든 서비스 거래를 포함하는 것으로 중계 및 기타 무역관련 서비스, 운용리스서비스, 법률, 회계, 광고, 경영컨설팅 등의 기타사업서비스거래를 포함한다.

신편제의 서비스수지의 주요 개편내용은 다음과 같다. 구편제에서 사업서비스로 계상한 위탁·수탁가공에 따른 임가공 수입 및 지급료는 신설된 제조용서비스에 계상된다. 또 구편제에서 자본수지로 계상된 특허권, 저작권, 산업공정 및 디자인 매매 등의 거래는 신편제에서 신설된 연구개발서비스에 포함된다. 그리고 사업서비스의 중계 및 무역관련 서비스 중에서 중계무역 순수출(마진)은 상품수지로 이동했다.

(3) 본원소득수지

본원소득수지는 1년 미만[7]의 외국인근로자(비거주자)에 대한 급료와 임금 등의 근로소득과 대외 금융자산과 부채 보유 결과 발생하는 배당과 이자 등의 투자소득이 포함된다. 투자소득은 투자형태에 따라 직접투자소득, 증권투자소득, 기타투자소득으로 구분된다.

본원소득수지의 주요 개편 내용은 투자소득수지의 구성항목 중의 하나인 직접투자소득수지에서 기업의 배당되지 않은 수익 중 직접투자의 보유 지분만큼을 투자소득의 재투자 수익으로 반영해야 한다. 재투자수익은 경상수지 본원소득수지 증가와 반대 계정인 금융계정의 직접투자 항목의 자산 증가로 기록된다.

(4) 이전소득수지

이전소득수지는 아무런 대가 없이 제공되어 반대급부가 없는 거래를 계상한다. 예컨대 의약품, 재난구호물자 등의 무상원조, 국제기구 출연, 새로운 경제권에 1년 이상 고용된 외국인근로자(거주자)의 본국 송금 등이다.

2) 자본·금융계정

(1) 자본수지

자본수지(capital account)는 자본이전과 비생산 비금융자산의 취득 및 처분으로 구성

---

6) 미국에서는 특허권보장이 미국헌법 제1조 8항에 규정되어 있다. 남북전쟁 당시 북군인 링컨이 승리한 요인 중의 하나는 총기(rifle) 발명에 대한 특허권을 보장해 주었기 때문이라는 설도 있다.

7) 1년 이상의 국내거주 외국인 근로자는 한국 입장에서 거주자로 간주되므로 이들의 근로소득은 국제수지거래 대상이 아니고 본국으로 송금시에만 이전소득수지로 계상됨.

된다. 자본이전은 채무면제 거래 등을 기록하며 비생산 비금융자산의 취득 및 처분은 토지, 지하자원 등의 매매거래를 기록한다.

자본수지의 주요 개편 내용은 신편제에서는 거주성이 변경된 개인의 금융자산· 부채의 국경 간 이동은 거래가 아니라고 보아 개인 이민자의 재산 반출 및 이주비를 국제수지표 작성에서 제외했다. 또 특허권 등 지적재산권의 매매를 구편제에서 기타자본수지에 포함시켰으나 신편제에서는 기타사업서비스(연구개발서비스)에 포함시켰다.

(2) 금융계정

① 직접투자

금융계정(financial account)은 자산과 부채를 기록하는 대차대조표의 개념을 가지고 있으며 민간기업, 금융회사, 정부, 통화당국 등 모든 거주자의 대외금융자산 및 부채의 변동을 기록한다. 금융계정은 직접투자, 증권투자, 파생금융상품, 기타투자, 준비자산으로 구성된다.

직접투자(direct investment)는 일 경제권의 거주자가 다른 경제권 거주자 기업의 경영활동 참여를 목적으로 투자하는 것으로 의결권 주식의 10% 이상 투자하면 직접투자로 간주한다. 해외로 유출되는 직접투자는 자산으로 국내로 유입되는 외국인직접투자는 부채로 간주한다. 직접투자의 형태는 지분투자, 수익재투자, 기타자본이 있다.

신편제에 의한 금융계정의 주요 개편은 직접투자의 포괄범위를 확대한 점이다. [그림 7-4]에서 보는 바와 같이 A-B의 일차적 직접투자 관계뿐 아니라 A-C, B-C 의 포괄적 직접투자까지 포함하며 기업에서 배당되지 않은 수익 중에서 직접투자자의 해당 지분 몫을 수익재투자로 보고 직접투자액에 포함하는 것이다.

② 증권투자

증권투자(portfolio investment)는 거주자와 비거주자 간의 주식, 채권거래를 계상하며 증권투자라도 의결권 주식의 10% 이상 보유하면 직접투자로 분류된다.

③ 파생금융상품

파생금융상품(financial derivatives)은 파생금융거래로 실현된 손익 및 옵션프리미엄(option premium)의 지급과 수취를 기록한다. 옵션이란 미리 정해진 가격으로 상품이나 유가증권 등의 기초자산을 사거나 팔 수 있는 권리를 말하며 옵션 프리미엄이란 매도자가 매수자에게 권리(옵션)을 제공하고 매수자는 매도자에게 그 대가를 지급하는데 이때 서로 주고 받는 권리의 가격을 말한다.

[그림 7-4] 포괄적 직접투자 관계

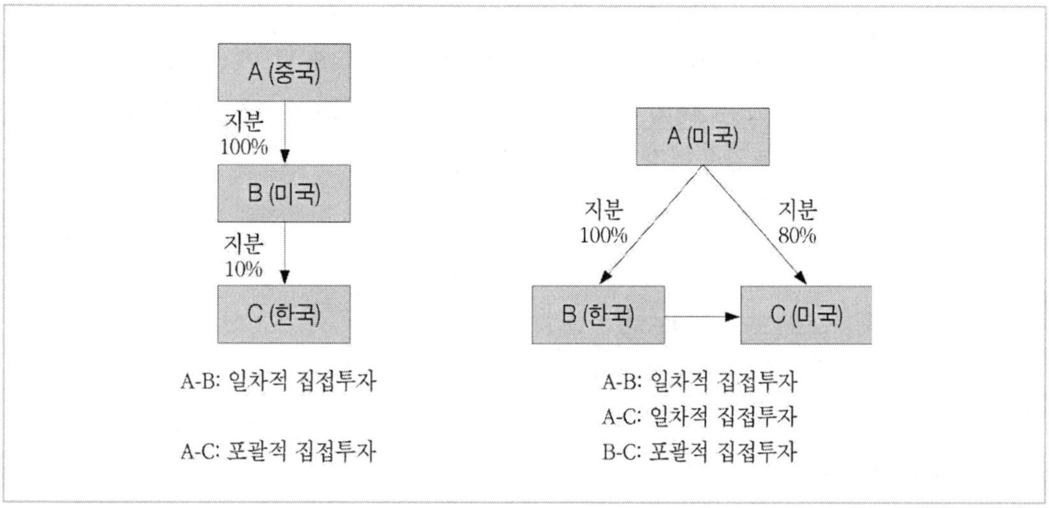

자료: 한국은행.

④ 기타투자

기타투자(other investment)는 직접투자, 간접투자, 파생금융상품 및 준비자산 거래를 제외한 모든 대외금융자산·부채거래이다. 자산계정에는 무역신용, 대출, 현금 및 예금, 기타자산이 기록되고 부채계정에는 무역신용, 차입, 현금 및 예금, 기타부채가 기록된다. 여기에서 무역신용이란 상품 수출입 결과 발생한 미회수 채권 또는 미지급 채무를 말한다.

⑤ 준비자산

준비자산(reserve assets)이란 중앙은행이 보유하고 있는 외환보유액의 거래에 의한 증감기록을 나타낸 것이다. 외환보유액은 거래뿐만 아니라 환율변동에 의해서도 변동할 수 있지만 국제수지 통계의 준비자산은 거래변동만을 기록하게 된다.[8)]

3) 오차 및 누락

국제수지통계는 모든 거래를 복식부기 원리에 의해 차변과 대변에 같은 금액으로

8) 외환보유액과 준비자산은 다같이 통화당국이 보유하고 있는 대외자산을 대상으로 하지만 외환보유액이 일정시점의 잔액을 나타내는 스톡(stock)통계인 반면 준비자산 증감액은 일정한 기간 중 증감을 나타내는 플로우(flow)통계이다. 또 외환보유액의 월중 증감(금월말 현재와 전월말 현재의 차이)은 거래에 의한 증감(국내 외환시장의 거래를 통한 외화자산의 매매 등) 뿐만 아니라 환율변동에 의한 증감(보유중인 기타 통화표시 외화자산의 달러표시 가치 변동)도 포함하고 있는 반면에 국제수지표의 준비자산증감은 거래에 의한 증감만을 계상한다.

기록하므로 이론적으로 불일치는 발생하지 않는다. 실제로는 통관통계, 외환수급통계 등 사후적 기초통계의 계상시점 및 평가 방법의 차이나, 보고 오류 등으로 인해서 차변과 대변의 합계가 불일치하는 경우가 많다. 이러한 불일치를 오차 및 누락(errors and omissions)[9]이라고 하며 모든 대외 거래를 기록한 후 사후적으로 계상된다. 최종적으로는 경상수지+자본수지+금융계정+오차 및 누락=0이 된다.

제 3 절 國際收支表 作成

1. 복식부기 원리

국제수지는 일국의 국민경제를 하나의 기업으로 간주하여 복식부기 원칙에 의해 기록하게 된다. 수취계정(credit)은 외국거래자로부터 외환을 수취하는 경우이고 지급계정(debit)은 외국거주자에게 외환을 지급하는 거래이다. <표 7-4>에서 보는 바와 같이 복식부기 원리에서는 차변(debit)계정에는 자산의 증가, 부채의 감소, 비용의 발생이 기록되고 대변(credit)계정에는 자산의 감소, 부채의 증가, 수익의 발생이 기록된다.

수취계정(credit: 대변거래)은 자국의 자산을 감소시키거나 자국의 부채를 증가시키는 국제적 이전을 의미하며 이 경우 외환이 증가(수취)하게 된다. 한편 지급계정(debit: 차변거래)은 자국의 자산을 증가시키거나 자국의 부채를 감소시키는 국제적 이전을 의미하며 이 경우 외환은 감소(지급)하게 된다.

상품이나 서비스의 수출, 외국인들로부터 받는 일방적 이전수입, 자본유입은 외환의 수취에 해당한다. 이는 자국의 자산을 감소시키거나 부채를 증가시켜 외국인들로부터 외환을 수취하게 되므로 대변거래이다.

이와는 달리 상품이나 서비스의 수입, 외국인들에 대한 일방적 이전지출, 자본유출은 외환의 지급에 해당한다. 이는 자국의 자산을 증가시키거나 부채를 감소시켜 외국인들에게 외환을 지급하게 되므로 국제수지에서 차변거래로 기입된다.

9) 국제수지표상의 오차 및 누락에는 기초통계의 불일치로 인한 요인 외에도 불법외화유출과 같은 해외자본도피(capital flight)도 포함되어 나타난다. 그러나 기업들이 재화 및 용역의 수입가격을 정상가격보다 높은 과대가격조작(over pricing)의 이전가격은 오차 및 누락 항목에 나타나지 않는다. 왜냐하면 실제보다 과대 계상된 금액이 국제수지표 경상계정(수입)과 자본계정(기타투자)에 동시에 계상되기 때문에 오차 및 누락에는 영향을 미치지 않는다. 단지 국제수지표 상에 부풀려진 금액으로 나타나게 된다. 또 암달러상과 외화를 환전한 후 휴대하여 출국하는 비정상적 방법의 외화유출은 국제수지표에 아예 계상되지 않는다.

자본유입은 자국 내에 있는 외국자산의 증가나 외국에 있는 자국자산의 감소로 나타난다. 예컨대 미국 거주자가 한국 기업의 주식을 매입하면 한국내 외국인자산은 증가하고 이는 한국인 입장에서 부채의 증가이며 자본이 유입되기 때문에 국제수지계정 수취(대변)계정에 기입하게 된다.

자본유출은 외국에 있는 자국자산의 증가 또는 자국 내에 있는 외국자산의 감소 즉, 자국 부채의 감소(차변)로 나타난다. 예컨대 한국거주자가 미국의 단기채권을 매입하면 한국인의 외국에 있는 자산이 증가하고 자본이 유출되기 때문에 국제수지계정 지급(차변)계정에 기입하게 된다.

증여나 일방적 이전은 상대계정이 없고 현물 또는 금융자산의 이전으로 나타나며 이들 거래의 유입은 이전소득 지급금의 수취로 보고 대변계정에, 유출은 이전소득 지급으로 보아 차변거래로 기입하게 된다.

〈표 7-4〉 복식부기 원리(회계학)

	차변(debit)/현금지급(-)	대변(credit)/현금 수취(+)
대차대조표(B/S)	□ 자산의 증가 □ 부채의 감소	□ 자산의 감소 □ 부채의 증가
손익계산서(I/S)	□ 비용의 발생	□ 수익의 발생

2. 국제수지표 작성 원리

국제수지표의 작성원리는 <표 7-5>와 같이 외환의 지급은 차변(debit)에 외환의 수취는 대변(credit)에 기록된다.

〈표 7-5〉 국제수지표 작성 원리

국제수지		차변(debit)/ 외환지급(-)	대변(credit)/ 외환수취(+)
경상수지	상품수지	◦ 상품수입(실물자산 증가)	◦ 상품수출(실물자산 감소)
	서비스수지	◦ 비용지급(비용의 발생)	◦ 비용수입(수익의 발생)
	본원소득수지	◦ 외국투자가에게 배당·이자지급 (투자소득) ◦ 국내외국인 근로자(1년미만) 임금·급료지급(근로소득)	◦ 해외로부터 배당·이자수입 (투자소득) ◦ 해외 자국 근로자(1년미만) 임금·급료수입(근로소득)

경상수지(계속)	이전소득수지	◦ 무상원조·재난물자·의약품 등 제공 ◦ 국내외국인 근로자(1년 이상) 급여 본국송금	◦ 무상원조·재난물자·의약품 등 수혜 ◦ 해외 자국 근로자(1년 이상) 급여 자국송금
자본금융계정	자본수지	◦ 외국의 채무를 자국이 면제	◦ 자국 채무를 외국이 면제
	금융계정	◦ 내국인의 해외직접투자(대외자산 증가) ◦ 외국인이 국내에서 채권발행(대외자산 증가) ◦ 현금 및 예금, 대출, 무역신용 등 자산계정(기타투자) ◦ 중앙은행의 외환매입(대외 준비자산 증가)	◦ 외국인의 국내 직접투자(대외부채 증가) ◦ 내국인이 해외에서 채권발행(대외부채 증가) ◦ 현금 및 예금, 대출, 무역신용 등 부채계정(기타투자) ◦ 중앙은행의 외환매각(대외 준비자산 감소)

3. 국제수지표 작성 예시

아래의 거래 내용(오차 및 누락은 없는 것으로 가정함)을 국제수지표로 작성하면 <표 7-6>과 같다. 복식부기의 원리에 의해 작성되었기 때문에 대차평균의 원리에 의하여 차변(debit: 지급)과 대변(credit: 수취)의 합계액이 일치하게 된다.

<거 래> (단위: 억 미국 달러)

① 한국기업이 상품 30 달러(FOB)를 현금으로 수출하고 대금 영수하다.

차) 현금 및 예금 30 (금융자산증가/금융계정 기타투자)	대) 수출 30 (실물자산감소/경상수지 상품수지)

② 상품 60 달러(FOB)를 3개월 후에 대금을 받는 조건으로 외상수출하다.

차) 무역신용 60 (금융자산증가/금융계정 기타투자)	대) 수출 60 (실물자산감소/경상수지 상품수지)

③ 상품 70달러를 수입(FOB)하고 현금으로 대금 지급하다.

차) 수입 70 (실물자산증가/경상수지 상품수지)	대) 현금 예금 70 (금융자산감소/금융계정 기타투자)

④ 한국의 거주자들이 해외여행 중 5달러를 지출하다.

차) 여행비용지급<여행효용증가> 5 (비용의 발생/경상수지 서비스수지) <서비스 자산 증가>	대) 현금 예금 5 (금융자산감소/금융계정 기타투자)

⑤ 한국 기업은 미국 투자자에게 배당금 2달러를 현금 지급하다.

차) 배당투자소득 지급 2 (경상수지/본원소득수지)   대) 현금예금 2 (금융자산감소/금융계정 기타투자)

⑥ 한국의 구호단체가 지진 피해국 중국에 구호물품 3달러 지급하다.

차) 무상이전소득 지급 3 (경상수지/이전소득수지)   대) 수출 3 (실물자산감소/경상수지 상품수지)

⑦ 한국내 1년 이상 거주 외국인 근로자가 본국에 현금 15달러 송금하다.

차) 이전소득 지급 15 (경상수지/이전소득수지)   대) 현금 예금 15 (금융자산감소/금융계정 기타투자)

⑧ 외국 투자자가 시세차익 목적으로 국내 주식(의결권 주식의 10%미만) 9달러 매입하다.

차) 현금 예금 9 (금융자산증가/금융계정 기타투자)   대) 외국인 증권투자 9 (금융부채증가/금융계정 증권투자)

⑨ 한국기업이 중국에 자회사 공장설립을 위해 12달러를 송금하다.

차) 직접투자 12 (대외자산증가/금융계정 직접투자)   대) 현금 예금 12 (금융자산감소/금융계정 기타투자)

⑩ 국내기업이 해외에서 외화채권 13달러를 발행하고 대금을 영수하다.

차) 현금 예금 13 (금융자산증가/금융계정 기타투자)   대) 증권투자 13 (대외부채증가/금융계정 증권투자)

⑪ 한국의 모회사는 소유권 변동 없는 가공용 원재료를 베트남 자회사에 20달러 수출하다.

차) 국제수지표 제외   대) 국제수지표 제외

⑫ 한국인이 미국으로 이민가면서 이주비용으로 2달러를 환전하여 송금해 가다.

차) 국제수지표 제외   대) 국제수지표 제외

⑬ 한국 기업이 특허권을 영국 기업에 매각하고 현금 7달러를 영수하다.

차) 현금 예금 7 (금융자산증가/금융계정 기타투자)   대) 연구개발서비스 7 (지적재산권감소/기타사업서비스)

⑭ 한국은행이 국내 외환시장에서 개입하여 20달러를 매입하다.

차) 준비자산 20 (금융자산증가/금융계정 준비자산) | 대) 현금 예금 20 (금융자산감소/금융계정 기타투자)

⑮ 한국의 파생금융상품 옵션매입자는 해외의 옵션 매도자에게 옵션프리미엄 8달러를 현금으로 지급하다.

차) 파생금융상품 8 (파생상품 자산증가/금융계정) | 대) 현금 예금 8 (금융자산감소/금융계정 기타투자)

⑯ 국내 A기업은 남아공에 광산(지하자원)을 매입하고 현금 10달러 지급하다.

차) 지하자원 10 (비금융자산증가/자본수지) | 대) 현금 예금 10 (금융자산감소/금융계정 기타투자)

⑰ 1년 이상된 국내 외국인 근로자들에게 임금 80달러 현금으로 지급하다.

차) 국제수지표 제외 | 대) 국제수지표 제외

〈표 7-6〉 국제수지표 (단위: 억 미달러)

		차 변(-) (지급: Debit)	대 변(+) (수취: Credit)	수 지 (수취-지급)
경상수지 (+5)	상품수지		① 30	+23
			② 60	
		③ 70		
			⑥ 3	
	서비스수지	④ 5		+2
			⑬ 7	
	본원소득수지	⑤ 2		−2
	이전소득수지	⑥ 3		−18
		⑦ 15		
자본수지 (−10)	자본이전			
	비생산 비금융자산	⑯ 10		−10
금융계정 (+5)	직접투자	⑨ 12		−12
	증권투자		⑧ 9	+22
			⑩ 13	
	파생금융상품	⑮ 8		−8
	기타투자	① 30		+23
		② 60		
			③ 70	
			④ 5	
			⑤ 2	
			⑦ 15	
		⑧ 9		
			⑨ 12	
		⑩ 13		
		⑬ 7		
			⑭ 20	
			⑮ 8	
			⑯ 10	
	준비자산	⑭ 20		−20
○	오차 및 누락	0	0	0

CHAPTER 08 國際通貨制度

제 1 절 金屬貨幣와 本位制度

1. 화폐 종류와 발달

인간은 일상생활에서 돈 없이는 살수가 없다. 돈(화폐)이 너무 없어서 불행하기도 하지만 너무 많아서 불행하기도 한다. 사농공상(士農工商)을 중시하던 조선시대 선비들은 돈을 천하게 여겨 돈이라는 소리를 입에 오르내리는 것조차도 꺼려했다. 그래서 돈을 이것 저것으로 부르는 물건으로 취급하여 아도물(阿賭物)이라고 칭했다하니 지금과는 격세지감이 크다고 하겠다.

일상생활에서 돈은 소득, 부와 같은 다양한 의미로 사용되어지는 순수 우리말이지만 일국 경제에서 말하는 현금, 예금 등의 화폐와 동일한 의미로 볼 수 있다. 화폐(money)는 상품의 유통과정에서 생성되는 것으로 통화(currency)와 혼용되어 사용되어 지기도 하는데 엄격히 구분하면 돈은 어느 곳에 있어도 돈이지만 통화는 중앙은행 창구를 벗어난 돈이라고 하겠다. 통화는 통용되어지는 화폐로 화폐의 개념보다 포괄적이며 통화량 지표[1)]도 다양하다.

다수의 상품이 전적으로 교환되기 위해서는 상품의 가치를 통일적으로 표시해 주

1) 한국은행에서 활용하고 있는 주요 통화는 M1(협의 통화), M2(광의통화), Lf(금융기관유동성), L(광의의 유동성) 등이다. M1은 현금통화(민간 보유 지폐 및 주화)+예금취급기관의 결제성예금(요구불예금과 수시입출금식 저축성예금), M2는 M1+정기예·적금 등 2년 미만 금융상품, Lf는 M2+예금은행 및 비금융기관 기타 예수금, L은 Lf+정부·기업발행의 유동성 상품 등이다.

는 공통적인 가치척도, 교환수단, 가치저장의 기능이 있어야 한다. 화폐상품 또한 이러한 기능을 충족시켜 주어야 할 필요성이 존재한다.

화폐는 발달 경로에 따라 물품(상품)화폐 → 칭량화폐 → 주조(금속)화폐 → 지폐 → 신용화폐 → 전자화폐→암호화폐의 형태로 변천해 왔다. 물품화폐(commodity money)는 가장 일찍 출현된 화폐이며 물물교환의 불편을 없애기 위해 사람들이 즐겨 사용하는 물품 즉, 곡물·모피·가축·소금, 조개,[2] 금·은·동 등의 상품이었다. 그러나 화폐로서의 유용성이 작은 것은 순차적으로 유통계에서 사라지고 저장, 수송, 분할이 편리하고 동질성을 가진 금·은·동이 화폐로써 남게 되었다. 그 중에서도 소재적 성질이 우수한 금·은이 중심화폐가 되었으며 점차 은의 사용은 폐지되고 금이 화폐의 주된 기능을 담당하게 되었다.

금속화폐는 원래 금덩어리 자체인 지금(地金) 그대로 칭량(稱量)화폐로서 유통되어 왔으나 교환 때마다 중량을 측정해야 하는 불편도 있었다. 저울에 달아 무게를 재는 칭량기술이 점차 발달함에 따라 귀금속을 저울에 달아 그 무게에 해당하는 가치를 부여해 왔는데 이것이 칭량화폐(money by weight)이다. 칭량화폐의 불편을 제거하기 위해 지금에 품위중량(品位重量)을 보증하는 각인을 하게 되면서부터 귀금속화폐는 주화라는 형태를 취하게 된다.

귀금속의 양과 질을 일일이 칭량하고 검사하는 불편을 없애기 위해 금속편에 질과 양을 보증하는 각인을 찍었는데 이것이 주조화폐(coin)의 효시가 되었다. 지금의 주화는 단순한 형태의 변형에 불과하지만 주화의 출현은 화폐의 유통을 비약적으로 증진시켜 상품유통의 발달에 크게 기여했다.

화폐의 주조란 금속의 분할과 주화명의 기입에 불과하지만 중량을 보증하는 각인은 사회적 통용성과 공공성을 가져야하기 때문에 국가의 권위를 필요로 하게 된다. 주화의 과정과 통용에 관한 기술적 절차도 법률로 정해야 하므로 국가의 관장하에 들어가게 되면서 주조화폐가 일반화되었고 주조권은 국가권력의 한 상징으로 간주되었다.

주조된 금속화폐는 유통되는 사이에 마손될 뿐 아니라 다액거래를 하는 경우에는 운반이 불편했다. 그래서 귀금속 대신에 지폐(paper money)를 발행하게 되는데 지폐는 은행이 발행하기 때문에 은행권이라고 부른다. 지폐는 금속화폐와 교환될 수 있는 태환(兌換: convertible paper money)지폐와 교환이 불가능한 불환(不換: fiat money)지폐가 있다.

---

2) 경제 관련 한자용어인 財(재), 貨(화), 貿(무), 賃(임), 賣(매), 買(매), 貯(저) 등의 글자에는 조개 패(貝)부수가 많이 사용된다. 돈(貝)을 나누면(分) 가난(貧: 빈)해지고 더하면(加: 가) 경사(賀: 하))스러운 것이 된다는 의미가 된다.

당초에는 일반은행도 은행권을 발행하였으나 오늘날에는 중앙은행이 정부로부터 위임을 받아 중앙은행권을 발행하고 이것이 공식화폐로 되어 있다.

경제가 발전하고 매매거래량이 증대되면서 공식화폐만으로는 부족하여 공식화폐 이외에도 수표·어음 등을 지급수단으로 사용하게 되었다. 수표·어음[3] 등은 거래자 상호 간의 신용을 기초로 하여 유통되기 때문에 신용화폐(credit money)라고 한다. 또 국제화폐는 국내화폐와 별개로 성립하는 것이 아니고 일국의 화폐가 국내유통의 한계를 벗어남으로써 국내화폐의 국제적 전개과정에서 나타나는 것이다.

전자화폐(electronic money)의 등장은 화폐개념의 새로운 장을 열었다고 할 수 있겠다. 실제로 물리적인 화폐는 아니지만 네트워크를 통해 같은 기능을 하는 화폐로 특정화된 곳의 특정 상품을 구입하고 돈으로 대체하거나 그것으로 그 커뮤니티 안에서 돈 대신 사용할 수 있는 것들을 말한다. 전자화폐는 현금정보가 담긴 IC카드와 인터넷상에서만 쓰이는 사이버머니(cyber money) 등이 있다.[4]

암호화폐는 디지털화폐, 가상화폐의 일종으로 암호를 사용해 새로운 화폐를 생성하거나 거래를 한다. 2009년 1월 3일 최초로 도입된 비트코인(Bitcoin)은 제도권의 명목화폐는 아니지만 온라인 상의 세계적인 암호통화(crypto currency)로 향후 귀추가 주목된다. 비트코인은 지폐처럼 물리적인 형태가 없고 컴퓨터 사이에서 오가는 가상화폐이다. 사용자들은 인터넷에서 내려받은 지갑 프로그램으로 만든 고유 주소를 이용해 마치 문자메시지를 보내듯 비트코인을 거래할 수 있다.

2009년 익명의 나카모토 사토시(Satoshi Nakamoto)가 분산장부 기술인 블록체인(block chain)을 공개하고 비트코인 거래를 제안했다. 2009년 만들어진 비트코인은 총 발행량 2,100만 비트코인이 한계이고 그 이상은 발행될 수 없다. 2019년 현재 80% 이상 채굴이 되어 2140년경 마지막 비트코인이 채굴될 예정이다.

비트코인은 2017년 12월 11일 시카고옵션거래소(CBOE)에서 최초로 상장하고 1주일 후 시카고상품거래소(CME)에서도 선물상품을 상장했다. 그러나 CME는 거래를 계속하고 CBOE는 성명(2019.3)을 내고 암호화폐에 대한 접근방식을 재검토하기로 한다면서 비트

3) 전자화폐의 일환으로 국내 도입된 전자어음(2005년 9월), 종전 싸이월드 도토리, 아프리카 TV 별풍선 등이 있다.

4) IC카드의 경우, 지정 은행계좌에 돈을 입금하면 IC카드에 일정 금액이 이체되고, 가맹점에서 물품 구입이나 서비스를 이용한 뒤 단말기에 IC카드를 접촉하면 대금이 나가는 방식이다. 영국의 몬덱스카드가 대표적으로 1990년에 웨스트민스터은행이 집적회로(IC)를 내장한 카드에 화폐가치를 저장해 일상생활에서 사용할 수 있도록 개발했다. 사이버머니로는 네덜란드 디지캐시사가 개발한 이캐시(e cash)가 대표적으로, 은행이 발행하는 이캐시에서 필요한 금액을 자신의 컴퓨터에 옮겨두고 그것을 인터넷 상의 거래 결제에 쓰거나 타인의 컴퓨터에 송금하는 시스템이다.

코인 선물거래를 중단했다.

독일이 2013년 지급결제수단으로 비트코인을 인정했고 2017년 4월 일본은 「자금결제법」을 개정해 비트코인을 통화로 인정했고 미국 버몬트주도 2017년 5월 「송금법」에 가상통화를 교환의 매개, 계정의 단위, 가치저장이 가능한 수단으로 정의하는 내용을 담았다. 중국정부가 2017년 1월부터 자본유출과 돈세탁방지를 목적으로 비트코인 거래 관리를 강화함에 따라 일본이 세계 최대 거래량을 기록하고 있다. 독일 등 일부 국가들은 화폐로 인정을 하고 캐나다 국세청(CRA)은 세계 최초로 비트코인에 세금을 부과하기로 결정했다.[5)]

미국 오하이오주는 주정부 최초로 비트코인 세금 납부 허용을 발표(2018.11)했다. 비트코인에 법적인 지위를 부여한 것은 아니지만 일종의 암묵적인 승인을 한 것이다. 애리조나, 조지아, 일리노이 주 등에서도 가상화폐를 통한 세금납부를 추진했지만 주의회 등의 반대로 무산된 바 있다. 비트코인은 국가가 발행량을 통제할 수도 없고 통화가치의 급격한 등락, 추적도 불가능해 마약, 무기거래 등 불법거래에 사용될 소지가 많아 과열투기 조장 등 부정적인 시각도 적지 않다.

[참고자료] 블록체인(Blockchain)과 비트코인(Bitcoin) 관계

블록체인이라고 하면 많은 사람들이 비트코인 같은 암호화폐를 떠올린다. 블록체인이 비트코인 덕분에 유명해지긴 했지만 암호화폐는 금융 응용의 하나일 뿐 둘의 개념이 동일한 건 아니다. 블록체인의 사전적 정의는 '공개적으로 또 시간 순으로 거래 기록을 공유하는 분산 디지털 장부'이다. 블록체인에서도 기록물의 변조나 왜곡을 방지하기 위해 블록(block)단위로 생성되는 기록을 여러 장소에 분산 저장하며 암호 해시(Hash) 기술을 사용해 누군가 기록을 조작해도 원본과 수정본의 기록이 온전한 형태로 남아 안전하게 보관이 가능하다. 모두에게 공개되는 일명 Public Blockchain을 활용하면 은행과 같은 중간자가 필요 없이 자체 기록 보관이 가능해 비용 절감이 가능하다. 블록체인이 제공하는 신뢰는 모든 행동의 기본이 되며 모든 산업에 적용이 가능하다. 블록체인도 분명 단점과 한계가 존재하지만 분명한 건 미래 활용가치가 높은 유망한 기술이란 사실이다.

자료: 알쏭달쏭 블록체인 쉽게 이해하기, 삼성전자 뉴스룸 http://el-sase.or.kr/entry 부분 발췌

2017년 12월 미국 시카고옵션거래소와 선물거래소가 비트코인을 상장했고 한국 정부는 암호화폐의 투기열풍을 잠재우기 위해 규제안을 발표(13일)했다. 최흥식 금융감독원장은 '가상화폐는 금융상품도 아니고 화폐도 아니다. 블록체인과 가상화폐를 분리해서 봐야 한다'라고 했다. 이는 블록체인 기술은 육성할 가치가 있다는 의미를 담고 있다. 한편 이틀 후 김화준 한국블록체인협회 공동대표는 '비트코인과 블록체인은 같다. 동일한 시각으로 봐야 한다'라고 하면서 정부의 규제 발언에 선을 긋는 항변이었다. 2008년 10월 31일 익명의 나카모투 사토시라는 사람이

5) 2013년 11월 버냉키 미 연준(Fed)의장도 청문회에서 "비트코인은 범죄와 자금 세탁에 악용될 소지가 있지만 장기적으로 빠르고 안전하며 효율적인 지급시스템이 될 수 있다"라고 말했다.

암호화 기술 커뮤니티 메인에 '비트코인 : P2P 전자 화폐 시스템'이라는 논문을 올리고 2009년 1월3일 비트코인이라는 가상화폐를 직접 만들었다. 그렇다면 가상화폐와 블록체인은 어떻게 봐야 할까? 같은 시각으로 봐야 할까 아니면 다른 시각으로 봐야 할까? '블록체인 방식으로 구현할 수 있는 사용자 경험 중 하나가 암호화폐다'가 정답이다. 암호화폐는 블록체인과 관련 없는 것은 아니며 그 결과물이다. 금융권, 선거, 중고차 거래, 콘텐츠 구입 등 무궁무진하다. 정부는 대통령 산하에 4차 산업혁명 위원회까지 구성하고도 블록체인 기술 육성은 외치면서 비트코인에 대해서는 부정적 시각을 갖는 어정쩡한 태도를 보이고 있는 실정이다.

자료: 최진홍, 비트코인, 블록체인 그리고 마지노선 https://www.mobiinside.com 부분 발췌

2. 미 달러화 발행 메커니즘

미국 달러화를 발행하는 기관은 정부가 아닌 록펠러(Rockfeller)가의 소유 민간은행[6]에 의해 발행되고 미국 정부는 민간은행으로부터 돈을 빌려서 사용하고 있다는 점은 특이하다. 미국 중앙은행을 관장하는 실질적 기구는 연방준비제도(Federal Reserve System)이고 줄여서 미연준(Fed)이라고 하며 미 중앙은행을 지칭한다. 지폐는 Fed가 발행하고 주화는 미국 정부에서 직접 발행한다. 이론상 1조 달러 주화 20여 개를 만들면 미국 부채를 제로 상태로 만들 수 있다는 의견도 있다.

Fed 산하에 중앙은행이 관장하는 이사들의 모임인 연방준비제도이사회(Federal Reserve Board)[7]가 있다. 연방준비제도이사회는 화폐공급의 한도를 결정하는 연방공개시장 위원회(FOMC)[8]를 두고 있으며 기준금리 결정을 한다. 연방준비제도이사회 산하에 미국 전역에 12개의 연방준비은행(Federal Reserve Bank)[9]이 있다.

6) 외견상 소유주는 JP Morgan으로 되어 있으나 실제주인은 미국의 3대 금융가인 록펠러, 골드만삭스, 레먼(Lemon)과 유럽의 로스차일드(Rothschild) 가문을 중심으로 한 유태인 유럽금융재벌들이며 사유재산으로 미 정부의 감사도 받지 않는다.

7) 1913년 창설된 연방준비제도의 운영기관이며 12개 연방준비은행을 관리하는 통괄기관으로 워싱턴에 소재하고 있으며 지급준비율결정, 재할인율 결정, 연방준비은행을 감독한다. 1918년 제정된 연방준비법에 의해 발족했고 처음에는 연방준비국이라 했으나 1935년 은행법에 의해 연방준비제도이사회로 개칭되었다. 이사는 7명으로 임기는 14년이며 2년 마다 1명씩 교체되며 상원의 조언과 승인을 받아 대통령이 임명한다. 이사진 중에서 의장과 부의장을 대통령이 임명하며 의장은 통화정책 권한에 대한 철저히 독립권을 가지며 경제대통령으로 불리어지며 연방준비제도(중앙은행) 의장은 2018년부터 2월부터 변호사 출신 제롬 파월이 맡고 있다.

8) 화폐공급한도 결정, 공개시장운영(국채매매), 외환시장 운용감독 등을 연 8회 개최하며 이사 7명과 연방은행 총재 4명으로 구성된다.

9) 재할인율 제안, 중앙은행과 시중은행 간의 금리결정, 통화공급, 지준관리 등을 담당한다.

3. 본위제도

본위제도란 특정한 화폐를 화폐제도의 중심으로 삼는 것을 말하며 일반적으로 [그림 8-1]과 같이 구분할 수 있다.

[그림 8-1]에서 보는 바와 같이 금속(구속)본위제도와 관리통화제인 자유본위제도로 나누어지고 금속본위제도에는 금·은 어느 한가지를 본위로 하는 단본위제와 금·은 두가지를 본위로 하는 복본위제로 나누어지며 단본위제에는 금을 본위로 하는 금본위제와 은을 본위로 하는 은본위제가 있다. 한편 복본위제에는 양본위와 평행본위가 있으며 양본위제에는 완전양본위와 파행양본위제가 있다. 완전양본위제는 누구나 금·은을 화폐당국에 가져가면 금화, 은화를 만들어 주는 자유주조제와 금·은화를 녹여쓰는 것을 허용하는 자유용해제가 허용되며 금화와 은화가 법정비가에 의하여 자유로이 통용된다.

[그림 8-1] 본위제도

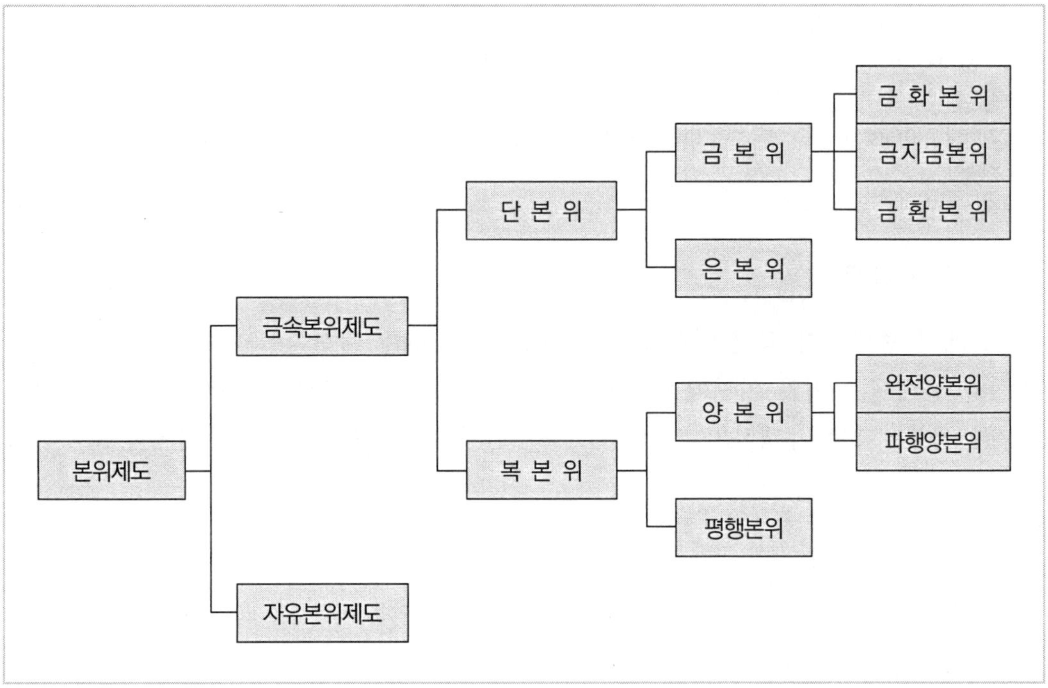

완전양본위제하에서는 '악화(惡貨: 은화)가 양화(良貨: 금화)를 구축한다'는 그레샴[10]의 법칙(Gresham's Law)이 적용된다. 파행양본위제는 금화는 자유주조를 허용하고 은화는 화폐로서 발행량을 제한하는 제도이다. 평행본위는 법정비가 없이 금화와 은화 사이의 교환비율이 자유롭게 변동되는 것을 말한다.

[참고자료] 세뇨리지(Seignorage)와 역세뇨리지

본래 금화가 화폐로서 가지는 명목가치와 이를 만드는데 사용된 금덩어리인 지금(地金)구입에 드는 비용 간의 차이를 말한다. 이는 관리통화제하에서 중앙은행이 일정액의 통화(지폐 또는 주화)를 발행하는 경우에도 통화의 액면표시 금액과 발행비용과의 차이에도 적용된다고 하겠다.

또 다른 의미로서는 IMF의 달러 중심인 브레턴우즈체제하에서 달러화가 누리는 일종의 특권을 일컫기도 하였다. n개의 국가가 존재하는 경우 n-1개의 환율이 필요하며 1국은 환율결정의 권리를 포기하며 달러는 환율조정의 책임을 지지 않는 특권을 누린다는 의미에서 달러를 n번째(nth) 통화라고 하기도 하였다.

한편 주화 동전을 만드는데 구리와 아연의 국제시세가 급등하면서 멜팅포인트(melting point)를 넘어서고 제조비용이 액면 금액을 초과하는 역세뇨리지 현상이 발생하기도 한다. 한국은행은 10원짜리 동전의 크기를 줄이고 알루미늄으로 대체한 새 주화를 발행했다.

세뇨리지 현상은 5만 원권 발행으로 흥미로운 현상이 발생하기도 한다. 한국은행의 2009년 5만 원권 발행은 시중은행의 10만 원권 자기앞수표 발행액을 감소시켰다. 이는 시중은행의 자기앞수표 발행 후 발행은행으로 회수되기까지 무이자로 자금을 이용하던 이익은 줄어들고 한국은행의 화폐발행 차익인 세뇨리지를 증가시키는 효과를 가져왔다.

1) 금본위제

19세기 중엽까지 금본위제도(gold standard system)를 채택한 국가는 영국밖에 없었다. 1870년대에 들어와 이전에 금·은 복본위제 또는 은본위제를 채택해왔던 국가들이 대부분 금본위제를 채택하기 시작했다. 1870년대 중반 프랑스가 복본위제를 포기하고

10) 영국 엘리자베드여왕 1세의 왕실 재정고문관이자 런던거래소 설립자이었던 Thomas Gresham은 1558년 악화를 다시 주조해 외국환의 지배권을 다시 장악하려는 구상 때문에 여왕에게 보낸 편지 첫머리에 "Bad money drives out good money"이라고 언급했는데 1858년 마크로드가 이를 그레샴의 법칙이라고 명명했다. 하지만 그레샴보다 역사적으로 앞서 언급한 사람은 자연과학에도 조예가 깊고 14세기 경제학계의 일인자인 니콜 오렘 주교이다. 그는 화폐 정비의 필요성을 주장하며 신뢰할만한 양질의 화폐는 상업에 이롭다고 말함으로써 실질적으로는 최초로 그레샴의 법칙을 발견한 자로 알려져 있다. 그레샴의 법칙은 주조화폐에 있어서 주조비용을 줄이고 주조의 이익을 크게 하기 위해 점차 금속의 함유량을 줄임으로써 명목가치에 비해 소재가치가 떨어지게 되었고 시중에 양화는 사라지고 귀금속 함유량이 적은 악화만 유통하는 결과를 초래했다. 역사적으로 조선시대 말 대원군이 발행한 당백전은 남발되어 당시 기축통화였던 통보가 사라지기도 했다. 19세기 말 미국에서 농민들은 은본위제, 상공인들은 금본위제 실시를 주장해 정치권이 어쩔 수 없이 금·은 양본위제를 실시했으나 교환비율이 실제가치를 반영하지 못해 고평가된 은화가 상대적으로 저평가된 금화를 몰아 낸 것은 좋은 예이다.

금본위제로 전환했고 독일은 1871년, 미국은 1879년 남북전쟁 당시 발행되었던 지폐를 금에 고정시킴으로써 금본위제를 채택했다.

통화가 금에 연결되어 있는 제도를 금본위제라하며 금과 통화의 연결 강도의 강한 순서대로 금화본위제도(gold coins standard), 금지금본위제도(gold bullion standard), 금환본위제도(gold exchange standard)가 있다.

금화본위제란 일정량의 금을 포함한 금화를 주조해서 유통하며 금의 자유주조, 자유용해, 자유로운 금 수출입이 허용된다. 화폐와 금의 결합이 가장 강하다. 금지금본위제는 금괴본위제라고도 하며 화폐와 금과의 연결정도는 금화본위제와 금환본위제의 중간형태이다. 금화를 주조하지 않고 보조화폐 이외에는 지폐만 유통시키고 그것을 가져가면 정해진 양의 금지금(금괴)과 법정평가로 교환이 가능하다. 중앙은행은 금지금을 집중하고 은행권의 태환 요구[11]에 대해서는 금지금으로 응하며 금은 국내 유통을 금지하고 대외지급용에만 사용가능하다. 금지금본위제의 장점은 금화의 통용에서 발생되는 마모 등의 손실을 막을 수 있으며 국제지급결제를 위한 국내공급을 충분히 할 수 있다는 점이다.

금환본위제에 있어서 금환이란 금과의 교환이 가능한 채권으로 금본위국의 통화 또는 금본위국통화로 표시된 환어음·예금 등을 말한다. 국내에서는 보조화폐 이외에는 지폐만을 유통시키고 자국화폐는 금과의 교환이 아니라 금본위제를 채택하고 있는 나라의 화폐와 평가로써 교환하도록 보증하는 제도이다. 금환을 보유하고 이를 통해 간접적으로 자국화폐와 금과의 등가관계를 유지하며 금과 화폐와의 연결은 가장 약하다.

금환본위제를 채택한 나라는 자국이 보유한 금이나 금환을 금본위국의 은행에 환결제자금으로 예치하여 대외지급의 요구가 있을 때에는 해당 은행앞의 금환을 법정시세로 인도하고 대외수취의 경우에는 반대로 해당은행 앞의 금환을 법정시세로 매입하여 이것을 환결제자금으로 돌린다.

금환본위제는 금을 본위화폐로 사용하지 않는 나라, 또는 금 부족으로 금을 준비통화로 할 수 없는 나라가 대외적으로는 금본위제를 채택하는 것과 동일한 효과를 거두기 위해 이용되었다. 그러나 금환본위제를 실시하는 국가는 금본위국의 통화를 외환보유액으로 하고 통화를 발행하므로 동일한 금준비에 두 번의 통화가 발행되어 발행된 통화에 비하여 금 준비 부족현상이 나타나게 된다는 문제점이 발생했다.

1971년 8월 15일 미국 닉슨대통령의 금태환정지선언(Nixon Shock)이 있기 전까지 유

11) 금지금본위제에 있어서 금에 대한 청구권으로 발행되는 지폐는 금에 의해 전액준비 될 수도 있고 부분적으로 준비될 수도 있다.

지되었던 미 달러화를 기축통화(key currency)로 한 브레턴우즈체제도 미국을 제외한 각 국가의 통화가 금과 간접적으로 연결되었다는 의미에서 일종의 국제금환본위제였다고 할 수 있다.

2) 자유본위제

관리통화제(managed currency system) 또는 지폐본위제라고도 한다. 지폐는 대량의 금화나 은화를 저장하지 않으면 안되는 사람들이 안전한 금고를 가진 금·은 세공업자에게 그것을 맡기고 그 대신에 예금증서로써의 청구권을 받는 것으로부터 시작되었다. 이러한 사람들이 물건을 대량으로 매입했을 때에는 이 청구권을 금·은 세공업자에게 가지고 가서 금이나 은을 받고 그것을 물건을 매도한 사람에게 인도하는 것이 원칙이었다.

만약 매도인도 금·은을 동일한 금·은세공업자에게 맡기려고 한다면 이상의 번잡한 수순을 따르기 보다는 청구권 자체를 매수인과 매도인 간 거래 결제에 사용하는 편이 훨씬 편리했다. 그 후 시간이 경과함에 따라 종이로 된 증서 자체가 진정한 화폐의 역할을 했던 것이다.

동일한 원리로 세공업자의 역할을 중앙은행인 국가가 한다고 가정하자. 이 경우 지폐는 그 자체가 상품으로서의 가치를 갖지 않았으나 중앙은행에 저장되어 있는 같은 금액의 금이나 은을 기초로 발행됨으로써 유통되는 데 전혀 문제가 없을 것이다. 이러한 지폐를 태환지폐(convertible money)라고 하며 지폐의 소지자가 언제든지 요구하면 국가는 지폐를 금이나 은으로 바꿔주어야만 한다. 지폐는 제조비용이 적고 휴대가 간편해서 금속화폐 대신 광범위하게 사용될 수 있었다.

점차 지폐의 사용이 일반화되자 중앙은행은 신용상태만 좋으면 실제로 금고에 보관하고 있는 금이나 은보다 훨씬 많은 양의 지폐를 발행할 수 있다는 사실을 깨닫게 되었다. 마침내 오늘날 사용하는 지폐는 금·은과 서로 교환되지 않는 불환지폐(unconvertible money)의 모습으로 등장하게 되었다. 불환지폐는 그 자체가 하등의 상품가치를 가지지 않아 명목화폐라고 부르며 종이조각에 불과하다. 하지만 지불수단과 가치저장 등의 기능을 하게 된 것은 전적으로 국가가 법에 의하여 가치를 보장하고 있기 때문이며 이를 법화(legal tender)라고 부르는 이유가 여기에 있다.

법화제도는 시중에 유통되는 돈의 양을 중앙은행이 관리하도록 하고 있는데 이를 관리통화제도라고 칭한다. 관리통화제도는 금속화폐 시대에 없던 지폐발행 남발[12]의 위

12) 화폐발행의 남발은 인플레이션을 유발하기 마련이다. 조선시대 대원군이 경복궁을 개축하면서 경비조달을 위해 당백전(當百錢)발행을 남발하면서 물가가 폭등하고 백성의 경제가 피폐해 진 것도 좋은 예이다.

험을 지니고 있기 때문에 그로 인한 경제 혼란을 방지하기 위하여 독립적인 중앙은행이 돈의 발행과 그 양을 조절하도록 하고 있다.

자유본위제에서는 통화공급량을 금본위제도에서와 같이 정화(금)준비에 의거하여 기계적으로 자동 조정하지 않고 합리적인 통화공급 목표를 설정하여 통화당국이 자유재량에 의해 인위적으로 관리 통제하는 제도이다. 이 제도는 인위적 통제를 기본적으로 한다는 점에서 일반적으로 지폐본위제도와 직결되며 통화관리의 목표로는 물가안정, 고용수준의 향상, 환시세 안정 등이 고려된다.

4. 국제통화와 금 역할

1) 세계화폐로서 금 역할

국제통화는 기본적으로 가치와 기능에서 국제적인 신뢰가 전제되어야 하는데 이를 위해서는 국제거래에서 광범위하게 사용될 수 있도록 가용성이 확보되어야 하며 무제한의 교환성이 보장되어야 한다. 이에 더하여 국제통화는 충분한 유동성, 가치의 안정성 및 전환성을 구비함으로써 효과적인 대외 지급수단으로서의 기능을 수행할 수 있어야 한다.

세계의 선진국인 영국은 1717년부터 금·은복본위제, 1774년에는 은의 자유주조 금지로 사실상의 금본위제, 1816년에는 법률상으로 금본위제가 채용되었다. 1871년에는 독일, 1873년에는 미국, 1893년에는 일본이 금본위제로 이행했다.

금이 세계화폐로서 최적성을 가지는 이유는, 가치척도(가치의 순수한 양적 차이를 표시하는 것이 가능함. 금은 종전의 목축, 곡물, 동물가축보다 가치척도 기능이 우수하며 분할 또는 결합하여도 가치불변), 유통수단으로써 운반 이전의 용이성, 가치저장(비파괴성, 내구성, 비산화성, 불용해성), 사용목적에 따라 주화 또는 기타의 상품형태로 변형하여도 금 자체의 가치불변 때문이다. 금의 지위를 대체할 만한 상품이 없으며 따라서 세계화폐로서의 금의 기능을 무시할 수 없다.

2) 금가격과 금생산

금(gold)은 하천에서 채취되는 사금, 광산에서 채취되는 산금이 있다. 사금은 발견하기 쉽고 채취가 용이하기 때문에 20세기 초까지 거의 바닥이 났고 현재 금생산은 대부분 산금이다. 금생산은 대부분 광업에 속하며 그 일부가 공업에 속한다. 금광산에서 채굴된 광석은 조광석이며 선광과정을 치른 후 정광석이 되며, 정광석은 야금을 치른 후 순금이 된다.

대부분의 비용은 광업과정인 채굴에서 소요된다. 같은 자본을 투입하여도 부광(富鑛)과 빈광(貧鑛)의 경우에는 생산량의 차이가 있을 것이다. 예컨대 금생산이 부광에서 빈광으로 순차적으로 이동하면서 이루어진다고 하자. 이 경우 한계적 광산보다 우수한 광산에서는 차액지대(differential rent)가 생기게 되며 금광산의 자본가에게는 이윤이, 지주에게는 차액지대가 귀속된다.

금가치는 부광의 발견, 금생산기술의 개선에 의해 가치가 하락할 수 있다. 세계의 금생산은 그동안 남 아프리카를 제외한 지역에서는 감소했다. 남아프리카에서 금생산이 증가한 이유는 새로운 금광의 발견, 흑인들의 저임금(금 생산비의 대부분을 차지함) 때문이다. 금가격의 인상은 지금까지 채산이 맞지 않던 빈광의 생산을 가능하게 하여 금생산을 증가시킨다. 금의 배분은 주로 공적통화준비용,[13] 공업·보석장식·예술작품용·전통적 사적퇴장용·기타 민간금보유용으로 구성되어 진다.

2008년 1월 11일 뉴욕상업거래소(NYMEX)에서는 사상 처음으로 금가격이 온스당 900달러를 넘어서는 기록을 세웠다. 중국과 인도의 금수요, 달러화의 지속적인 약세, 국제 투기자본의 금과 같은 원자재에 집중 등이 원인이다. 이러한 금가격의 상승은 남아공 등 세계적 금 생산지역에서 그 동안 금광이 노후되어 심층까지 파고 들어가야 채금이 가능했던 비경제적이었던 낮은 등급의 원광까지 채굴하는 기회를 가져오게 했다.

중국은 2008년 100년 이상 금광산을 지배해 온 남아공을 제치고 금생산 1위를 기록했다. 2013년에는 인도를 제치고 1,000톤의 금소비로 세계 1위 금소비국이 되었다. 중국은 전통적으로 "난세에는 황금을 사고 태평성대에는 골동품을 수집한다"는 말이 있을 정도로 금의 선호도가 높다.

3) 금의 장래

제2차 세계대전 후 국제통화기금(IMF) 체제하에서 미 달러는 국제통화로서 기능해 왔다. 미 달러가 국제통화로서 기능해 온 것은 미 정부가 금 1온스당 35달러로 외국의 공적기관에 금매도를 약속해왔기 때문이다. 그리고 사실 그 약속을 실행할 수 있는 금준비를 가지고 국제통화로서의 지위를 유지해왔다. 즉, 달러는 대외적으로 금과 태환할 수 있는 국제신용통화였다.

13) 세계금광협회(WGC)자료에 의하면 2018년 7월 기준 각국의 공적부문 금보유량(톤)은 미국(8,133.5)이 1위이고 독일, 이탈리아, 프랑스, 러시아, 중국, 스위스, 일본, 네덜란드, 인도 순이다.

제2차 세계대전 직후의 달러는 강했고 세계의 금은 미국에 집중되었다. 그러나 1960년대 이후 달러위기가 계속되고 미국으로부터 금유출이 계속됨에 따라 미국은 1971년 8월 닉슨대통령의 달러방위 성명으로 달러와 금과의 태환은 그 종지부를 찍었다. 달러는 명목적으로나 실질적으로 금과의 태환이 불가능한 불환지폐로 전락했다.

이러한 현상이 세계화폐로서의 금의 폐위를 뜻하는 것은 아니다. 현재의 국제사회에서 있어서 금소유권은 각국에 분립되어 있는데 이 소유권을 폐지한다는 것은 불가능하다. 어떻게 하면 국제적으로 금을 절약할 수 있겠는가? 또는 국제협조를 통해 집중관리하에 그 기능을 제한해 나갈 것인가 하는 것이 보다 현실적인 과제인 것 같다.

미 달러화의 가치하락과 반비례하여 국제 금가격이 치솟기도 한다. 국제자본이 가치가 하락한 달러에 투자하는 것을 피하고 원유 등 원자재와 함께 금에 몰리게 되면서 금가격이 상승하게 된다. 시대적 상황 변화에 따라 금이 지니고 있는 화폐적 가치는 변하더라도 금가치의 본질적 속성 자체가 훼손되지는 않을 것이다.

제2절 國際通貨制度 變遷

1. 국제통화제도 의의와 기능

국제통화제도(international monetary system)는 국제무역의 균형적 확대와 국가 간 자본의 원활한 이동을 지원하는 국제적인 통화제도 및 결제메커니즘이라 할 수 있다. 국제통화제도의 기본기능은 국제유동성의 적정한 공급과 국제수지 불균형의 원활한 조정 및 환율의 안정으로 볼 수 있다. 국제통화제도가 그 기능을 발휘하기 위해서는 먼저 국제적으로 통용될 수 있는 국제통화의 선정이 필요하다.

국제통화는 기본적으로 가치와 기능에서 국제적인 신뢰가 전제되어야 하는데 이를 위해서는 국제거래에서 광범위하게 사용될 수 있도록 가용성이 확보되어야 하며 무제한의 교환성이 보장되어야 한다. 이에 더하여 국제통화는 충분한 유동성, 가치의 안정성 및 전환성을 구비함으로써 효과적인 대외지급수단으로서의 기능을 수행할 수 있어야 한다.

이러한 의의와 기능이 요구되는 국제통화제도는 세계경제의 구조변화와 선·후진국 간의 이해상충 그리고 각국의 경제력이나 정치영향력의 성쇄에 따라 변천되어 왔는데 구체적으로 금본위제도에서 시작하여 브레턴우즈체제를 거쳐 킹스턴체제로 이행되어

[그림 8-2] 국제통화제도 변천

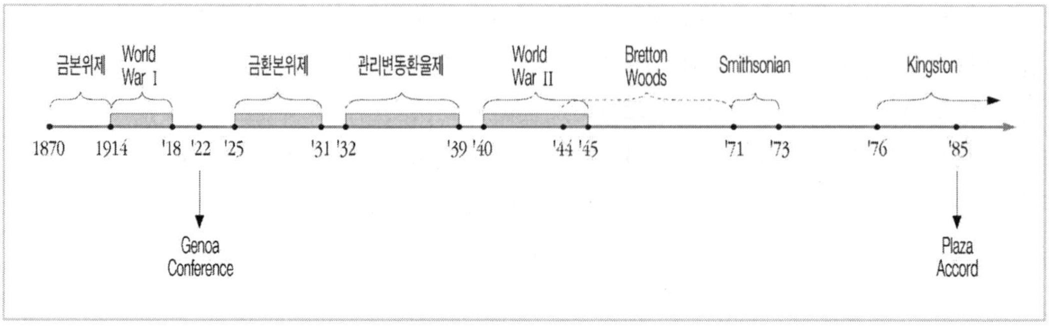

왔다. 국제통화제도의 변천을 요약하면 [그림 8-2]와 같다.

2. 금본위제도(1870~1914)

금본위제도(gold standard system)는 영국이 1816년 금을 유일한 화폐로 인정하고 1821년 나폴레옹전쟁이 끝나면서부터 시작되었다. 1870년대에 이르러 독일, 네덜란드, 노르웨이, 일본 등이 각각 금본위제로 이행함에 따라 금본위제도가 국제통화제도로 확립되었고 이 제도는 제1차 세계대전 이전까지 존속했다. 금본위제도에는 세 가지가 있는데 금화본위제도(gold coins standard), 금지금본위제도(gold bullion standard), 금환본위제도(gold exchange standard)가 있다.

금본위제도가 유지되기 위하여 세 가지 게임의 룰(rules of game)을 준수해야 한다. 첫째, 각국정부는 자국의 통화가치를 순금의 일정량으로 고정시켜 금평가(gold parity)를 실시해야 한다. 금평가는 통화 1단위와 교환이 보장되는 순금의 양이다. 평가(par value)란 자국통화와 외국통화간의 교환비율로 화폐 단위당 함유된 금의 순분량에 의해 결정되며 법정평가라고도 한다. 예컨대 A국 통화 1단위는 순금 10g을, B국통화는 순금 5g을 각각 함유하고 있다면 A국통화 1단위와 B국통화 2단위의 법정평가가 이루어진다. 이렇게 고정된 금평가는 고정환율제도의 특성을 가지게 된다.

둘째, 각국 정부는 국가 간 금의 자유로운 유출입을 허용해야 한다. 금의 자유로운 이동이 보장되면 시장환율은 금평가를 중심으로 금수송점(gold points)[14]인 금수출점(금

---

14) 금현송점이라고도 하며 금수출점과 금수입점을 말한다. 금본위제하에서 환율은 금평가에 금현송비(운임, 보험료, 선적비, 수수료, 양륙비, 이자 등)를 합한 수준 이상으로 상승되지는 않고 환율은 금평가에 금현송비를 공제한 수준 이하로는 하락하지 않는다. 왜냐하면 환율(자국화표시)이 금수출점보다 높으면 상품수입거래의 경우 외환을 매입하여 수입대금을 지급하기 보다는 금현송비를 부담하며 금을 수출하는 것이 유

평가+수송비용)과 금수입점(금평가−수송비용)의 범위 내에서 결정된다.

셋째, 각국은 금의 유출과 유입에 따라 국내통화량의 공급을 자동적으로 조절하여야 한다. 금유입시에는 일정 통화량을 자동적으로 증가시키고, 금유출시에는 일정통화량을 자동적으로 감소시켜야 한다.

고전파의 화폐수량설[15]을 전제로 하는 금본위제도 하에서는 흄(David Hume)이 주장한 가격(물가)정화유출입기구(price−specie flow mechanism)에 의해 국제수지의 불균형이 자동적으로 조절되어 진다. 이를 구체적으로 살펴보면 국제수지 적자국에서는 금의 해외로의 순유출→통화량감소→물가하락→수출(수입)증가(감소)→국제수지 균형의 순서를 거치게 된다. 반면 국제수지 흑자국에서는 금의 해외로부터의 순유입→통화량증가→물가상승→수출(수입)감소(증가)→국제수지균형을 이루게 된다.

가장 이상적으로 여겨졌던 금본위제도가 붕괴하게 된 원인은 ① 경제가 성장해 감에 따라 화폐의 수요가 증가하게 되는데 금생산량이 충분하지 못함으로써 야기된 유동성부족에 따른 금본위제도 자체의 결함, ② 대외균형(국제수지) 보다는 대내균형(실업과 물가)을 중시하여 게임의 룰을 지키지 않은 점,[16] ③ 영국의 상대적 지위가 약화됨에 따라 게임의 룰을 지키지 않은 국가들에 대한 지도력 상실 등을 들 수 있다.

결국 1914년 제1차 세계대전의 발발로 각국이 전비를 조달하면서 통화량 증가 등의 게임의 룰을 어기면서 붕괴하게 된다. 금본위제도에 대한 평가는 다양하다. 옹호론자들은 금본위제도가 환율안정을 바탕으로 대내·외 경제안정화를 기할 수 있는 국제통화제도라고 하는 반면 반대론자들은 오히려 금본위제도가 성장을 제약하고 실업을 증대시키며 물가안정에도 큰 기여를 하지 못했다고 주장한다.

당시 국제금본위제도가 효과적으로 작동했던 원인은 국제경제에서 주도적 역할을 담당했던 영국의 풍부한 금보유고와 국제수지 상태가 양호했고 미국과 남아프리카 등에서 대규모 금광이 발견되면서 금의 공급이 원활했기 때문이다.

리하다. 이때 외환의 수요가 감소하여 환율상승이 금수출점 이상은 억제된다. 환율이 금수입점보다 낮으면 상품수출거래의 경우 수출대금으로 외환을 수취하여 국내에서 매도하기 보다는 현송비를 부담하며 외국에서 금을 수입하는 것이 유리하다. 이때 외환의 공급이 감소하여 환율하락은 금수입점 이하는 억제된다.

15) MV=PQ 화폐유통속도(V)와 완전고용으로 인한 생산량(Q)이 일정하다고 가정하고 M(통화량)의 증가는 물가(P)와 정비례한다고 본다.

16) 금본위제 룰에 의해 일국의 금유출 현상이 발생하면 자국통화량을 감축시켜야 하는데도 불구하고 국내 경기침체(실업)를 우려하여 반대로 통화량을 증가시켜 금본위제 룰을 어기게 된다.

3. 금환본위제도(1925~1931)

제1차 세계대전(World War I)이 발발하면서 금본위제도는 붕괴되었다. 전쟁이 끝나고 연합국들은 1922년 이탈리아 제노아회의(Genoa conference)의 금융위원회에서 금본위제를 논의했다. 제1차 세계대전 이전에 비해 각국 물가가 엄청나게 변화했으므로 전쟁 전과 동일한 환율을 유지할 수 없는 상황이었다. 그럼에도 불구하고 세계 각국은 자기 나라의 경제상황에 대한 국제적인 신뢰를 유지하기 위해 환율을 변화시키지 않고 전쟁 전 금평가 유지를 고집했다. 그 결과 물가상승률이 높은 국가는 국제수지 적자가 누적되고 세계경제는 아주 어두운 국면을 맞이하게 되었다.[17)]

제1차 세계대전 이전 금본위제도로의 복귀가 어려운 또 다른 원인은 금부족과 금편재 현상이었다. 따라서 금을 절약하면서 금본위제도의 효과를 낼 수 있는 제도로써 금환본위제를 창안했다. 금환본위제는 금 대신 금환(金換) 즉, 금과 교환이 가능한 금본위제 실시국의 통화, 어음, 채권 등의 외환을 말한다.

미국은 국제수지 흑자와 대규모 금보유를 배경으로 이미 1919년 금본위제로 부활하고 있었고 국제수지 악화, 금보유액 감소 등의 어려움을 안고 있던 영국은 1925년 금지금본위제를 실시하여 두 나라가 금센터의 역할을 했다. 영국의 파운드와 미국의 달러가 금환으로서의 자격을 가지고 여타국의 준비자산에 포함됨과 동시에 양국 통화는 국제통화로서 기능하는 기초가 부여되었다.

1926년 금환본위제를 채택한 프랑스도 1928년에 금지금본위제로 법제상 개정하여 금센터로서의 진출을 시도했으나 프랑스 프랑을 국제통화로 하는데는 성공하지 못했다. 왜냐하면 국제통화는 금 채무의 역할만 하면 되는 것이 아니고 국제무역상의 여러 결제가 중심이 되는 금융중심지를 가져야 하기 때문이다. 그 후 일본은 1930년에 금환본위제로 복귀했다.

결과적으로 미국만이 종전과 같은 금화본위제도를 채택했고 영국과 프랑스는 금화의 자유주조와 은행권의 금태환이 제한된 금지금본위제도를, 여타 대부분의 국가들은 금 및 금태환이 보장된 교환성통화를 화폐발행준비로 하는 금환본위제도를 채택했다. 금본위국은 자국이 보유하는 금을 준비로 하여 통화를 발행하고 금환본위국은 금환인 금본위국 통화 등을 준비로 하여 다시 통화를 발행해 금부족현상을 해소할 수 있었다.

1920년대 금환본위제도에 있어서 파운드가 달러보다 준비자산으로서의 차지하는 비중은 높았다. 금환본위제도가 단명으로 붕괴하게 된 원인은 첫째, 영국과 미국의 복수

17) 강호상, 「국제기업재무론」(서울: 법문사, 1995), P.31.

중심국이 존재하여 복수의 국제통화가 유통하게 됨에 따라 상호 간 뜻하지 않은 불안한 자본이동을 야기시켰다는 점이다.

둘째, 금환본위제 하에서는 세계 전체적으로 통화팽창의 효과를 가져오며 금환의 이동이 금의 이동을 대체하지 못한다는 점이다. 금을 준비로 금센터국가에서 금환을 발행하고 다시 여타국은 금센터국가에서 발행한 금환을 준비로 다시 통화를 발행하게 됨에 따라 동일한 금을 준비로 이중으로 통화가 발행되는 셈이다. 금센터국에서 타국으로 금환의 이동이 이루어지는 경우 유입국에서는 이 금환을 중앙은행준비에 포함시키기 때문에 통화팽창적 효과를 가져오지만 유출국인 금센터국에서는 금이 실제 유출되는 것이 아니라 금유출국 명의계정에서 금유입국 명의계정으로 대체하는데 불과하여 통화축소 효과를 가져오지 못하는 비대칭적 관계가 발생하게 된다.

결국 1929년 세계대공황이 발생하여 은행이 연쇄적으로 도산해 가고 파운드화를 보유하고 있던 외국인 및 외국은행들이 파운드화의 가치에 대해 회의를 가지기 시작하여 영국의 중앙은행인 영란은행에 대해 금으로의 태환을 요구해 오자 영국은 1931년 9월 금과 파운드화의 연계를 포기하고 평가절하를 단행하게 된다. 이어서 프랑스, 미국까지도 금태환을 정지함으로써 금환본위제도는 10년만에 완전히 붕괴하고 말았다.

4. 관리변동환율제도(1932~1939)

국제경제는 금환본위제의 붕괴로 대공황을 맞이했으며 대량실업, 고율의 수입관세 부과, 수출증대를 위한 자국통화의 경쟁적 평가절하 등의 현상이 만연하게 되었다. 이 기간 동안의 환율제도는 관리변동환율제(managed floating exchange rate system)이다. 1932년 초에는 영국, 일본, 북유럽국가들과 남미국가들이 모두 변동환율제도를 채택했다. 미국은 1933년, 벨기에는 1935년에 관리변동환율제도로 이행했다. 그러나 당시의 변동환율제도는 1920년대 초의 변동환율제도와는 달리 구체적으로 명기된 외국환평형기금(foreign exchange equalization fund)의 조정을 통해 환율이 관리되도록 했다.

하지만 이 시기에도 국제통화질서는 안정되지 않았다. 각국은 경기활성화를 위해 자국내의 총수요를 진작시키고자 하면서 동시에 자국산업을 보호하기 위해 외국으로부터의 수입을 억제하고자 했다. 소위 상대국의 희생을 바탕으로 자국의 이익을 증진시킨다는 근린(인근)궁핍화정책(beggar my neighbor policy)을 실시했다.

대공황의 충격에서 벗어나지 못하고 있던 미국은 1930년 자국산업을 보호한다는 명목하에 스무트 호틀리(Smoot Howtley)법을 통과시키고 미국으로 유입되는 수입품에 대해 엄청난 관세를 부과했다. 미국의 결정에 대해 타국들도 1932년까지 60개국이 보복관세(retaliating tariff)를 부과했다. 이처럼 근린궁핍화정책을 통한 국가 간의 보복전은 세계경제를 자급자족적인 개별경제 또는 지역경제로 분열되게 만들었다. 세계경제는 전례없는 경제전쟁의 시대에 접어들고 제2차 세계대전(World War Ⅱ)이 발발하게 되었다.

5. 브레턴우즈체제(1944~1971)

브레턴우즈(Bretton Woods)체제는 제2차 세계대전 종전전인 1944년 7월 미국의 뉴햄프셔주 브레턴우즈에서 연합국 44개국 대표들이 모여 창설한 국제통화기금(IMF)을 중심으로한 국제통화제도이다. 이 제도는 국제유동성의 공급면에서는 금환본위제도이며 국제수지조정면에서는 조정가능 고정환율제도이다. 여기에서 금환본위제도는 각국의 통화가 금과 간접적으로 연결되었다는 의미에서 불리워진 것이며 제1차 세계대전 이후의 금환본위제도와는 상이한 것이다.

미국의 달러화만이 금과의 일정교환비율을 유지하고 각국의 통화는 미달러화의 기준환율인 IMF평가를 설정, 유지하여 환율의 안정을 도모하고자 했다. 미국은 대외적으로 금 1온스=$35로 금평가를 설정하고 외국의 중앙은행이 달러화의 금태환을 요구하는 경우 무제한적으로 허용했다. 각국의 환율은 IMF평가를 중심으로 상하 1%의 변동이 허용되었으며 국제수지가 기초적 불균형(fundamental disequilibrium)에 처했을 때만 IMF의 승인을 받아 상하 5%의 범위 내에서 환율조정이 가능하도록 했다.

브레턴우즈체제하에서 미달러화는 기축통화(key currency), 준비통화(reserve currency), 결제통화(settlement currency), 개입통화(intervention currency)의 역할을 수행하게 되었다. 그러나 브레턴우즈체제는 국제통화의 기본적인 기능인 국제통화의 적정공급과 국제수지 조정에 태생적으로 문제점을 지니고 있었다.

금생산의 제약은 국제통화 공급상의 문제를 야기했고, 미국 달러화의 공급확대는 유동성을 증가시킬 수는 있었지만 달러의 신인도(달러와 금과의 교환 신뢰도)를 추락시키는 유동성 딜레마(liquidity dilemma)에 직면하게 되었다. 1970년 IMF의 특별자금인출권(SDR) 창출과 정기적인 IMF쿼타[18] 증액조치 등 국제유동성 부족문제를 해결하기 위한

---

18) IMF에서 한국의 발언권을 나타내는 쿼타는 1998년 이후 0.764%이었으나 2006년 8월 31일 이사회에서 1.346%로 상향조정하는 결의안을 채택하고 동년 9월 19~20일 싱가포르 총회에서 통과시켰다. IMF 출자비율은 GDP, 외환보유액 등 4개 지표를 근거로 결정된다. 한국의 경우 GDP가 전 세계의 1.6%에 달하지만 IMF출자비율은 절반 수준에 불과했다. 한국은 쿼타 증액을 위해 19억 2,000만 달러를 추가로 출자했다.

획기적인 조치를 취하는 노력을 시도하기도 했다.

이러한 국제적 노력에도 불구하고 미국의 만성적인 국제수지적자가 확대되고 미달러화의 신인도가 추락함에 따라 결국 1971년 8월 15일 닉슨정부가 금태환정지선언(Nixon Shock)을 했다. 동년 12월 21일 미국 워싱턴의 스미소니언(Smithsonian) 박물관에서 각국의 환율변동폭을 IMF평가를 중심으로 상하 2.25%의 와이드 마진(wide margin)을 적용하는 스미소니언체제(Smithsonian system)를 출범시켰다.

달러가치도 금 1온스당 35달러에서 38달러로 평가절하 되었다. 그러나 스미소니언 협정이 출범한지 6개월 만에 파운드화 파동에 따라 영국이 변동환율제로 이행했고 미국도 1973년 3월 달러화를 다시 10% 평가절하 시켰고, 유럽의 EC제국은 동년 3월 공동변동환율제도(Snake system)로 이행하여 브레턴우즈체제를 재건하려는 노력이 완전히 실패했다. 유럽의 EC회원국들은 그 후 1979년 3월 긴밀한 통화정책을 추진하기 위해 유럽통화제도(EMS)를 창설하고 단계적으로 발전시키기로 했다.

[참고자료] 브레턴우즈체제의 허상

브레턴우즈체제가 진정 전후 세계 경제회복을 이끌었는가. 대답은 아니요다. 첫째 유럽의 경제 재건은 IMF나 세계은행(WB)보다는 미 정부의 마셜플랜에 의한 수십억 달러의 직접적인 자금 증여로 촉발된 것이다. IMF는 트루먼 정부의 관심을 받지 못했고 이후 10여년 간 방치됐다. 1949년 IMF의 한 이사는 "양자 간 무역과 불태환통화에 대한 의존도가 2차 세계대전보다 크다"고 지적했다. 둘째 IMF가 출범한 후 15년 간은 브레턴우즈 체제가 시작됐다고 말할 수 없는 점 역시 문제다. 유럽 9개국이 1961년 중앙은행의 태환 의무를 공식 채택한 후에야 금과 달러의 태환에 근거한 통화제도가 정착되었다. 이때까지 국제통화제도는 고정되지 않는 환율 체제였다. 국제적으로 통용되던 금의 유출입과 그에 따른 이자율 변동으로 무역 불균형이 해소된 것이다.

브레턴우즈 체제의 기획자인 해리 화이트 미 재무무 차관보는 "미국이 고정된 가격으로 금을 사고 파는 어려움에 직면할 가능성은 없다"고 말했지만 미국은 1971년 자국이 발행한 달러만큼의 충분한 금을 보유해야 하는 국제통화체제를 관리할 의무를 거부했다.

대중적인 믿음과는 달리 브레턴우즈 체제 협정은 다자적인 토론을 거쳐 합의된 것이 아니다. 회의 전 당시 세계 최대 채권국 미국과 최대 채무국 영국 간의 협상이 2년 간 지속됐다. 나머지 국가들은 1944년 무렵 세계 금의 80%를 차지하고 있던 미국의 생각을 알기 위해 참여했을 뿐이다.

오늘날에도 협력적 통화개혁을 향한 추진 방안은 정치적으로 멀기만 하다. 세계 최대 채권국인 중국과 최대 채무국인 미국은 그들의 특권을 세계의 '선(善)'이라는 추상적인 개념을 사용하지 않는다.

비록 IMF는 브레턴우즈 시대가 저문 뒤에도 국제금융의 중요한 행위자로 등장했지만 1940년대 미국, 영국이 원했던 것은 현재의 위기관리자로서의 기관이 아니었다. 설립 당시 IMF는 고정환율제라는 바퀴를 잘 돌아가게 하는 역할만 부여받았다. 위기가 발생하면 국가들은 순수출을 증가시키기 위해 화폐를 평가절하함으로써 스스로 정책을 바꿀 것을 기대했다.

> WTO설립의 기초가 된 마셜플랜과 GATT와 같은 효과적이고 지속적인 국제적 사례들은 1940년대 등장했지만 같은 시기 등장한 브레턴우즈 체제는 세계 경제에 효과적인 임무를 수행하지 못했다.
>
> 자료: 벤스틸, 미 외교협회 국제경제 담당국장, 한국경제(2014.8.5.) A 30 발췌

6. 킹스턴체제(1976~현재)

1976년 자마이카(Jamaica)의 킹스턴(Kingston)에서 IMF 잠정위원회가 국제통화제도에 대한 새로운 합의를 도출했는데 이를 토대로 한 제도를 킹스턴체제(Kingston System)라고 하며 지금까지 현존하고 있다. 이 제도는 1973년 3월부터 주요 선진국들이 이미 시행하고 있는 변동환율제도를 추인한 것에 불과하다. 주요 내용을 보면, 첫째, IMF 가맹국들은 각국의 경제여건에 맞는 환율제도를 자유로이 선택할 수 있게 되었으며, 변동환율제의 시행으로 국제수지불균형이 환율변동에 의해 시정이 가능했다.

둘째, 금의 공정가격이 폐지됨에 따라 가치척도로서의 금의 역할이 사라지고 그 대신 페이프골드(paper gold)라 불리는 IMF의 특별인출권(Special Drawing Rights)[19]이 맡게 되었다.

셋째, SDR을 주요 준비자산으로 인정하고 그 사용범위를 확대함으로써 종전의 금과 미달러화에 의해 공급되었던 국제유동성의 부족문제를 해결하고자 한 것이다. 넷째, IMF의 신용확대와 이용조건을 완화했다. 개도국의 국제수지적자 보전을 위해 확대신용, 신탁기금 등을 신설하여 IMF의 신용공급능력을 확대하고 기존의 대기성차관(Stand-by Credit)[20]에 대한 인출요건을 크게 축소함으로서 이용조건을 완화시켰다.

킹스턴체제는 1985년 이전과 이후로 구분해 보면 1985년 이전을 비협조체제, 1985년 이후를 협조체제라고 할 수도 있다. 1985년 9월 22일 미·영·프·독·일 5개국은 뉴욕

---

19) 만약 한국이 대 일본 국제수지적자로 일본 엔화가 필요하다면 IMF를 통해 SDR을 일본에 인도하고 이의 대가로 엔화를 수취하여 대외결제에 사용한다. 이때 일본은 규정에 따라 엔화를 지급할 의무가 있으며 일본도 타국 통화가 필요할 시에 동일한 방법으로 SDR을 사용할 수 있으며 보유중인 SDR에 대하여는 이자 수입도 발생한다. 국제수지적자국이 자국통화를 대가로 IMF로부터 외화를 인출할 수 있는 권리인 일반인출권(General Drawing Rights)과는 상이하다.
1970년 SDR 창출당시 1SDR=1달러=순금 0.888671 그램(1/35 온스)으로 되어 있었으나 변동환율제 이행 후 1974년 7월에는 SDR의 가치산정에 16개국통화의 표준바스켓제를 도입했다. 1981년 1월 1일부터 구성통화를 미 달러, 독일 마르크, 일본 엔, 프랑스 프랑, 영국 파운드 5개국통화로 축소하고 통화별 가중치는 매년 5년마다 조정한다. 2016년 10월 1일부터 중국 위안화가 추가되었다고 SDR가치는 구성통화의 일일변동과 함께 매일 변동하게 된다.

20) IMF 가맹국이 IMF로부터 일정기간 내에 일정한도 내의 신용공여를 추가적인 협의절차 없이 인출 가능한 일종의 크레디트 라인(credit line)이다.

의 플라자(Plaza)호텔에 모여 달러화 가치하락을 유도하기 위한 외환시장 개입에 협조하기로 했다. 또 1987년 2월 22일 5개국 및 캐나다 대표들 소위 G7이 루브르(Rouvre)에 모여 환율을 안정시키기로 합의했다. 이 때 이루어진 중요한 합의 중의 하나가 기준환율 중심으로 5%의 목표환율대(target zone)를 벗어나는 경우에는 외환시장 개입을 통해 안정시키기로 한 것이다.

킹스턴체제의 주요 문제점으로는 각국 간 정책협조의 미흡 및 IMF의 감독기능 약화를 들 수 있다. 킹스턴체제에서는 기본적으로 각국이 자율적으로 경제정책을 실시할 수 있고 각국의 이해상충이 빈번히 발생해 참여국의 공동후생을 극대화할 수 있는 정책협조가 잘 이루어지지 않는다.

각국은 건전한 재정·금융정책의 실시, 불공정한 환율의 조작금지 등을 위하여 IMF와 상호 협조하여야 하는 의무가 있지만 IMF의 감독기능이 주로 정책권고에 의해 수행되어 IMF에 의한 각국 간 정책협조의 유도가 어려운 실정이다. 이러한 문제점으로 인해 현행 킹스턴체제에 대한 개편 논의가 진행되기도 했다.

하나는 미국의 주장으로 현재의 변동환율제도를 유지하되 현 체제의 취약점을 보완할 수 있도록 수정·보완하자고 주장한다. 다른 하나는 유럽국가를 중심으로 한 주장으로 현행의 변동환율제를 근본적으로 개편하자는 것이다. 고정환율제도와 변동환율제도의 특징을 공유하고 있는 목표환율대시스템(target zone system) 등도 현실적으로 거론되어 지기도 했다.

7. 신 국제통화체제 개편 논의

1) IMF 체제 개선

국제통화기금(IMF), 세계은행(IBRD)으로 대표되는 현행 체제가 금융위기에 효과적으로 대응하지 못하고 있다는 비난이 거세지면서 개편론에 대한 목소리가 커지고 있다. 국제통화제도 개편 논의에 대해 각국 정부는 상이한 이해관계로 서로의 주장이 다르며 가까운 장래에 결론을 이끌어 내는 것은 사실상 불가능할 것이다.

1992년 9월 주요 선진국 전직 경제관료 및 금융관계자 400여명에 의해 발족된 브레턴우즈위원회(BWC)는 주요 선진국이 자국의 재정·금융정책을 건실화하여 거시경제 여건을 먼저 수렴시킨 뒤 환율의 과도한 변동과 균형이탈을 방지하기 위한 공식적인 협조체제를 구축하자는 주장을 했다.

1996년 4월 IMF잠정위원회 및 동년 6월 G7 정상회담 등에서는 외환시장의 정책협조, 국제통화제도의 안정성이 강조되는 등 변동환율제도의 개편 논의가 있기도 했다. 그러나 주도권을 쥐고 있는 미국이 환율제도의 개편에 소극적이었고 프랑스·독일 등의 EU권에 의한 단일통화 유로화가 1999년 1월 출범하면서 환율제도의 개편에 대한 논의는 수면 아래로 가라 앉은 실정이다.

미국은 근본적인 제도개편 보다는 기존의 IMF체제를 대폭 강화하자는 입장이다. 유럽의 입장은 각기 다르다. 아체글리오 치암피 이탈리아 재무장관은 기존 IMF잠정위원회의 성격을 협의체에서 상설 정책결정기구로 격상시켜야 한다고 주장했다. 반면 고든 브라운 영국 재무장관은 IMF, IBRD, 국제결제은행(BIS) 등 3개 국제금융기구를 통폐합하여 새로운 국제금융감독기구 설립을 제의했다. 한편 IMF는 자체적인 개혁추진 방침을 제기했고 IMF체제 개편에 대한 필요성은 공감하면서 방법론에 대한 접근은 다양한 실정이다.

IMF에 대한 비판은 IMF의 지도 대상이었던 개도국과 빈국에서도 나왔다. 24개 개도국 모임인 G24는 2007년 10월 19일 IMF의 개혁속도는 실망스럽고 받아들이기 어려운 수준이라고 평가했다.

2008년 11월 15일 미국 워싱턴에서 제1차 선진·신흥시장국 G20 정상회의에서 신브레턴우즈체제에 대한 논의가 기대되기도 했다. 당면 금융위기 해결방안과 함께 브레턴우즈체제에 대한 논의로써 다국적 금융회사에 대한 규제, 금융회사 임원 임금규제, 국제회계기준의 대대적 수술, 환율정책 재조정 등이 거론되기도 했다. 그러나 신브레턴우즈체제 논의에 대해 미국의 부시대통령은 "어떤 개혁도 자유시장체제와 무역 및 투자자유화라는 원칙을 지켜야 한다"라고 논의 자체를 경계했다.

2009년 4월 2일 영국 런던에서 제2차 G20 정상회의에서는 글로벌 금융위기로 뿌리부터 흔들리고 있는 국제금융시스템을 대체할 새로운 IMF개혁에 대한 논의가 점화되기도 했다. 하지만 현행 국제금융시장의 패권을 유지하면서 개선책을 찾으려는 미국과 글로벌 금융위기에 대한 미국책임론을 제기해 주도권을 뺏으려는 중국 등 신흥국들의 팽팽한 의견 대립으로 기싸움만 벌였다. 의제로 채택되지는 않았지만 중국,[21] 러시아, 브라질의 달러 기축통화에 대한 도전은 미국으로서 자존심 상하는 일이었다.

제2차 G20정상회의에서는 IMF의 재원확충, 국가별 IMF 분담금 개혁을 통해 신흥국 위상 제고 등 국제금융기관 개혁, 금융감독 및 규제개선, 금융회사 보상체계 재설계, 장

---

21) 중국 주도로 AIIB(아시아 인프라 투자은행)는 세계은행과 아시아개발은행(ADB)에 대항하기 위해 2016년 설립되었다. 한국을 포함 57개 회원국으로 출범했고, 현재 회원국은 77개국이다.

외파생상품 투명성 개선, 신용평가기관 감독체계 마련 등이 거론되었다.

2010년 서울 G20 정상회의에서 IMF 쿼타 및 지배구조 개혁안이 채택되었다. 미국, 일본, 독일 등 선진국 지분은 줄이고 중국, 한국, 브라질, 인도, 러시아 등 신흥국 지분을 늘린다는 내용이었다. 마침내 2010 IMF 개혁안 발효(2015.12)로 쿼타 자본금 규모는 2배로 확충되고 선진국에서 신흥 개도국으로 6% 이상 쿼타를 이전했다. 지배구조와 관련해 미국, 일본, 독일, 영국, 프랑스로 구성된 지명이사제가 폐지되었다. 미국은 17.68%(1위)에서 17.398%(1위)로 줄어든 반면 중국은 4%(6위)에서 6.39%(3위)로 한국은 1.41%(18위)에서 1.799%(16위)로 상승했다. 미국의 지분율이 17% 이상이어야 IMF 의사결정 과정에서 단독 거부권을 행사할 수 있어 그 지위를 유지했다.

2) 신 금본위제도

금본위제 부활은 트럼프 대통령이 속한 공화당이 궁지에 몰릴 때 마다 위기 타개책으로 내놓는 단골 메뉴이다. 2차 오일파동 직후 1980년대 초 미국경제가 경기침체 아래 물가가 올라가는 스태그플레이션(stagflation) 국면에 빠지자 로널드 레이건 정부는 특별위원회까지 설치해 금본위제 도입을 검토했다. 2012년 대선을 앞두고 대부분 공화당 후보들은 오바마 정부에 편향된 통화정책을 견제하기 위해 금본위제 부활을 공론화 한 적이 있었다.

새로운 국제통화체제에 대한 공식적인 논의는 아니지만 개인적인 주장으로 제임스 로릭은 2011년 저서 「통화전쟁(Currency Wars)」에서 중앙은행의 월권과 실수를 바로 잡기 위해서는 신금본위제로 전환해야 한다고 주장했고 전 IBRD 총재 졸릭(Robert Zoellick)도 이에 동조했다. 이에 대해 2008년 미국의 금융위기를 예언하며 유명해진 루비니(Nouriel Roubini) 교수는 금본위제가 대공황의 주요 원인이었는데 왜 금본위제로 환원한단 말인가라고 반박하기도 했다.

트럼프정부 역시 금리인상 속도와 갈등을 겪는 Fed를 길들이기 위해 금본위제도를 거론하기도 했다. 하지만 금본위제를 부활하기 위해서는 가장 큰 조건인 금의 충분한 확보가 이루어져야 하는데 결코 용이하지 않고 시장의 혼란만 가중시켰다. 2011년 금본위제 부활 논의가 활발할 때 한국은행은 외환보유 다변화 차원에서 금 96톤을 매입했고 일부 시중은행은 금값이 온스당 3,000달러까지 상승할 것이라는 예상하고 고객에게 금 매입을 강하게 추천했으나 결과는 낭패로 끝났다.

3) 현대통화이론(MMT) 논란

중국, 러시아 등은 기축통화인 달러화의 비중을 낮추기 위한 다양한 노력을 기울이고 있다. 일반적으로 미 달러 약세에 대응해 자국 통화 가치를 떨어뜨리는 환율전쟁이고 다른 하나는 탈(脫)달러화 정책이다. 달러화 발행이 축소되면 화폐발행 차익인 세뇨리지(seignorage)가 감소하고 이는 트럼프 정부의 고민이 될 수도 있다. 중국 등 사회주의 국가는 이 방안으로 대응하고 있다.

2020년 대통령 선거를 앞두고 미국 학계에서 논란이 되고 있는 현대통화이론(Modern Monetary Theory: MMT)에 트럼프 대통령이 매력을 느꼈다. MMT이론은 경기부양을 위해 물가에 문제가 없는 한 재정적자와 국가부채를 두려워하지 말고 달러를 찍어 내어도 문제가 없다는 시각이다. 환율조정의 문제는 상대국에 있고 양적완화 정책의 성공으로 미국은 상당한 자신감이 있다는 것이다.

포스트 케인스언의 비주류 경제학자 워런 모슬러(Warren Mosler)가 주장해 미국과 유럽을 중심으로 뜨겁게 진행되고 있다. IMF와 세계은행 컨퍼런스에서 논란의 핵심에 서기도 했다.

MMT는 달러 가치와 관련해 종전의 트리핀 딜레마(Triffin dilemma)를 정면으로 반박하는 것이다. 트리핀 딜레마란 1947년 벨기에 경제학자 로버트 트리핀이 제시한 것으로 유동성과 달러의 신뢰도 간 상충관계를 말한다. 기축통화국인 미국은 경상수지 적자를 통해 통화를 계속 공급해야 한다. 경상수지 적자로 유동성은 풍부하지만 미국 정부가 달러를 금으로 태환해 주어야 하는 당시 브레턴우즈 체제에서 달러화의 신인도는 떨어질 수밖에 없는 딜레마 현상을 말한다.

하지만 반대론자들은 MMT 이론을 미친 짓이라고 맹비난하기도 했다. 래리 핑크 블랙록 최고경영자는 'MMT는 쓰레기이다'라고 비판했다. 제롬 파월 Fed 의장도 '그 나라의 통화로 부채를 발행해서 적자에 대해 걱정할 필요가 없다는 주장은 잘못됐다. 적자가 많을 때는 돈을 덜 쓰거나 세금을 올려야 한다'라고 반대했다.

8. 기축통화 경쟁

1) 배 경

제2차 세계대전 이전까지만 해도 해가 지지 않는 제국으로 불리던 영국의 위상에 힘입어 파운드화가 세계 공식통화로 통용되었다. 그러나 제2차 세계대전의 전승국인 미국은 브레턴우즈체제를 통해 파운드화를 밀어 내고 달러화를 기축통화(key currency)로 만들면서 세계 금융의 헤게모니를 잡게 되었다.[22)]

2008년 글로벌 금융위기 이후 미국 달러화에 대한 불신이 커지면서 G20 정상회의에서 기축통화(key currency)[23)]문제가 주요 의제로 다루어지는 것을 미국은 내심 걱정했다. 기축통화 문제를 논의한다는 것은 사실 그 자체가 달러의 신뢰도가 바닥으로 추락했다는 것을 의미하고 이는 팍스 아메리카나(Pax Americana)체제의 균열을 알리는 신호탄이 될 수 있기 때문이다.

2015년 11월 IMF 집행이사회는 SDR 구성통화 편입을 최종 결정하고 SDR 통화 편입 후 효력은 2016년 10월부터 발생했다. 중국 위안화는 이로써 미국 달러화와 영국 파운드화, 유로화, 엔화와 함께 다섯번째로 SDR 구성통화 바스켓에 포함되었다. 위안화의 SDR 편입 비율은 10.92%로 정해졌다. 미국 달러(41.73%), 유로화(30.93%)에 이어 세 번째로 높으며 엔화(8.33%)와 파운드화(8.09%)보다 높다. IMF의 결정에 따라 위안화는 세계 3대 주요 통화로 부상했다.

브라질의 루이스 이나시우 룰라 다 시우바 대통령은 달러화를 대체하자는 주장은 충분히 논의할 가치가 있다며 중국편을 들었고 IMF도 새 통화에 대한 논의가 적절하다고 거들었다. 러시아 역시 IMF가 새로운 기축통화를 만들어야 한다는 반응이다. 그러나 유럽과 일본 등 기존 선진국들은 여전히 달러화가 세계경제를 지배하는 구도가 지속되어야 한다는 주장을 고수하고 있다. G20회의에서는 이 문제가 부각되는 것도 꺼리고 있다.

중국, 러시아, 브라질 등 신흥 강국들은 글로벌 금융위기로 미국식 자본주의의 한계가 드러났다며 이 기회에 글로벌경제의 주도권을 잡겠다는 의도를 감추지 않았다. 외환보유액의 상당 부분을 달러화로 보유한 이들 국가로선 미국의 경기부양책으로 달러화 가치가 급락해 엄청난 자산손실을 감수해야 하는 것도 불만이다.

반대로 미국은 기축통화 논쟁에서 밀리면 달러화 가치하락을 우려한 해외투자자들이 미국에 대한 투자를 줄여 산더미 같은 경상수지 및 재정적자를 지탱하기 힘들어 진다. 특히 천문학적 규모의 경기부양책을 집행해야 하는 처지에서 달러화가 기축통화 지

22) 미 달러화는 브레턴우즈체제하에서 매개통화(vehicle currency), 준비통화(reserve currency), 결제통화(settlement currency), 개입통화(intervention currency) 역할을 한다.

23) 기축통화는 세계 지배력을 가진 국가들의 통화가 시대별로 달리해왔다. 로마시대에는 데나리우스(은화), 비잔틴제국(4~10세기) 때는 솔리두스(금화), 르네상스 초기(13세기 이후)에는 피렌체의 플로린(그화), 신대륙 발견 이후(14~18세기)에는 스페인의 페소, 네덜란드의 길더 등이었고 산업혁명 이후(19세기 말~20세기 초)에는 영국의 파운드, 제2차 세계대전 이후에는 미국 달러이다.

위를 잃으면 국채발행이 난관에 봉착하고 재원마련이 어려워진다. 각국이 외환보유액을 달러화로 채우기를 기피하면 미국의 국제정치력에도 큰 마이너스 요인이 된다.[24)]

2) 달러화에 대한 반기

2017년 4월 현재 달러는 전 세계 지급결제 비중 39.9%, 국제채무 56.3%, 외환보유액 62.7%를 차지하는 등 압도적이다. 한편 지급결제 비중에서 유로화 35.7%, 엔 3%이고 국제채무 비중에서 유로화 23.2%, 엔화 3.2%, 외환보유액 비중에서 유로화 20.1%, 엔화 4.9%를 차지한다.

트럼프 정부의 미국우선주의(America First)에 맞서 러시아·유럽·중국이 달러화에 대한 반기를 들어 보지만 효과는 시원치 않다. 러시아는 탈달러화(dedollarization) 정책 일환으로 2018년 미국 국채의 80%를 매각하고 금 보유량을 크게 늘렸다. 러시아는 루블화 거래기업에 세제혜택을 제공하는 등 달러화 의존도를 낮출 계획이다.

세계 최대 다이아몬드 생산회사 알로사그룹은 이란, 중국에 수출을 하면서 러시아 정부 정책에 힘입어 루블화로 결제를 하면서도 루블화 변동으로 인한 환리스크가 두려워 서둘러 결제를 마쳐야만 했다.

러시아는 달러로 거래되는 석유와 가스 매출이 국가 예산의 약 40%를 차지하고 있다. 러시아 경제는 원자재에 기반을 두고 있기 때문에 장기적으로 탈달러화가 쉽지 않다.

미국과 무역전쟁을 벌인 중국은 위안화 원유선물거래를 시작(2018.3)했다. 미국의 관세 보복으로 수출 차질을 빚게 되면 달러로 구입해야 하는 원자재 확보가 어렵다는 것이 중국의 딜레마이다. 2008년 글로벌 금융위기 이후 위안화의 국제화에 시동을 걸었지만 킹달러의 위세에 눌려있다.

미국과 보복관세로 갈등을 빚고 있는 EU 장클로드 융커 집행위원장은 2018년 9월 유로화를 기축통화로 끌어 올리고 유럽 내 미국과 별개의 독립적 지급결제 시스템을 만드는 방안을 거론했다.

이란은 달러 이용을 제한하고 달러 이외 위안화, 유로화 등으로 원유거래를 할 것을 권유하고 있다. 하지만 북한 정권이 해외에서 달러 외화벌이에 목을 매고 있고, 해적마저 몸값으로 달러를 요구하는 달러 패권시대에 달러를 외면하는 것은 당분간 쉽지 않다고 하겠다.

---

24) 동아일보(2009. 3. 31) 발췌.

제3절 EMU 通貨制度

1. 유럽통화제도 역사

1972년 4월에 스위스 바젤(Basel)회담에 의해 출발한 EC 6개국이 참여한 유럽의 스네이크제도(Snake system/Snake within the tunnel)는 1971년 8월 스미소니언체제에 의한 달러화의 변동폭 확대조치에 대한 유럽시장의 공동보호라는 목적하에 이루어졌다.

[그림 8-3]에서와 같이 역내통화의 대 달러화 시세는 4.5%(상하 2.25%)를, 역내통화 간 상호 간 환율 변동폭은 2.25% 변동폭을 유지토록 하고 이 범위를 벗어나면 가맹국은 외환시장에 개입할 의무를 지닌다. 스네이크제도는 환율변동이 마치 터널(4.5%) 속에서 뱀(2.25%)이 움직이는 모습을 한다고 하여 붙여진 명칭이다. 1973년 석유파동 이후 계속적 통화불안과 통화위기로 이중적 시장개입의무 수행이 곤란하여 1973년 3월 EC이사회는 역내 통화 간 축소 변동폭은 그대로 유지하는 한편 대 미달러에 대한 시장개입 의무는 폐지했다.

[그림 8-3]에서 뱀의 형상으로 나타나는 역내통화 상호 간 환율 변동폭은 유지하되 그 뱀의 상하변동 한계(4.5%)를 제한하는 터널은 제거된(snake in the open) 공동변동환율제도(Joint Floating Exchange Rate System)로 개편되었다. 한편 역외국에 대하여는 공동으로 환율이 변동되도록 했다.

공동변동환율제도는 1979년 3월 EC가맹국 9개국 중 영국을 제외한 8개국이 통화간의 환율안정과 역내경제통합을 목적으로 유럽통화제도(European Monetary System: EMS)로 확대 개편하여 출범시켰다.

[그림 8-3] 유럽의 스테이크제도

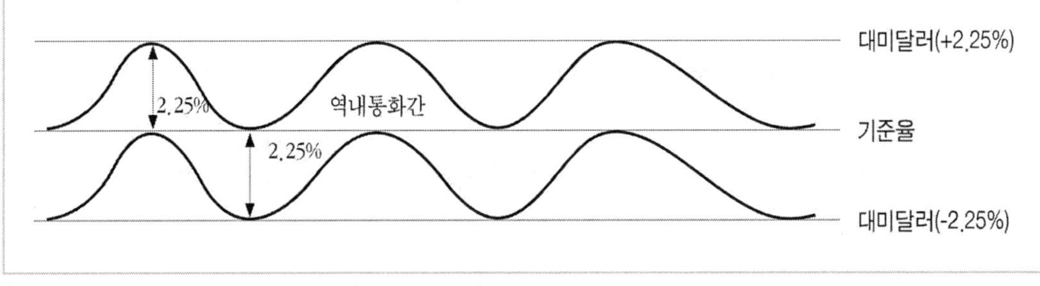

미달러의 영향권에서 벗어나 장기적으로는 EC를 하나의 단일통화권으로 발전하기 위한 기초구조를 형성했다. EMS는 과거 스네이크제도와 기본적 차이는 없으나 환율안정과 이를 위한 자금지원책을 제도적으로 강구한 점이 특징이다. EMS는 당초 9개국이 출범했으나 1985년 7월에 그리스, 동년 5월에 스페인, 1987년 11월에 포르투갈을 마지막으로 12개 EC 전 가맹국이 참여하고 있다.

EMS는 ① EC 12개국 통화의 바스켓에 의해 창출된 복합통화로써 유럽통화단위(European Currency Unit) 창출, ② ECU를 중심으로 한 환율결정 및 외환시장 개입방식의 환율조정기구(Exchange Rate Mechanism), ③ EMS 가맹국 중앙은행 간 신용제도의 도입, ④ 유럽통화협력기금(EMCF)의 설립 및 향후 유럽통화기금(EMF)으로의 발전적 대체 등이다.

EMS는 궁극적으로 단일통화 형성이라는 이상을 실현하기 위해 1987년 7월 단일유럽의 정서(Single European Act)를 채택하고 1988년 6월 하노바 EC정상회담에서는 유럽통화동맹(European Monetary Union: EMU)의 조기추진을 결의하고 1989년 4월에는 EMU의 기본 추진 계획인 자크 들로르(Delors)보고서가 채택되었고 3단계로 나누어 단계적으로 추진할 것을 건의했다.

2. EMU 발전과정

유럽통화동맹(EMU)의 발전과정을 보면 <표 8-1>과 같다. EMU의 3단계 추진계획은 1990년 7월부터 실시된 제1단계에서는 회원국 간 경제 및 통화정책의 협력강화, 전 회원국의 환율조정기구(ERM) 가입이다. 1990년 6월의 더블린 EC정상회담에서는 EMU완성을 위한 로마조약 개정을 위하여 EC각국 정부 간 회의를 1992년 12월부터 시작하기로 했다. 그리고 1991년 12월 9일~10일 네덜란드의 마스트리히트(Maastricht)에서 개최된 EC 12개국 정상회담에서는 경제통화동맹 및 유럽정치동맹(European Political Union)의 실현을 위하여 유럽연합조약의 체결에 합의했다.

제2단계는 1994년 1월부터 시행되었고 유럽통화기구(EMI)설립, ECU바스켓의 통화 가중치 동결을 주요 내용으로 한다. 제3단계에서는 유럽중앙은행제도(European System of Central Bank)를 설립하여 참가국의 통화주권을 유럽중앙은행제도에 이양하고 동시에 단일통화를 창출하여 유럽통화통합을 완성하도록 했다. 당시 마스트리히트조약에서는 유럽 단일통화의 명칭을 ECU로 하기로 하였으나 1995년 12월 마드리드 EU정상회담에서 단일통화의 명칭을 유로(Euro)[25]로 최종 결정했다.

---

25) 1999년 출범(1유로=1.1676달러)하여 초기에는 실물 없이 금융거래만 이루어졌다가 2002년 1월 1일부터

〈표 8-1〉 EMU 추진과정

연 도	추진과정	비 고
1991. 12	유럽정상들의 EMU추진계획합의	마스트리히트(네)
1993. 11	EMU 정식 발효	
1994. 1	유럽통화기구(EMI)창설	
1998. 6	유럽중앙은행(ECB)설립	단일통화발행·정책권
1999. 1	EMU공식출범 유로(Euro)(11개국) 1유로=1.1676달러(약 1,400원) (화폐실물 없이 금융거래 단위로 등장함)	독일, 프랑스, 이탈리아, 벨기에, 네덜란드, 룩셈부르크, 오스트리아, 아일랜드, 스페인, 포르투갈, 핀란드(영국, 덴마크, 스웨덴, 그리스 제외)
2001. 1	유로화 참여 12개국 (화폐실물공급, 일반상거래수단 통용)	그리스 가입(자격요건 충족)
2002. 7	참여국 통화 법적효력 정지 (2002.6.30 12개국 기존통화 회수)	유로화 본격적 통화통합
2004. 5	EU 가입 25개국 (동유럽 10개국 가입)	폴란드, 헝가리, 체코, 슬로바키아, 슬로베니아, 리투아니아, 라트비아, 에스토니아, 키프로스, 몰타
2007. 1	EU 가입국 27개국	불가리아, 루마니아
2007. 1	유로화 참여 13개국	슬로베니아
2008. 1	유로화 참여 15개국	몰타, 키프로스
2009. 1	유로화 참여 16개국	슬로바키아
2011. 1	유로화 참여 17개국	에스토니아
2013. 7	EU 가입 28개국	크로아티아
2014. 1	유로화 참여 18개국	라트비아
2015. 1	유로화 참여 19개국	리투아니아

단일통화는 ECU를 개명하여 Euro라는 이름으로 1999년 1월 1일 공식통화로 도입했고 2002년 1월 1일부터 정식으로 유통되었다. 2019년 현재 유로화 사용 국가는 EU 28개국(영국 포함) 중 19개국[26]과 바티간시국, 안도라, 산마리노, 모나코 등 인근 4개국이다.

지폐 7종류(5, 10, 20, 50, 100, 200, 500유로)와 동전 8종류(1, 2, 5, 10, 20, 50 유로센터와 1, 2 유로)가 있다. 동전 생산에 한국의 (주)풍산이 참여했고 한 면에는 유럽지도와 12개 별을 공동 도안으로 사용하되 이 면에는 개별국가의 특성을 살릴 수 있도록 재량권을 주었다.

26) 유로화 사용 19개 국가는 현재(2019) 독일·벨기에·이탈리아·프랑스·그리스·네덜란드·라트비아·룩셈부르크·몰타·스페인·슬로바키아·슬로베니아·아일랜드·에스토니아·오스트리아·키프로스·포르투갈·라트비아, 리투아니아.

2019년 현재 EU참여국 28개국[27] 중에서 유로화를 공식화폐로 사용하지 않는 9개국은 영국, 덴마크, 스웨덴, 폴란드, 체코, 헝가리, 루마니아, 불가리아, 크로아티아이다.

유로화의 출범은 종전의 달러체제에 대한 견제 역할을 했고 미국은 유로화 출범에 대하여 부정적 시각을 가지고 있었다. 계속 친미성향의 영국은 유로화 출범 참여에 애초부터 부정적이었으며 덴마크와 스웨덴은 국민투표 결과 근소한 차이로 참여가 부결되었다. 그리스는 가입을 원했으나 1999년 출범당시 자격미달로 제외되었다가 2년 후 자격요건을 충족해 합류하게 되었다. 1999년부터는 금융기관 간에만 유로화를 사용하다가 2002년 1월 1일부터는 유로화와 기존의 화폐를 동시에 사용하고 2002년 7월 1일부터는 유로화만을 사용하며 사실상 통화통합이 완료되었다. 2002년 7월 1유로(Euro)는 1.1828미 달러로 출발했으며 유로화의 안정성을 위하여 유로 「안정성장협약」에서는 유로권에 속한 국가의 재정적자가 국내총생산(GDP)의 3%를 초과할 경우 해당국가는 GDP의 0.5%를 벌금으로 내도록 합의했다.

유로존은 2012년 9월 상설 구제금융 기구인 유로안정화기구(European Stability Mechanism: ESM)를 출범시켰다. ESM에는 유로존 재무장관들이 당연직 이사로 참여하며 당시 임시 구제금융기구인 유럽재정안정기금(EFSF)과 당분간 병행 운영되다가 2013년 7월부터 유로존 가입국들의 재정위기를 방어하는 유일한 소방수 역할을 하게 되었다. ESM 이사회 초대 의장은 유로존 재무장관 의장인 장 클로드 융커[28]이었다.

ESM의 재원규모는 5천억 유로(약 720조원)로 이 가운데 800억 유로는 유로존 회원국이 경제 규모에 따라 향후 25년 간 5회에 걸쳐서 현금으로 분납하기로 했다. 나머지 금액들은 유로존 회원국들이 지급보증 형태로 채권을 발행해 자금을 조달해서 이를 통해 경제위기 국가에 구제금융을 지원하는 역할을 담당하며 대출 가능 규모는 약 5천억 유로 정도이다.

---

27) EU회원국은 프랑스·영국·독일·이탈리아·스페인·오스트리아·그리스·포르투갈·아일랜드·벨기에·네덜란드·룩셈부르크·덴마크·스웨덴·핀란드의 15개국에서 폴란드·헝가리·체코·슬로베니아·슬로바키아·라트비아·리투아니아·에스토니아·키프로스·몰타의 10개국이 2004년 가입했고 불가리아, 루마니아는 2007년 가입, 크로아티아는 2013년에 가입해 총 28개 국임. Brexit로 영국이 EU를 탈퇴하면 EU회원국은 27개국이 됨. 마케도니아는 국명만 바꾸면 EU 가입을 허용한다는 그리스의 제안에 따라 국명 변경안을 국민투표(2018)에 붙였으나 투표 성립요건인 투표율 50%를 넘지 못해 실패했다. 그리스는 알렉산더 대왕을 기리는 고대 마케도니아 왕국의 이름을 사용하는 것에 반대하고 있다.

28) 장 클로드 융커 전 룩셈부르크 총리가 EU 집행위원장에 취임했다(2014.7). 28개 EU회원국 중 헝가리와 영국만 표결에 반대했다. 영국의 데이비드 캐머런 총리는 개혁성이 부족한 인물이 집행위원장이 되어 영국이 EU에 남는 일이 더 어렵게 되었다고 불평했다. 영국정부는 EU협정을 개정하고 2017년 EU 탈퇴여부 국민투표를 거쳐 EU에 잔류한다는 장기계획을 발표했다(한국경제, 2014.6.30).

3. 리스본조약 발효

1) 리스본조약 추진배경과 내용

2007년 10월 18일 포르투갈 리스본(Lisbon)에서 열린 EU 27개 회원국 정상회의에서 2년전 프랑스와 네덜란드 국민투표에서 부결된 EU헌법을 대체하는 개정조약(Reform Treaty)인 일명 미니조약(Mini Treaty), 또는 리스본조약(Lisbon Treaty)의 내용을 확정했다. 이로써 EU는 창설 50년 만에 경제동맹에 이어 유럽정치동맹(EPU), 유럽사회동맹(ESU)의 단계적 수순을 밟을 것을 기대했었다. 개정조약은 회원국의 공식서명을 거쳐 2008년 중 회원국 비준을 거쳐 2009년 상반기 발효를 목표로 했으나 2009년 12월 1일로 발효가 미루어졌다.

종전에 부결된 EU헌법은 로마조약(1957), 마스트리히트조약(1992) 등을 대체하기 위한 것이었지만 개정조약은 기존조약을 보완 수정하는 성격을 띠고 있었다. 이에 따라 헌법이라는 용어가 빠지고 국기, 국가 등 EU 상징물 규정이 삭제되었다. 하지만 내용적으로는 헌법처럼 대통령직 지위를 가지는 상임의장과 외교총재직인 외교대표가 신설되었다. 개정조약의 주요 내용은 헌법이 아니라 조약(treaty)이며 유럽 기본권 헌장에 구속력을 강화했으나 영국과 폴란드는 선택배제권을 보유하도록 했다.[29]

리스본 조약을 통해 EU는 내부통합 문제를 일단락짓고 정치 공동체로 한 단계 도약할 기반을 마련했다는 평가를 받았다. 다만 주의해야 할 점은 2005년 부결된 유럽 헌법 조약에 대폭적인 변경이 더해졌지만 유럽헌법조약과는 달리 유럽기를 두는 것과 같은 헌법적(국가기관적)인 성격은 제거되었다는 점이다. 또 특정한 국가에는 적용 제외 조항이 있었다. 유럽헌법조약에서 헌법적 성격의 내용을 제외한 그 이외의 내용에 대해서는 리스본조약에 상당부분 반영되어 있다.

리스본조약은 '유럽연합조약 및 유럽공동체설립조약을 개정하는 조약'이고, 2009년 12월 1일 발효함에 따라 6개월마다 EU 회원국이 번갈아 맡던 순회의장국 제도가 폐지되고 상임의장인 유럽이사회의장 자리가 신설되었다. 의장의 임기는 2년 6개월이고 1회 연임이 가능하다. 이 직위는 종종 EU 대통령이라고 번역되기도 하나 이는 부적절하다. 정치통합체가 아닌 EU는 대통령을 둘 수 없기 때문이다. 역시 5년 임기로 신설되는 외교·안보정책 고위대표직도 정확히는 외무장관이라고 부를 수 없다.

---

29) EU시민의 자유와 평등, 정치 사회적 기본권리를 담고 있는 기본권 헌장의 54개 조항이 모구 구속력을 가지게 되었으며 영국과 폴란드에는 선택 배제권(option out)이 주어졌다. 미국식 시스템에 가까운 영국은 이 헌장이 받아들여 질 경우 기업의 근로자 해고, 권한 등이 제한될 것을 우려했다.

EU위원회는 2008년에 회원국 별로 1명씩, 27명인 집행위원 수를 2014년 이후엔 2008년의 3분의 2 수준인 18명으로 줄였다. 유럽이사회의 의사결정방식인 가중다수결의 의사결정 방식도 기존 만장일치제에서 EU 인구의 65% 이상, 회원국 55% 이상이 찬성

〈표 8-2〉 리스본조약 추진 경과

년 도	내 역
1992.2	마스트리트조약 체결
1999.1	유럽 11개국 통화동맹 출범
2002.1	유로화 법정화폐 통용시작(11개국+그리스)
2002. 2	European Convention 출범을 통해 니스조약 개정작업에 착수
2002. 3	마르크화, 프랑화, 리라화 등 기존 화폐폐지
2003. 10	정부간 회의(IGC)출범
2003. 12	유럽헌법조약(Treaty Establishing a Constitution for Europe)
2004. 6	EU정상회담에서 EU헌법조약 최종 승인
2005. 1	유럽의회 74% 지지 승인
2005. 5	프랑스(5.29)와 네덜란드(6.1)비준 거부(15개국 비준은 이미 완료)
2005. 6	숙고기간(Reflection Period)설정 → 비준작업 사실상 중단
2007. 1	각료의사회 의장국인 독일 주도로 니스조약 개정작업 재개
2007. 10	수정조약(Reform Treaty) 초안 제출
2007. 12	EU 정상의 리스본 조약 서명
2008. 6	아일랜드 국민투표에서 비준안 부결
2007~2009	슬로베니아, 말타, 키프로스, 슬로바키아 유로존 가입, 회원국 16개국
2009. 10	아일랜드 국민투표 통과
2009. 10	폴란드 비준 서명
2009. 11	체고비준 서명
2009. 12	리스본조약 발효
2010.	그리스 재정위기 발발
2011.1.1	에스토니아 유로존 가입, 회원국 17개국
2011~2013	재정위기. 그리스, 이탈리아, 스페인, 포르투갈, 아릴랜드 등 확산
2014. 1	라트비아 유로존 가입. 회원국 18개국
2015.1	리투아니아 유로존 가입, 회원국 19개국

하고, 전체 국가 중 15개국 이상 찬성하면(국가 기준) 가결되도록 변경되었다. 이는 리스본조약 발효 이전의 인구수에 의한 가중치를 부여하던 가중다수결과와 다르며, 기존의 가중다수결과 구분을 위해 리스본조약 기초과정에서 작업반에 의해 이중다수결이란 용어를 사용하기도 했다. 리스본조약에서는 작업반이 사용하던 이중다수결이란 용어를 사용하지 않고 가중다수결이란 용어를 그대로 사용했다.

마지막까지 비준을 완료하지 못했던 아일랜드(2009.10.2), 폴란드(2009.10.10), 체코(2009.11.4)가 순차로 통과함에 따라 2009년 12월 1일 리스본 조약은 비로소 정식 발효되었다. 유일하게 국민투표로 결정을 하는 아일랜드는 2차 국민투표 끝에 찬성 67.1%, 반대 32.9%로 비준을 결정했다.[30)]

폴란드는 이미 의회비준(2008.4)을 마쳤으나 유권자들의 반응을 살피던 레흐 카친스키 대통령이 뒤늦게 서명했고 대통령의 강력한 반대로 비준이 지연되었던 체코는 기본권조항 예외[31)]가 인정되고 리스본조약이 체코 헌법에 위배되지 않는다는 판결도 결정적으로 작용하여 가장 마지막으로 서명함으로써 천신만고 끝에 리스본조약이 발효되었다. 초대 EU 이사회 상임의장에는 벨기에의 반 롬푸이(Herman Van Rompuy), 외교대표는 애슈턴(Chtherine Ashton) EU 통상담당 집행위원이 선출되었다(2009.11.19). 리스본조약 추진 경과를 요약하면 <표 8－2>와 같다.

2) 리스본조약 의의

리스본조약 발효의 효과는 1992년 유럽연합을 탄생시킨 마스트리히트조약의 효과에 비해 결코 덜하지 않다. 유럽합중국의 탄생을 언급하는 것은 성급한 일이지만 제도적 기반이 구축된 것은 분명하기 때문이다. 리스본조약은 2004년 유럽헌법을 도입하고자 했던 로마조약의 개정판으로 2005년 프랑스와 네덜란드의 국민투표에서 비준이 결정됨에 따라 로마조약이 사장될 위기에 처하자 새로운 조약을 체결해 다시 비준절차를 밟게 했던 것이다.

---

30) 국민투표에 걸려 좌초한 유럽헌법과는 달리 리스본조약은 대부분 국가에서 의회 비준만 거치면 되었기 때문에 무난한 통과가 예상되었다. 하지만 아일랜드 대법원의 1987년 결정에서 유럽연합에 의해 입법예고 또는 발의된 모든 법안이 헌법개정을 통해서만 적용되어지도록 했다. 이에 따라 2008년 6월 13일 실시한 국민투표에서 반대 53.4%, 찬성 46.6%로 부결되어 리스본 조약 성사 여부가 불투명했었다. 2001년에는 니스조약을 국민투표로 부결시킨바 있어 두 번째로 EU통합의 앞길을 방해한 셈이 되었다. 다행히도 2009년 10월 3일 재실시된 국민투표에서 찬성 61.3%, 반대 32.87%로 통과되었고 드디어 12월 1일 리스본조약은 발효되었다.

31) 리스본조약이 발효되면 제2차 세계대전 직후 체코 정부로부터 재산을 압류당하고 추방된 친나치 독일계와 헝가리계 후손들이 기본권 헌장을 근거로 유럽사법재판소에 재산반환 청구소송을 제기할 수 있다며 체코를 예외로 인정하는 조항을 넣지 않으면 서명을 하지 않겠다고 체코대통령이 비준을 거부한 바 있다.

헌법이라는 표현을 삭제해 유럽인들에게 가져 오는 두려움과 거부감을 완화시킴과 동시에 프랑스는 비준절차에 있어 국민투표를 피하고 의회비준 방식으로 전환하기도 했다. 유일한 국민투표 방식을 취한 아일랜드는 글로벌 금융위기로 국가파산에 처하면서 유럽국가들의 도움이 절실해지자 불과 1년 전 국민투표에서 부결되었던 것이 재 국민투표에서 통과되어 좌초 직전의 리스본조약을 구해 냈다.

EU는 경제통합의 발전단계인 자유무역협정(FTA) → 관세동맹(Custom Union) → 공동시장(Common Market) → 경제동맹(Economic Union) → 완전경제통합(Complete Economic Union) → 완전정치통합(Complete Political Union)을 목표로 했다. 시대별로는 자유무역협정은 1957.3~1968.7, 관세동맹은 1968.7~1993.1, 공동시장은 1993.1~1999.1, 경제동맹은 1999.1~2005, 완전경제통합은 2005~2010, 완전정치통합은 2010 이후부터가 될 것으로 예상했었다.[32] 하지만 영국을 포함한 일부 국가의 유로존 불참, EU헌법의 부결 및 유럽의 재정위기는 완전한 정치통합을 이루기에는 역부족이었다.

리스본조약의 발효로 완전한 정치 공동체라 할 수는 없으나 연방을 지향하는 법적 실체를 가진 공동체로의 격상은 어느 정도 목표 달성할 것으로 예상했다. 그러나 2008년 미국발 금융위기의 여파로 2010년부터 시작된 유럽의 재정위기, 영국의 EU 달퇴 브렉시트(Brexit), 반 EU 정당 등장, 중국의 일대일로(一帶一路) 사업에 이탈리아를 유인하는 등은 EU의 미래를 결코 밝게 하지는 못할 것이다.

[참고자료] 이탈리아, 결국 中 '일대일로' 합류 ... 항구 4곳 열었다.

이탈리아가 중국의 일대일로(一帶一路: 육상·해상 실크로드) 사업에 기대 사회 인프라를 개선하기 위해 항구 네 곳을 중국 자본에 개방하기로 했다. 미국과 유럽연합(EU)이 서방으로 세력을 넓히려는 중국의 '트로이 목마'가 될 수 있다며 강력하게 반대했지만 재정적자에 시달리는 이탈리아 정부는 개의치 않는 분위기다.

사우스차이나모닝포스트(SCMP)는 20일 외교 소식통을 인용해 이탈리아는 21~24일 시진핑(習近平) 중국 국가주석 방문에 맞춰 일대일로 사업 협력을 위한 양해각서(MOU)를 교환하고 항구 네 곳에 대한 투자 유치를 공식화할 예정이라고 보도했다.

SCMP에 따르면 중국 자본 투자가 유력한 항구는 제노바, 팔레르모, 트리에스테, 라벤나항이다. 이탈리아 북서부에 있는 최대 항구도시 제노바는 이미 이탈리아 정부로부터 중국 대형 국유기업인 중국교통건설(CCCC)과 합작법인을 세우기 위한 허가를 받은 것으로 알려졌다. 시 주석이 이탈리아 방문 때 들를 예정인 남부 시칠리아섬의 항구도시 팔레르모는 중국 해운사 유치를 추진하고 있다

자료: 한국경제(2019.3.20) http://www.hankyung.com

32) 삼성경제연구소, 'Issue Paper : 리스본조약 발효 이후 EU의 변화와 시사점'(2009.12.1), p.4.

4. EMU 문제점과 과제

1) 유럽 재정위기 원인

유럽의 재정위기는 개별 회원국의 거시경제적 요인과 유로존 내부의 구조적 요인, 정치적 요인 등이 복합적으로 작용해 발생했다. 글로벌 금융위기에 따른 대규모의 경기 부양 조치와 경기침체로 인한 세수의 감소는 각국의 재정 건전성을 심각하게 손상시켰으며 경제의 구조적 약점들이 노출되는 결정적 계기가 되었다.[33)]

재정정책에 대한 철저한 조율없이 추진된 통화통합과 역내 불균형에 대한 조정장치의 부재, 유럽중앙은행의 모호한 역할 등도 유로존의 구조적 문제점으로 지적되고 있다.[34)]

정치적 원인도 경제적·구조적 원인 못지않은 영향을 미쳤다. 예컨대 독일과 프랑스의 견해 차이, 회원국 내의 냉담한 여론, 가맹국 간 복잡한 경제적 이해관계가 뒤엉켜 합의된 의사결정을 도출하는데 EU와 유로존의 복잡한 절차 등의 문제점도 나타났다. 통화통합은 달성해 놓고 재정통합은 추후 과제로 남겨 놓은 것이 원인이 되기도 했다. 세금부과에 따른 조세저항과 재정지출의 하방경직성을 감안하면 초기에 재정통합을 달성하지 못하면 여건이 안 좋은 국가부터 재정위기가 발생하게 된다.[35)] 통합에만 몰두하고 경제적 격차가 큰 국가들끼리 동일가치의 화폐를 사용하는 것도 문제가 되었다.

끝으로 재정위기 발생 이후 금융시장은 유로존의 통합성(integrity)에 대해 신뢰를 보이지 않았는데 이는 회원국 간 국채금리의 격차로 나타났다. 유로화 출범 이후 수렴하였던 회원국 간의 국채금리는 유럽 재정위기를 거치면서 금리 간 스프레드가 크게 확대되는 현상을 보였다.

---

33) 글로벌 금융위기는 경기부양과 세수감소 등을 통해 EU GDP의 5%(6천억 유로)에 달하는 재정지출을 유발하면서 유로존 회원국의 평균 재정적자 규모는 2008년 GDP대비 2%에서 2009년 6.3%로 크게 증가했다. 개별 회원국의 거버넌스 실패(그리스), 차입과 자산거품에 의존한 왜곡된 성장전략(아일랜드·스페인)도 위기의 직접적인 원인을 제공했다. 특히 호황기에 자산가치 상승과 이에 동조한 차입의 증가는 금융권 부실, 공적자금 투입, 재정적자로 이어졌다. 강유덕 외 「유럽재정위기의 원인과 유로존의 개혁과제」, KIEP 정책연구 브리핑 연구보고서 12-12, 2012, p.3.

34) 유로존의 재정준칙인 성장·안정협약(SGP)은 재정적자와 국가채무를 각각 GDP 대비 3%와 60% 미만으로 유지할 것을 규정하고 있으나 강제성이 결여되어 실효성이 없었다. 또 ECB는 물가안정을 주요 임무로 삼고 있어 위기발생시 금융안정을 위해 적극적으로 개입할 권한을 부여받지 못하였으며 사후적 대응으로 일관할 수밖에 없었다. 강유덕 외 상게 보고서, p.3.

35) 한국경제(2014.7.14), '한상춘의 국제경제 읽기' 인용.

2) 유로존[36] 과제

미국의 글로벌 금융위기에 이어서 남유럽 재정위기 PI(I)GS 국가들 포르투갈, 아일랜드, (이탈리아), 그리스, 스페인의 문제가 발생하면서 유로 존(Euro zone)이 위기를 맞게 되었다. 먼저 그리스의 EU탈퇴인 그렉시트(Grexit)가 거론되었다.

다행히 그리스는 IMF와 유럽중앙은행(ECB) 등의 구제금융(bail out)으로 그렉시트는 피했다. 8년 간 지속된 구제금융 프로그램을 2018년 8월 종료하기로 합의했다. 그리스 또한 세금인상, 연금추가 삭감, 의료 서비스 부문 감축 등의 개혁 법안을 통과시켰다. 유로존 재무장관 회의는 이러한 그리스 구제금융 졸업에 대한 후속 조치로 유로존이 10억 유로(약 1조 3천억원)의 그리스 부채 경감을 2019년 4월 승인했다.

이탈리아 개헌 국민투표(2016.12)가 부결되고 반이민, 반EU를 주장하는 정치세력 등장으로 유로존 3위 경제 대국 이탈리아의 이탈렉시트(Italexit)도 현실화 될지 모른다. 최근 이탈리아가 4개 항구를 열고 중국의 일대일로에 참여하면서 유로존의 우려도 커지고 있다.

유로존 19개국은 물리적 통합에만 치우치다 보니 경제 규모와 체질이 다른 국가들이 동일한 통화가치를 사용하면서 국내 포퓰리즘 복지정책과 혼합되면서 문제가 발생한 것이다. 가난한 국가가 갑자기 부자들이 사용하는 높은 가치의 통화를 사용하면서 소비에서는 매력을 느끼겠지만 수출을 위해서는 자국 통화가치의 절하가 필요한데 그러한 통화 환율주권을 갖지 못하는 데서 문제가 야기된다.

현재의 유럽 재정위기를 유로존의 구조적 문제점을 해결하기 위한 필요 과정으로 보는 시각이 있는 반면 유로존 붕괴의 신호로 보는 견해도 존재한다. 재정위기를 과도한 복지정책의 결과로 해석하는 시각도 많은 반면, 남유럽의 위기가 복지와 성장 간의 선순환 관계를 구축하는 데 실패한 데서 비롯됐다는 견해도 있다.

유로존의 과제는 재정규율의 강화, 역내 불균형의 해소, 정책조율 체계 확립 및 재정통합의 강화 등이다. 재정규율을 강화하기 위해 EU와 유로존은 기존의 신재정협약(SGP)을 강화하고, 재정정책에 대한 상호감독 시스템의 도입, 재정적자 상한선의 국내법제화 조치 등을 도입하기도 했다. 유로존의 구조적 문제점으로 회원국 간 경상수지 불균형이 지적되고 있으나, 성장모델이 상이한 개별 국가들의 조율은 매우 어렵다. 통화공동체의 유지를 위해서는 회원국 간의 정책조율을 강화하는 조치가 필요하며, 궁극적으로 일정 수준의 재정통합이 필요하다. 한편 가맹국의 공감대 형성은 이루어져 있지만 진전속도는 느릴 뿐이다.

---

36) 처음 유로 랜드(land)로 불리워졌으나 디즈니랜드를 연상한다는 유럽인들의 정서로 유로 존(zone)으로 칭해지고 있음.

CHAPTER

09 外換市場

제 1 절 外換 槪念과 換率 決定

1. 외환 개념과 종류

1) 외환 개념

환(exchange)이란 공간적으로 떨어져 있는 당사자 간에 채권·채무를 결제하기 위해 현금을 직접 수송하는 대신 금융기관을 중개자로 하여 자금을 이동하는 수단이다. 한편 외환(foreign exchange) 또는 외국환이란 거래 상대방이 외국인 또는 외국기업인 경우 자금이동수단을 말한다. 외환은 구체적으로 외국통화, 외화표시 은행예치금, 외화표시 환어음, 수표, 송금환, 전신환, 여행자수표, 신용장 등을 포함한다.

P. Einzig는 외(국)환의 개념을 두 가지로 구분하여 설명하기도 했다. 단수형인 Foreign Exchange는 국제 간 대차결제의 방법으로써의 외국환 즉, 일국통화를 타국통화로 전환시키는 제도인 환율 제도를 말하는 추상적 의미에서의 외국환거래를 말하고 복수형인 Foreign Exchanges는 국가 간의 대차결제 수단으로써의 외국환인 실제 사용되는 구체적인 신용수단을 말한다.

2) 외환 종류

대금지급을 은행에 위탁하는 방식에 따라 송금환[1](remittance exchange: 채무자가 은행으로 하여금 자신을 대신하여 채권자에게 자금지급 위탁 방식. 예: 개인 간 송금)과 추심환

〈표 9-1〉 현물환과 선물환 구분

계약일	첫 영업일	둘째 영업일	그 이후
당일거래 (value today)	익일거래 (value tomorrow)	익익일거래 (value spot)	
현물환 거래			선물환거래

(collection exchange: 채권자가 자신을 대신해 채권을 지급받도록 은행에게 자신의 채권 위탁방식. 예: 무역거래시 화환어음), 외환거래의 시발점에서 일어나는 당발환(inward exchange)과 외환거래의 종착점에서 일어나는 타발환(outward exchange), 외국환은행 입장에서 매도환(selling exchange)과 매입환(buying exchange), 결제일을 기준으로 현물환(spot exchange)과 선물환(forward exchange) 등으로 나눌 수 있다.

<표 9-1>에서 보는 바와 같이 현재 국제적인 관례로 현물환 결제를 거래일로부터 2영업일(two business days) 이내로 하고 2영업일을 초과하는 거래부터 선물환거래로 취급하고 있다. 한국에서는 1996년 2월 이전까지는 현물환거래를 당일물만을 현물거래로 분류하였고 1영업일 이상을 선물환거래로 취급했으나 현재는 국제적 관례를 따르고 있다.

2. 外換포지션과 外換市場 構造

1) 외환포지션

외국환은행은 고객과의 외환거래에서 일일 마감 결과 다음과 같은 외환포지션에 놓이게 된다. 외환의 매입액이 외환의 매도액을 초과하게 되면 즉, 외화표시자산이 외화표시 부채를 초과하면 초과매입포지션(over-bought position/long position)이다. 외환의 매도액이 외환의 매입액을 초과하면 즉, 외화표시 부채가 외화표시 자산을 초과하면 초과매도포지션(over-sold position/short position)이다. 외환의 초과매입포지션과 초과매도포지션 상태를 오픈포지션(open position)이라고 하며 외환의 매입액과 매도액이 동일하면 스퀘어포지션(square position)이라고 한다.

외국환은행의 포지션은 현물환포지션(actual position)과 선물환포지션으로 구분되는데 양자를 합하여 종합포지션(overall position)이라고 한다. 외환은행은 오픈포지션 상태

1) 송금환은 환의 진행방향이 채무자로부터 채권자로 나란히 나아간다고 병환(併換), 추심환은 환의 방향이 채권자로부터 채무자에게로 거꾸로 진행된다는 의미에서 역환(逆換)이라고도 한다.

에서는 환익스포주어(foreign exchange exposure)상태에 있게 되어 환차익 또는 환차손을 입을 수 있는 포지션이다. 따라서 외국환은행들은 환차손의 우려를 없애고 스퀘어포지션을 만들기 위해 외국환은행 간에 적극적인 포지션 조정거래를 한다.

매입초과포지션과 매도초과포지션이 환리스크 측면 외에도 원화(자국화)자금의 불균형을 가져와 외국환은행의 원화자금 운영이라는 측면에서도 바람직하지 못하다. 예컨대 외환의 매입초과 상태에서는 원화자금의 부족현상, 외환의 초과매도 상태에서는 외화의 부족현상으로 일상적인 영업활동에 지장을 받을 수도 있다.

외국환은행은 이와 같은 자금 구성상의 과부족을 해소시키고 외국환거래를 원활하게 하기 위하여 자금조정거래를 하게 된다. 자금조정거래도 포지션조정거래와 마찬가지로 외국환은행 간에 행해지지만 때로는 중앙은행으로부터의 차입에 의해서도 이루어지고 있다. 현실적으로는 포지션조정거래와 자금조정거래를 구분하기는 용이하지 않다.

2) 외환거래 형태

거래대상을 기준으로 대고객거래와 은행간거래로 나눌 수 있다. 대고객거래(customer transaction)는 외국환은행과 개인 및 기업과의 사이에 이루어지는 외환거래를 말하며 은행간거래(interbank transaction)는 외국환은행이 대고객거래에서 발생한 외환의 과부족을 해결하기 위해 외국환은행 간에 외환포지션을 조정하는 거래를 말한다.

거래목적에 따라 헤지(hedge)거래, 투기(speculation)거래, 재정(arbitrage)거래로 나눌 수 있다. 헤지거래는 환율변동으로부터 발생하는 외환거래자의 이익을 보호하기 위한 거래이고 투기거래는 장래의 환율변동을 예측하여 시세변동에 따른 시세차익을 목적으로 이루어지는 거래이다. 재정거래는 차익거래라고도 불리어지는데 현물과 선물의 가격차이 혹은 국가 간 금리차이를 이용하여 확실한 이익을 얻으려는 거래이다.

3) 외환시장 참가자

외환시장 참가자에는 고객, 외국환은행, 중앙은행 또는 정부, 중개인(broker)이 있다. 고객에는 실수요거래자로 무역업자 및 여행자, 외화자산가치를 보호하고자 하는 헤저(hedger), 무위험차익을 획득하고자 하는 차익거래자(arbitrager), 환위험을 감수하고 환차익을 획득하고자 하는 투기자(speculator) 등이 있다.

외환중개인이란 자기계산으로 거래하지 않고 외환거래를 중개만하고 중개수수료를 취득하는 자이다. 런던외환시장에서 활동이 활발하며 한국에서는 이 같은 의미의 외환중개인은 없으며 금융결제원의 자금중개실이나 시중은행들이 출자하여 설립한 한국자금중개에서 중개기능을 맡고 있다.

딜러(dealer)[2]는 외환중개인과는 달리 위험이 따르고 기술적으로 복잡한 외환에 대한 전문지식과 숙련된 기술을 소지하고 일정한 권한을 위탁받아 자기계산하에서 수행하는 자를 말한다. 딜러를 미국에서는 trader, 독일에서는 handler, 프랑스에서는 cambiste 라고 한다.

Forex는 딜러들의 사적인 사교단체로 프랑스 파리에서 1955년 창설되었다. 그 후 유럽 각국에서 설립되어 1956년에는 각국의 Forex Club을 국제적으로 통합한 Forex 헌장이 1956년 3월 17일 제정되었다. Forex Club의 목적은 회원 상호 간 친목을 도모하고 교육기회를 제공하며 외환거래기법의 개선 등을 통하여 외환시장의 원활한 발전에 기여하기 위한 것이다. 국제 Forex 협회(Association Cambiste Internationale)의 본부는 파리에 있으며 각국의 Forex Club은 ACI에 가입해 동 헌장에 따라 독자적인 지부회칙을 만들어 활동하고 있다.

4) 외환시장 종류

외환시장(foreign exchange market)이란 다수의 외환수요자와 공급자들 사이에 이종(異種)통화 간의 매매거래를 매개시켜 주는 시장구조를 말한다. 외환시장은 [그림 9-1]에서 보는 바와 같이 광의와 협의의 외환시장으로 구분되는데 협의의 외환시장은 은행간 거래(외국환은행 간 또는 외국환은행과 중앙은행)만을 의미하고 광의의 외환시장은 협의의 외환시장에다 대고객거래(외국환은행과 고객)를 포함한 것이다. 통상 은행간외환시장 거래의 비중이 전체의 80~90%를 차지하는 것이 일반적이다.

외환이 거래되는 장소에 따라 장내시장(floor market)과 장외시장(non floor marker)로 구분된다. 장내시장은 특정장소에서 이루어지는 구체적 시장이고 장외시장은 전화, 텔렉스, 컴퓨터 단말기를 통해 외환거래를 하는데 외환거래의 대부분을 차지하며 점두시장(over-the-counter market: OTCM)이라고 한다. 외환의 결제일을 중심으로 현물환시장(spot exchange market), 선물환시장(forward exchange market), 시장참가자에 따라 대고객시

---

2) 전세계 금융시장에서 수억 달러씩을 거래하는 합법적인 외환딜러들의 성격은 어떤 성격의 소유자일까? 침착한 두뇌회전과 냉정하고 분석적인 기질의 사람들이라고 생각하기 쉽지만 반드시 그런 면만 있는 것은 아니다. 의외로 그들은 각종 징크스와 미신에 약하고 마음의 동요가 심한 경우가 많다고 한다. 예컨대 좋아하는 넥타이에서부터 돈이 잘 벌리는 의자, 옷, 구두, 필기도구, 화장실 변기에 이르기까지 수만 가지 매입과 매도를 결정하는 요인들이 있다고 한다. 돈을 잃을 예감이 드는 경우에는 사전에 자청하여 액땜으로 미리 돈을 일부러 잃기도 한다. 미신을 좋아하는 싱가포르 금융인들은 베어링스은행이 닉 리슨의 파생상품거래로 파산한 것은 선물거래사무소를 24층으로 이사를 했기 때문이라고 주장한다. 중국인들은 24를 재앙이나 죽음과 관련이 있는 불길한 숫자로 여기기 때문이다.

[그림 9-1] 외환시장 구조

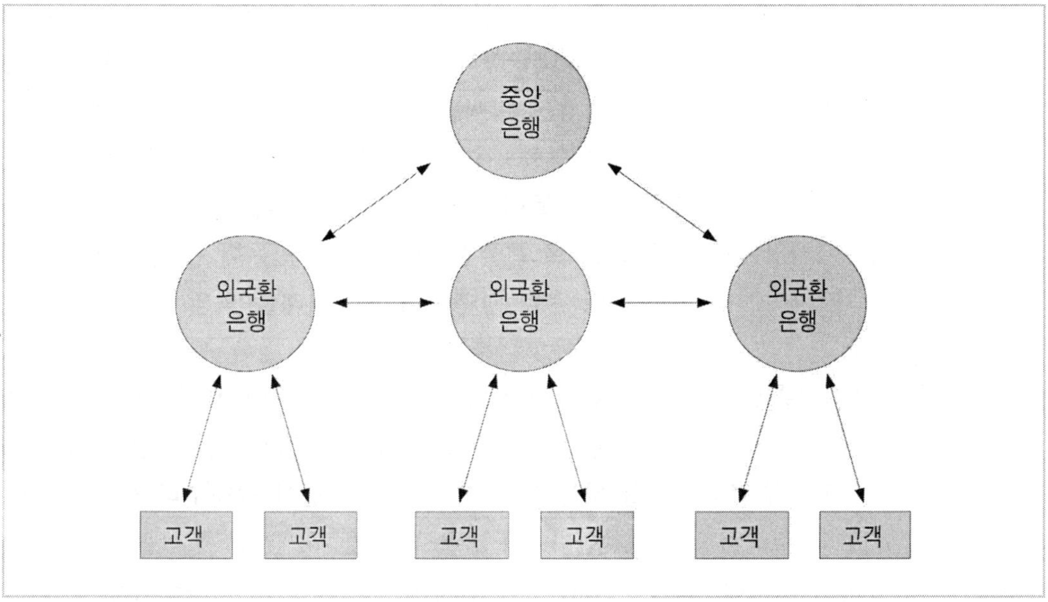

장(customer market), 은행간시장(interbank market) 등으로 구분된다.

세계의 주요 외환시장으로는 런던외환시장, 뉴욕외환시장, 동경외환시장, 유로존 등이 있다. 그 밖에도 통화선물시장, 통화옵션시장, 통화스왑시장 등이 있다. 세계의 외환시장은 24시간 항상 문이 열려 있어 일일중 종장되는 법이 없다. 동경의 오후 3시는 홍콩의 오후 2시, 홍콩의 오후 3시는 싱가포르의 오후 1시, 바레인의 정오이다. 바레인의 오후 3시는 베이루트의 오후 1시이다. 베이루트의 오후 3시는 프랑크푸르트의 정오이고 런던의 오후 1시이다. 런던의 오후 3시는 뉴욕의 오전 10시이며 뉴욕의 오후 3시는 샌프란시스코의 정오이다. 샌프란시스코의 오후 3시는 시드니의 오전 9시이다. 시드니의 오후 1시는 동경의 정오이다.

5) 차액결제선물환(NDF)

차액결제선물환(Non Deliverable Forward: NDF)은 역외선물환이라고도 한다. 본국의 세제나 운용상의 규제를 피하여 금융, 조세, 외환 관리면에서 특전을 누릴수 있는 타국(역외)에서 운용하는 선물환시장을 말하는데 국내에서 말하는 역외선물환은 주로 홍콩, 싱가포르, 뉴욕 등에서 이루어진다. 만기에 계약 원금의 교환없이 계약한 선물환율과 지정환율의 차이만을 정산하기 때문에 차액결제선물환이라고도 한다. 따라서 실수요와는 무관한 투기적 거래가 많이 일어나고 있다.

1997년 외환위기 직전 당시 한국정부는 물가안정을 이유로 외환시장에 개입하여 환율을 달러당 900원 이하로 계속 억제하는 정책을 사용했다. 이때 한국은행은 현물환시장과 선물환시장을 총동원하여 원화가치 방어를 시도했다. 결국 달러가 부족해지는 상황에서 무리한 원화가치 방어가 결국 외환보유액을 급격히 잠식시키는 결과를 초래했다. 원화의 폭락 가능성을 감지한 외국인들이 1996년 한국의 외환시장이 아닌 당시 주로 홍콩과 싱가포르시장에서 NDF방식으로 선물환 거래를 시작했는데 이때 원화에 대한 선물환 결제가 외국에서 이루어진다는 점을 강조하여 NDF거래를 역외선물환거래라고 부르기 시작했다.

기본적인 메커니즘은 일정기간 후 원화가치를 예상하여 원화매도나 매수포지션을 취하되 결제는 달러로 하게 되므로 굳이 한국시장을 이용할 필요가 없게 만든 것이다. 예컨대 외국인이 한국에 주식투자를 하는 경우 우선 달러를 팔아 원화부터 사들이고 이 원화를 가지고 한국 주식시장에 투자한다. 이 경우 외국인 투자자는 주식을 팔아서 번 원화를 다시 달러로 교환해 나가게 된다. 결국 한국에 투자를 하고 투자수익을 챙길 때 원화의 가치변동에 따른 위험이 생긴다. 이러한 원화포지션을 헤지하려면 선물환거래를 해야 하는데 이 때 외국에 있는 은행을 통해 포지션을 취하고 결제를 함으로써 거래의 편의를 도모할 수 있게 된다.[3)]

6) 서울 외환시장

서울소재 국내은행 및 외국계은행 서울지점의 각 딜링룸과 중개기관인 서울외국환중개(주) 및 한국자금중개(주)를 사이에 두고 전산망과 전화상으로만 이루어지는 눈에 보이지 않는 시장이다. 딜러(dealer)들이 활동하며 이들의 매도·매수거래가 달러환율을 결정한다.

0.1초의 승부사로 불리는 외환딜러는 기업·고객을 상대로 하는 코퍼레이트 딜러와 외환시장에서 외환을 사고파는 인터뱅크 딜러 두 부류가 있는데 통상적으로 외환딜러는 후자를 지칭한다. 외환딜러는 시중은행뿐만 아니라 증권사, 투자은행 등 다양한 금융사에 소속되어 있기도 하고 개인으로 거래를 한다. 이들은 서울외국환중개와 한국자금중개에 이름을 등재하고 활동을 한다. 외환 호가 단위가 100만 달러이기 때문에 한국에서는 대부분 은행에 소속되어 있고 원·달러를 취급하는 서울외환시장에서 거래하는 외환딜러는 20명 내외로 알려져 있다.

---

3) 윤창현, 「자본시장 통합법시대 4천만의 이슈경제학」(서울: 세경, 2008), pp.114~115.

한편 서울외환시장이 아닌 곳에서 원화가 거래되는 홍콩, 싱가포르, 뉴욕, 런던 등의 역외시장을 역외선물환(NDF)시장이라고 한다. NDF는 결제일에 현물인도 없이 당초 약정된 환율과 실제환율과의 차이만큼만 달러화로 결제한다. 따라서 실수요와는 무관한 투기적거래가 많이 일어난다.

정부는 1997년 이후 10년만에 다시 추진하던 원·엔 직거래시장 개설을 취소하기로 결정했다(2007.4). 원·엔 직거래시장은 일본과 교역할 때 미국 달러화를 거치지 않고 직접 엔화로 결제하는 시스템으로 2007년 초 정부가 발표한 경제운용 방향에서 검토하겠다고 한 적도 있었다.

원·엔 직거래시장 개설의 필요성이 낮은 이유는 일본과의 무역규모에 비해 엔화 결제비율이 절반 수준에 그치는 데다 무역과 관계없는 투기적 거래 가능성도 희박해 원·엔 직거래가 지속적으로 유지될 수요와 공급이 부족하기 때문이다.

이론적으로 원·엔 직거래로 수수료를 절약할 수 있겠지만 실제로는 원·달러, 다시 달러·엔 거래를 하면 수수료가 더 낮다는 점도 거론되었다. 원·엔 직거래 시장은 1996년 10월 개설된지 4개월 만에 유동성 부족으로 거래가 중단된바 있다. 따라서 국내 외환시장에서의 원화와 엔화의 환율은 직접 결정되지 않고 원·달러 환율이 결정되면 달러·엔화의 크로스 환율(cross rate)을 이용하여 재정환율로 결정된다.

2014년 7월 중국 시진핑의 방한으로 한·중 정상회의에서 한국내 한·위안화 직거래 시장 개설을 합의했고 2014년 7월 17일 중국 공상은행 서울지점과 신한은행 간에 국내 최초로 직거래가 성사되었다. 현재는 원·달러시장만 개설되어 있기 때문에 달러화로 환전한 후 다시 위안화를 매입해 이중의 환전수수료를 부담해야 한다. 원·위안화의 직거래시장 성공여부는 충분한 위안화의 수요·공급이 존재해야 가능하다. 일본 엔화와는 달리 대 중국 경상수지 흑자로 위안화의 공급은 풍부한 여건을 가지고는 있다.

한국은행과 기획재정부가 2019년 원·위안 직거래 시장 조성자로 국내은행 6곳(국민, 기업, 신한, 우리, KEB·하나, 산업), 외국계 은행 5곳(교통, 중국건설, 중국공상, 중국, 홍콩상하이) 등 11개 은행을 선정했다. 시장조성자 은행은 원·위안 직거래 시장에서 매수·매도가격을 적극 제시하며 가격 형성을 주도하게 된다.

3. 환율 결정

환율은 외환의 수요 공급에 의해 결정된다. 외환의 수요자는 달러를 필요로 하는 사람으로 국내 수입상, 해외여행 목적의 내국인, 해외 자녀에게 학비 송금 내국인, 해외

투자 목적의 내국인 등이다. 외환의 공급자는 국내 수출상, 국내 여행하는 외국인, 국내 투자를 원하는 외국인 등이다.

[그림 9-2]에서 외환의 수요곡선이 우하향하는 이유는 1달러 1,200원에서 1,000원으로 달러가치가 하락하면 국내 수입상은 원화의 가치가 상대적으로 상승했기 때문에 수입량을 늘리려고 할 것이다. 왜냐하면 동일한 수입량(달러 표시)에 대해 수입대금으로 준비해야 할 원화 금액이 줄어들기 때문입니다. 또 원화가치가 상승하면 해외여행하려는 내국인이 증가하고 내국인의 해외 투자액도 늘어날 것이다. 따라서 외환거래량은 증가한다.

반면 외환의 공급곡선이 우상향하는 이유는 1달러 1,000원에서 1,200원으로 원화가치가 하락하고 달러가치가 상승하면 수출상은 수출액이 증가할 것이다. 해외 수입상의 입장에서 보면 달러가치가 올랐기 때문에 국내 수출상품에 대한 외국인의 수입수요가 증가한다.[4] 또 수출상은 동일한 1달러를 수출해도 원화로 환산하면 종전보다 200원의 환차익이 발생해 수출 채산성이 증가한다. 마찬가지로 달러가치가 올라가고 원화가치가 하락하면 외국인의 국내 관광이 증가하고 외국인의 국내투자액도 증가해 외환의 공급은 증가한다. 따라서 외환거래량은 증가한다.

[그림 9-2] 환율의 결정

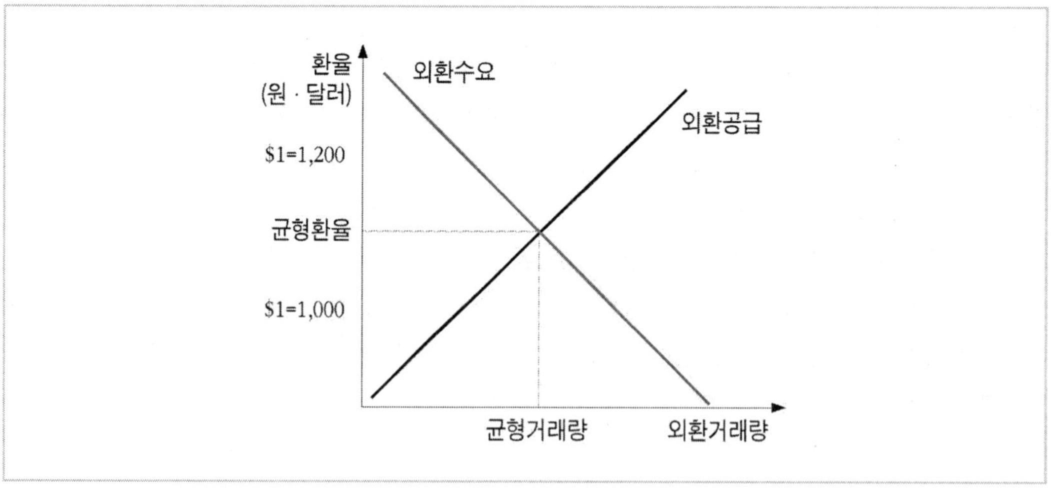

4) 가격(P)이 하락하면 수입수요량(Q)이 증가하는 외환시장이 탄력적인 경우를 가정한다.

4. 환율변동과 J－Curve 효과

환율변동이 국가 경제에 미치는 효과는 양면의 칼이다. 1달러 1,000원에서 1,200억원으로 환율(원화 표시)이 상승하면 국내 수출은 증가하고 수입은 감소하며 원유 등 수입물가는 상승하여 국내 물가 상승의 압력이 작용한다. 환율 상승으로 달러표시 채무를 지고 있는 국내 기업들은 원리금 부담이 가중되고 국내 원자재 수입상도 불리해 진다.

[그림 9－3] 환율이 변동하면 수출국 입장에서 무역수지 현상이 시차를 두고 J자 모양을 하게 되는 데 이를 J-커브 효과라고 한다. 1달러 1,000원에서 1,200원으로 원화가치가 하락하면 일반적으로 국내 수출이 증가하고 무역수지(수출－수입)가 흑자가 된다. 하지만 환율변동 즉시 수출품 단가(달러표시)는 하락하지만 수출량은 상당한 시간이 경과해야만 증가한다. 따라서 환율변동 초기에는 외환의 공급인 수출액(단위당 $표시 × 수출량)에서 수출량은 변화가 없고 $표시 단위당 수출품 가격[5]만 하락하기 때문에 수출액은 오히려 감소하는 현상이 발생한다. 수입의 경우는 그 반대 현상이 일어날 것이다.

[그림 9-3] J-커브 효과

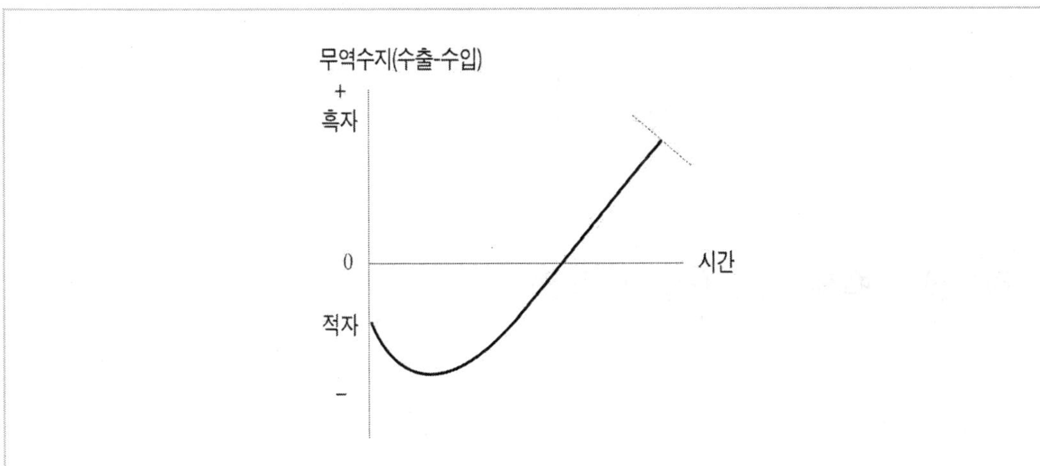

5) 단위당 1,000원의 한국 수출품 달러가격은 환율이 1달러 1,000원이면 1달러이고 환율이 1달러 1,200원이면 0.83 달러로 하락한다.

5. 환율조작국

미국은 매년 4월과 10월 환율조작국을 지정하여 베닛－헤치－카퍼 법안(2016)에 의거 해당국 기업이 미국내 입찰에 제한을 받는 등 불이익을 주고 있다.

교역촉진법(2015)에 의하면 3개 조건을 모두 충족하면 심층분석 대상국, 2개 이하를 충족하면 관찰대상국이다. ① 현저한 대미무역 수지 흑자($200억 이상), ② 상당한 경상수지 흑자(GDP대비 3% 이상), ③ 정부가 외환시장에 한 방향으로 개입[6](GDP대비 순매수 2% 초과)이다. 한국은 2019년 4월 ② 경상수지 1개 요건이 충족되었다.

2019년 4월 미국 재무부는 한국, 중국 등 9개국을 관찰대상국으로 지정했다. 대미무역 흑자국에 대한 압박 수위를 높여 경상수지 흑자 비중은 기존 GDP 3% 이상에서 2% 이상으로 조건을 강화했다.

또 외환시장 개입기간 역시 12개월 중 8개월에서 6개월로 강화했다. 환율감시 대상국 범위도 대미 무역 400억 달러 이상으로 넓혀 21개국이 되어 지난 하반기보다 8개국 늘었다.

2019년 한국은행이 최초로 지난 하반기 외환시장 개입 내역을 공개했는데 1억 8,700만 달러를 순매도한 것으로 나타났다. 그동안 미국은 " 한국정부가 달러를 사들여 의도적으로 고환율을 유지해왔다"고 주장해왔는데 외환시장 개입 내역을 처음으로 공개한 결과 예상과 달리 오히려 달러를 판 것으로 나타났다.

제2절 換率 表示方法과 種類

1. 환율 표시방법

환율에 대해서는 기본적으로 세 가지의 견해가 있다. 하나는 서로 다른 두 통화의 상대가격이라고 보는 견해, 둘째는 두 국가의 대표적 상품의 상대가격이라고 보는 견해, 셋째는 양국 채권의 상대가격이라고 보는 견해이다.

최근 환율을 표시할 때 국제표준기구(ISO)가 정한 Ticker를 많이 사용한다. 통화기

---

6) 한국은행은 미국의 환율조작국 지정 압력으로 투명성 확보를 위해 처음으로 2019년 3월말 2018년 하반기 외환시장 외환 순거래액을 공개했었다.

호에 의한 표시는 ₩/$에서 "/"우측(분모)통화 1단위가 좌측(분자)통화 몇 단위와 교환되는가를 나타낸다. 반면 ISO Ticker로 표시할 때는 "/"가 분수의 의미를 갖고 "/"의 좌측에 위치한 통화 1단위가 "/"의 우측에 표시한 통화 몇 단위와 교환되는가를 나타낸다. 예컨대 미화 1달러가 1,000원이면 통화기호로 표시하면 ₩/U$=1,000, ISO Ticker로 표시하면 USD/KRW=1,000이다.

환율의 표시방법은 유럽식(European terms)과 미국식(American terms)이 있다.[7] 유럽식은 달러 한 단위당 지불할 상대통화의 단위로 표시하는 방법으로 달러기준 표시방법(£/$)이다. 한편 미국식 표시방법은 외국통화 한 단위당 지불할 달러화의 단위로 표시한 방법($/£)이다. 자국입장에서 외국통화 한 단위의 가격을 자국통화로 표시하는 방법(1달러=1,000원)을 직접표시환율(direct quotations) 또는 지급계정환율, 방화표시환율이라 하고 반대로 외국통화로 표시한 자국통화 단위당 가격(1원=0.001달러)을 간접표시환율(indirect quotation) 또는 수취계정환율, 외화표시환율이라고 한다.

원·달러 환율의 상승 또는 하락의 의미가 어느 환율표시 방법을 기준으로 하는지 확실해야 한다. 예컨대 직접표시환율에서 환율의 상승은 달러가치의 상승, 원화가치의 하락을 의미한다. 고정환율제(금본위제)하에서 일정 통화의 상대적 가치상승을 평가절상(revaluation), 상대적 가치하락을 평가절하(devaluation)라고 하며 변동환율제하의 일정통화의 상대적 가치상승을 appreciation(평가절승/환율상승), 상대적 가치하락을 depreciation(평가절감/환율하락)이라고 구분하기도 한다.

2. 환율 종류

1) 매입율과 매도율

외환의 매매가격인 환율을 결정하여 고객에게 제시하는 쪽을 딜러(dealer) 또는 트레이드(trader)라고 하며 딜러가 외환을 매입하는 가격을 매입율(bid rate) 그리고 딜러가 외환을 매도하는 가격을 매도율(ask rate/offered rate)이라고 하며 매도율과 매입율의 차이를 스프레드(spread)라고 한다.

딜러의 고시된 미 달러당 스위스 프랑의 현물환율(SF/U$)이 매입율 1.0450, 매도율 1.0455 라고 가정하자. 이는 딜러가 달러라는 외환상품을 1.0450 프랑(스위스)에 싸게 사서 1.0455 프랑(스위스)에 비싸게 매도(buy low sell high)함으로써 달러당 5포인트(1/100%)

7) 국제외환시장에서 일본 엔화, 원화 등 대부분의 통화가 유럽식 표시이고 미국식 표시는 유로화, 영국 파운드화, 호주 달러, 뉴질랜드 달러 등이다.

즉, 0.0005 스위스 프랑의 이익을 얻게 되는 것이다.

2) 선물환율의 표시방법

(1) 아웃라이트(outright)

<표 9-2>와 같이 달러(USD)와 스위스 프랑(CHF) 및 스웨덴 크로나(SEK)의 고시된 환율을 직설적으로 표시하는 방법이다. 전문딜러가 아닌 고객들에게는 이렇게 표시하는 것이 이해하기 쉽다.

〈표 9-2〉 아웃라이트 환율고시

	CHF/USD	SEK/USD
현물환	1.0460 − 1.0480	6.0205 − 6.0224
1개월 선물환	1.0440 − 1.0470	6.0330 − 6.0364
3개월 선물환	1.0420 − 1.0460	6.0555 − 6.0700

(2) 스왑율(swap rate)

<표 9-3>은 달러와 스위스 프랑(CHF) 및 스웨덴 크로나(SEK)의 고시 환율을 스왑율로 나타낸 것이다. 선물환율차를 스왑율 또는 선물환마진(forward margin)이라고 하며 시간에 쫓기는 딜러와 브로커들간에는 선물환마진 또는 스왑율로 표시하는 것이 편리하다.

CHF/USD 1개월 선물환율은 내림차순인 20 − 10, SEK/USD은 오름차순인 125 − 140으로 되어 있다. 내림차순인 경우는 현물환율에서 마이너스하고, 오름차순인 경우에는 현물환율에서 더하면 선물환율이 된다.

〈표 9-3〉 스왑율 환율고시

	CHF/USD	SEK/USD
현물환	1.0460 − 80	6.0205 − 24
1개월 선물환	20 − 10	125 − 140
3개월 선물환	40 − 20	350 − 476

예컨대 CHF/USD의 1개월 선물환율의 경우 내림차순으로 표기되어 있으므로 선물환 매입율은 1.0460−0.0020=1.0440, 선물환 매도율은 1.0480−0.0010=1.0470이 된다. 한편 SEK/USD 1개월 선물환율 매입율은 6.0205+0.0125=6.0330, 매도율은 6.0224+0.0140=6.0364가 된다.

(3) 선물환 · 할증(할인)

선물환율을 현물환율로부터의 변화율인 선물환할증(forward premium) 또는 선물환할인(forward discount)으로 표시할 수 있다. 선물환 할증 및 할인의 산출공식은 다음과 같다.

선물환할증(할인)=(선물환율−현물환율)÷현물환율×(12/n개월 선물환)×100

[예 제]

현물환율이 달러당 1,100원이고 3개월 선물환율은 달러당 1,200원인 경우와 1,050원인 경우의 달러의 선물환 할증 및 할인율은?

① $당 1,250원 경우
(1,200−1,100)÷1,100×(12/3)×100=36.36 % (할증)
② $당 1,150원 경우
(1,050−1,100)÷1,100×(12/3)×100=−18.18 % (할인)

3) 기준환율 · 교차환율 · 재정환율

기준환율이란 기준통화(일반적으로 미달러)에 대한 자국통화의 환율을 기준환율(basic rate)이라고 한다. 기준통화에 대한 자국통화 이외의 환율을 교차환율(cross rate)이라고 하며 재정환율이란 기준환율에 교차환율을 곱하여 얻어지는 환율을 말한다.

예컨대 기준환율이란 KRW/USD 또는 1달러=1,000원으로 표시한다. 교차환율은 일본 엔화의 대미 달러환율로 JPY/USD 또는 1달러=100엔이며 재정환율은 KRW/JPY 또는 1엔=10원(100엔=1,000원)이다.

4) 실질환율 · 실효환율

실질환율(real exchange rate)은 명목환율에 두 나라 간의 물가 변동을 반영하여 구매력 변동을 나타낸 환율이며 실효환율(effective exchange rate)은 주요 교역상대국의 명목환율을 교역량으로 가중 평균한 환율이며 이 실효환율에 다시 교역상대국의 물가지수까지 감안한 것이 실질실효환율(real effective exchange rate)이다.

[예 제] 교차환율(매입, 매도율)의 산정예시

다음의 경우(은행고시) 원화와 뉴질랜드 달러화의 교차환율을 구하여라.
원 화 KRW 1,100(매입)－1,102(매도) /USD
뉴질랜드 달러화NZD 1.9545－1.9778 /USD

- 교차환율 매도율: 1,102÷1.9545＝KRW 564 /NZD
- 교차환율 매입율: 1,100÷1.9778＝KRW 556 /NZD

♣ 설명: 은행입장에서 매도율은 고객입장에서 매입율이 된다. 고객이 먼저 ① 원화를 매도하고 미달러화를 매입한 후, ② 미달러화를 매도하고 뉴질랜드 달러화를 매입하는 과정을 가정한다. 따라서 고객이 1,102원을 매도하고 1 미달러를 매입한다(은행의 U$ 매도율 적용. 1,102 /U$). 다음으로 고객은 1달러를 매도하고 뉴질랜드 달러를 매입하여야 한다(은행의 U$ 매입율 적용. NZD 1.9545/USD.
따라서 교차환율의 매도율은 1,102÷1.9545＝KRW 564 /NZD
동일한 원리로 교차환율의 매입율은 1,100÷1.9778＝KRW 556 /NZD가 된다.

[참고자료] 숫자의 단위: 불가사의(不可思議)

숫자의 단위는 다음과 같으며 불가사의는 무량대수 바로 아래의 단위이다.
일, 십, 백, 천, 만, 십만, 백만, 천만, 억, 십억, 백억, 천억, 조, 십조, 백조, 천조, 경(京), 해(垓), 잡(帀), 상(穰), 융(瀜), 면(沔), 정(正), 재(載), 극(極), 항하사(恒河沙), 아승기(阿僧祇), 나유타(那由他), 불가사의(不可思議), 무량대수(無量大數)

제3절 韓國 換率制度와 適正 外換保有額

1. 한국 환율제도 변천

한국의 환율제도는 <표 9－4>와 같이 해방 이후 1960년대 전반기까지 고정환율제도에서 1960년대 후반 이후 70년대 단일변동환율제도(unitary fluctuating foreign exchange rate system), 1980년 2월부터는 복수통화바스켓 페그제도인 관리변동환율제도(managed floating exchange rate system), 1990년 3월 2일부터는 시장평균환율제도를 실시했다. 그러나 IMF체제 이후 1997년 12월 16일부터는 일일 변동폭이 제한되어 있지 않은 사실상 자유변동환율제로 돌입했었다.

최초 한국의 환율은 정부수립 직후 미군정에 의해 1945년 10월 달러당 15圓(현재통화 0.015원)으로 공정환율이 책정된 이래 지속적인 인플레이션 진행과정에서 실세와 유리된 원화의 사후적인 평가절하가 반복되는 양상을 보였다. 1950년대 우리나라 공정환율은 일부 수입을 위한 정부 보유 미달러화나 은행보유 미달러화의 매각을 제외하고는 명목적인 성격을 가지고 있었다. 이러한 공정환율은 지속적인 인플레이션 과정에서 실세와 괴리되기 마련이었다.

1960년대에 들어와서 한국의 환율정책은 국민경제가 개방체제로 이행하면서 일대 전환을 보였다. 정부는 1964년 5월 3일 종전의 미화 1달러당 130원의 공정환율로부터 1달러당 255원을 하한으로 하는 단일변동환율제도를 실시해 실세와 유리된 공정환율을 외환시장의 외환증서(외국환을 대용하는 증서로 시장에서 매매유통시키는 제도이며, 외국환을 정부나 중앙은행 등에 집중관리하면서 환율이 외환시장에서 자유로운 외환증서매매를 통한 외환수급의 변동에 따라 자유로이 변동 가능하게 함) 수급에 따라 결정되는 시장율을 기준으로 유동적으로 조정함으로써 공정환율의 실세화를 도모했다.

동 환율제도는 수입쿼타의 철폐, 환시장 조작기금의 확보 등 동 제도 실시에 필요한 제반요건이 구비되지 못해 그 시행이 보류되어 오다가 1965년 3월 IMF로부터 외환시장조작을 위한 안정기금이 확보되자 1965년 3월 22일을 기하여 변동환율제도를 실시했다. 변동환율제하에서도 1974년 12월 7일부터 1980년 2월 26일까지는 한국은행이 외환시장에 개입함으로써 사실상 고정환율제도로 운용되었다. 그러나 변동환율제도 채택 이후에도 한국의 환율은 높은 초과수요에 의한 국내물가 상승으로 다시 환율과 물가의 괴리현상이 나타나자 평가절하 조치를 연이어 단행했고 특히 1974년에는 석유파동으로 국제수지 적자폭이 확대되자 동년 12월 기준환율을 달러당 480원으로 인상했다.

1974년 12월 이후 사실상 고정 운용되어 왔던 한국 환율제도는 1980년 2월 27일부터 복수통화 바스켓제도로 이행했다. 이 제도에서는 환율변동의 안정성과 주요 교역상대국과의 경쟁력 유지를 고려하여 SDR바스켓과 교역량을 가중치로 한 독자바스켓을 결합한 바스켓제도를 채택했고 기타변수로써 실세반영장치를 가미했다. 독자바스켓의 구성통화 및 가중치는 재무부장관과 한국은행총재가 별도의 협의에 의해 결정했고 실세반영장치는 한국은행 총재가 내외금리차, 물가상승률, 국제수지 등을 감안해 가감토록 했다.

만 10년 동안 복수통화바스켓제도가 이용되어 왔으나 미국이 한국을 환율결정이 밀실에서 조작되어지는 환율조작국으로 지목함에 따라 당시 대만이 사용하고 있던 시장평균환율제도를 1990년 3월 2일부터 시작했다. 시장평균환율제도는 대미 달러환율의 결정을 전날 모든 국내 외국환은행들이 은행간시장(금융결제원의 자금중개실)에서 거래한 원·달러 현물환 거래환율을 거래량으로 가중평균 산출한다.

한국의 외환위기가 시작된 1997년 12월에는 원·달러 환율이 일일 허용 변동폭까지 상승하여 외환시장에서 외환거래가 중단되는 사례가 발생하기도 했다. 급기야 정부는 환율의 시장기능을 제고하기 위하여 1997년 12월 16일부터 그 동안 실시되어 왔던 시장평균환율제도의 일일환율변동 제한폭을 철폐하고 자유변동환율제로 이행했다.

〈표 9-4〉 한국 환율제도 변천

기 간	환율제도
1945.10. 1 ~ 1964. 5. 2	고정환율제도
1964. 5. 3 ~ 1980. 2.26	단일변동환율제도
1980. 2.27 ~ 1990. 3. 1	복수통화바스켓제도
1990. 3. 2 ~ 1997.12.15	시장평균환율제도
1997.12.16 ~ 현재	자유변동환율제도

[참고자료] 리디노미네이션(redenomination)

리디노미네이션이란 화폐의 호칭단위의 변경을 말한다. 화폐의 명목가치를 절하하는 것으로 한국의 경우 〈표〉에서 보는 바와 같이 두 차례 단행했었다. 인플레 때문에 금액의 표시가 과대하여 계산, 기장, 지불 등의 절차가 까다롭기 때문에 이를 피하는 것이 목적이며 화폐단위로 표시되는 일체의 금액은 일률적으로 절하된다. 한국은행은 원화의 국제통화를 위해서 미1달러=1원이 되도록 새로운 원화의 리디노미네이션의 필요성을 제기하기도 했다.

한때 고액권 발행의 대안으로 리디노미네이션을 실시하자는 논란이 있었으나 2009년 5만원권 발행으로 리디노미네이션은 수면 아래로 가라앉은 상태이나 다시 논란이 일고 있다. 2019년 3월 이주열 한은총재가 국회업무보고에서 화폐개혁(리디노미네이션)을 논의할 때가 되었다고 답변해 공론화에 불을 지폈다. 장점 못지않게 단점도 수반되기 때문에 조심스럽게 할 필요가 있다고 했으며 정치권에서 주도할 것을 요구했다. 원화가치 신인도와 위상제고, 회계처리 용이, 지하경제 양성화 등의 장점이 있으나 엄청난 화폐개혁 비용, 사회 경제 혼란 등의 문제점도 수반된다.

종전에는 디노미네이션이라 불렀으나 한국은행은 디노미네이션이 화폐, 채권, 주식 등의 액면금액을 의미하기 때문에 화폐단위의 변경은 '리디노미네이션' 또는 '디노미네이션의 변경'이라는 표현이 정확하다고 했다.

〈표〉 우리나라의 리디노미네이션

리노미네이션	교환비율
1945. 8. 28	조선은행권圓 → 한국은행권 圓 1 : 1
1953. 2. 17	圓 → 환 100 : 1
1962. 6. 10	환 → 원 10 : 1

2. 복수통화바스켓제도

1980년 2월 27일 이전의 환율제도는 사실상 환율이 고정환율형태로 운용됨에 따라 환율의 가격조정기능이 미약했다. 1973년과 1979년 두 차례의 오일쇼크와 같은 국제 원자재 가격의 폭등이 환율을 매체로 하여 수입인플레이션을 유도하고 수출경쟁력을 약화시켰다. 환율이 미달러에만 연동하여 일본 엔화 등의 기타 통화의 가치와는 무관하게 수동적으로 변동하여 실세를 반영하지 못하는 단점이 있었고 불가피하게 대폭적인 환율조정이 이루어져 경제 전반에 걸쳐 충격과 부작용이 컸었다.[8)]

정부는 1980년 2월 27일 복수통화바스켓 페그환율제도를 도입했다. 복수통화바스켓제도는 SDR바스켓에 의한 원화의 대미 달러화 환율과 독자바스켓에 의한 원화의 대미 달러환율을 산출한 후 한국은행[9)] 총재가 국제수지, 외환시장 전망, 국내·외 물가, 국내·외 금리 등을 고려한 실세반영장치(γ)로 조정하여 당일 미달러화에 대한 원화의 집중기준율을 결정했다. 여타 통화의 환율은 미달러화의 집중기준율과 국제금융시장에서의 미달러화와 여타통화 간 환율을 재정해 결정했다. 복수통화바스켓제에 의한 환율결정 방식은 다음과 같다.

$$ER = \beta \cdot \text{SDR바스켓 환율} + \beta' \ \text{독자바스켓환율} + \gamma$$

단, ER : 대미 달러 환율
β : SDR바스켓의 가중치
β' : 독자바스켓의 가중치
$\beta + \beta' = 1$
γ : 실세반영장치

SDR바스켓 환율은 IMF가 SDR의 가치결정에 사용한 것을 이용했다. 런던외환시장에서 전일 12시에 거래되는 미·일·독·영·프랑스의 5개국 통화시세를 기준으로 산출한 SDR환율에 대해 적절한 가중치가 적용되었다. 독자바스켓은 전일 뉴욕외환시장에서 거래되는 미·일·독·영·캐나다의 5개국 통화의 종가와 한국의 대외 무역비중을 고려하여

---

8) 지호준, 「전게서」, p.90.

9) 중앙은행인 한국은행과 같이 미국의 중앙은행 역할을 하는 것이 연방준비제도(Fed)이다. 따라서 국내에서도 최근 연방준비제도 대신 미 중앙은행(Fed)으로 표기하고 있다. 연방준비제도는 1913년 제정된 미국 연방준비법에 의하여 만들어 진 연방준비제도(Federal Reserve System)의 최고의사결정기구로 워싱턴에 있다. 연방준비제도는 연방공개시장위원회(FOMC), 지역연방준비은행(지역별 중앙은행의 기능을 수행하는 12개은행)으로 구성되어 있다. 연방준비제도의 주요 목적은 미국내 통화정책의 관장, 은행·금융기관에 대한 감독과 규제, 금융체계의 안정성 유지, 미정부와 금융기관 등에 대한 금융서비스 제공 등으로 구분된다. 미 연준(중앙은행) 의장은 2017년 2월 이후 제롬 파월이다.

결정했다. 그러나 독자바스켓의 구성내용과 가중치 β, β' 및 정책변수인 실세반영비율 γ는 일반인에게는 공개되지 않았다. 독자바스켓의 구성통화와 가중치는 당시 재무부장관과 한국은행총재가 별도로 협의하여 정하는 바에 결정하도록 했다.

복수통화바스켓제도는 당시 한국의 교역이 미국과 일본 편향적이었으므로 SDR의 구성통화가 현실적이지 못했고 독자바스켓에 사용되는 가중치의 결정에도 문제가 있었다. 독자바스켓의 구성통화와 가중치의 결정과정이 공개되지 못하고 밀실에서 결정된다고 하여 선진국들로부터 환율조작국이라는 비난을 받아야만 했다. 또 1986년부터 1989년까지 한국의 무역수지가 흑자를 시현하자 교역상대국들로부터 통상마찰의 원인을 제공하기도 했다. 이를 고심하던 한국정부는 당시 대만정부가 한때(1982.9.1~1989.4.1) 사용했던 중심환율제도(은행간 환율의 변동허용폭을 ±2.25% 유지)와 유사한 시장평균환율제도를 도입하였다.

3. 시장평균환율제도

한국 정부는 1990년 3월 2일부터 시장평균환율제도를 도입했다. 시장평균환율제도는 전일 은행간 시장(금융결제원의 자금중개실을 통한 거래)에서 거래된 대미 달러 익일현물환(value tomorrow)율을 거래량으로 가중평균 산출하여 익일 기준환율(매매기준율)로 결정하는 것이다. 이는 종전의 한국은행 집중기준율과 같이 외국환은행과 고객과의 외환거래나 은행 간 외환거래에서 매매기준율이 된다. 자금중개실을 통하지 않은 은행 간 직접거래가 제외되는 이유는 은행 간 담합으로 인한 환율조작의 가능성을 배제하기 위한 목적이다.

일본 엔화를 비롯한 여타국 통화의 환율은 종전의 복수통화바스켓제도와 마찬가지로 국제외환시장에서 결정되는 해당 통화의 대미 달러 환율을 기준으로 한 재정환율에 의해 결정된다.

거래량의 가중치에 대한 신뢰도를 높이기 위하여 전일 전체 외환거래량이 전년도 일일평균거래량의 50% 미만인 경우 전전일거래와 전일거래를 합하여 산출하도록 했다. 시장평균환율이 처음 실시되던 1990년 3월 2일의 일일변동폭은 ±0.4% 이내였으나 그 후 6차례[10]나 점차 확대되어 1997년 12월 16일에는 마침내 일일 환율변동폭의 제한이 폐지되는 자유변동환율제도로 이행했다.

시장평균환율제도는 환율이 은행간시장에서의 외환의 수급에 따라 결정되므로 외

10) 1991.9: ±0.6%, ‘92. 7: ±0.8%, ‘93.10: ±1.0%, ‘94.11: ±1.5%, ‘95.12: ±2.25%, ‘97.11.20: ±10.0%

환시장의 가격기능이 복수통화바스켓제도에 비하여 한층 제고되었다. 그러나 환율의 일일변동폭이 제한되어 있어 원화환율이 자유롭게 변동하는 역외선물(NDF)시장과의 환차익거래가 빈번하여 외환시장의 불안정성이 증대되었다. 또 국내증시로의 거액의 외국자금유입, 거액의 차관원리금 상환 등 일시적 요인에 의해 거액의 환율이 급격하게 변동할 가능성이 높은 단점이 있었다.

[예 제] 시장평균환율 산출

금융결제원의 자금중개실을 통한 당일 현물환(value today)거래가 다음과 같은 경우 익일의 시장평균환율을 산출하시오(단, 전년도 일일평균 외환거래규모는 3천만 미달러(USD)이다).

은행간거래	환 율	거래량	거래금액
신한 ↔ 국민	₩1,052.20 : US$ 1	US$ 20,000,000	₩21,044,000,000
시티 ↔ 한미	₩1,054.10 : US$ 1	8,000,000	8,432,800,000
하나 ↔ 우리	₩1,053.40 : US$ 1	12,000,000	12,640,800,000
합 계		40,000,000	42,117,600,000
시장평균환율	① 42,117,600,000÷40,000,000=1,052.90(원) ② (1,052.20×20/40)+(1,054.10×8/40)+(1,053.40×12/40) = ₩1,052.90(원) <소수둘째자리에서 반올림>		

[예 제] 재정환율의 산출

시장평균환율에 의한 국내외환시장에서의 대미 달러환율(기준환율)은 ₩ 1,052.90 : US$ 1이고 이때 미 달러화와 일본엔화 간의 국제외환시장의 형성가격이 ¥110.25/US$ 1이라면 원화와 엔화 간의 재정환율을 산출하시오.

₩/¥ 100=기준환율(₩/US$)/미달러화와 엔화간의 환율(¥/US$)
=(1.052.90÷110.25)×100=955.01(원)

4. 자유변동환율제도

1997년 1월 23일 과다한 차입경영으로 자금난에 처한 한보그룹의 부도와 7월 15일 기아그룹의 도산으로 인한 한국 금융기관의 대외 신인도 하락, 동남아국가들로부터 시작된 외환위기의 전파, 부정확한 한국 정부의 대외부채 발표,[11] 무리한 환율방어를 하다가 외환당국의 외환보유액의 고갈, 투명하지 못한 한국기업 재무제표의 대외 신뢰성

11) 블룸버그통신은 1997년 11월 5일 한국은행이 발표한 외환보유액에는 외국은행에 빌려준 자금을 포함한 것이고 실제 외환보유액은 20억 달러에 불과하다고 보도하면서 파장이 일파만파로 커지기 시작했다.

문제 등이 대두되었다. 한국은 외환위기를 맞으면서 유동성부족으로 급기야 2007년 11월 21일 IMF에 구제금융(bail out)을 신청했고 12월 3일 IMF가 지원을 합의해 12월 5일 IMF 1차 지원금 56억 달러를 지원받았다. 한편 IMF 체제에 돌입하면서 한국경제는 혹독한 대가를 치루게 되었다. 한국경제는 구조조정과 외국인자본의 도입으로 빠른 회복을 보여 2000년 12월 4일 IMF자금을 상환하면서 IMF를 졸업했다. IMF는 당시 한국에 대한 지나친 긴축정책 강요가 잘못이었다고 그후 시인하기도 했다.

외환위기 이전에 외국인 증시자금의 유출이 증가하고 외국금융기관의 외화자금회수가 시작되면서 원화가치는 대폭 하락하여 원화의 대미달러 환율은 크게 상승했다. 1995년 12월 이후 ±2.25%의 대미 달러환율의 일일변동폭을 유지해왔으나 외환위기를 경험하면서 원화가치 하락의 압력이 가중되어 일일변동폭 유지는 절대적으로 역부족이었다. 일일변동폭을 지켜보겠다는 어설픈 정부당국의 의지는 오히려 얼마 남지 않은 외환보유액의 고갈을 앞당기는 우(愚)를 범했다.

드디어 정부는 1997년 11월 20일 일일 환율변동폭을 ±10%로 확대했다. 그러나 12월 들어서 원·달러환율은 개장하자마자 일일변동폭까지 상승했고 12월 10일과 11일 동안은 외환시장에서 외환거래가 중단되는 사태까지 발생하고 말았다. 정부는 1997년 12월 16일부터 IMF의 권고에 따라 외환시장의 가격기능을 중시하고 외환시장을 활성화하기 위해 그동안의 시장평균환율제도에서의 환율변동제한폭을 철폐하고 자유변동환율제도로 이행했다. 따라서 달러시세는 당일의 달러 수요·공급에 의거 제한없이 오르고 내릴 수 있었다.

자유변동환율제도가 도입되더라도 고객들이 외환시장에서 이용하는 대고객매매율, 원화의 제3국통화와의 재정환율, 한국은행의 외국환평형기금 등과의 거래에 적용되는 기준환율(원·달러환율) 산출은 종전의 시장평균환율 방식을 유지하도록 했다.

한국의 대고객매매율[12] 구조는 [그림 9-4]와 같이 기준환율(basic exchange rate)[13]을 중심으로 매도율이 매입율보다 높으며 여기서 외환의 매도와 매입의 기준은 외국환은행 입장에서이다.

기준환율을 중심으로 위로는 전신환매도율[14]과 수입어음결제율, 기한부어음 매도

12) 외국환은행이 고객과 외환을 매매할 때 적용하는 환율로 당일의 기준환율 또는 재정환율과 외국환은행 간 매매율을 감안하여 스스로 결정한다.

13) 외국환은행이 고객과 원화를 대가로 미달러화를 매매할 때 기준이 되는 환율을 말하며 시장평균환율 또는 매매기준율이라고도 한다. 보통 기준환율을 매매기준율로 삼고 있다. 금융결제원의 자금중개실을 경유하여 외국환은행 간에 거래된 원화의 대미 달러화 현물환율과 거래액을 가중평균하여 산출한다.

14) 전신에 의하여 1일 이내에 자금이 결제될 때 적용되는 환율로써 이자 개념이 없으며 전신환매도율은 은행이 고객과의 거래에서 자국화를 대가로 외환을 팔 때 적용하는 환율이고 전신환매입률은 전신을 통해 외

[그림 9-4] 한국의 환율구조

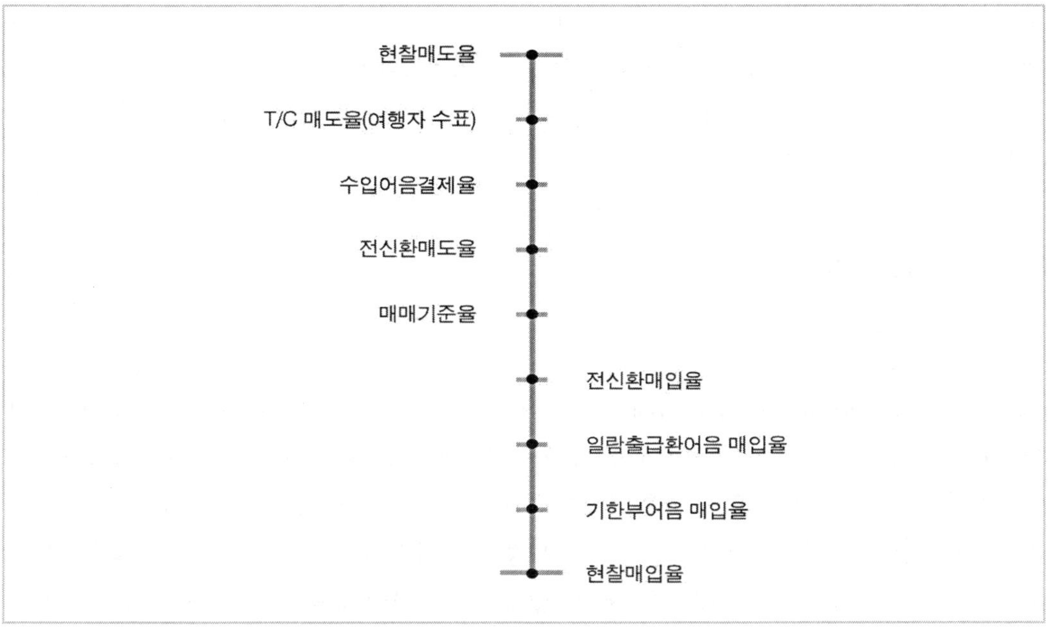

주: • 전신환매도율=매매기준율+은행수수료
• 전신환매입율=매매기준율−은행수수료
• 일람출급환어음 매입율=전신환매입율−환가료
• 기한부어음 매입율=전신환매입율−우송기간 및 기한부어음 해당기간금리
• 수입어음결제율=전신환매도율+환어음우송기간 해당금리
• 기한부어음매도율(기한부수입어음결제)과 일람출급환어음 매도율: 전신환매도율적용함 (미리 확정된 어음결제기일에 원화를 수취하는 동시에 외화가 환거래은행의 당방계정에서 지급되기 때문임)

율, 현찰매도율이 있고 기준환율 아래로는 전신환매입율, 일람출급[15] 환어음매입율, 기한부어음 매입율, 현찰매입율이 있다. 전신환매매율은 이자 개념이 없고 수입어음, 기한부어음, 일람출급환어음에는 이자 성격의 환가료[16]가 포함되어 있다.

환을 살 때 적용하는 환율이다.

15) 일람출급환어음(at sight bill)의 약어이며 어음면에 지급기한이 표시되어 있지 않은 어음으로 어음소지인 등으로부터 지급인에게 제시되면 즉시 이것을 인수, 지급하지 않으면 안된다. 반면 기한부어음(usance bill)은 어음면에 지급기한이 명시되어 있는 어음이다.

16) 외국환을 사고 팔때 외국환은행이 자금부담에 따른 이자 성격으로 고객에게 징수하는 일종의 수수료를 환가료라고 한다. 예를 들어 외국환은행이 수출환어음을 매입할 때 고객에 대해서는 어음금액을 즉시 지급하지만 수출환어음을 매입한 은행에서는 해당 어음을 외국은행에 보내 상환받기까지 상당한 시일이 소요된다. 이 때문에 고객에 대한 지급일로부터 상환받는 날까지의 기간에 발생하는 이자부담을 고객에게 징수하게 되는데 이것이 환가료다. 수입어음을 결제할 경우에도 신용장을 개설할 때 수입대금을 예치하지 않았을 때에는 은행이 수입대금을 먼저 지급하게 되므로 선적서류를 인도할때 어음대금에 대한 추심과 함께 환가료를 징수하게 된다.

현찰매도율이 가장 높고 현찰매입율이 가장 낮다. 현찰매입율이 가장 낮은 것은 은행이 고객으로부터 현찰을 매입하였을 때 현찰(달러)의 보관, 운송, 보험료, 이자수익 상실 등의 부담이 크기 때문이다. 동일한 원리로 현찰매도율이 가장 높은 이유는 은행이 고객에게 외환을 매도할 때까지 이러한 제반비용을 부담하면서 외환을 보관해야만 하기 때문이다.

5. 적정 외환보유액

1) 개 념

외환보유액(foreign exchange holding/reserves in foreign currency)이란 IMF 정의에 의하면 언제든 사용가능한 통화당국이 통제 가능한 대외자산이다. 외환보유액 산출방법은 국가마다 상이하다. 선진국의 경우 IMF기준에 따라 통화당국(정부·중앙은행)이 보유하는 순대외자산만을 계상하는데 비해 개도국의 경우 통화당국과 일반금융기관(외국환은행)의 외화자산까지 포함하되 부채를 차감하지 않고 외환자산총액을 포함하거나, 단기부채를 차감하여 순대외자산을 계상하기도 한다. 한국의 외환보유액은 한국은행 및 정부가 보유 및 관리하고 있는 대외자산으로 보유하고 있는 예치금, 유가증권(채권, 주식), 금, IMF 포지션, SDR 등으로 구성되며 사모주식 및 부동산은 제외된다.

한국도 1988년 1월 이후부터 통화당국(정부·중앙은행)의 대외 외화자산만을 포괄하는 공적보유액을 외환보유액으로 이용하고 있다. 외환보유액은 통화당국이 필요로 하는 경우 언제라도 대외지급에 사용가능한 유동성, 가치의 안정성(환율안정), 일반적 영수성이 있는 외화자산이어야 한다.

적정외환보유액이란 국내·외 경기변동이나 긴급사태에도 국민경제의 안정적 성장을 유지하는데 필요한 적정보유액을 말한다. 여기에는 다양한 견해가 있으며 일국의 외채규모, 수출입 규모, 외화자금의 차입 및 운용능력을 고려하여 결정해야 한다. 외환보유액의 보유 목적은 대외지급 불균형 해소(최종 대부자 기능), 외환시장 안정을 위한 시장개입, 국부의 보존 및 증식 등이다.

2) Machlup의 이론

매클럽(F. Machlup)는 'My Wife's Wardrobe Theory'(아내의 옷장이론)에서 일국의 적정 외환보유액은 엄격한 의미에서 존재하지 않으며 아내는 보유하고 있는 옷장속의 옷가지의 양 보다는 새로운 옷에 대한 구매욕망이 강하듯이 중앙은행 당국도 외환보유액을 증가시키려는 야심을 가지고 있으며 이러한 야심이 일국 외환보유액의 규모를 결정하게 된다고 주장한다.

3) UN의 기준

UN은 1951년 발표 자료에서 연간 수입액의 25%가 적정외환보유액이라고 하였다. 통상 무역의 1회전 기간이 3개월이고 3개월 분의 수입에 충당 가능한 외화를 보유하는 것이 바람직하다고 본다.

4) 연간 경상지급액 기준

연간 경상지급액(수입액+무역외지급)의 20~30% 수준을 적정외환보유액으로 보아 무역거래 이외의 자본거래까지 고려한다.

5) IMF권장액

2011년 3월 IMF가 마련한 적정외환보유액은 회원국을 선진국, 신흥국, 저소득국으로 구분하여 그룹별로 상이한 기준을 제시했다. 한국이 포함된 신흥국의 경우 유동외채(만기 1년 미만 단기외채 +장기채 중 만기 1년 미만)의 30%, 외국인증권투자(주식, 채권 등 포트폴리오투자)의 10%, 광의통화(M2)의 5%, 연간 수출액의 5%의 4가지 요인을 합한 금액의 100~150%가 적정하다고 평가했다.

6) 적정외환보유액 논란

한국은 1997년 외환위기 직전 불과 204억 달러에 불과했으나 2001년 9월 외환보유액이 1천 달러를 넘어서면서 계속 증가해 2019년 3월말 현재 4,052.5억 달러로 세계 8위 수준(2019년 1월 기준)이다. 외환보유액은 미국 국채와 정부기관채 등 유가증권의 비중이 가장 높고 예치금, 금, SDR, IMF 포지션 등으로 구성되어 있다.[17] 2019년 1월말 기준으로 세계 주요국의 외환보유액은 중국(30,879억 달러), 일본(12,793억 달러), 스위스(7,961억 달러), 사우디(4,899억 달러), 러시아(4,759억 달러), 대만(4,630억 달러), 홍콩(4,320억 달러),한국(4,055억 달러),인도(4,002억 달러), 브라질(3,770억 달러) 등의 순이다.

외환보유액은 국가 경제적으로 비상식량의 의미가 있다. 비상사태가 발생시 항상 현금화 할 수 있어야 한다. 따라서 한국은행은 외환보유액의 대 미국 국채 등 안정성이 뛰어난 유가증권과 예치금 형태로 운용하고 있다. 그러나 미국 국채는 연 이자가 매우

17) 2019년 3월말 기준 유가증권(93.2%), 예치금(4.3%), SDR(0.8%), IMF 포지션(0.6%), 화폐용 금(1.2%)이다.

낮은데다 달러 약세로 인한 손해도 만만치 않고 남유럽국가(PI(I)GS) 재정위기로 유로화와 파운드화 가치하락으로 인한 손해도 적지 않았다.

외환보유액은 안정성과 수익성 기준 중 어느 것을 보다 더 중시하느냐에 따라 달라진다. 안정성을 중시하는 측은 경제시스템의 안전망이라는 차원에서 아직은 외환보유액을 더 쌓고 안정성을 추구하는 정책을 선호한다. 반면 수익성을 중시하는 측은 지나친 외환보유액은 바람직하지 않으며 싱가포르와 같은 반관반민 형태의 전문투자기관이나 국부펀드(sovereign wealth fund: SEF)[18] 등을 조성하여 외환보유액의 활용을 강조하고 있다.

국내 외환보유액이 3,000억 달러를 초과하면서 외환보유액 과다 논쟁이 있어 왔다. 외환보유액은 많으면 많을수록 좋다는 다다익선(多多益善)은 아니다. 왜냐하면 첫째, 외환보유액의 대부분이 유통수익률이 매우 낮은 미국 국채나 미국 정부가 보증하는 정부기관채이다. 둘째, 정부가 수출촉진 목적으로 인위적으로 외환시장에 개입하여 원화가치 상승(원화표시 환율 하락)을 방지하기 위해 달러를 매입해 외환보유액이 증가하는데 이 경우 국내물가 상승을 초래한다. 환율상승(원화표시)은 수입원자재 가격을 인상시켜 국내물가를 상승시킨다.

끝으로 외환시장에서 정부가 달러를 매입하는 경우 시중에 풀린 원화의 과잉 유동성을 흡수하기 위해 한국은행은 통화안정증권(통안채)을 발행하고 기획재정부는 외국환평형기금채권(외평채: 현재는 국채와 통합발행)을 발행한다. 이 경우 채권발행에 따른 지급이자인 조달금리가 미국채 수익으로부터 나오는 운용금리보다 낮아 역마진이 발생한다. 또 통안채나 외평채의 발행에 수반되는 이자 지급은 시중의 통화량을 증가시키는 효과도 있다.

한국의 적정외환보유액은 기관마다 차이가 있다. 한국금융연구원은 기업, 가계 등 한국 경제주체들이 갖고 있는 총 대외채무에서 상환부담이 없는 선박수출선수금 등을 제외한 실질 부담 외채 상당액 이상을 필요한 외환보유액으로 보기도 하였다.[19] 한국은 과거 금융위기의 혹독한 대가를 치룬 경험이 있어 IMF 기준보다 더 많은 외환보유액을 보유하는 것이 바람직하다는 견해가 지배적이다.

---

18) 한국의 잉여 외환보유액을 효율적으로 운영하기 위해 한국 정부가 100% 출자해 설립(2005.7)된 국부펀드로 한국투자공사(Korea Investment Corporation)가 있다. 글로벌금융위기 직전(2008.1) (미)메릴린치에 20억 달러를 투자했다가 대규모 손실을 보았고 메릴린치는 동년 9월 BOA에 합병당했다. 2010년 8월 감사원은 KIC의 투자 잘못을 지적하였는데도 2011년 1월 이후 다시 1억 달러 이상의 재투자가 있어 투자 적절성 논란이 야기되었다.

19) 동아일보(2009.12.21), (2010.1.2)발췌.

6. 통화스와프 협정

통화스와프(currency swap)는 거래 시작 시 서로 다른 통화로 표시된 원금을 교환하고 일정 기간 동안 그 원금에 대해 계약시점에 미리 정한 이자 지급조건으로 이자를 교환한다. 그 다음 만기 때 계약시점에 미리 약정한 환율로 원금을 재교환 하는 거래이다.

국가 중앙은행 간 통화스와프 협정을 체결할 수도 있는데 외환시세의 안정을 도모하고 일시적으로 부족한 외환을 안정적으로 조달해 외환위기를 방지하기 위한 목적의 국가 간 협정이다.

<표 9-4>는 2019년 현재 한국의 통화스와프 협정을 나타내는데 준 기축통화국인 캐나다와의 만기가 없는 무제한 금액의 스와프 협정은 상당한 의미가 있다고 하겠다. 미국과는 300억 달러 통화 스와프 협정이 한 차례 체결 된 적이 있었고 일본과는 독도문제, 위안부 문제 등의 정치적 이유로 통화스와프 재협상 연장에 실패한 바 있다.

〈표 9-5〉 한국의 통화스와프 체결

국가	만기	한도
CMI(치앙마이)	없음	$384억 규모
중국	2020.10	$560억 규모(3,600억 위안), (약 64조 4천억원)
말레이시아	2010.1	$47억 규모(150억 링깃) (약 5조원)
인도네시아	2020.3	$100억 규모(110조 루피아)
호주	2020.2	$77억 규모(100억 호주달러)
스위스	2021.2	SF 100억 규모(약 11조 2천억원)
UAE	2022.4	$54억 규모(약 6조 1천억원) (2019.4 재계약)
캐나다	없음	무제한 (2017.11 체결)

제 4 절 固定換率制度와 變動換率制度

1. 환율제도 구분

환율제도는 변동환율제도(floating or flexible exchange rate system)와 고정환율제도

(fixed or pegged exchange rate system)로 구분된다. 변동환율제도는 독자적 변동환율제도(independent floating rate system), 그룹변동환율제도(group floating rate system), 관리변동환율제도(managed floating rate system)로, 고정환율제도는 단일통화연동제(single currency pegged system)와 복수통화연동제(basket currency pegged system)로 분류할 수 있다.

독자적 변동환율제도는 외환시장에서의 수요와 공급에 의해 환율이 자유로이 결정되며 그룹변동환율제도는 몇 개국들의 통화로 구성된 통화바스켓을 이루고 그룹내 통화간 기준환율을 중심으로 일정한 범위 내에서 변동되도록 규제하는 제도이다.

관리변동환율제도는 장기적으로는 환율이 외환시장의 수요와 공급에 의해 결정되지만 단기적으로는 중앙은행이 외환시장에 개입하여 환율의 지나친 변동을 방지하기 위해 관리하는 제도이다. 실제 중앙은행이 외환시장에 전혀 개입하지 않고 외환시장의 수요와 공급에 의해서만 환율이 결정되는 순수변동환율제도(pure(clean) floating exchange rate system)보다는 중앙은행이 시장에 어떠한 방식으로든지 시장에 개입하는 관리변동환율제도가 보편적이다.

관리변동환율제도는 dirty floating exchange rate system이라고도 하는데 dirty의 의미는 순수변동환율제도가 깨끗한(clean)데 비해 정부 개입에 따라 깨끗하지 못하다는 의미에서 사용되기도 하고 또 다른 의미는 중앙은행이 표면적으로는 외환시장에 개입을 하지 않는 신사처럼 보이면서 뒤로는 점잖지 못하게 시장에 개입한다는 의미도 지니고 있다.

한편 고정환율제도 중 단일통화연동제는 미 달러화, 영국 파운드화 등과 같이 외국의 특정통화에 자국통화를 연동시키며 복수통화군 연동제는 IMF의 특별인출권(SDR)과 같은 수 개국의 복수통화군에 자국통화의 가치를 연동시키는 제도이다.

2. 고정환율제도 장·단점

고정환율제도의 장점으로는 첫째, 고정환율제도하에서는 환율이 안정적이므로 환위험을 어느 정도 피할 수 있으며 이에 따라 국제무역과 국제투자는 확대될 가능성이 있다. 둘째, 고정환율제도하에서는 균형파괴적인 투기적 단기자본이동(hot money)을 어느 정도 제거할 수 있어 국제수지가 안정될 수 있다.

셋째, 고정환율제도는 변동환율제보다 국내물가 압력이 작은 경향이 있다. 일반적으로 소국 개방경제하에서 국제물가가 상승하면 환율의 변동없이 국제물가 상승분 만큼만 국내물가가 상승한다. 변동환율제하에서는 항상 변화하는 환율이 국내물가를 자극하고 국내물가는 환율을 자극하는 악순환이 반복될 수 있는 단점이 있다. 끝으로 고정환율제도하에서는 화폐당국은 적절한 시기에 신용제한정책을 실시하여 국내의 신용인플레이션에 유효하게 대처할 수 있다.

고정환율제도의 단점으로는 첫째, 대내·외균형의 동시 달성에 효율적이지 못하다. 만약 국내경제가 경기침체와 국제수지 적자 상태인 경우를 가정하자. 고정환율제하에서는 환율변동이 없이 국제수지를 균형상태로 개선시키기 위해서는 긴축재정정책과 같은 국내총수요관리정책을 실시하는 방법이 있다. 그러나 대내균형(물가와 실업)과 대외균형(국지수지)은 상충관계(trade off)에 있기 때문에 긴축재정정책(정부지출감소)과 긴축금융정책(통화량감소로 인한 이자율 상승)은 대외균형의 달성은 가능하지만 국내경기침체를 심화시켜 대내균형의 희생을 초래하게 된다.

긴축재정정책은 정부재정지출을 줄여 국내총수요 억제를 통해 수입수요를 감소시키며 긴축금융정책은 국내통화량을 감축시켜 이자율 상승 → 국내투자 감소 → 국내총수요 감소 → 수입수요 감소로 역시 무역수지 개선의 효과를 가져온다. 그러나 국내경제는 투자 감소, 총수요 감소로 실업증가를 초래하게 된다.

둘째, 고정환율제도는 변동환율제보다 중앙은행이 보다 많은 국제준비자산(international reserves)을 보유할 필요가 있다. 왜냐하면 중앙은행은 고정환율제하에서 환율을 고정시키기 위해 국제준비자산(외환보유액, IMF리저브포지션, SDR, 화폐용 금 등)을 필요로 하기 때문이다.

셋째, 고정환율제는 일국의 경제정책이 교역상대국에 파급효과를 미칠 수 있다. 만약 일국이 긴축재정·금융정책을 실시한다면 국내물가는 하락하고 자국 수출품의 경쟁력은 강화되어 국제수지 흑자가 발생한다. 이는 교역 상대국의 국제수지를 적자로 만들며 교역상대국의 경제를 위축시키는 근린궁핍화(beggar my neighbor)현상을 초래하게 한다.

끝으로, 고정환율제하에서는 환율조정이 불가능하기 때문에 신용제한정책의 실시, 또는 무역제한 및 외환관리 실시 등에 의해 국제수지적자를 해소하려고 한다. 따라서 가끔 국내경제는 부당한 압박을 받아 성장이 억제되며 무역의 자유화와 외환의 자유화가 저지되는 경향이 있다.

3. 변동환율제도 장·단점

변동환율제도의 장점은 고정환율제도의 단점이 되고 변동환율제도의 단점은 고정환율제도의 장점이 된다. 이와 같은 장·단점의 주장들은 항상 상대적인 것이기 때문에 반드시 어느 한쪽이 옳다고만 할 수는 없다.

변동환율제도에서는 외환의 초과수요가 발생하면 환율(자국화표시)은 인상되고 이와 반대로 외환의 초과공급이 발생하면 환율은 하락하게 된다. 변동환율제도의 장점은 첫째, 국제수지의 균형조정메커니즘이 발휘되는 경향이 있다. 변동환율제하에서는 환율은 외환의 수요와 공급을 균형시키려는 작용을 하기 때문에 외환시장의 안정성이 유지되는 한 국제수지의 불균형은 자동적으로 조정되는 경향이 있다.

둘째, 변동환율제하에서는 국제수지의 불균형은 환율의 자유로운 변동을 통해 조정되기 때문에 국제수지의 불균형을 해결하기 위한 신용제한정책, 무역 및 외환제한정책 등을 강력히 실시할 필요가 없다. 변동환율제하에서는 어떤 인위적인 간섭이나 통제가 불필요하고 시장메커니즘에 의한 환율의 변동을 통해 국제수지의 불균형이 자동적으로 조정되는 경향이 있으므로 국내경제의 안정성이 파괴될 가능성이 제거되며 경제성장이 저해될 가능성이 배제된다.

셋째, 대내·외균형 달성에 보다 효율적인 정책사용이 가능하다. 예컨대 변동환율제하에서는 국제수지의 불균형이 외환의 수요·공급에 반영되어 환율변동으로 나타나므로 국제수지는 자동적으로 균형에 이른다. 따라서 국내경기가 침체된 경우 총수요관리정책을 통해 대내경제 목표를 독립적으로 달성할 수 있다.

넷째, 국제준비자산 보유의 필요성이 고정환율제 보다 덜하다. 왜냐하면 고정환율제하에서처럼 중앙은행이 환율을 고정시키기 위한 준비자산은 불필요하기 때문이다.

변동환율제의 단점은 고정환율제의 장점으로 첫째, 환율의 지속적인 변동으로 환위험이 발생되고 국제무역이나 국제투자가 저해될 가능성이 있으며 균형파괴적인 단기자본(hot money)의 유출입이 활발하다. 1997년 한국의 IMF 외환위기 때 원화가치 폭락, 높은 이자율로 경제적 타격을 입은 바 있다. 당시 미국의 어떤 학자는 한국도 통화를 미 달러로 정하는 소위 통화발행 주도권이 없는 달러라이제이션(Dollarization)을 권고하기도 했다.

둘째, 국내 인플레이션 압력이 고정환율제에 비해 크다. 변동환율제하에서는 수시로 변동하는 환율이 국내물가에 영향을 미치고 국내물가는 다시 환율에 영향을 미쳐 환율과 물가 간에 악순환이 발생할 가능성이 없지 않다. 끝으로 통화당국이 화폐신용정책을 실시할 경우 환율변동으로 적절한 시기를 놓치고 국내인플레이션에 대한 규제력을 제대로 발휘할 수 없는 경향이 있다.

4. 환율제도 선택

일반적으로 환율제도는 일국의 경제성장, 인플레이션 등 경제적 성과에 영향을 미친다. 지금까지 환율제도와 경제적 성과 간의 관계에 대한 일반적 결론은 고정환율제도가 타국과의 안정된 통화가치로 수입할 수 있고 미래에 대한 불확실성 제거로 국제교역 및 경제성장을 촉진시킬 수 있다는 것이었다. 그러나 최근의 많은 연구들은 이러한 통념의 사실에 의문점을 던져주고 있다.

이론적 측면에서 환율제도의 중립성을 지지하는 학자들은 기본적으로 환율제도는 화폐적인 현상에 국한되어 실물적인 현상과 무관하므로 어떠한 환율제도를 선택해도 경제적 성과에는 아무런 영향이 없다고 주장한다.

한편 환율제도의 중립성을 주장하지는 않아도 어느 환율제도가 바람직한 제도인지 확실하게 알 수 없다는 주장도 있다. 이들의 주장에 따르면 고정환율제도는 환율이 고정되어 교환가격의 변동에 따른 거래비용의 증가가 발생하지 않는다는 장점이 있다. 한편 임금 및 가격이 경직적인 상황에서는 대신 생산 및 고용의 변동이 더욱 심해질 수도 있다. 따라서 장점·단점의 상대적인 크기에 따라 환율제도의 선호 순위가 달라 질 수 있다.[20]

전통적으로 일국의 무역 및 투자업자들은 환리스크 방지에 따른 비용이 크므로 고정환율제도를 선호하는 경향이 있고 정부 및 학계에서는 상대적으로 변동환율제도를 선호하는 경향이 있다. IMF는 각국의 환율제도를 경직적 고정환율제도(hard pegs), 유연한 고정환율제도(soft pegs), 변동환율제도(floating regimes), 기타 관리환율제도(other managed arrangements)의 네 개 범주로 나누고 세부적으로 10개의 환율제도로 분류하고 있다. 한국은 변동환율제도를 Floating과 Free Floating 두 가지로 세분되는데 Floating에 속한다. 최근 190개국 중에서 60여개 국가만 경직적 고정환율제도를 선택하고 있다. 이는 글로벌 금융환경하에서 개별국이 인위적으로 환율을 통제하는 것이 어렵다는 것을 의미한다.

20) 국제금융연구회, 「글로벌시대의 국제금융론」(서울: 경문사, 1999), p.470.

CHAPTER 10

先物去來

제 1 절 先物去來 概觀

1. 선물거래 의의

현재 필요한 상품을 시장에서 대금을 지급하고 인도받는 것을 현물거래라고 한다. 그러나 현재 물건이 필요하지는 않지만 3개월, 6개월, 1년 등 미래에 물건이 필요한 경우 현재 시점에서 해당 물건의 가격과 인도날짜 등을 확정해서 계약을 체결하고 약속된 날짜에 계약한 대로 물건과 대금을 교환하는 거래를 미리 만들어 놓을 수 있다. 특정상품을 현재 합의한 가격으로 미래 일정시점에 인수도 할 것을 약속하는 거래이다. 시골에서 배추, 무 등 농산물에서 농가와 중간상 사이에 이루어지는 밭떼기거래(포전매매)와 비슷한 것이 선도(선물환)거래(forward transaction)이다. 선물거래는 선도거래가 발전해 선물거래소라는 기관을 통해 체결하는 것이라고 하겠다.

요약하면 선물거래란 표준화된 선물계약의 매매라고 할 수 있으며 선물계약은 표준화된 측정상품을 공인된 선물거래소에서 미래 일정시점에 합의된 가격으로 인수도할 것을 약속하는 구속력을 갖는 계약이다.

<표 10-1>과 같이 선도거래가 당사자 간의 합의에 따라 다양한 계약조건이 결정되는 것과 달리 선물거래(futures transaction)는 표준화된 상품이 정형화된 계약조건에 따라 공인된 선물거래소에서 이루어지는 거래이다.

〈표 10-1〉 선도거래와 선물거래

	선도(선물환)거래	선물거래
거래조건	거래방법, 계약단위, 만기일 등의 제한이 없으며 매매당사자 간 합의	거래방법, 계약단위, 만기일 등 표준화
중도청산	반대거래 통한 청산이 제한적임	거래체결 후 시황변동에 따라 자유로이 반대거래 통한 청산 가능
거래장소	일정장소가 없이 전화, 텔렉스 통해 당사자들 간 직접적 거래성립(over－the－counter－market)	선물거래소라는 물리적 장소에서 공개적 이루어 짐
신용위험	계약이행의 신용도는 전적으로 매매 쌍방에 의존하며 신용상 위험존재	청산소가 계약이행 보증해서 신용상의 위험 전무함
증거금	없음	있음
일일정산	없음	있음
가격제시	매입율, 매도율	단일가격
손익정산	선도거래의 손익에 대해서는 계약 종료일에 정산됨	가격정산은 청산소를 통해 매일 이루어 짐
실물인수도	계약의 대부분이 실제로 실물인수도가 이루어 짐	대부분의 계약은 만기일 이전에 반대매매를 통해 차액정산으로 계약이 종료되고 극히 일부분(2%미만) 계약만 만기일에 실물인도

2. 선물거래 역사

1) 미　국

현대적 의미의 선물거래소는 1848년 미국의 시카고에서 시작됐다. 미국의 동부지방에 위치하고 있는 시카고는 19세기 중반 일리노이와 미시간의 운하 개통으로 미국 중서부 곡창지대의 중심지인 동시에 곡물의 집산지가 되어 밀, 옥수수, 커피 등의 곡물거래가 활발했다.

미국 중서부 곡창지대의 중심에 위치한 시카고에서는 해마다 되풀이되는 수급상의 문제와 창고부족 및 수송수단 미비 등의 여러 가지 비능률적이고 불합리한 유통상의 문제가 존재했다. 풍년이 들면 창고 등 보관시설이 부족해 오대호에 곡물을 버리기도 하고 오대호가 얼게 되면 수송수단이 마비되어 곡물가격이 폭등하기도 했다.

1842년 브라질에서 허리케인이 발생했고 커피농장이 폐허로 변해버렸다. 통신수단이 전무했던 당시 미국의 커피업자는 그 사실도 모르고 원두커피 가공공장을 대폭 늘렸다가 대부분 망하기도 했다. 이러한 가격체계를 바로 잡아서 새로운 상거래 방식을 통해 곡물의 수급과 유통의 원활성 및 효율성을 높이고자 하는 목적으로 고민 끝에 상인들이 중심이 되어 세계 최초의 근대적인 선물거래소 시카고상품거래소(CBOT)를 설립했다.

선물계약의 표준화, 계약이행 보증의 거래소 형태의 선물거래소는 1865년의 일이었고 오늘날까지 영향을 미치고 있는 상품거래소법(Commodity Exchange Act)이 제정된 것은 1936년이다. 미국 최대 선물거래소 시카고상업거래소(CME)는 미국 전체 선물거래의 약 96%를 차지하며 2017년 12월에는 암호통화 비트코인을 상장했다.

2) 영 국

18세기 후반 영국에서는 산업혁명에 따른 급격한 공업화로 많은 양의 비철금속을 칠레 등지로부터 수입해야 했으며 이에 따라 상인들은 한 장소에 모여서 항해중인 수입금속에 대한 정보를 로이즈 커피숍(Llodys Coffee Shop)에서 교환하고 거래를 하기도 했다. 영국에서 석탄을 싣고 남미를 거쳐 칠레에서 동을 싣고 오는데 약 3개월이 걸렸는데 이는 3개월물 선물거래의 기준이 되었다. 점차 거래량이 많아지고 복잡해짐에 따라 1877년 1월 런던금속거래소(London Metal Exchange)[1]라는 명칭의 거래소를 설립하고 최초의 공식적인 거래를 시작했다. 금융선물거래는 1982년 유럽최대의 선물거래소인 런던국제금융선물거래소(LIFFE)가 설립되었다.

3) 일 본

1600년대 도쿠가와[2] 막부시대의 중앙정부가 지방영주들의 반란을 두려워하여 강제적으로 에도(동경)근처에서 거주토록 했다. 지방영주들은 호화스런 생활로 생활비가 수확기가 도래하기 전에 고갈되자 가을에 수확될 농작물(주로 쌀)을 담보로 물표(일종의 창고증권)를 발행하게 되었으며 이 물표들이 유동성을 갖게 되면서 일종의 유가증권형태로 점차 거래가 활발해지게 되었다.

---

1) 세계최대의 비철금속거래소이며 전세계 거래량의 90% 정도는 LME 지정창고에서 보관하게 된다. LME이사회는 세계 13번째로 부산과 광양에 지정창고 설립을 결정(2001.11)했다. 한편 인천항은 두바이, 터키 마미라, 말레이시아 조호와 함께 세계 최초로 LME로부터 스틸빌레트(철강판) 취급 항만으로 공식 지정되었다(2008.5).

2) 도쿠가와 이에야스(德川家康)는 일본 에도 막부의 초대 쇼군(1543~1616)으로 오다 노부나가(織田信長)와 도요토미 히데요시(豊臣秀吉)의 굴욕을 인종(忍從)으로 극복하고 천하통일을 이루었다. 오다는 두견새가 울지 않으면 때려 죽이고 도요토미는 울도록 만들고 도쿠가와 이에야스는 울 때까지 기다린다고 할 정도로 인내심이 강했다.

이러한 물표거래에서 많은 돈을 번 거상들 중 '요도야'라는 사람이 있었으며 오사카 근교의 도지마에 본거지를 두고 그의 집은 많은 상인들이 몰려들어 서로 거래에 대한 정보를 교환하고 또 거래를 성사시키는 거래소 역할을 하게 되었다. 이곳이 후일 도지마쌀거래소로 이름이 알려진 일본최초의 상품거래소가 자리잡은 곳이 되었다. 비록 오늘날과 같은 근대적 선물거래소는 아니지만 매우 흡사한 기능을 갖춘 상품거래소로 오늘날 일본내 여러 상품거래소의 기원이 되었다.

4) 한 국

한국의 파생금융상품시장은 처음에는 이원화되어 있었다. 한국선물거래소(KOFEX) 설립에 앞서 한국증권거래소에서 1996년 5월 최초로 주가지수선물(KOSPI 200)을 상장했고 1997년 7월에는 주가지수옵션을 상장했다. 1999년 4월 23일 부산에 한국선물거래소(KOFEX)가 개장되면서 달러선물, CD(양도성정기예금)선물, 금선물, 달러옵션이 상장되었으며 1999년 9월 29일부터는 국채선물이 추가로 상장되었고 2001년 1월 30일에 코스닥(KOSDAQ)50, 2001년 12월 14일에는 코스닥옵션, 2002년 5월 10일에는 국채선물옵션(KTB)이 KOFEX에 상장되었으며 한국증권거래소에서는 2002년 5월 10일 삼성전자를 비롯한 7개 주식의 개별주식옵션시장이 개설되었다.

그동안 증권거래소에 상장된 주가지수선물의 선물거래소로의 이관을 주장한 한국선물거래소와 기득권을 내세운 한국증권거래소 측의 갈등은 계속되어 왔었다. 마침내 2004년 1월 29일 한국증권선물거래소법(법률 제7112호)이 제정되었다. 2005년 1월 27일 출범한 한국증권선물거래소(KRX)는 증권 및 장내파생 상품의 공정한 가격 형성과 매매, 그 밖의 거래 안정성 및 효율성을 도모하기 위해 증권거래소, 선물거래소, 코스닥 위원회, (주)코스닥증권시장 등 4개 기관이 통합되어 출범했다. 한국증권선물거래소는 2009년 2월 4일 「자본시장과 금융투자업에 관한 법률」 개정에 따라 한국거래소(Korea Exchange: KRX)로 명칭이 변경되었다.

제 2 절 派生商品市場 理解

1. 선물가격과 현물가격 관계

선물가격은 선물시장에 상장된 정형화된 품목을 대상으로 공개호가(open out cry) 방식에 의하여 결정되어지는 가격이다. 일반적으로 선물가격은 계약시점으로부터 약정된 인도시점까지 해당 현물을 보관하는데 드는 비용인 재고유지비용(cost of carry)만큼 현물가격보다 높다. 왜냐하면 매도자는 매입자에게 미래에 인도할 상품을 일정 만기까지 보관료, 보험료, 이자 등을 부담해야 하는 의무가 있기 때문이다. 그 중에서도 이자 부담이 가장 큰 영향을 미친다.[3)]

정상적 시장인 콘탱고(contango)는 선물가격이 현물가격보다 높은 시장이다. 그러나 부두노동자의 갑작스런 파업 또는 대규모 생산공장의 화재 등으로 일시적으로 공급이 부족하게 되면 현물가격이 선물가격보다 높은 비정상적 시장인 백워데이션(backwardation)이 발생한다. 시장의 균형선물가격은 이론적으로 다음과 같이 나타낼 수 있다.

균형선물가격 = 현물가격 + 재고유지비용(보관료 · 보험료 · 이자)

[그림 10-1] 선물가격과 현물가격

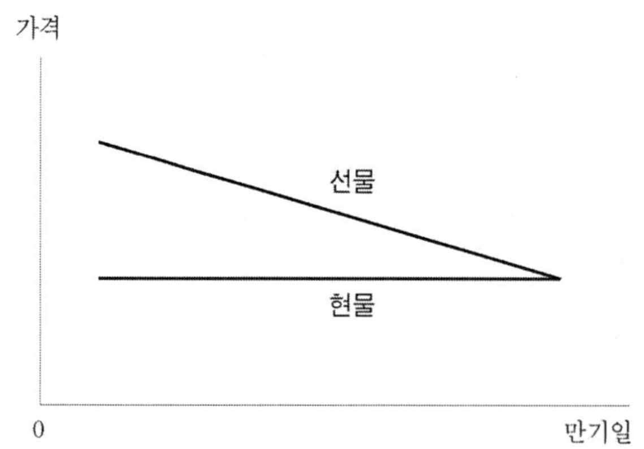

3) 상품선물거래의 경우 6개월 선물생돈(살아있는 돼지) 매도자는 은행에서 자금을 차입하고 축사를 짓고 새끼돼지를 사들이고 보험에 가입하는 등의 재고유지비용이 소요된다. 따라서 정상적인 시장의 경우 선물가격이 현물가격보다 높다.

[그림 10－1]에서 보는 바와 같이 선물은 항상 선물로 남아있는 것이 아니고 만기에는 현물이 되며 선물과 현물가격의 차이는 만기일이 가까워지면서 작아진다.

2. 파생상품거래

1) 파생상품 종류

파생(派生)이란 사물이나 현상이 본체로부터 갈라져 나와 생기는 것을 말하며 derivatives란 '파생하다', '유래하다'라는 어휘에서 비롯되었다. 이처럼 파생상품은 콩, 옥수수, 쌀 등과 같은 기초자산 가격변화에 따라 변하게 되는 일종의 금융상품이다.

선물거래 대상이 되는 파생상품은 상품선물과 금융선물로 대별된다. 상품선물거래의 대상으로는 농산물(소맥, 옥수수, 면화, 귀리, 대두, 감자, 고무, 콩, 팥, 오렌지, 커피, 사탕, 코코아 등), 축산물(생돈, 생우 닭, 오리 등), 임산물(목재 등), 광물(금, 은, 백금, 알루미늄, 구리, 아연, 주석, 납, 니켈 등), 귀금속, 에너지상품(원유, 난방유 등) 등이다. 한편 금융선물거래의 대상은 통화선물(미달러, 유로화, 영파운드, 일본엔 등), 금리선물(T－Bond, T－Note, 일본장기국채, 독일국채 등), 주가지수선물 및 옵션(S&P 500, NYSE종합, Nikkei 225, Hang－Seng, KOSPI 200, 금리스왑, 통화스왑) 등이다.

2) 한국 파생상품

한국거래소(KRX)의 2006년 말 기준 상장 주식 시가총액이 세계 13위를 기록했고 거래대금 8위, 옵션시장 1위, 선물시장 5위를 각각 나타냈다. 한국의 KOSPI 200 옵션시장은 세계 1위, KOSPI 200 선물시장은 세계 5위를 기록했고 투자자 비중은 개인이 40% 이상을 차지했다. 하지만 2012년 이후 잇달아 도입된 파생상품 규제로 유가증권시장의 주식 거래 대금이 매월 20조원 가량 감소했다. 세계 1위였던 한국거래소 파생상품거래량은 규제 후 2013년 기준 세계 9위로 추락했고 2017년 세계 11위에서 2018년 7위로 4계단 올라섰다.

한국거래소(KRX)에서 판매되고 있는 선물·옵션상품은 <표 10－2>와 같다. 주가지수 상품으로는 코스피 200선물, 코스피 200옵션, 코스피섹터지수선물, 배당지수선물, 미니코스피 200선물, 미니코스피 200옵션, 코스닥 150선물, 코스닥 150옵션, KRX 300선물, 유로스톡스 50선물이 있다. 변동성 지수상품에는 코스피 200변동성 지수선물, 개별주식상품에는 개별주식선물, 개별주식옵션, ETF 상품에는 ETF선물이 있다. 채권금리상품에는 3년 국채선물, 5년 국채선물, 10년 국채선물이 있고 통화상품에는 미국달러선

〈표 10-2〉 한국거래소 파생금융상품

파생상품	상품 종류
주가지수 상품	코스피 200선물, 코스피 200옵션, 코스피섹터지수선물 배당지수선물, 미니코스피 200선물, 미니코스피 200옵션 코스닥 150선물, 코스닥 150옵션, KRX 300선물, 유로스톡스 50선물
변동성 지수상품	코스피 200변동성 지수선물
개별주식상품	개별주식선물, 개별주식옵션
ETF 상품	ETF선물
채권금리상품	3년 국채선물, 5년 국채선물, 10년 국채선물
통화상품	미국달러선물, 미국달러옵션, 엔선물, 유로선물, 위안선물
Commodity 상품	돈육선물, 금선물

자료: 한국거래소(2019).

물, 미국달러옵션, 엔선물, 유로선물, 위안선물, Commodity 상품에는 돈육선물, 금선물이 있다.

3) 국내 파생결합상품

한국거래소가 아닌 국내 증권사, 보험사, 은행 등에서 판매하는 파생결합상품은 <표 10-3>과 같다. 파생결합증권(DLS)은 유가, 농산물 가격, 환율 등의 움직임에 따라 수익률이 결정되고 주가연계증권(ELS)은 주가, 주가지수에 따라 수익률이 결정되며 주가연계펀드(ELF)는 ELS에 투자하는 펀드이며 주가지수연동예금(ELD)은 주가, 주가지수에 따라 수익률이 결정된다.

DLS는 ELS와 운영방식은 동일하지만 기초자산이 다양한 것이 특징이다. DLS는 2005년 한국에 처음 도입되었지만 기초자산의 변동을 예측하기가 쉽지 않아 투자자가 많지 않았다. 2008년 증시의 변동이 심해지고 국제유가와 원자재가격이 수직상승하면서 대체 투자수단의 하나로 관심을 끌게 되었다. DLS는 투자하는 기초자산의 종류나 수익률이 결정되는 방식이 대단히 복잡한 파생상품이라 투자자는 투자하기 전에 파생상품의 특성을 충분히 검토해야 할 필요성이 있다.

ELW는 2005년 12월 처음으로 도입되었고 하루 1조원 이상의 거래가 이루어질 정도로 인기가 있었으나 2011년부터 기본예탁금제도(1,500만원)가 도입되는 등의 규제가 시작되자 시장이 급격히 위축되기도 했다.

〈표 10-3〉 국내 파생결합상품

	파생결합 증권 (DLS)	주가연계 증권 (ELS)	주가연계 펀드 (ELF)	주가지수연동예금 (ELD)	주가워런트증권 (ELW)
특 징	유가, 농산물가격, 특정국가 환율 등 움직임 따라 수익률 결정	주가, 주가지수 따라 수익률 결정	ELS에 투자하는 펀드	주가, 주가지수 따라 수익률 결정	주식을 기초자산으로 한 옵션의 변형
판매처	증권사	증권사	은행, 증권사, 보험사	은행	증권사

4) 파생상품 거래방식

파생상품거래는 장래 특정상품 또는 자산의 인도결정 약정을 하는 것이므로 이론적으로는 대상이 거의 무한대이다. 미래의 날씨뿐 아니라 내일 해가 몇 시에 뜰 것인가 내기를 하는 것도 파생상품거래의 대상이 될 수 있다.

파생상품(derivative products/derivatives)이란 말 그대로 원 상품에서 파생되어 나온 상품이다. 예컨대 현재 시장에서 배추 한포기가 1,000원에 거래되고 있다면 1,000원을 주고 배추를 사는 사람은 배추를 당장 인도 받음과 동시에 대금을 지불해야 한다. 이 결과 배추라는 자산이 증가하고 현금 자산이 감소하거나 또는 외상으로 한다면 외상매입금이라는 부채가 증가한다.

그러나 만약 배추를 당장 인도받지 않고 30일 후에 인도받기로 하고 대금 1,000원을 그 때 가서 결제하기로 한다면 거래의 성격이 달라진다. 배추라는 자산이 증가하지도 않고 현금자산이 감소하거나 외상매입금의 부채도 발생하지 않으며 단지 30일 후에 가서 실제 거래를 하겠다는 약속만 존재한다.

이와 같이 장래 특정일에 인도가 되는 배추 또는 실물화되는 배추를 선물배추 또는 배추파생상품이라 하고 가격 등 거래조건을 오늘 정하여 매매하는 것을 파생상품거래라 한다. 파생배추에 비교하여 당장 인도 결제되는 배추를 현물배추라고 한다. 파생배추는 30일배추 또는 9월배추와 같이 실물화되는 기간 또는 시기가 표시되는데 이를 만기(maturity)라 한다. 파생상품거래는 다음과 같이 선물방식, 옵션방식, 스왑방식 등 크게 3가지로 이루어진다.

파생상품을 연구하는 학문은 일반적인 경제·경영학의 금융학 외에도 수학, 물리학, 통계학, 공학 등의 학문의 도움을 받아야 하기에 파생상품을 연구하는 학문을 금융공학

(financial engineerings)이라고 부르기도 한다.

(1) 선물방식

30일 후에 배추를 얼마에 사겠다, 팔겠다라는 약속을 하는 식으로 거래를 하는 것이다. 예컨대 30일 배추를 2,000원에 매입약속을 했다면 30일 후 만기일에 2,000원을 주고 배추를 인수해야 한다. 만약 이때 가서 시장의 배추가격이 2,500원으로 오른다면 500원의 이익을 볼 것이고 1,500원으로 내린다면 500원 손실을 볼 것이다.

반대로 2,000원에 매도약속을 했다면 손익 상황은 반대로 가격이 내릴 때 이익을 보게 된다. 2,000원에 매도약속을 한 매도자는 30일 후 배추가격이 2,500원으로 오른다면 시장에서 2,500원 짜리 현물배추를 매입해서 인도해야 하기 때문에 500원의 손실을 보게 될 것이고 배추가격이 1,500원으로 하락한다면 시장에서 1,500원 짜리 배추를 매입해 인도할 수 있기 때문에 500원의 이익을 보게 될 것이다. 이러한 매매거래 방식은 본질적으로 한 달 뒤 배추값의 내기와 같다.

(2) 옵션방식

옵션방식은 한달 뒤 배추가격을 직접 정하는 것이 아니라 한달 뒤 배추를 일정한 가격에 매입·매도할 수 있는 권리를 오늘 거래하는 방식이다. 예컨대 한달 뒤 배추를 2,000원에 매입할 수 있는 권리를 30원을 주고 산다든지 하는 것이다.

옵션거래 방식에서 매입·매도거래를 행사하는 가격이 지정되어 있는데 이를 행사가격(exercise price/strike price)이라고 한다. 만약 30일 배추를 2,000원에 매입할 수 있는 권리를 30원 주고 샀는데 만약 시장의 배추가격이 2,100원이 된다면 70원(2,100－2,000－30)의 이익을 얻게 된다.

왜냐하면 시장에서 배추를 매입하면 2,100원에 매입할 수 있는 데 비해 옵션거래를 통해 시장가격에 구애받지 않고 2,000원에 매입할 수 있기 때문이다. 그러나 이러한 권리를 매입하는데 30원의 옵션프리미엄(option premium)을 이미 지급했기 때문에 결국 70원(100－30)의 이익을 보게 된다.

일정한 가격에 매수할 수 있는 권리를 콜옵션(call option), 매도할 수 있는 권리를 풋옵션(put option)이라고 한다. 권리행사를 계약 만기일에만 행사 할 수 있는 것을 유럽식옵션(European option), 만기일 내 유리한 날 어느 때든지 행사할 수 있는 것을 미국식옵션(American option)이라고 하며 국내 옵션상품은 유럽식옵션 방식이다.

(3) 스왑방식

스왑방식은 두 개의 상품 또는 자산에서 파생되는 장래 현금흐름 또는 가격지수 등을 일정기간 마다 교환(swap)하기로 약정하는 방식이다. 동일한 상품에 대하여 고정가격 플로우(flow)와 변동가격 플로우를 교환하기도 한다.

스왑의 대표적인 방식으로 원유시장에서 매 6개월 마다 1억 배럴의 서부텍사스 중질유에 대하여 배럴당 100달러의 고정가격과 결제일에 시장에서 형성되는 가격(변동가격)을 상호 교환하는 원유스왑거래를 들 수 있다. 이것은 6개월 후 만기가 되는 선물원유를 배럴당 100달러에 거래하기로 약정하는 선물거래방식을 반복해서 약정하는 것과 마찬가지다.

3. 파생상품시장 참여자

1) 헤 저

헤저(hedger)란 위험전가가 목적인 투자자들로서 현물가격의 등락에서 초래되는 재정상의 위험을 회피하기 위하여 현재 소유하고 있거나 혹은 앞으로 필요로 하는 상품에 대하여 선물시장에서 그와 반대되는 선물포지션을 취하여 양 시장에서의 손익을 상쇄시키기 위한 투자자들을 말한다. 이러한 투자자 유형으로는 생산자, 중간상인, 최종수요자, 수출입업자 등을 들 수 있다.

2) 투기자

투기자(speculator)란 현물과는 관계없이 선물시장에서 가격변동의 위험을 감수하면서 자기책임하에서 선물을 매매하여 시세차익을 얻으려는 사람들로 이들은 선물시장에서 매우 중요한 역할을 담당한다. 재정거래자(arbitrager)도 시장의 일시적 불균형을 이용하여 차익을 얻으려고 한다는 점에서 투기거래에 포함시킬 수 있다. 선물시장에서의 투기자 역할은 선물시장의 유동성을 제공하고 시장정보의 수집, 분석, 전달 및 헤저가 전가하고자 하는 위험을 인수해 주는 거래 상대방이 되어 선물시장의 활성화에 기여하게 된다.

3) 선물거래업자

선물거래업자는 일반고객의 선물거래 주문을 위탁받아 이를 대리 집행하는 역할을 함과 동시에 선물거래소의 회원(비회원)으로서 자기거래를 수행하면서 시장유동성을 증대시키는 역할을 수행한다.

4. 파생상품 사고 사례

1995년 1월 영국의 베어링스(Barings)은행 싱가폴지점의 딜러인 당시 28세 닉 리슨(Nick Leeson)[4)]이 약 13억 파운드(14억 달러)의 손실을 초래했다. 일본의 닛케이225 주가지수 선물옵션거래에 투자했다가 예상치 않았던 일본의 고베지진[5)]으로 닛케이225 주가지수가 폭락하여 예측과 어긋났다. 이 바람에 막대한 손실을 초래하게 되어 234년의 유서 깊은 베어링스은행은 네덜란드의 ING사에 단돈 1파운드에 합병당하고 말았다.

1994년 미국 캘리포니아의 오렌지카운티에서 금리선물(채권)거래로 약 14억 달러 손실을 입어 주정부가 파산에 가까운 타격을 입었고 동년 세계적 생활용품 글로벌기업인 P&G는 금리스왑으로 약 1억 2천만 달러의 손실을 초래하여 30여개 공장을 폐쇄조치했다.

2008년 1월 프랑스 자산규모 제2위인 소시에테 제네랄(Societ Generale)은행의 불법선물거래로 인한 금융 사기사건은 규모면에서 49억 유로(71억 달러)로 최대이다. 31세의 선물 딜러 제롬 케르비엘(Jerome Kerviel)이 단독으로 저지른 것으로 회사 내의 보안시스템 정보를 교묘하게 악용해 자신의 한도를 넘어선 거액 포지션을 유럽주가지수선물에 투자하면서 발생했다. 이 사건은 닉 리슨 사건의 몇 배를 넘는 사건으로 세계금융 사상 최대로 SG는 사태 수습을 위해 55억 유로의 자본확충과 성난 주주들을 달래기 위해 2007년 연간 예상 순이익인 6~8억 유로 중에서 45%를 배당하기로 즉시 발표했다. SG는 미국의 서브프라임 모기지 파동으로 20억 유로(29억 달러) 상각 손실에 이어 49억 유로의

---

4) 사고 직후 말레이시아, 브루나이를 거쳐 독일로 도망갔으나 체포되어 1995년 3월 싱가포르로 압송되어 6년 6개월의 형을 선고받았다. 3년 복역 후 대장암 진단을 받고 1999년 석방된 후 완치되어 현재 전업투자자로 활동 중이다. 닉리슨은 자신의 경험담을 Rouge Trader라는 자서전으로 출간했고 같은 제목으로 훗날 이완맥그리그 주연의 영화로 만들어지기도 했다. 자서전은 국내에서도 「금융가의 불한당」으로 번역되었고 영화는 「갬블」이라는 제목으로 상영된 바 있다.

5) 싱가포르 거래소와 오사카 거래소의 닛케이 225 지수를 이용한 차익거래를 해왔는데 가격 변동이 없을 것으로 예상하고 1995년 1월 16일 스트래들 매도(short straddle) 포지션을 취했다. 그러나 1월 17일 고베 지진이 발생하면서 닛케이 지수가 1,000포인트 가까이 하락하여 2천만 파운드의 손실을 입었다. 그는 이 손실을 88888 계좌라는 특별계좌에 감추고 다른 투자로 이를 만회하기로 했다. 닛케이지수가 급격히 회복할 것으로 예상하고 점점 더 위험한 투자를 감행했으나 미국 금리정책 변경 등의 영향으로 손실은 점점 더 눈덩이처럼 불어났다. 결국 보름만에 손실 금액은 2천만 파운드에서 13억 파운드로 늘어났다. 이 금액은 은행에서 하루에 운용할 수 있는 금액의 두 배나 되는 금액이었기 때문에 이 사실이 발견된 후에 베어링스 은행은 결국 파산할 수밖에 없었다.

손실이 예상되었으나 피인수의 위기는 모면했다.

2008년 미국발 글로벌 금융위기의 주범 역시 파생상품이었다. 신용부도스왑(CDS)은 채권을 발행한 기업의 채무 보증을 서는 대가로 수수료(premium)를 받다가 부도시에는 채무를 전적으로 부담해야 한다. 금융위기 당시 AIG 생명보험회사는 4천억 달러가 넘는 CDS에 몰락하지 않을 수 없었다.

한국의 경우 1989년 광주은행의 선물업무를 담당한 한 명의 대리에 의해 약 346억 원의 손실을 입은 바 있으며 1995년 수협에서도 선물거래로 171억 원의 손실을 입은 바 있다. 삼성물산은 2005년 홍콩 현지법인의 선물거래와 관련해 약 800억 원 정도의 손실을 입었으며 이 금액은 전년도 삼성물산의 순이익을 웃도는 규모이다. 삼성물산 홍콩법인 측이 충분한 헤징거래 없이 구리선물에 대한 매도포지션을 취했다가 가격이 급등[6]하면서 이 같은 손실을 입게 되었다.

대박의 수익을 노리고 파생상품에 손을 댄 SK 증권은 1999년 JP모건과의 파생금융상품 손실 소송 합의 대가로 이면계약이 문제가 되었다. 초고위험 선물 옵션거래로 수천억 원의 손실을 끼치고 그룹 회장이 구속되었으며 2004년 SK증권은 미래에셋에 매각되고 25년 만에 금융업에서 손을 뗐다.

[참고자료] SG의 프랑스판 닉 리슨, 케르비엘은 누구인가?

프랑스 2위 은행 소시에테제네랄(SG)이 세계 금융사상 최대규모의 직원 사기행각에 휘말려 파문이 확산되었다. 140년 전통을 가지고 있는 SG에 71억 달러(약 6조 7천억 원)라는 거액의 손실을 입힌 제롬 케르빌(31)은 입사한 지 7년된 경험이 풍부하지 않은 선물딜러였다.

AFP통신이 프랑스판 닉 리슨이라는 별명을 붙인 케르비엘은 2000년 SG에 입사하여 SG델타 원 상품팀에 근무하면서 2000년 연봉이 10만 유로(약 1억 3,800만 원)를 기록하였고 최근 연봉은 7만 5,000유로 수준이다.

이 팀은 프로그램 트레이딩, 상장지수펀드(ETF), 스와프, 인덱스거래 등을 통해 벌어들인 수익이 연간 2,000만 유로(약 274억 원)에 불과할 정도로 보잘 것 없었다. 그는 이 팀에서 유럽증권 시장의 주가지수 변동위험을 헤지하는 "Plain Vanilla" 선물거래를 담당하였다. 플레인 바닐라는 선물, 옵션, 스와프 등 각종 파생금융상품 가운데 가장 초보적인 거래 유형을 말한다.

그는 2007년 증시가 하락할 것으로 예측했던 케르비엘은 불법으로 끌어 모은 자금을 적절히 투자해 약간의 이익을 내었다. 하지만 2008년 증시가 오를 것으로 잘못 예상하고 불법자금 수십억 달러를 유럽주가지수선물 3곳에 투자했으나 유럽증시가 폭락하면서 거액의 손실을 내었다.

그는 리옹II대학에서 금융학을 전공한 석사학위 소지자로 알려져 있다. 그는 SG에 입사한 뒤 금융상품 계약을

6) 당시 국제 구리가격은 세계최대 동 광산지역인 칠레 북부의 강진으로 인해 칠레광산 생산이 일시적으로 중단되면서 톤당 3,669억 달러를 기록해 사상 최고치를 경신했다.

점검하는 중앙사무소에서 일하다가 2005년 선물거래 담당창구로 자리를 옮겼다. 그는 당시 가족문제를 겪은 것으로 회사측은 밝혔다. 그는 입사 직후부터 은행업무에 밝아 선물거래를 담당하는 창구로 옮기기 전에 이미 계약과 관련한 전반적인 업무를 꿰뚫고 있었던 것으로 전해졌다.

그렇지만 증권에 대한 깊은 지식과 실무경험이 없어 이번 폭락장세에서 큰 손실을 입은 것으로 보인다. 케르비엘은 또 8년 간의 유도경력을 가지고 있으며 요트가 취미이며 컴퓨터에 능숙했다. 영국 데일리텔레그래프지는 케르비엘 회사 동료들의 말을 인용해 "그가 은행 컴퓨터를 쉽게 해킹할 수 있는 능력을 가졌다"고 보도했다.

자료: 매일경제(2008.1.26) A2면 발췌

제 3 절 日日精算制度

1. 증거금

1) 증거금 종류

선물거래는 현재의 시세로 하여 미래의 특정시점에 결제하기로 약속하는 계약이므로 최종결제일에 선물가격이 오르거나 하락했을 경우 매도자가 매도를 거부하거나 매입자가 매입을 포기할 가능성도 있다. 따라서 이와 같은 결제 불이행의 위험을 사전에 제거하기 위해 고객이 신규로 매매거래를 위탁하는 때에는 약정금액의 일정비율에 해당하는 금액을 증거금으로 징수하게 된다.

선물계약을 성실히 이행하기 위한 거래이행 보증금(performance bond)의 성격으로 매수자와 매도자 모두가 증거금(margin)을 납부해야 한다. 증거금제도에는 매매 후 보유한 포지션에 따라 증거금을 납부하는 사후증거금제도와 매매 전에 증거금을 납부하는 사전증거금제도가 있다. 한국의 경우 거래증거금은 사후증거금제, 위탁증거금의 경우 적격기관 투자자는 사후증거금제, 그 외 일반 투자자는 사전증거금제가 적용된다.

한국의 경우 증거금은 선물거래소 회원인 선물회사가 거래소에 예탁하는 거래증거금(exchange margin/clearing margin)과 위탁자(고객)가 선물회사에 예탁하는 위탁증거금(customer margin)으로 구분된다. 고객이 선물회사에 예탁하는 위탁증거금은 신규주문증거금(preliminary margin), 개시증거금(initial margin), 유지증거금(maintenance margin), 추가증거금(additional margin/variation margin)으로 세분된다. 증거금률은 수시로 변경되며 2019년 3월 기준 주가지수 선물의 경우 위탁증거금률은 8.25%, 유지증거금률은 5.5%이다.

2) 거래증거금

거래증거금이란 거래소회원인 선물회사가 거래소에 예탁하는 증거금을 말하는데 거래 종료후에 회원의 자기매매 계좌 및 당해 회원에 개설된 각 위탁자의 계좌별 미결제 약정에 대해 산출한다. 거래증거금은 주문시에 증거금을 납부하는 위탁증거금과는 달리 사후증거금으로 산출일의 익일 12시까지 납부해야 한다. 거래증거금은 전액을 대용증권으로 예탁할 수 있다.

3) 위탁증거금

① 신규주문증거금

사전증거금제도를 취하는 한국의 경우 증거금은 매매계약 체결가격에 따라 다르게 산정하기 때문에 사전에는 정확한 증거금을 산정할 수가 없다. 따라서 주문 전에 거래소가 보수적으로 여유있게 증거금을 정하여 받아 둔다. 신규주문증거금은 상품에 따라 상이하며 대부분의 경우 신규주문증거금이 개시증거금보다 크기 때문에 그 차액은 고객에게 곧 출금이 가능하다.

② 개시증거금

개시증거금은 매매계약 체결 후 고객의 계좌에 있는 현물포지션에 대해 사후적으로 계산되는 증거금을 말한다. 개시증거금은 현물가격의 변화에 따라 다르게 산정되기 때문에 신규증거금처럼 일정금액으로 정하는 것이 아니라 증거금률로 정해진다. 만약 미국달러 선물의 경우 개시증거금율은 3.0%이고 유지증거금률이 2.0%라고 가정하자.

예컨대 고객이 12월물 미달러 선물 1계약인 5만 달러를 1,084.50원에 매입했다면 개시증거금은 $50,000×1,084.50원×0.03=1,626,750원이다. 고객은 신규주문증거금(2,500,000가정)이 개시증거금을 초과하는 예탁금 873,250원(=2,500,000−1,626,750)을 인출할 수 있다.

선물의 경우에는 매수자와 매도자 모두 증거금이 필요하지만 옵션의 경우에는 매도자만 증거금이 필요하고 매수자에게는 해당되지 않는다. 왜냐하면 옵션의 경우 매수자가 옵션 매수시에 프리미엄(premium)을 이미 지급했기 때문에 별도의 증거금을 요구하지 않는다. 옵션 계약 후 일정 조건이 될 경우 매수자는 권리행사를 하게 되고 매도자는 그 권리행사에 응해야 할 의무를 가지기 때문에 매도자의 경우 증거금이 필요하게 된다.

③ 유지증거금

유지증거금은 위탁자가 보유중인 포지션에 대하여 최소한 유지해야 할 증거금수준이다. 유지증거금 역시 개시증거금과 마찬가지로 매일 현물가격의 변화 따라 유지증거금은 달라진다. 당일의 약정금액에 유지증거금율을 곱한 금액이 유지증거금이다.

④ 추가증거금

투자자인 위탁자의 예탁평가액(현금과 대용증권을 합산)이 유지증거금 수준을 하회할 경우 선물회사는 해당 위탁자의 예탁자산이 개시증거금 수준이 되도록 부족한 자금을 추가 예탁하도록 통보하는데 이를 마진콜(margin call)이라 하며 부족한 자금을 추가증거금이라고 한다. 이 경우 개시증거금은 최초 거래개시일 당시의 증거금이 아니라 매일의 약정금액에 유지증거금율을 곱한 금액이 된다.

추가로 납입해야 할 증거금에 대해서 위탁자는 다음날 정오 이전 선물회사가 지정하는 시간까지 선물회사에 추가증거금을 납부해야 하며 위탁자가 추가증거금을 납부하지 않을 경우 선물회사는 위탁자의 사전동의 없이 위탁자의 미결제 약정을 강제청산 한다.

2. 주가지수선물 일일정산

선물거래는 거래의 특성상 손실의 폭이 크기 때문에 결제불이행을 사전에 방지하기 위해 모든 매매 결과를 매일같이 정산하고 있다. 당일 매도포지션을 취했다가 이를 정리하는 반대매매 경우나 반대매매하지 않고 남아있는 미결제약정(open interest)수량에 대해서는 당일의 정산가격으로 평가한다.

선물거래는 제로섬게임(zero sum game)으로 어느 일방이 이익을 보면 다른 일방이 손해를 보게 된다. 일일정산으로 손해를 보는 측이 계약을 불이행하는 일이 없도록 거래소가 선물계약을 매일 재평가하는 것이 일일정산이다.

고객포지션의 선물가격 변화에 따른 손실을 언제든지 보전할 수 있는 수준의 증거금이 매도자와 매입자의 잔고에서 항상 유지될 수 있도록 확인하는 제도적 장치가 필요하기 때문이다.

당일 정산가격을 통한 평가에서 이익이 발생한 경우에는 그 만큼을 수령하고 손실을 입었다면 역시 그 만큼을 지급해야 한다. 이때 손익의 평가기준은 당일 매입 또는 매도한 경우 약정가격과 거래소가 정하는 종가(정산가격)를 비교하고, 전날 이전부터의 미결제약정수량에 대해서는 전날 정산가격과 당일정산가격을 비교한다. 선물거래의 일일정산제도는 선물가격의 변화에 따른 손실을 언제든지 보전해 줄 수 있는 수준으로 증거금이 유지되도록 매일 매일의 손익을 증거금에 반영하는 제도적인 보증기능이다.

매일의 선물계약을 평가하여 그 평가금액에 위탁증거금이 일정률 미만으로 떨어질 경우 개시증거금 수준이상이 되도록 증거금을 추가 징수한다. 투자자가 선물계약을 보유하고 있는 경우 유지해야 하는 증거금의 최소한도를 유지증거금이라고 하며 투자자는 약정금액의 일정비율 이상을 증거금으로 항상 유지해야 한다.

이때 예탁금이 유지증거금에 미치지 못할 경우 고객은 예탁금과 개시증거금의 차액을 익일 12시(토요일 10시 30분)까지 거래소에 납부해야 한다. 이러한 증거금 요구를 마진콜(margin call)이라고 한다. 만약 고객이 추가증거금을 납부하지 않으면 거래소가 임의로 반대매매를 통해 고객의 미결제약정을 청산하게 된다.

[예제 1] 증거금

개인투자자 박씨는 11월 3일 중 KOSPI 200 주가지수선물 12월물을 100 point에 1계약 매도계약을 체결하였고 강씨는 동일한 조건으로 매입계약을 체결하였다고 가정하자. 11월 3일 정산가격은 103 point 이고 11월 4일의 정산가격은 113 point 이다. 개시증거금률은 15%, 유지증거금률은 10%로 가정하자. 이 경우 매도자와 매입자의 일자별 일일정산은 어떻게 될까?

☞ 선물가격의 변화와 손익

선물매도자와 선물매입자의 입장은 항상 반대가 된다는 것을 혼동해서는 안된다. 만기일이 되면 선물이 현물이 되므로 선물매도자는 실물을 인도해야 할 의무가 있고 매수자는 실물을 인수해야 할 의무가 있다. 따라서 선물가격이 오르면 매도자는 높은 가격으로 인도(공급)하여야 하므로 불리할 수밖에 없고 매수자는 계약당시의 가격보다 높은 가격의 실물을 인수하게 되므로 유리하게 될 것이다. 물론 주가지수선물의 경우는 실물이 없는 파생상품이기 때문에 실물인수도의 책임대신 KOSPI 200 주가지수에 25만원(2017.3.27. 개정)을 곱한 현금으로 결제 할 의무가 있다.

① 개시증거금

11월 3일 매도자 박씨와 매입자 강씨가 매매계약 체결 후 각각 부담해야할 개시증거금은(1계약×100포인트×250,000원×15% 개시증거금률)=3,750,000원이다. 개시증거금의 1/3인 5% 이상은 반드시 현금으로 납부하여야 하며 10%는 자신이 보유한 현물(유가증권)로 대체 가능하다.

② 유지증거금

11월 3일 정산을 통한 매도자와 매입자의 유지증거금은 다음과 같다.
(1계약×103포인트×250,000원×10% 유지증거금률)=2,575,000원

매입자 강씨는 100포인트에서 103포인트로 선물가격이 상승하였으므로 75만원의 이익이 발생한 반면 매도자 박씨는 선물가격이 상승하였으므로 75만원의 손실이 발생하게 된다.

매도자 박씨의 손실: (100−103)×250,000×1계약=−750,000원
매입자 강씨의 이익: (103−100)×250,000×1계약=+750,000원

거래소에서는 매도자 박씨의 예탁금구좌에서는 3,750,000원에서 750,000원을 공제하고 동시에 매입자 강씨의 구좌에 750,000원을 입금시키는 일일 정산작업을 한다.

매도자 박씨 구좌 잔액: 3,750,000−750,000=3,000,000원

매입자 강씨 구좌 잔액: 3,750,000+750,000=4,500,000원

매도자, 매입자의 예탁금구좌잔액은 유지증거금(2,575,000)을 초과해 마진콜을 당하지 않는다.

③ 추가증거금과 마진콜

11월 4일 KOSPI200 주가지수 상승해 정산가격은 113포인트로 필요한 최소한 유지증거금은
1계약×113×250,000원×0.1(유지증거금율)=2,825,000원

매도자 박씨의 손실: (103−113)×250,000×1계약=2,500,000원
매입자 강씨의 이익: (113−103)×250,000×1계약=2,500,000원

매도자 박씨 구좌 잔액: 3,000,000−2,500,000= 500,000원
매입자 강씨 구좌 잔액: 4,500,000+2,500,000=7,000,000원

매도자 박씨의 잔액은 유지증거금(2,825,000원)을 하회해 마진콜로 추가납입금은 개시증거금수준까지이다.

개시증거금: 1계약×113×250,000원×0.15(개시증거금률)=4,237,500원

따라서 매도자 박씨가 익일 정오까지 추가로 납입하여야 할 추가증거금은

4,237,500−500,000=3,737,500 원이다.

[예 제 2] 증거금과 포지션의 변화

투자자 갑은 11시에 KOSPI 200 주가지수 80p에 한 계약 매수 주문을 낸다. 포인트 당 25만원이므로 20,000,000원(=25만원×80p)이 주문의 액면금액이 된다. 투자자 갑의 개시증거금은 개시증거금율을 액면금액의 15%로 가정하면 20,000,000원×15%=3,000,000원 된다. 유지증거율은 액면금액의 10%로 가정하면 2,000,000원이 된다. 만약 일일정산 후 갑의 계좌잔액이 유지증거금 수준 아래로 하락할 경우 개시 증거금수준 이상으로 잔액을 보충 할 의무가 있다.

☞ 일일거래 변화

① 11시

투자자 甲은 KOSPI 200 주가지수가 80p 이상 상승할 것으로 기대하고 80p에 매수주문을 내고 투자자 乙은 80p보다 하락할 것으로 기대하고 매도주문을 내었다. 두 사람의 주문이 체결되면 갑은 매수포지션, 을은 매도포지션이 취해지게 된다. 11시 현재 거래량 1계약, 미결제약정(open interest: 일정시점을 기준으로 반대매매 하지 않고 대기중인 계약의 수)은 1계약(contract)이다.

② 11시 10분

예상치 않게 갑자기 주가지수 선물가격이 급락하기 시작했다. 甲은 더 이상 보유하는 것이 무리라고 생각하고 73P에 손실을 보고 매도주문을 냈고 새로운 투자자 丙은 73P이상은 오를 것으로 기대하고 매수주문을 했다. 두 사람의 주문이 체결되면 甲은 80p 매수포지션에 73p 전매도 포지션을 취하므로 7p 손실을 보고 시장을 떠났고, 丙은 73p 매수포지션을 가지면서 매도포지션을 가진 乙과 함께 시장에 남았다. 11시 10분 현재 누적 거래량은 2계약, 미결제약정은 1계약이다.

③ 11시 20분

80p 매도포지션을 가진 乙은 어느 정도 이익을 보았다고 생각하고 70p에 환매수 주문을 냈다. 즉

乙은 70p에 사서 80p에 팔게 됨으로 이익을 얻게 된다. 한편 새로운 투자자 丁은 70P 보다 더 하락할 것으로 기대하고 매도주문을 냈다. 이 주문이 체결되면 乙은 80p 매도, 70p 환매수 함으로써 +10포인트 이익을 보고 시장을 떠나게 된다. 丁은 丙과 함께 시장에 남아있고 11시 20분 현재 누적거래량은 3계약, 미결제약정은 1계약이다.

④ 3시 15분 장마감 시점

KOSPI 200 주가지수선물의 종가는 71p 로 일일정산이 실시되었다. 甲과 乙은 포지션을 반대매매를 통해 정리하고 시장을 떠났기 때문에 남아 있는 丙과 丁은 일일 정산이 실시된다. 73p 매수포지션을 가지고 있는 丙은 종가가 71p 이기 때문에 −2p가 정산되고 70p 매도포지션을 가진 丁은 종가가 71p이기 때문에 −1p가 정산된다. 즉 일일 정산에서 丙은 73p에 사둔 자산가치가 71p가 되었기에 자산을 감액해야 한다. 한편 丁은 70p 매도포지션을 가지고 있어 거래소에 매매대상 자산을 인도할 의무가 있는데 시장에서 1p 비싼 71p의 자산을 사서 인도해야 함으로 −1p 만큼 자산을 감액해야 한다.

<甲, 乙, 丙, 丁의 일일 손익계산>
甲: (73−80)×25만원=−175만원
乙: (80−70)×25만원=+250만원
丙: (71−73)×25만원=− 50만원
丁: (70−71)×25만원=− 25만원

*실제 주가지수 선물은 형체가 없어 실물인수가 아닌 지수에 25만을 곱한 현금 가액이 자산이다.

주) 시장 전체적으로는 제로 섬 게임(zero sum game)

[참고자료] 한국 탄소배출권 거래제(Emission Trading Scheme)

EU는 2005년부터 최초로 탄소배출권 거래제도를 시행했다. 온실가스 배출량 OECD 국가 중 7위 한국 정부도 2020년까지 온실가스 배출 전망치(BAU) 대비 30% 감축하겠다는 목표로 이 제도를 도입했다. 정부가 업체별로 이산화탄소 등 온실가스 배출권을 할당하고 그 범위에서 남거나 부족한 부분은 다른 업체와 한국거래소를 통해 사고 팔 수 있도록 2015년 1월부터 탄소배출권 거래제를 시행하고 있다.

예컨대 온실가스를 적게 배출해 할당량이 남은 A 기업이 온실가스를 초과 배출한 B 기업에 배출권을 팔 수 있고 할당량 보다 배출량이 많으면 거래소에서 배출권을 사야 한다. 가장 큰 문제점은 배출권 수요에 비해 공급량이 부족하다는 점이다.

제2차 계획기간(2018-2020)부터 유상할당 업체에 할당되는 배출권의 3%, 제3차 계획기간(2021-2025) 이후에는 10% 이상이 경매방식으로 공급된다. 2019년 1월 23일 온실가스 배출권 경매가 최초로 실시되었는데 총 7개 업체가 참여해 4개 업체가 총 55만 톤의 배출권(KAU 18년물)을 톤당 25,500원에 낙찰 받았다.

제4절 옵션去來 基本原理

1. 옵션 개념과 종류

옵션(option)이란 미리 정해진 가격으로 상품이나 유가증권 등의 기초자산을 사거나 팔 수 있는 권리인 선택권을 말한다. 선물과 거의 유사한 개념이지만 옵션은 매수자가 자신에게 유리하면 권리를 행사하고 그렇지 않으면 권리행사를 포기할 수 있는 선택권을 지닌다는 점에서 선물과 다르다.

옵션에는 권리유형에 따라 콜옵션(call option)과 풋옵션(put option)이 있다. 콜옵션이란 정해진 날짜(만기일) 또는 그 이전에 지정된 가격인 행사가격으로 기존자산의 일정한 수량을 살 수 있는 권리이고 풋옵션이란 만기일 또는 그 이전에 지정된 가격으로 기초자산의 일정한 수량을 팔 수 있는 권리이다.

권리행사 기간에 따라 미국식옵션(American option)과 유럽식옵션(European option)이 있다. 미국식옵션은 만기일 이전에 유리하다고 생각하는 어느 시점에서도 권리행사가 가능하고 유럽식옵션은 만기일에만 행사가 가능하다. 우리나라의 파생상품 중 국채선물옵션은 미국식옵션이고 나머지 상품은 모두 유럽식옵션이다.

옵션거래의 결제방식은 세 가지로 옵션매입자가 만기일에 권리행사를 하는 경우, 만기일까지 옵션매입자가 권리를 포기하는 경우, 옵션매입자가 만기일 이전에 자신에게 유리한 경우 전매나 환매를 통하여 포지션을 청산하는 경우이다.

2. 옵션 기본용어

기초자산(underlying asset)은 옵션거래 대상이 되는 특정 대상물인 주식, 금리, 주가지수 등을 말하며 옵션 프리미엄(option premium)이란 매도자가 매수자에게 권리(옵션)를 제공하고 매수자는 매도자에게 그 대가를 지급하는데 이때 서로 주고 받는 권리의 가격을 말한다. 이 경우 옵션의 가격이 프리미엄이다.

권리행사(exercise/strike)란 옵션계약에 따라 특정일에 옵션의 매도자와 매수자가 사전에 정한 가격으로 거래하는 것을 말한다. 여기서 옵션매입자(option buyer/holder)란 옵션보유자로서 옵션계약에서 선택권을 갖는 자로 권리행사를 할 수 있는 자이며 옵션매도자(option seller)란 옵션발행자로서 옵션매입자의 행동여하에 따라 오직 수동적인 의무만을 지게 된다.

옵션매입자는 일정 대가인 프리미엄을 지급하고 선택권을 매입하여 자신에게 유리하면 선택권을 행사하고 불리하면 선택권을 포기하고 계약을 이행하지 않는다. 한편 옵션매도자는 일정대가인 프리미엄을 받고 옵션매입자에게 기초자산을 정한 가격에 매입·매도할 수 있는 권리를 팔고 옵션매입자가 계약의 이행을 원하는 경우 거래상대방이 되어 계약을 수동적으로 이행해야 할 의무만을 가지게 된다.

등가격(at the money)옵션은 권리행사시 권리행사를 하는 옵션매도자의 손익이 0인 경우의 옵션이고, 내가격(in the money)옵션은 권리행사시 매도자의 이익이 발생하는 옵션이고, 외가격(out of the money)옵션은 권리행사시 매도자의 손실이 발생하는 옵션을 말한다. 다음 옵션의 대상물에서 다음과 같이 각각 표시할 수 있다.

예 시

12월물 KOSPI 200* 지수를 90포인트에 살 수 있는 권리를 1포인트를 주고
(만기일) (기초자산) (행사가격) (콜옵션) (옵션프리미엄)
20계약 매입하는 거래.
(옵션매입자)

* KOSPI 200: 증권거래소가 현물시장에 상장된 종목중 종합주가지수와 관련도가 높은 200 종목을 지정하여 이들 종목의 1990년 1월 3일 종가를 100 포인트로 삼은 선물지수이다.

참고적으로 주요국의 주가지수선물·옵션의 거래단위는 <표 10-4>와 같다.

〈표 10-4〉 주요국 주가지수 선물·옵션 거래단위

국가명	지 수	선 물	옵 션
한 국	KOSPI 200 주가지수	250,000원	250,000원
미 국	S&P 500 주가지수	US$ 500	US$ 100
영 국	FE-SE 주가지수	£ 25	£ 10
일 본	Nikkei 225 주가지수	¥ 1,000	¥ 1,000

3. 옵션거래자 손익도표

[예 제]

2008년 12월물 KOSPI 200 주가지수옵션의 행사가격이 100 포인트이고 옵션가격(프리미엄)이 1 포인트인 옵션을 1 계약했을 경우를 가정할 때 콜(풋)옵션의 매입자와 매도자의 개별 손익은 다음과 같다(승수: 포인트당 25만원).

1) **콜옵션매입자**(call option buyer/holder)

[그림 10−2]와 같이 콜옵션매입자는 100포인트(100×250,000=2,500만원)에 대상물을 살 수 있는 권리를 행사할 수 있는 선택권을 1포인트(25만원)의 프리미엄을 주고 매입했다. 12월 결제시점인 둘째 주 목요일에 시장에서 매입할 수 있는 가격이 101 포인트이라면 콜옵션매입자는 시장에서 매입하든 거래소를 통해 옵션계약의 권리를 행사(실질매수가격은 100+1)하든 동일가격에 매입하게 되어 손실과 이익은 0이 될 것이다.

101 포인트의 시장가격이 손익분기점(break even point)이 된다. 따라서 시장가격이 99포인트 이하인 경우에는 시장에서 매입하는 것이 더 유리하기 때문에 권리행사를 포기하는 것이 유리하며 1 포인트의 손실을 입는다.

시장가격이 100 포인트인 경우에는 콜옵션매입자가 권리행사를 하든지 권리행사를 포기하고 시장에서 매입하거나 다같이 1포인트 손실을 본다. 왜냐하면 콜옵션매입자가

[그림 10-2] 콜옵션 매입자 손익도표

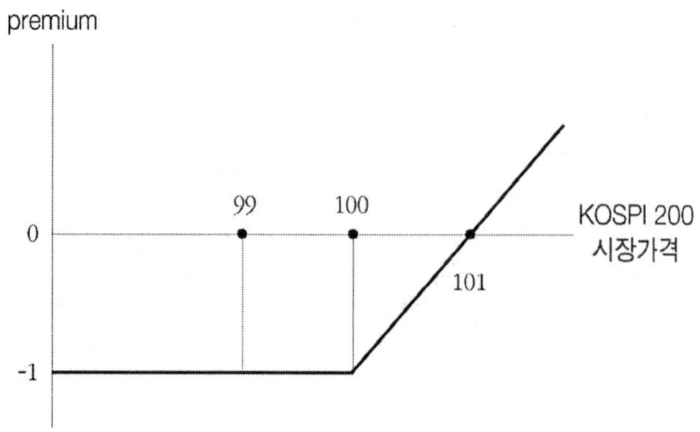

권리행사를 포기하고 시장에서 매입하든지 권리행사를 하든지 간에 매입가격은 100포인트로 동일하고 프리미엄 1만큼 어느 경우든 손해를 보게 된다.

반면 시장가격이 102포인트 이상이 된다면 콜옵션매입자는 무제한의 이익을 볼 것이다. 결국 콜옵션매입자는 모든 옵션바이어와 마찬가지로 최대의 손실은 권리를 포기함에 따른 프리미엄이고 최대이익은 무제한이 된다.

2) **콜옵션매도자**(call option seller)

[그림 10−3]과 같이 콜옵션매도자는 콜옵션매입자와 반대의 경우가 된다. 콜옵션매도자는 콜옵션매입자와는 반대로 콜옵션매입자가 매입행사를 할 때 100포인트에 매도해야 할 의무가 있다. 시장가격인 99포인트 이하인 경우에는 콜옵션매입자가 권리행사를 포기할 것이므로 콜옵션매도자는 프리미엄 1포인트(25만원)의 이익을 얻는다.

시장가격이 100포인트인 경우 콜옵션매입자는 권리행사를 할 수도 있고 포기할 수도 있다. 왜냐하면 콜옵션매입자는 어느 경우이든지 1포인트의 손실을 입기 때문이다. 시장가격이 101포인트가 될 때 콜옵션매도자의 손익이 0이 되는 손익분기점이 된다.

이 경우 콜옵션매도자는 시장에서 101포인트에 매도하는 것이나 이미 프리미엄 1포인트를 콜옵션매입자로부터 받은 상태에서 콜옵션매입자에게 행사가격 100포인트에 매도하는 것이나 같은 결과이기 때문이다. 102포인트 이상의 가격에서는 콜옵션매입자가 권리행사를 할 것이므로 콜옵션매도자는 무제한에 이르는 손실을 입는다.

[그림 10-3] 콜옵션 매도자 손익도표

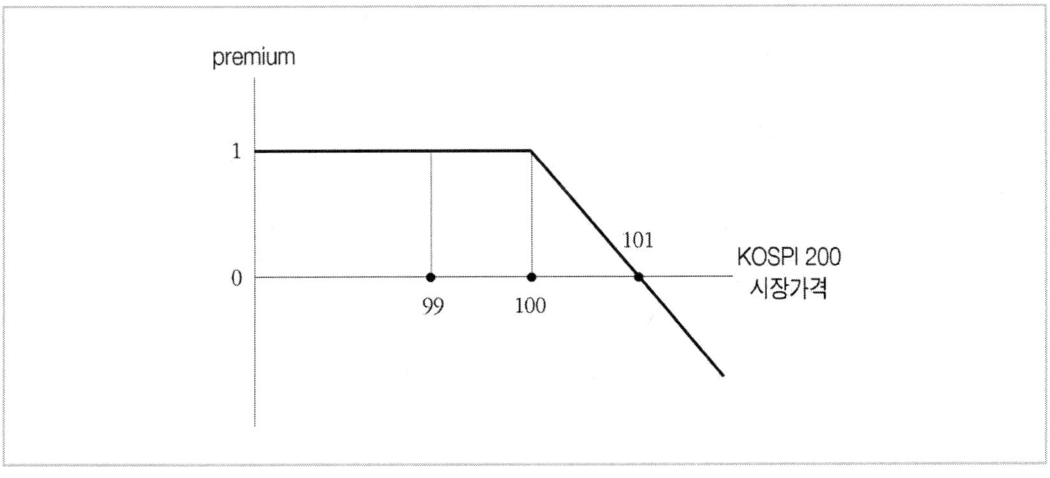

3) 풋옵션매입자(put option buyer/holder)

[그림 10－4]와 같이 풋옵션매입자는 풋옵션매도자로부터 팔 수 있는 권리를 사두었으므로 시장가격이 행사가격보다 높다면 옵션권리행사를 포기하고 시장에서 기꺼이 매도하려고 할 것이다. 시장가격이 101포인트 이상이 된다면 시장에서 매도하는 것이 유리하므로 굳이 옵션권리행사를 하려고 하지 않을 것이며, 100포인트인 경우에는 권리행사를 하든지 포기하든지 동일한 1포인트 손실을 입는다. 99포인트에서는 손익이 0이 되는 손익분기점이 되어 시장에서 파는 가격 99포인트와 옵션행사(100포인트)를 통해 프리미엄 1포인트를 공제한 실질매도가격(100－1)과 동일하다.

시장가격이 98포인트 이하인 경우에는 권리행사를 하는 것이 확실히 유리하다. 왜냐하면 풋옵션매입자가 시장에서 98포인트에 매도하는 경우보다 권리행사를 하여 풋옵션매도자에게 100포인트에 매도한다면 프리미엄 1포인트를 공제해도 99포인트가 되어 유리할 것이다. 풋옵션매입자는 프리미엄 1포인트의 최대손실을 보게되든지 또는 무제한(정확히는 99포인트 이하)에 이르는 이익을 얻을 수 있다.

4) 풋옵션 매도자(put option seller)

풋옵션매도자는 풋옵션매입자와 입장과 반대이며 풋옵션매도자는 풋옵션매입자에게 매도할 수 있는 권리를 팔아 둔 것이다. 풋옵션의 매도할 수 있는 권리는 항상 매도자가 아닌 매입자가 가지고 있고, 풋옵션매도자는 풋옵션매입자가 권리행사(매도)를 할

[그림 10-4] 풋옵션 매입자 손익도표

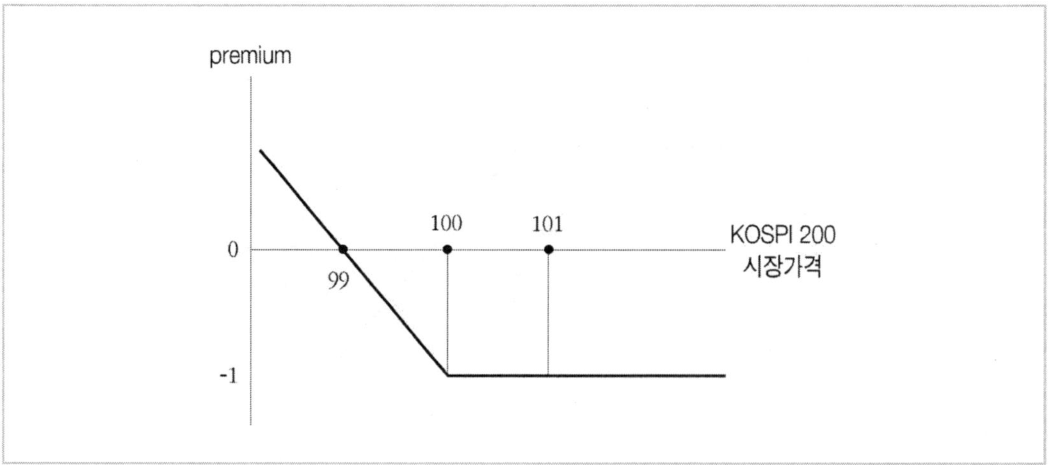

때 매입해 주어야 하는 의무만 존재한다. 풋옵션매입자는 시장가격이 행사가격보다 낮을 때 미리 정해진 높은 행사가격에 풋옵션매도자에게 매도하려고 할 것이며 이 때 매도자는 매입해야 할 의무가 있다.

[그림 10-5]에서 시장가격이 99포인트이면 풋옵션매도자의 손익은 0이 되어 손익분기점이 된다. 풋옵션매도자가 시장에서 매입하면 매입가격이 99포인트인데 비해 풋옵션매입자로부터 권리행사를 당하여 매입하면 100포인트에 매입하게 된다. 그러나 앞서 옵션계약체결시 매입자로부터 받은 프리미엄 1포인트를 공제하면 99포인트에 매입한 것과 동일해 진다.

시장가격이 100이 되면 풋옵션매입자가 권리행사(매도)를 할 수도 있고 포기할 수도 있다. 어느 경우이든 결과가 마찬가지이기 때문이다. 이 경우 풋옵션매도자는 풋옵션매입자가 권리행사를 포기하여도 프리미엄 1포인트 만큼 이익을 보게되고 권리행사를 하여도 실제매입가격은 99(100-1)포인트가 되어 1포인트 만큼 이익을 보게 된다. 시장가격이 101포인트 이상이 되면 풋옵션매입자가 권리행사를 당연히 포기하게 되어 풋옵션매도자는 프리미엄 1포인트의 이익을 얻게 된다.

4. 특수한 형태 옵션

특수한 형태의 옵션거래는 수 없이 많은데 그 중 스트래들(straddle)거래는 동일한

[그림 10-5] 풋옵션 매도자 손익도표

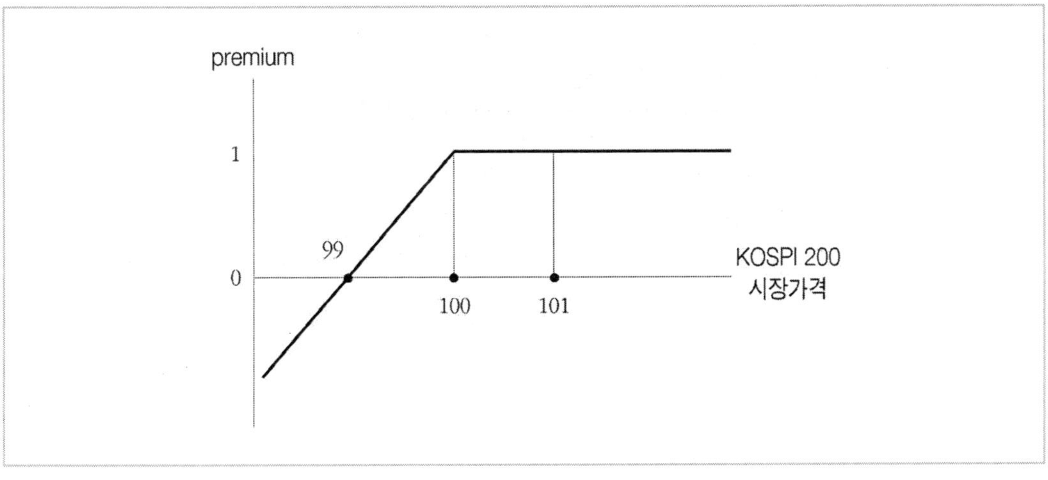

행사가격과 만기일을 가진 콜옵션과 풋옵션을 동시에 매입 또는 매도하는 옵션의 투자 전략이다. 스트래들은 콜옵션과 풋옵션을 동시에 매입하는 스트래들매입(long straddle)과 동시에 매도하는 스트래들매도(short straddle)로 구분된다.

[그림 10-6]에서 보는 바와 같이 스트래들매도는 풋옵션과 콜옵션을 동시에 매도하는 전략으로 스트래들매도곡선은 풋옵션매도곡선과 콜옵션매도곡선을 수평으로 합하여 도출한 것이다. 풋옵션의 매도는 지수를 일정가격에 사야하는 의무를 안게 되므로 시장에서 지수가 일정가격 이상 오르면 사 주어야할 의무가 사라지므로 옵션프리미엄 판매가격만큼 이익을 보게 된다.

반대로 콜옵션의 매도는 지수를 일정가격에 팔아야 하는 의무를 지게 되므로 시장에서 지수가 일정가격보다 내리면 옵션프리미엄 판매가격만큼 이익을 보게 된다. 따라서 스트래들매도 전략은 지수가 일정한 범위 내에서 움직이지 않으면 많은 손실을 입게 되므로 매우 투기적인 전략이다.

베어링스은행의 몰락을 가져온 1995년 닉 리슨의 닛케이 225주가지수옵션거래는 스트래들매도거래이었다. 닛케이 225주가지수가 18,500과 19,500 사이에 있을 때 항상 이익이 발생하도록 되어 있었다. 그러나 뜻하지 않은 일본 고베지진으로 주가가 급락하면서 막대한 손실을 초래했다. 수개월 후 주가지수는 정상으로 회복되어 몰락한 개인이나 베어링스행으로서는 많은 아쉬움을 남기기도 했다.

[그림 10-6] 스트래들매도(숏스트래들)의 손익

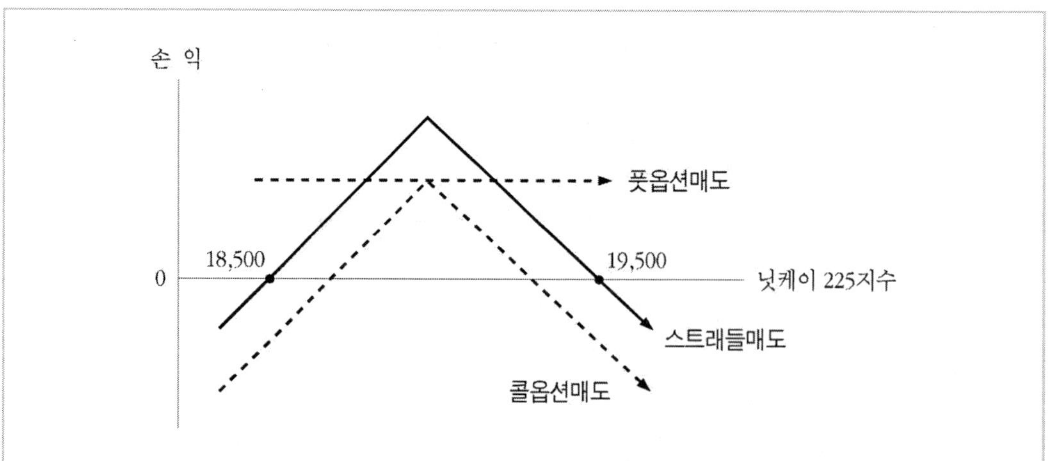

5. 장외파생상품 키코(KIKO)와 TRF

국내 중소 수출업체들은 수출대금의 환위험을 회피할 목적으로 선물거래소가 아닌 장외의 은행들과 각종 통화옵션 계약을 이용하고 있다.[7] 수출업체들은 선물환을 매도하면 간편하게 변동에 따른 원화가치 하락을 피할 수 있지만 수수료가 있고 달러가격이 선물환 계약시점보다 오를 경우 시가보다 낮은 가격에 달러를 매도해야 하는 불리한 점이 있다.

한편 외환을 일정한 가격으로 미래의 특정시점에 살 수 있는 권리(call option)와 팔 수 있는 권리(put option)를 결합한 통화옵션 파생상품을 잘 활용하면 수수료 없이 헤징 효과를 얻을 수 있다.

만기일의 환율이 일정 범위에 있다면 유리한 가격으로 달러를 팔수도 있어 환차익을 얻을 수 있는데 스노볼 옵션(snowball option)이나 환헤지 통화옵션상품인 KIKO(Knock in Knock out)는 이러한 통화옵션(currency option)을 특정한 방식으로 결합한 환헤지 상품들이다. 문제는 수출업체가 맺은 통화옵션계약은 원·달러 환율이 지속적으로 하락(원화가치 상승)할 것이라는 것이 전제가 되어 있었다. 그러나 2008년 3월 이후 국제외환시장에서 약세인 미 달러화가 국내시장에서만 유독 강세를 유지해 달러당 900원대를 유지하던 달러화 가격이 네 자리 수로 급등하면서 사태가 심각해졌다.

국내 중소 수출기업들이 수출로 벌어들인 이익을 은행과의 KIKO 거래로 엄청난 손실을 보면서 금융계의 뜨거운 이슈가 되었다. 2007년 말부터 시작된 원화 환율의 급격한 상승은 2008년 들어 KIKO계약을 맺은 중소 수출기업들의 통화옵션 손실액이 10조원을 상회했다. 이에 기업은 은행들이 충분한 위험에 대한 설명 없이 파생상품을 판매하였다고 비난했고 은행들은 사전에 충분한 설명을 하였으며 책임은 오로지 투기를 노리는 기업들 자신에게 있다고 맞서기도 해 공정거래위위원회가 불공정 여부를 조사했다.

KIKO는 은행과 기업간 통상 1년 이상으로 쌍무계약을 맺되 한 달 단위로 정산을 하는 구조이다. 기준환율을 정해 아래 위 20~30원 구간에선 기준환율이나 시장환율로 달러 등을 매도할 수 있기 때문에 기업에 이익이다. 하지만 박스권 위로 돌파하면 시장

---

7) 금융감독원은 2010년 1월 5일「외환파생상품 거래 위험관리 가이드라인」을 발표하고 수출기업이 은행과 파생상품거래를 할 때 과도한 헤지 즉 오버헤지(over hedge) 사실을 알리지 않으면 계약을 해지당할 수 있다고 했다. 2009년 12월 말 환헤지 비율이 수출액의 125%를 넘지 못하게 한 후속조치다. 은행은 외환파생상품 거래를 할 때 거래기업의 최근 3년간 수출입 실적을 확인하고 향후 예상 실적을 추정해 과도한 헤지가 이루어지지 않도록 해야 한다. 이를 위해 기업은 관련자료를 제출해야 하며 이를 거부하거나 허위자료를 제출하면 은행은 계약을 중도해지 할 수 있다. 오버헤지 사실을 알리지 않아도 마찬가지다.

환율보다 현저히 낮은 기준환율로 매도(Knock in)하도록 되어 있고 팔게 되는 달러의 양도 계약액의 2~3배로[8] 정해져 상당한 손실을 입게 된다. 만약 박스권 하한선 아래로 떨어지면 은행과 기업 간의 계약은 소멸(Knock out)하게 되어 있다.[9]

장외파생 금융상품의 모든 상세 거래정보를 수집·관리하는 거래정보저장소(TR)가 생겼다. TR은 2008년 미국 리먼브러더스 사태가 장외파생 금융상품 위험을 제대로 파악하지 못해 촉발됐다는 지적에 따라 2009년 G20 정상회의에서 각국이 도입을 의무화하도록 합의했다. 국내에서는 2015년 한국거래소를 TR로 선정했다. 한국거래소는 2020년 상반기부터 TR시스템 개설을 목표로 개발 중이다. 장외파생 금융상품 거래 당사자들은 거래 당사자 정보와 계약조건 등의 정보를 TR에 보고해야 할 의무가 있다.

[그림 10－7]에서는 월 수출액이 100만 달러인 어느 기업과 은행 간 맺어진 KIKO 계약이다. 달러당 시장 원화환율이 922 원과 945 원 사이에서는 50만 달러를 기준환율(922 원)로 기업이 은행에 매도하는 옵션(선택권)을 포기할 수 있어 결국 시장환율로 기업이 은행에 매도하면 문제가 없다. 시장 원화환율이 922 원과 890 원 사이에서는 기업이 922 원의 기준환율로 은행에 매도할 수 있도록 계약되어 있어 기업이 일방적으로 이익을 보는 유일한 구간이다. 그러나 환율이 일정기간(통상 1개월) 내에 환율이 한번이라도 945 원을 초과하게 되면 문제가 심각해진다. 기업은 은행에 922 원의 환율로 100만 달러(50만 달러의 2배)를 은행에 불리하게 매도해야 할 의무를 지기 때문이다. 또 시장 원화환율이 일정기간(통상 1개월) 내에 한번이라도 890 원 미만이 되면 은행이 매우 불리한 입장이 되는데 이 경우 쌍방계약이 자동으로 소멸되는 것으로 계약이 맺어져 있다. 결국 기업은 시장환율이 922 원과 890 원 사이에서 안정적으로 움직이는 경우에서는 이익을 볼 수 있으나 환율이 945 원을 초과하는 경우에는 엄청난 손실이 수반된다.

KIKO는 환율이 일정 범위에서 움직이면 미리 정한 환율(계약환율)에 기업이 은행에 달러를 파는 계약으로 이 점에서는 선물환과 유사한 점도 있지만 KIKO는 환 헤지용 통화옵션 파생상품의 일종으로 매우 큰 위험이 따른다.

2008년 한국에서 환율급등 시 은행과 키코계약을 맺은 중소기업은 큰 손실을 입었

---

8) 계약을 맺은 기업 중 계약한 달러화의 5배를 시장환율보다 현저히 낮은 지정환율로 매도해야 하는 업체도 있었다.

9) 계약기간 중 환율이 한번이라도 정해진 범위 이하로 떨어진 경우에는 계약은 무효(knock out)가 되고 기업은 별도의 환헤지 방법을 찾아야 한다. 계약기간 중 환율이 한번이라도 정해진 범위를 초과한 경우 기업은 계약금액의 2~3배를 지정환율로 매도해야 (knock in)한다. 계약기간 중 환율이 정해진 범위 안에서 움직이다가 만기 환율이 지정환율 미만으로 끝날 경우 기업은 지정환율에 외화를 팔아 환차익을 보게 된다. 계약기간 중 환율이 정해진 범위 안에서 움직이다가 만기환율이 지정환율을 초과하여 끝날 경우 기업은 옵션을 포기하고 시장에 재량껏 외화를 매도할 수 있다.

[그림 10-7] KIKO 통화옵션 계약 기업의 권리행사

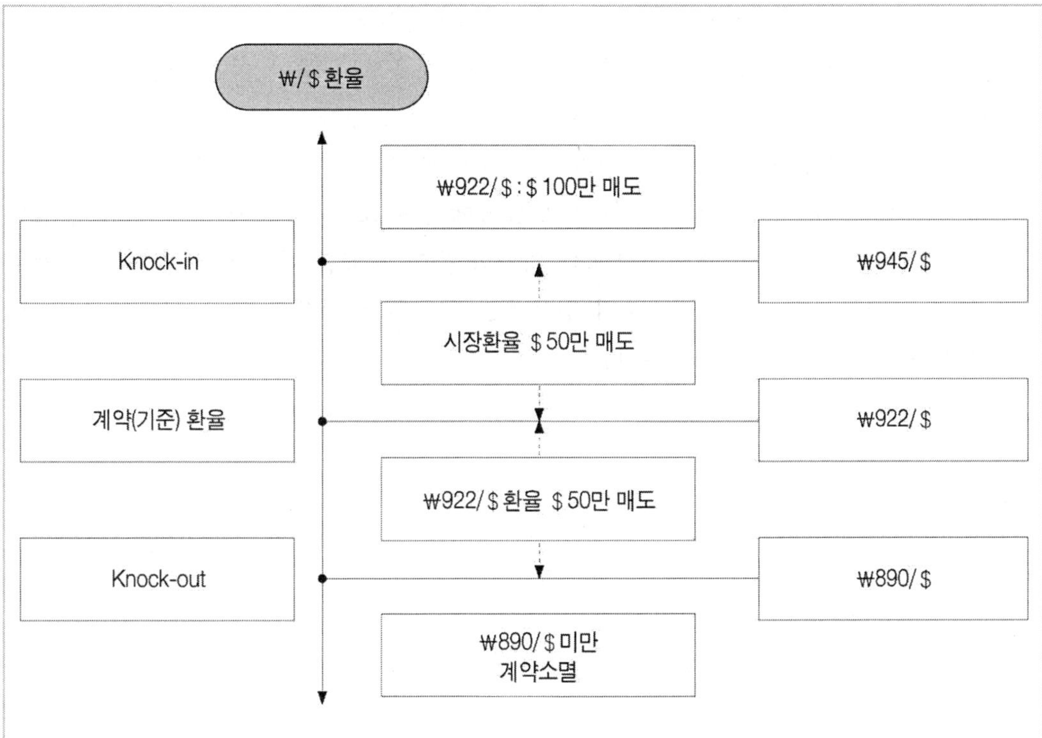

다. 견실한 중소기업체가 환차손으로 흑자도산하기도 했다. 이들 피해 중소기업들이 키코피해 공동대책위원회를 만들어 은행을 상대로 민·형사 소송을 제기했다. 판결 결과는 경우에 따라서 차이는 있으나 계약자체는 유효하고 일부은행들이 위험고지를 충분히 하지 않은 부분에 대해서 은행의 책임을 20~30% 정도 부담하게 했다.

금융감독원은 대법원 판결로 일단락된 KIKO 사태를 재조사하기도 했다. 2018년 7월 KIKO 피해 기업 4곳으로부터 분쟁조정 신청을 받아 기업과 은행에 대한 조사를 벌였으나 손해배상청구 시효기간(10년)이 경과해 어려움을 겪었다.

2014년 제2의 키코로 불리워지는 목표상환선도(Target Redemption Forward: TRF)의 고위험 환헤지 파생금융상품이 출시되었다.[10)] 키코와 상품구조가 유사한 TRF는 기업들이 원·달러 환율이 하락할 경우 일정 수익을 거둘 수 있지만 상승할 경우 무한대 손실을

10) 산업은행 삼성증권 도이치뱅크 등 17개 금융회사가 취급하는 파생상품이다. 금융감독원은 금융회사가 수출 중소기업에 고위험 환헤지 상품을 팔 때 해당 상품의 위험성을 충분히 알릴 것을 강력히 주문했다. 자칫하면 중소기업에 큰 피해를 준 2008년 환헤지 통화옵션 파생상품 키코(KIKO) 사태가 재연될 가능성이 있기 때문이다.

볼 수 있는 상품이다. 중소기업 대부분이 현지에 공장이 없고 국내에서 생산하여 현지에 판매, 혹은 물건을 공급하는 구조로 짜여져 있기 때문에 예상치 못한 환율 변동이 있을 경우 이익이 크게 감소할 수 있기 때문에 환헤지용으로 많이 이용한다.

TRF는 우리나라보다 중국에서 더 많이 발행이 되고 있다. 위안화 환율로 설계가 된 상품인데 위안화 환율이 강세를 띠면 일정 수익이 발생하나 반대로 위안화가 약세를 띨 경우에는 손실이 발생한다. 2013년 이후로 중국에는 목표상환선도가 상당히 많이 발행되었다. 그 이유는 홍콩 등 역외시장에서 위안화 등이 강세를 띠면서 위안화 예금 등이 크게 늘었기 때문이다. 위안화 예금의 경우에는 위안화가 강세일 경우에는 이익이지만 그렇지 못하면 손실이 발생하게 된다.

제 2 편

글로벌企業의 글로벌財務戰略

CHAPTER 11

國際資金調達과 海外投資戰略

제1절 國際資金調達과 自己資本費用

1. 글로벌기업 자금조달 원천

글로벌기업은 국내기업과는 달리 다양한 자본조달 원천의 개발을 통하여 유리하게 자본조달을 하고 있다. 자본조달 원천으로는 글로벌기업 내의 내부자금과 외부자금으로 크게 구분할 수 있다. 내부자금은 현지자회사 자체 내부금융과 동일 글로벌기업 집단 내의 자회사 간 또는 자회사와 모회사 간 자금거래를 통해 자금조달이 가능하다.

[그림 11－1]에서 보는 바와 같이 해외자회사의 자금조달형태는 내부금융으로는 감가상각비와 유보이익 등이 있다. 감가상각비[1]는 고정자산의 내용연수 경과로 인한 상각분을 비용으로 처리함으로써 실제 지출은 되지 않으면서 기업내부에 유보되어 있는 자금이며 유보이익이란 당기순이익 중 배당금을 지급하고 남은 부분으로 기업내부에 유보한 이익잉여금이다. 그 밖의 퇴직급여충당금과 같은 충당금 항목도 내부자금조달의 원천이 된다. 감가상각비와 유보이익의 차이는 감가상각비는 법인세 부과 전에 비용으로 먼저 공제되므로 법인세를 절감할 수 있는 효과가 있는 반면 유보이익은 법인세 공제 후에 발생하는 항목으로 그렇지 못하다.

내부자본조달의 또 다른 형태는 모회사로부터의 자본차입 또는 모·자회사의 추가

1) 구입가격 1억원의 기계가 10년 후 폐기처분되며 폐기처분 잔존가액이 1천만원이라고 가정하자. 10년 동안 상각액은 9천만원이 되며 매년 정액상각을 가정하면 900만원씩 10년간 감가상각비로 비용처리하여 감가상각충당금으로 적립된다. 따라서 실제 지출되지 않고 기업내부에 유보되어 있게 된다.

[그림 11-1] 글로벌기업 자금조달 유형

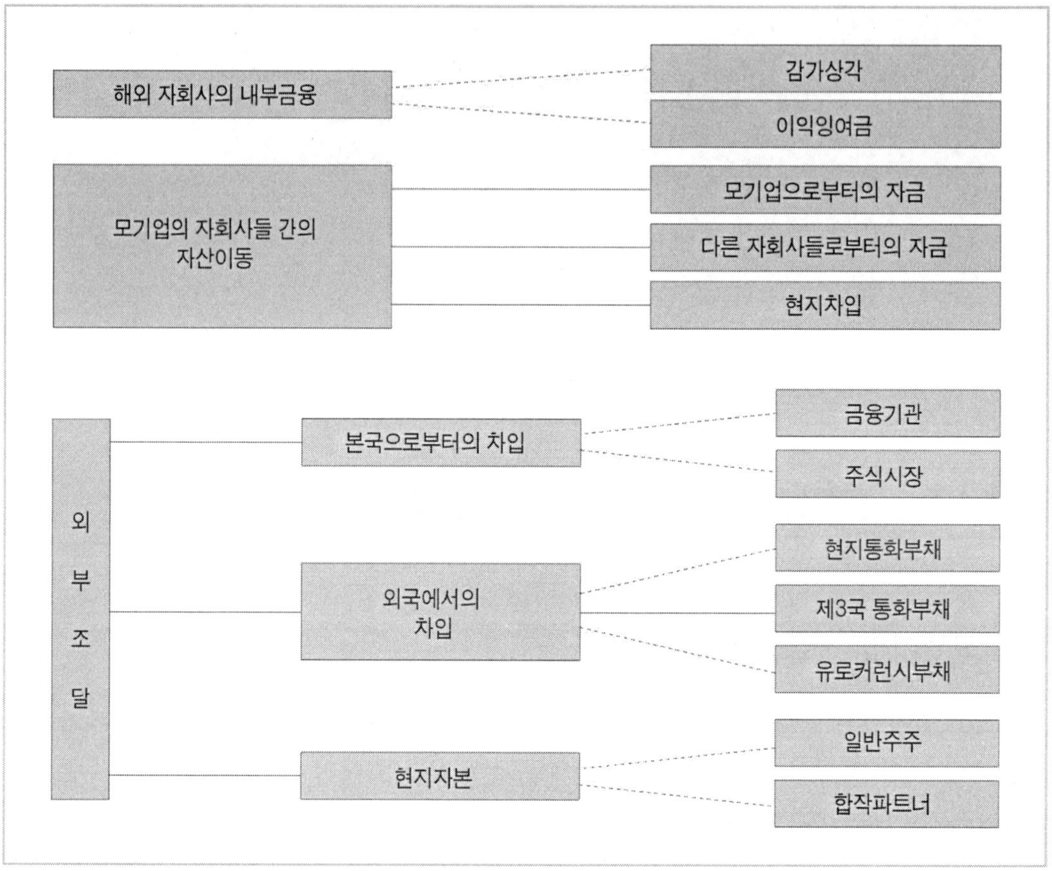

자료: 이필상외, 「신국제금융」(서울: 박영사, 1996), P.296.

투자, 여타 자회사들로부터의 자본차입이 있다. 이 경우 타인자본(부채)에 대한 이자지급은 비용항목으로 처리되어 이익을 감소시켜 법인세 절감효과가 있다.

외부자본조달에는 간접금융의 글로벌기업 외부로부터의 차입과 직접금융의 회사채 및 주식시장에서의 주식발행 방법이 있다. 간접금융 차입에는 본국 금융기관, 현지 및 제3국 금융기관, 국제금융기관 등을 통한 차입이 있다. 직접금융 유형으로는 회사채와 주식의 발행이 있다. 직접금융은 간접금융에 비하여 대규모의 자금을 조달할 수 있다는 장점이 있다. 또 국내·외 주식시장에서 주식을 발행하여 자금을 조달하는 경우 상환부담이 없고 기업의 재무구조를 개선시킬 수 있으며 대외신용도를 제고시킨다.

주식을 발행하여 자금을 조달하는 경우에는 간접금융이나 회사채 발행에서와 같은 이자지급으로 인한 비용이 발생하지 않기 때문에 법인세 절감의 효과가 없어 자본비용이 높고 발행비용도 높은 단점이 있다. 자본조달 유형에서 어떠한 유형의 원천을 선택하느냐하는 것은 자금의 사용목적과 조달비용, 세제 및 법률적 제한, 환리스크 등을 고려하여 신중하게 결정해야 한다.

2. 글로벌기업 자본비용 결정

1) 자본비용 개념

자본비용(cost of capital)이란 자본을 사용하는 대가로 자본의 제공자에게 지급해야만 하는 비용이다. 자금을 차입하는 경우 차입금에 대한 이자는 타인자본(부채)에 대한 자본비용이며, 주식을 발행하는 경우 배당 및 유보이익이 자기자본의 비용이 된다. 기업이 투자여부를 결정할 시에는 투자로 인해 얻을 수 있는 수익률이 최소한 자본비용보다는 높아야 한다.

따라서 자본비용은 투자를 위한 최소한의 수익률로 투자결정을 위한 기준이 되며 투자결정을 위한 순현가(NPV)법의 경우 현금흐름의 순현가를 구하기 위한 할인율이 되며 내부수익률(IRR)법의 경우 투자안 선택의 기준이 되는 취사율(cut off rate)이 된다. 그 외에도 자본비용은 자금조달 방법, 배당결정, 리스금융의 이용여부 등을 결정하는데 중요한 역할을 한다.

2) 자기자본비용

기업의 자기자본비용이란 시장에서 주식(보통)발행을 통해서 자금을 조달할 때 투자자들이 요구하는 최소수익률이다. 부채에 대한 이자와 우선주 배당금은 계약에 의해 결정되므로 쉽게 측정이 가능하다. 그러나 보통주의 배당금은 이사회에서 자의적으로 결정되기 때문에 발행된 보통주식에 대한 배당금으로 지급되는 비용을 측정하는 것은 쉬운 일이 아니다. Gordon의 배당금평가모형에 의하면 자기자본비용(보통주 비용)은 다음과 같다.

$$K_t = \frac{D_1}{P_0} + g$$

단, K_t = 자기자본비용
P_0 = 현재의 주가
D_1 = 1차연도의 배당
g = 배당성장율

보통주로써 자금을 조달하는 경우 자본비용은 배당수익률(D_1/ P_0)에 배당성장율 g를 더한 것과 같다. 예컨대 보통주의 현재 시장가격이 1,000원이고 예상되는 금년말 배당금은 100원이며 배당의 연간 증가율이 4%로 가정하면 자본비용은 다음과 산출할 수 있다.

$$K_t = \frac{D_1}{P_0} + g = \frac{100}{1,000} + 0.04 = 0.14\ (14\%)$$

Gordon의 배당금 평가모형에서는 배당이 매년 일정한 비율로 계속적인 성장을 한다고 가정하고 있으나 현실적으로는 기업이 일정한 비율로 매년 성장한다고 볼 수는 없다. 이 경우 보통주의 비용을 측정하기가 곤란하다. 그러나 장기적으로 볼 때 배당은 유보이익(E−D)의 비율만큼 성장한다고 볼 수 있기 때문에 배당성장율 g는 다음과 같이 계산할 수 있다.

$$g = \frac{E - D}{P_0}$$

단, E = 평균주당 순이익
D = 평균주당 배당금

배당금 평가모형 외에도 자본비용을 자본자산가격 결정모형(capital asset pricing model: CAPM)과 주가수익률(주당시장가격 ÷ 순이익)의 역수로 측정하는 시장가치비율모형이 있다.

CAPM모형은 자본시장이 균형상태에 있을 때 투자자가 그 주식에 대하여 요구하는 요구수익률로 측정되어 진다. 배당금평가모형과 시장가치비율모형이 예상수익률의 총위험을 포함하는 반면에 CAPM모형은 체계적 위험만을 강조하고 있다.

3) 타인자본비용

타인자본(부채)비용이란 부채를 사용하는데 있어서 자본사용에 대한 대가로 채권자들에게 지불되는 비용이다. 이와 같은 부채의 납세전비용(before tax cost: K)은 다음과 같다.

$$K = \frac{C}{I}$$

단, C = 매년 이자지급액
I = 차입금

K는 타인자본의 사용에 따르는 이자율과 같은데 이는 자기자본(주식)에 대한 비용인 배당금과는 달리 비용으로 처리되어 과세대상 이익이 감소되어 절세효과를 가져온다. 따라서 납세후비용(after tax cost: Kd)인 실질부채비용은 다음과 같이 표시할 수 있다.

이 경우 납세 후 타인자본비용은 법인세를 고려하지 않을 때 보다 감소되어 질 것이다. 그러나 기업이 타인자본인 부채를 이용할 경우 해당기업의 재무위험을 증가시키게 되어 보통주의 자본비용을 증가시키는 요인이 되기도 한다.

$$K_d = K(1 - r)$$

단, r = 법인세율
K_d = 실질부채비율

[예 제] 이자비용의 감세효과

① 비용처리를 하지 않는 경우		② 비용처리를 하는 경우	
영업이익	1,000만원	영업이익	1,000만원
조세액 (20%)	200	이 자	100
납세후 이익	800	납세전 이익	900
이 자	100	조세액(20%)	180
순이익	700	순이익	720

A 기업이 은행으로부터 2,000만원을 연 5%로 차입하여 100만원의 이자를 지급하는 경우?

비용처리를 하는 ②의 경우는 그렇지 않은 ①의 경우에 비하여 20만원(720−700만원)의 조세절감효과가 있다. A 기업이 실제 지급하는 이자비용은 조세절감효과를 고려할 경우 80만원(100−20만원)이 되며 자본(부채)비용은 [실제지급이자(80만원): 차입금(2,000만원)]이므로 4%가 된다.
간단히 상기식을 이용하여 $K_d = K(1-r) = 0.05(1-0.2) = 4\%$를 구할 수 있다.

제2절 글로벌企業의 資本費用과 最適資本 調達

1. 글로벌기업 자본비용

글로벌기업은 국내기업보다는 다양한 조달원천을 가지고 있으므로 보다 저렴한 자본비용으로 자금을 조달할 수 있는 유리한 점이 있다. 그러나 국내자본조달과는 달리 여러 가지 요소들을 고려해야 한다.

첫째, 글로벌기업은 국내기업과는 달리 해외자본시장까지 이용할 수 있으므로 자금조달 원천의 확대에 따른 자금공급의 조달능력이 확대된다. [그림 11-2]에서와 같이 자본시장의 공급곡선(한계자본비용곡선)을 우측으로 이동시키므로써 국내자본시장의 경우보다 동일한 한계자본비용하에서는 더 많은 자본조달이 가능하고 동일한 자본조달에서는 보다 낮은 한계자본비용으로 조달이 가능하다.

둘째, 다양한 자본조달시장을 이용함으로써 국제분산투자를 통한 체계적 위험을 감소시키는 효과가 있다. 국내증권만으로 구성된 포트폴리오보다는 국제분산투자에 의한 다양한 포트폴리오로 구성된 글로벌기업에 대해서는 시장의 요구수익률이 낮으며 이는 기업의 자본비용을 하락시킨다. [그림 11-2]에서 보는 바와 같이 자금의 공급곡선(한계자본비용곡선)을 우측으로 이동시키게 하므로써 역시 한계자본비용을 C_D에서 C_F떨어지게 한다.

셋째, 환리스크와 정치적 위험은 기업활동의 불확실성을 초래하여 글로벌기업의 자본비용을 증가시키는 요인으로 작용한다. 이 경우 글로벌기업은 다양한 국가의 외화표시통화를 이용함으로써 국제분산투자의 효과를 통하여 어느 정도 리스크를 분산시킬 수 있다.

[그림 11-2] 국제분산투자와 자본비용

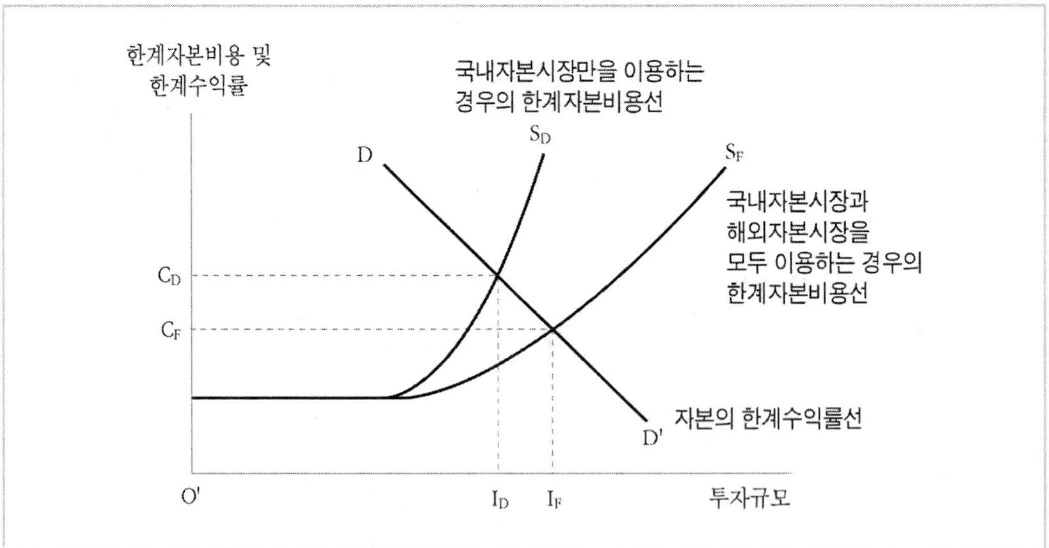

자료: 이필상외, 「전게서」, p.315.

예컨대 한국의 어떤 기업이 미달러화를 연 4% 이자로 1년 동안 차입했고 달러화가 원화에 비하여 8% 평가절상되었다고 가정한다면 실제 부채비용은 얼마인가?

$$K_d(\text{부채비용}) = 4\%(\text{이자율}) \times 1.08(\text{추가적 이자부담}) + 8\%(\text{추가적 원금부담}) = 12.32\%$$

넷째, 각 국가의 다양한 조세율과 조세정책이 자본비용에 영향을 미친다. 각국의 법인세율이 상이하므로 이자의 세금 감면효과가 다르게 나타난다. 또 해외 현지자회사의 유보이익은 국가에 따라 본국으로 송금되기 전까지는 과세대상이 되지 않는다. 이 경우 현지자회사의 자본비용은 낮아지게 된다. 그 외에도 로열티, 이전가격조작(transfer pricing) 등으로 본국에 자금이전을 하는 경우 과세대상소득이 감소하므로 자본비용은 낮아지게 된다.

끝으로 글로벌기업은 대규모의 기업이어서 대규모 거래를 통하여 상대적으로 낮은 차입이자율을 적용 받을 수 있고 다각화된 사업을 수행하는 경우 단일업종의 국내기업보다 총자본비용이 상대적으로 낮은 경향이 있다.

2. 가중평균 자본비용과 최적자본 구조

1) 가중평균 자본비용

가중평균 자본비용(weighted average cost of capital)은 각 자본의 비용에 그 구성비율을 가중치로 곱하여 계산한 자본비용의 가중된 평균값이다. 어떤 신규 국제투자를 위해 자본조달을 하는 경우 기업전체의 자본구조와 위험에 변화를 가져오지 않는다면 신규투자안에 대한 가중평균자본비용은 $K_W = (1-L)K_e + L \cdot K_d(1-r)$로 나타낼 수 있다. 여기서 L은 모기업의 목표부채율(부채÷총자산)이며 K_e는 기업의 목표레버리지와 실제레버리지가 동일하다는 가정하에 자기자본에 대한 요구수익률이다.

2) 최적자본 구조

최적자본구조(optimal capital structure)란 국제적으로 자본조달이 이루어질 경우의 가중평균자본비용을 최소화함으로서 기업의 가치를 최대화(자본비용의 최소화)시킬 수 있는 자기자본과 타인자본의 비율을 말한다. 국제자본조달의 경우 국내자본조달과는 달리 국제금융시장을 이용하면 차입비용의 큰 증가 없이 광범위하게 자본구조 즉, 부채비율을 조절할 수 있다.

국제금융시장을 이용하는 경우 자본조달의 원천이 다양하고 국제분산투자로 인하여 최적자본구조가 특정한 부채비율로 제시되기 어렵다. 따라서 국제자본조달이 이루어지는 기업의 경우 기업의 가치를 최대화하는 최적자본구조가 존재하느냐? 존재한다면 어떻게 표현할 수 있느냐 하는 문제가 제기된다.

일반적으로 최적자본구조의 존재여부는 조세와 파산비용 등의 요인에 의해서 결정된다고 본다. 각종 거래비용이 존재하지 않는 경우에는 자본구조가 기업가치를 결정하는데 관계가 없지만 조세나 파산비용, 대리인문제[2] 등 거래비용이 존재하는 경우에는 관련이 있게 된다. 이로 인해 거래비용이 존재한다면 자본구조에 따라 자본비용을 최소화하면서 기업가치가 극대화되는 최적자본구조가 존재하게 된다.[3]

최적자본구조는 자본비용을 최소화시켜 주는 부채와 주식자본의 조합을 말한다. 최적자본구조는 부채비율(부채÷총자본)에 따라 자본의 가중평균비용이 최적인 영역의 부채비율로 구성한 최적자본비용의 부채비율 범위로 표시·측정할 수 있다.

[그림 11-3]에서 보는 바와 같이 차입자금비용(K_d)은 이자지급을 해야 하기 때문에 수익에서 비용처리가 되므로 조세감면효과가 있게 된다. 따라서 주식을 발행하여 자본을 조달하는 자기자본비용(K_e)보다 자본비용이 낮기 마련이다.

자기자본비용 곡선 K_e와 타인자본비용 곡선 $K_d(1-r)$을 수평으로 합한 것이 가중평균자본비용 곡선 K_w가 된다. 가로축 원점에서 거리가 가까운 즉, 부채비율이 낮은 영역에서는 파산의 가능성이 낮기 때문에 부채비율이 증가하더라도 타인자본비용 곡선 $K_d(1-r)$의 상승은 매우 완만하다. 그러나 부채비율이 일정수준을 넘어서면 기업파산의 가능성이 높아지면서 타인자본비용 곡선 $K_d(1-r)$는 급격히 상승하고 있다. 자기자본비용곡선 K_e또한 레버리지 효과(leverage effect)[4]에 따른 위험 증가 요인 때문에 지속적으로 상승하게 된다.

가중평균자본비용 곡선 K_w는 [그림 11-3]에서 부채비율이 0인 경우 자기자본비용 곡선과 같게 되며 부채비율이 증가하면서 점차 하향하다가 부채비율이 일정수준을 넘어면 기업의 도산위험이 증가하고 기업이 자금을 차입하는데 보다 많은 차입비용을 지급하게 되어 급격히 상향하게 된다. 이 경우 가중평균자본비용이 가장 낮은 점이 이론상으로 최적자본구조를 나타낸다고 볼 수 있다.

---

2) 대리인(agent)은 주인(principal)보다 정보(information)를 많이 가지고 있기 때문에 정보의 비대칭으로 인해 태만에 따른 비용(shrinking cost)과 주인은 대리인을 감시하는데 수반되는 비용(monitoring cost)이 발생한다.

3) 지호준, 「전게서」, PP.331~332.

4) 레버리지란 본래 지렛대를 뜻하는 것으로 지렛대는 지렛대 무게의 20~30배의 물체를 움직일 수 있다. 지렛대 효과는 부채를 활용하여 부채의 이자보다 훨씬 더 많은 수입을 올리는 것을 말한다.

[그림 11-3] 글로벌기업의 최적자본 구조

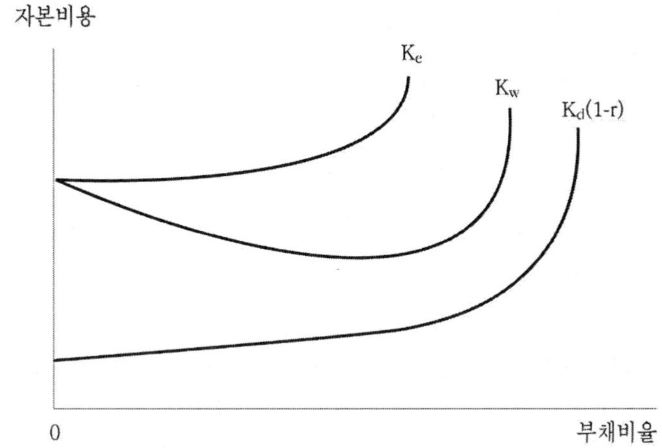

현실적으로 각국의 제도적 차이, 경영문화적 차이 등으로 인해 일률적으로 비용을 측정하기가 곤란하다. 따라서 특정비율을 정하는 국내기업과는 달리 몇 %에서 몇 %까지의 특정범위로 나타내고 있다. 국제적으로 자본조달이 가능한 기업으로서는 안정성, 유동성, 수익성, 적법성을 만족시키면서 기업가치를 최대로 할 수 있는 자본조달 방법을 강구해야 한다.

제3절 글로벌기업의 운전자본 관리

1. 운전자본 관리 개념

운전자본(working capital)이란 기업의 통상적인 영업활동을 원활하게 하는 데 필요한 단기적 자금을 말하며 광의의 총운전자본(gross working capital)과 협의의 순운전자본(net working capital)으로 구분할 수 있다. 총운전자본은 현금, 예금, 외상매출금, 유가증권, 재고자산 등의 유동자산에 투하된 단기자금을 말하고 순운전자본은 유동자산에서 유동부채를 차감한 차액을 말한다. 일반적으로 운전자본은 광의의 개념으로 많이 사용되어 지고 있다.

운전자본관리가 중요시되는 이유는 기업경영에서 유동자산이 차지하는 비중이 높으며 운전자본과 관련된 중요한 의사결정이 많으며 기업의 유동성(liquidity)과 수익성(profitability)을 최적수준으로 유지할 필요가 있다. 기업이 유동성(자산이나 채권을 손실없이 화폐로 교환하거나 회수할 수 있는 가능성의 정도)을 지나치게 중시하여 너무 많이 보유하게 되면 기업의 수익성이 상대적으로 낮아지며, 반대로 수익성을 지나치게 중시해 유동성이 낮아지면 단기 지급능력이 약화되어 유동성위기에 빠지기 쉽기 때문이다.

2. 국제운전자본 관리

국제운전자본관리(international working capital management)란 글로벌기업의 글로벌환경 하에서 총운전자본을 효율적으로 관리하는 것을 말한다. 글로벌기업은 국내기업과는 달리 다수 국가에 걸쳐 사업활동을 하는 경우 환율문제, 외환통제, 조세문제 등이 자금의 국제적 이전에 상당한 제약이 된다.

국제운전자본 관리의 주요 목적은 글로벌기업의 유동성과 수익성을 최적으로 조화시키는 것이다. 국제운전자본 관리는 관점에 따라 저량(stock)과 유량(flow)의 개념으로 구분해 볼 수 있는데 저량의 관점에서는 현금관리, 매출채권관리, 재고자산관리 등을 다루고 유량의 개념에서는 글로벌기업 집단 내의 전체 기업가치를 극대화하기 위한 자금이전 등을 다룬다. 국제운전자본 관리는 국내기업과는 달리 환위험, 외환통제, 조세비용, 거래비용 등의 특성을 고려해야 한다.

첫째, 환위험은 변동환율제 하에서 환율이 자유롭게 변함에 따라 기업의 가치가 변동하게 된다. 현지 자회사의 현지 통화가치가 하락하면 현지 자회사는 환손실을 입게 된다. 이러한 환리스크를 최소화하기 위해서 현지 자회사는 배당금의 확대, 이전가격조작 등을 통하여 현지 자회사에서 모회사로의 자금이전을 가속화해야 한다.

둘째, 개별국가의 외환통제는 다양한 유형으로 이루어진다. 일국의 통화를 특정국 통화로 교환하거나 적절한 환율로 교환하는 것 자체를 금지하는 적극적인 통제뿐만 아니라 배당금 등의 각종 송금제한과 고율의 조세부과 등과 같은 소극적인 방법도 있다. 글로벌기업은 국제운전자본관리에 있어서 이러한 외환통제 요소들을 충분히 고려하여야 할 것이다.

셋째, 글로벌환경하에서 각국의 다양한 조세제도와 조세율에 따른 조세문제이다. 현지국의 조세율은 배당 결정에 중요한 영향을 미치게 된다. 국가에 따라 배당이익과 유보이익에 대한 조세율의 차이, 자회사에서 모회사로 지급되는 원천세 부과 여부는 배당금 결정에 중요한 영향을 미치게 되므로 개별국가의 조세제도와 조세율은 국제자금관리에 빼 놓을 수 없는 요소이다.

끝으로 외환거래 비용과 개별 현지 자회사의 유동성문제 고려이다. 기업의 입장에서 보면 일국통화를 타국통화로 교환할 때 반드시 영업외비용인 외환거래비용이 소요된다. 외환거래가 빈번하게 발생하는 경우 기업의 입장에서 적지않은 부담이 되므로 국제운전자본 관리에 이를 고려해야 한다. 글로벌기업은 글로벌기업 집단 전체적으로 유동성 최적화에 신경을 쓰다 보면 개별 현지자회사의 유동성문제를 경시하는 경향이 있다. 따라서 국제운전자본 관리에 있어서 이러한 점도 간과해서는 안 된다.

3. 국제자금이전 수단

1) 배당금 송금

글로벌기업의 자회사와 모회사 간 또는 자회사 상호 간 가장 대표적인 자금이전의 수단이 배당금(dividend)송금에 의한 이전이다. 배당금 송금은 대외적으로 노출되는 자금이전 수단으로 조세문제, 정치적 리스크, 환리스크, 현지파트너와의 배당정책 등 다양한 요인에 의하여 제약을 받기 마련이다.

유보이익과 배당이익 가운데서 어느 쪽에 보다 높은 세율을 적용하는가? 모회사로 지급되는 배당금에 원천세(withholding tax)를 부과하는가? 모회사국의 법인세율은 어떠한가? 등의 조세문제를 신중히 검토한 후 배당송금의 규모를 결정해야 한다.

그 외에도 현지국의 국유화(nationalization)·수용(expropriation)·몰수(confiscation)의 정치적 위험,[5] 환위험의 가능성이 높을 경우 현지국의 자금이전을 가속화하려고 할 것이며 현지파트너와 주주들의 높은 배당요구는 자회사의 원만한 자금이전을 저해할 것이다.

2) 이자 지급

현지 자회사는 모회사 또는 타 자회사로부터 출자의 형식보다는 자금을 차입하므로써 자금을 공급받기도 한다. 이 경우 자회사는 이자지급을 비용으로 처리할 수 있어 과세대상 소득을 줄일 수 있어 법인세 감면효과가 있다.

---

5) 국유화는 개인의 자산 또는 소유권을 국가의 공공목적에 따른 입법에 의해 국가에 이관시키는 것이며, 수용이란 재산의 소유권을 공공의 목적을 위하여 신속, 공정, 그리고 효과적인 보상에 따라 국가 또는 하부기관에 이관하는 것이며 수용은 국유화에 포함되기도 하며 혼용되어 사용되어 지는 개념이다. 반면 몰수는 보상을 지급하지 않고 사유재산을 압수하는 정부의 행위이다.

만약 자회사가 모회사로의 자금이전을 가속화하기를 원한다면 정상적인 이자율보다 높은 차입이자율을 적용할 수도 있을 것이다. 이자율 조작을 통한 자금이전은 배당금 송금에 의한 이전보다는 대외적 노출이 덜 심해 자금이전에 보다 안전하다고 볼 수는 있으나 자금이전효과가 단기적으로 크지 않은 단점이 있고 현지 주주 및 현지 조세당국으로부터의 감시와 경계를 받지 않을 수 없다.

3) 로열티·수수료 등 서비스비용

로열티(loyalties)는 특정기술이나 특허·상품 등의 무형자산에 대한 이용의 대가로 지급하는 것이며 수수료(fees)는 전문적인 경영자문, 서비스나 기술의 제공에 대한 대가로 지급되는 것이다. 글로벌기업의 모회사는 자회사 관리와 관련해 발생하는 간접비(overhead cost)를 각 자회사별로 일정액을 배부하게 되는데 자회사는 이에 상당하는 간접비 배부 충당금을 설정해 모회사에 송금해야 한다.

이러한 로열티, 수수료, 간접비 배부액과 같은 서비스 비용에 의한 자금이전은 세제상 소득공제를 받을 수 있는 장점이 있을 뿐 아니라 배당금이나 이자처럼 일반적인 시장가격이 형성되어 있지 않기 때문에 조작할 수 있는 자의성이 매우 크다.

4) 원재료·부분품·완제품 등 이전가격

글로벌기업의 모회사와 자회사, 자회사 상호 간 원재료, 부분품, 완제품의 수출입거래에 있어서 시장의 정상가격인 암스랭스 프라이스(arm's length price)보다 높게 또는 낮게 조작하므로써 자금이전의 효과를 가져오게 한다. 특정 자회사로부터 모회사로 많은 자금이전이 이루어지도록 하기 위해서는 모회사로 자회사가 수출시에는 과소가격조작(underpricing), 수입시에는 과대가격조작(overpricing)을 통하여 소기의 목적을 달성할 수 있다.

5) 프론팅론

프론팅론(fronting loan)이란 국제은행을 중개기관으로 하여 이루어지는 글로벌기업의 모회사와 자회사 간 대여를 의미한다. 프론팅이란 자금의 중개기관인 국제은행이 모회사를 대신해 정면에 나서서 대여행위를 한다는 의미에서 붙여진 것이다. 프론팅론은 모회사가 자금을 일단 국제은행에 예치하고 난 다음 국제은행은 동일금액을 자금의 수요자인 자회사에 대출하게 된다. 이 경우 자회사에 자금을 대출하는 국제은행은 모회사의 예금을 담보로 하기 때문에 대여 리스크는 전혀 없다.

중개기관인 국제은행이 자회사에 대여해 주는 대출금리는 모회사가 국제은행에 예치하는 예금금리보다 약간 높다. 프론팅론의 장점은 자회사의 외환유출에 대한 제한이 있는 경우에도 모회사가 자회사에 대여해 준 경우에 비하여 원리금 상환이 훨씬 용이하다. 왜냐하면 현지국의 국제신용도에 대한 이미지가 훼손될 수도 있으므로 국제은행을 통한 자금의 상환에 대해서는 큰 제약을 가하기가 어렵기 때문이다.

4. 국제자금 관리

1) 국제현금 관리

(1) 의 의

기업은 현금을 일상적 영업거래를 위한 거래적 동기, 예상치 못한 현금흐름의 변동에 대한 예비적 동기 또는 투기적 목적을 위해서도 현금을 보유하려고 한다.[6] 국제현금관리란 글로벌기업이 수익성과 유동성을 확보하는 것을 말한다. 현지 자회사들이 유동성 위기에 대비하여 적정수준 이상의 과잉 현금을 항상 보유하려고 한다면 글로벌기업집단 전체의 입장에서는 자금운용의 효율성이 감소할 것이다. 따라서 글로벌기업들은 현지 자회사들이 현금을 적정수준으로 유지하도록 하기 위해 현금관리를 한 곳에서 집중적으로 관리해야 한다.

글로벌기업은 다양한 원천으로부터 현금이 유입되고 유출되어 진다. 이 경우 현금유입이 현금유출보다 많으면 현금수지가 흑자가 되고 그 반대이면 현금수지는 적자가 된다. 국제현금관리에서는 현금수지가 균형을 이루도록 하는데 의의가 있다.

(2) 집중식 국제현금관리

글로벌기업은 현금관리를 특정한 곳에서 집중적으로 하는 집중식 현금관리와 모회사와 자회사들이 각기 여러 곳에서 분산·관리하는 분산식 현금관리를 할 수도 있다. 집중식 현금관리(centralized cash management)란 글로벌기업이 글로벌 차원에서 해외자회사들의 보유현금을 중앙집중식으로 관리함으로써 불필요한 자금의 이동과 비용을 막을 수 있는 관리방식을 말한다.

---

6) 현금의 보유동기는 일상생활에 필요한 거래를 위한 거래적동기와 장래의 예상치 못한 일에 대비하기 위한 예비적동기에 의한다. 거래적동기와 예비적동기는 소득이 커지면 현금의 수요도 크기 때문에 소득의 함수로 본다. 한편 투기적 목적을 위한 투기적수요는 이자율의 역함수이다. 즉 이자율이 낮으면 현재 채권가격이 높기 때문에 채권가격이 낮을 때를 대비하여 수중에 현금을 많이 보유하려고 할 것이며 반대로 이자율이 높으면 현재 채권가격이 싸므로 채권을 사고 수중에 현금을 많이 보유하려고 하지 않는다.

일반적으로 집중식 현금관리는 다음과 같은 여러 가지 점에서 유리한 점이 있는 것으로 알려져 있다. ① 모회사와 자회사 간 또는 자회사 상호 간 수출입거래에 따른 채권, 채무액을 차액만 결제하는 상계제도를 통하여 통화전환에 따른 거래비용을 감소시킬 수 있다. ② 자회사 간 적절한 현금이동을 통해 이익을 분산시키면 글로벌기업 전체적으로 총조세액을 절감 또는 회피할 수 있다. ③ 자회사 간 현금이동을 보다 신속히 파악할 수 있어 새로운 투자자금으로의 활용이 용이하며 자회사 간 자금이전의 융통성이 확보된다. ④ 개별 현지자회사가 적정한 수준으로 현금을 확보하고 불필요한 현금보유를 지양하므로써 수익률이 높은 단기금융시장을 활용할 수 있다.

이러한 집중식 현금관리의 장점에도 불구하고 현지 자회사들의 특성상 가격구조, 현금지급과 수취의 기간별 선호도가 상이하다든지, 현지국정부가 상계제도의 사용을 금지하거나, 개별국가의 금융시스템의 차이, 개별 현지자회사의 경영업적의 왜곡 등의 제약이 있을 수 있다.

(3) 주요 방법

집중식 현금관리에서 사용 가능한 주요 수단으로는 상계(netting), 리딩과 래깅(leading & lagging), 매칭(matching), 결제통화 조정전략(invoicing currency adjustment strategy) 등이 있다. 여기서는 상계 및 리딩과 래깅을 살펴보기로 한다.

상계(相計)란 전통적인 집중식 현금관리의 방법으로 글로벌기업의 본사와 자회사 또는 자회사 상호 간 발생하는 채권, 채무관계를 일정기간 후에 차액만을 정기적으로 결제하는 제도이다. 상계에는 두 자회사 간 또는 모회사와 자회사 간 이루어지는 양자간 상계(bilateral netting)와 세 개 이상의 자회사 간 이루어지는 다자간 상계(multilateral netting)가 있다.

글로벌기업의 중앙집중적 현금관리를 위해 중앙에 상계센터(netting center)를 설립하여 글로벌기업 그룹 내의 현금의 대차 차액만을 결제하게 한다. 이 경우 불필요한 자금의 이동 및 이에 따른 수수료 및 비용을 절감할 수 있으며 환익스포주어도 감소시키는 장점이 있다. 다자간상계의 예를 보면 <표 11-1>과 같다.

〈표 11-1〉 다자간 상계 (단위: 달러)

수취자회사	지급 자회사				총수취액	순수취액(순지급액)
	한 국	미 국	프랑스	영 국		
한 국		500	600	700	1,800	(300)
미 국	600		400	500	1,500	(200)
프랑스	700	500		300	1,500	100
영 국	800	700	400		1,900	400
총지급액	2,100	1,700	1,400	1,500	6,700	

다자간 상계가 이루어지지 않는 경우에는 개별 자회사는 세 가지의 분리된 수취거래와 지급거래를 해야 할 것이다. 이 경우 외환의 매입·매도거래에 따른 외환거래비용을 3%로 가정한다면 총지급액 $6,700에 대하여 $201의 외환거래비용이 발생할 것이다. 그러나 다자간 상계가 이루어지는 경우 한국자회사는 영국자회사에 $300, 미국자회사는 프랑스자회사에 $100, 영국자회사에 $100를 지급하면 된다.[7)]

리딩과 래깅은 현금지급과 수취의 시기를 의도적으로 당기거나 늦추어 자회사 간 현금과부족을 조정할 수 있어 글로벌기업 집단 내의 유리한 현금흐름을 가질 수 있도록 하게 한다. 예컨대 자금운용에 여유가 없는 자회사는 자금운용에 여유가 있는 모회사로부터 원재료를 수입하고 대금지급을 최대한 늦추거나(lagging), 반대로 모회사에 대한 수출대금은 최대한 앞당겨(leading)서 글로벌기업 전체적으로 현금흐름을 효율적으로 하게 한다. 리딩과 래깅전략은 현지 자회사 통화국의 통화가치 변동에 따라 행사하여 기업가치를 높일 수 있다.

2) 국제현금 포트폴리오 분석

국제현금 포트폴리오 분석으로 대표적인 방법인 레온티아데스(J. C. Leontiades)의 국제포트폴리오(international portfolio)가 있다. 현지 자회사의 국가별 시장성장률과 상대적 시장점유율을 양축으로 하고 자사의 매출액을 원의 크기로 나타내어 글로벌기업 전체의 전사적 입장에서 효율적인 자금배분을 위한 최적의 포트폴리오를 제시하여 준다.

[그림 11-4]에서 보는 바와 같이 좌하에 있는 자금젖소(cash cow)는 시장성장율은

7) 한국자회사는 총지급액(2,100) − 총수취액(1,800) = −300
미국자회사는 총지급액(1,700) − 총수취액(1,500) = −200
프랑스자회사는 총수취액(1,500) − 총지급액(1,400) = 100
영국자회사는 총수취액(1,900) − 총지급액(1,500) = 400

[그림 11-4] 국제현금 포트폴리오 분석

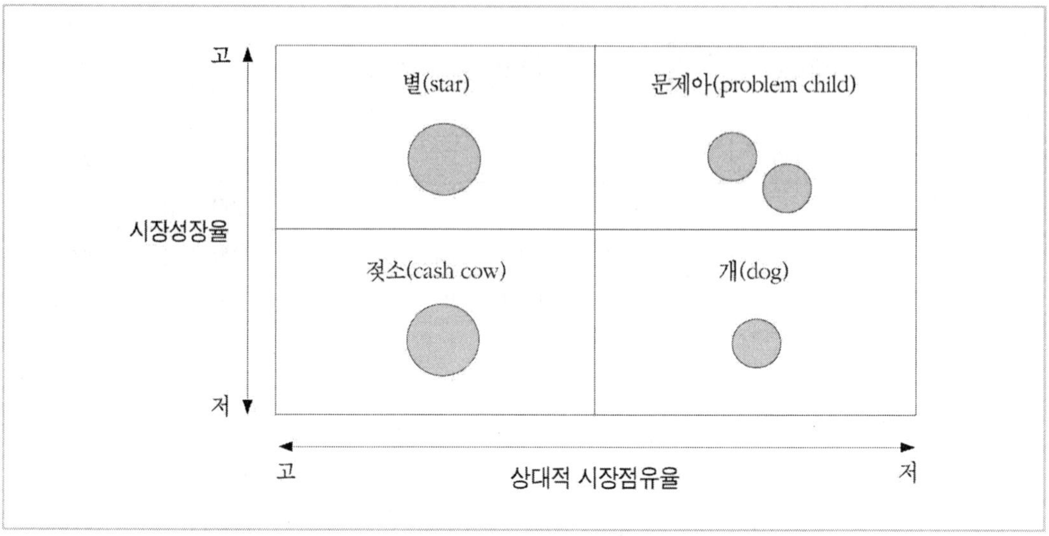

자료: James C. Leontiades, *Multinational Corporate Strategy*(Lexington Books, 1985), P.43.

낮아 현금수요는 작은 반면 시장점유율은 높아 현금창출력이 높은 자회사이다. 별(star)로 표시된 자회사는 빠르게 성장하고 있으며 시장점유율이 높기는 하지만 자체 자금창출력이 부족한 실정이다. 문제아(problem child)자회사는 시장점유율은 낮은 반면 시장성장율은 높다. 이 경우 글로벌기업 모회사는 별로 성장시켜야 할지 아니면 철수시켜야 할지 신중히 결정해야 한다. 우하에 있는 개(dog)는 시장성장율도 낮고 시장점유율도 낮은 자회사이다. 이상적인 현금배분의 방향은 젖소→문제아→별의 화살표 방향으로 이루어지는 것이다.

3) 국제매출채권 관리

글로벌기업이 국제적으로 상품이나 서비스를 수출하고 현금 대신 외상거래를 함에 따라 수출액 가운데서 회수되지 않은 채권을 국제매출채권(international accounts receivable)이라고 한다. 글로벌기업의 성장성, 수익성과 함께 유동성도 충분히 고려하여 매출채권을 어떻게 효율적으로 발행하고 회수하는가를 결정하는 것을 국제매출채권 관리라고 한다.

글로벌기업이 국제매출채권을 효율적으로 관리할 수 있는 방법에는 팩토링, 재송장제도, 신용보험 등이 있다. 팩토링(factoring)이란 기업이 소유하고 있는 매출채권을 상환청구권 없이 팩터(factor)에게 매각하고 팩터는 만기일에 채무자에게 청구하는 것을 말한다. 팩터는 매출채권을 매입함과 동시에 채무자의 신용위험을 전적으로 부담하게 된다.

팩토링은 국내팩토링과 국제팩토링으로 구분되어 지는데 양자의 차이점은 국내팩토링은 하나의 팩토링회사(one factor system)가 모든 기능을 수행하는데 비해 국제팩토링은 원칙적으로 양국에 소재한 2개의 팩토링회사(two factors system)가 기능을 분담하게 된다.

또 다른 방법으로 재송장제도(reinvoicing)가 있다. 송장(invoice)이란 수출업자가 매매계약의 조건이 이행되었음을 수입업자에게 통지하는 서류이다. 통상 해외 제조자회사는 송장을 수입업자 또는 판매자회사에 직접 송부하게 된다. 그러나 재송장제도하에서는 제조 자회사가 별도의 법인체인 재송장센터(reinvoicing center)로 송장을 보내고 재송장센터는 판매자회사가 원하는 통화표시로 변경하여 송장을 재발송하게 된다.

업무적으로 번거로운 단점은 있으나 현금의 유동성 확보나 환리스크를 집중하거나 재송장센터가 저세율국에 있는 경우 조세절감 등의 장점도 있다. 재송장센터는 글로벌기업의 자회사 또는 모회사 자체에 설치 운영할 수 있으며 글로벌기업 내부의 집중된 매출채권관리는 효과적인 자금관리전략이 될 수 있다.

끝으로 신용보험에 의하여 매출채권을 관리할 수 있다. 신용보험이란 상품 및 서비스를 제공하고 대금수취의 위험이 있는 경우 신용보험에 가입함으로써 회수불능의 경우 보험회사로부터 보상을 받는 제도이다. 매출채권관리의 안정정인 방법이기는 하지만 보험료(premium)를 지급해야 하는 단점이 있다.

5. 국제재고자산 관리

글로벌기업의 재고자산(inventory)은 광의로는 원재료, 재공품, 완성제품 등을 의미하지만 협의로는 완성품 재고자산을 의미한다고 하겠다. 글로벌기업이 충분한 원재료와 중간단계의 재공품 재고자산을 보유하고 있으면 생산 공정상의 유휴시간을 줄이고 효율적인 생산계획을 수립하는 장점이 있다. 완성품 재고자산 역시 충분히 보유하고 있으면 주문에 신속히 대응하고 운송지연 등을 피할 수 있다.

지나치게 재고자산을 보유하게 되면 재고자산 투자에 대한 기회비용(opportunity cost)이 커지고 운전자본이 부족해지는 단점이 있다. 원재료와 부품의 경우 기업이 일괄적으로 대량구매를 통한 일괄조달방식(Just In Case)은 대량구매에 따른 비용절감의 효과가 있기는 하지만 재고자산 보유의 기회비용이 너무 크다. 따라서 기업들은 원재료와 부품의 재고가 생산공정에서 바닥나기 직전에 적시에 조달하는 적시조달방식(Just In Time)[8]을

8) JIT 방식은 도요타(Toyota)자동차의 전형적인 부품조달방식이다. 회사매출액이 증가함에도 불구하고 한동안 순이익이 발생하지 않는 원인이 부품의 일괄조달방식에서 비롯된 재고유지비용 때문이란 것을 간파하

선호하기도 한다.

글로벌기업의 입장에서는 적정하게 원재료, 재공품, 완제품 등의 재고자산을 보유하여 수익성과 유동성의 목표를 동시에 달성해야 한다. 이를 글로벌기업의 국제재고자산관리라고 한다.

글로벌기업의 재고자산은 중요한 유동자산 가운데 하나이다. 글로벌기업은 제품의 특성에 따라서 적정한 재고자산을 보유해야 한다. 예컨대 IT산업의 제품과 같이 제품수명주기가 매우 짧거나 유행에 민감한 제품의 경우는 그렇지 않은 제품보다 재고자산 보유비율이 훨씬 낮아야 한다. 또 수입원자재의 경우 환율변화에 따른 수입비용 부담을 충분히 고려하여 적절한 재고자산관리가 이루어지도록 해야 한다.

제 4 절 海外直接投資 戰略

1. 해외투자 결정기준

1) 순현가법

기업의 해외투자에 대한 의사결정을 위해 장기투자안들을 평가, 선택하는 과정을 거쳐야 한다. 그 평가 및 선택기준으로는 순현가법(NPV: net present value), 내부수익률법(IRR: internal rate of return), 회수기간법(payback period) 등의 방법이 있다. 여기에서는 해외직접투자안을 평가하기 위한 대표적인 방법인 순현가법과, 내부수익률법을 차례로 살펴보도록 한다.

직접투자로부터의 수익은 장래에 이루어지지만 투자안의 결정은 현재시점에서 이루어져야 한다. 따라서 모든 투자안은 시간적 가치를 반영해야 한다. 순현가법(NPV)이란 해외직접투자로부터 발생하게 될 미래의 모든 현금흐름(현금유입－현금유출)을 적정한 할인율로 할인하여 현재가치로 환산하고 최초의 투자액을 공제하여 산출한 순이익의 현재가치를 측정하는 것이다. 여기서 할인율(r)은 기업이 투자를 위해서 요구하는 최소한의

고 도입한 방식이다. 가끔 부품공급회사의 화재, 지진, 노사분규 등으로 부품이 공급되지 않아 공장가동이 일시중단되는 단점이 있기도 하다. 국내기업들도 많이 활용하고 있으며 LG창원공장은 JIT방식에다 국산로봇을 개발하여 공장내 부품이동을 전담케하여 큰 생산성향상 효과를 올렸다. 2011년 동일본지진사태로 JIT 방식의 부품공급 수급 차질은 그동안 일본식 경영의 정답처럼 신봉되어온 도요타방식에 근본적인 변화가 필요하다는 점을 보여주었다.

요구수익률로서 일반적으로 해당 기업의 자본비용(cost of capital)이 된다. r은 현재가치화하는 할인율의 역할과 재투자율의 역할을 동시에 한다고 볼 수 있다.

현금흐름은 두 가지로 구분할 수 있는데 하나는 투자대상국 통화로 표시된 것과 다른 하나는 투자국에 송금되었을 때의 가치로 표시된 것이다. 전자를 투자안의 현금흐름(project cash flow), 후자를 모기업의 현금흐름(parent cash flow)이라고 하는데 이렇게 양자가 서로 다른 요인은 환율의 변동, 송금의 시기, 조세 등의 문제가 있기 때문이다. 일반적으로 순현가법에 의한 식은 다음과 같이 나타낼 수 있다.

식에서 NPV의 값이 (+)이면 투자안을 선택하고 (−)이면 투자안을 기각하게 된다. NPV 값이 (0)인 투자안은 채권자에게는 이자, 주주에게는 배당금의 형태로 위험수준에 상응하는 적정수익률을 제공할 수 있는 투자안이다.

$$NPV = \left[\frac{CF}{(1+r)} + \frac{CF_2}{(1+r)^2} + \cdots \frac{CF_n}{(1+r)^n} RIGHT \right] - I_0$$

$$= \Sigma_{t=1}^{n} \frac{CF_1}{(1+r)^t} - I_0$$

CF_t : t시점의 자국통화로 환산한 현금흐름

I_0 : 최초의 투자액

r : 할인율

순현가법의 장점은 투자안으로부터 기대되는 모든 현금흐름과 화폐의 시간적 가치와 투자위험, 가치의 가법원칙(value additivity principle)을 고려하고 있으며 상호배타적인 투자안 중 주주의 부를 극대화시키는 가장 우수한 자본예산기법의 하나이다. 그러나 국가마다 환율, 조세, 회계원칙, 위험요인들이 상이하기 때문에 이를 계량화하는데 어려움이 따르며 투자규모의 차이를 충분히 고려하지 않는 단점이 있다. 순현가법의 사례를 보면 다음과 같다.

[예 제]

한국의 어떤 기업이 미국에 직접투자를 하기 위해 자회사를 개설할 계획이다. 이에 따른 비용으로 초기투자에 10만 달러가 소요되며 자회사 설립 후 3년간 예상되는 현금흐름은 1년 후 2만 달러, 2년 후 3만 달러, 3년 후 5만 달러이다. 투자기간인 3년 동안의 한국 금리는 매년 각각 10%, 11%, 12%이고 미국금리는 8%, 9%, 10% 로 예상된다. 현재 대미달러 환율은 ₩1,100/ $1이고 환산된 현금흐름에 적용할 최소요구투자수익율인 할인율은 6%이다. 순현가법을 이용하여 이 투자안의 채택여부를 결정한다고 하자. 매년의 외화표시 현금흐름을 원화로 환산할 때의 환율은 국제피셔효과(International Fisher Effect: 양국의 금리차이는 예상현물환율의 차이와 동일)에 의

해 산출하도록 한다.

국제피셔효과에 의한 예상현물환율(Se)의 산출

1년: 0.10－0.08＝(Se1－1,100)÷1,100Se1＝1,122

2년: 0.11－0.09＝(Se2－1,122)÷1,122Se2＝1,144

3년: 0.12－0.10＝(Se3－1,100)÷1,144Se3＝1,167

달러표시 현금흐름을 원화표시 현금흐름으로 산출해 보면 <표>와 같다.

〈표〉 원화표시 현금흐름 (단위 : 만 달러)

기 간	0년(초기)	1년 후	2년 후	3년 후
현금흐름($)	－10×1,100	2×1,122	3×1,144	5×1,167
현금흐름(₩)	－11,000	2,244	3,432	5,835

<표>에서 나타난 원화표시 현금흐름에 대하여 순현가를 산출해 보면 다음과 같다.

$NPV = -11,000 + (2,244/1.06) + 3,432/(1.06)2 + 5,835/(1.06)3$
$= -930$

NPV가 0보다 작으므로 이 투자안은 기각되어 한국의 기업은 미국에 자회사를 설립하기 위한 직접 투자안은 타당성이 없다고 하겠다.

2) 내부수익률법(IRR)

내부수익률법(Internal Rate of Return)이란 투자안에서 현금유입의 현재가치와 현금유출의 현재가치를 일치시키는 할인율을 말한다. 내부수익율법은 현금유입의 현재가치와 현금유출의 현재가치를 일치시켜 투자안의 순현가를 0으로 만드는 할인율을 산출한 후 이를 요구수익률과 비교하여 투자여부를 결정하는 방법이다. 이 경우 현금흐름은 투자대상국의 통화를 모국통화로 할인한 값이어야 한다. 이러한 관계를 나타내면 다음과 같다.

내부수익률을 이용하는 경우 특정 투자안의 내부수익률이 해당 투자안의 자본비용(최저요구수익률)보다 높으면 채택하고 낮으면 기각해야 하는데 대부분의 경우 내부수익률법과 순현가법은 동일한 결과를 가져온다. 그러나 동일한 해외직접투자안에 대해 양자의 결과가 상이하게 나타날 경우 순현가법에 의한 평가가 더 우수하다고 볼 수 있다. 왜냐하면 할인율로 재투자한다고 보는 순현가법의 가정이 보다 합리적이기 때문이다.

투자안의 내부수익률이 자본비용보다 높은 경우 투자안의 순현가는 (＋)가 되고 내부수익률이 자본비용보다 낮으면 순현가는 (－)가 된다.

$$\left[\frac{CF_1}{(1+Irr)}+\frac{CF_2}{(1+Irr)^2}+\cdots\frac{CF_n}{(1+Irr)^n}RIGHT\right] - I_0 = 0$$

$$\Sigma_{t=1}^{n}\frac{CF_1}{(1+Irr)^t} - I_0 = 0$$

내부수익률 식은 순현가 식과 비슷하지만 의미는 다소 다르다. 순현가법에서는 현금유입과 현금유출 및 투자안의 위험도를 고려한 할인율이 주어져야 투자안의 순현가를 계산할 수 있지만 내부수익률의 경우에는 현금유출과 현금유입에 관한 자료가 주어져야 이들이 동일한 값을 갖게 하는 할인율을 계산하게 된다.

[예 제]

앞서 순현가법의 자료를 그대로 가정하고 내부수익률을 산정해 보도록 한다. 한국기업이 미국에 자회사 설립을 위한 직접투자를 구상중에 있다고 하자. 설립초기 10만 달러가 소요되고 1년 후 2만 달러, 2년 후 3만 달러, 3년 후 5만 달러의 현금유입이 예상된다.
투자기간인 3년 동안의 한국 금리는 매년 각각 10%, 11%, 12%이고 미국금리는 8%, 9%, 10%로 예상된다. 현재 대미달러 환율은 ₩1,100/$1이고 환산된 현금흐름에 적용할 최소요구투자수익률(자본비용)인 할인율은 6%이다. 이 경우 내부수익률에 의한 투자안의 채택유무는 어떠한가?

순현가법에서와 마찬가지로 국제피셔효과이론에 의한 예상현물환율은 1년 후 달러당 ₩ 1,122, 2년 후 ₩ 1,144, 3년 후 ₩ 1,167이다. 이를 기초로 달러표시 현금흐름을 원화표시 현금흐름으로 환산하면 순현가법의 <표>와 동일하다.
원화표시 현금흐름에 대하여 내부수익률을 산출해 보면 다음과 같다.

$$11{,}000=\frac{2{,}244}{(1+Irr)}+\frac{3{,}432}{(1+Irr)^2}+\frac{5{,}835}{(1+Irr)^3}$$

IRR = 2%
IRR이 최소요구투자수률율 6%보다 작으므로 투자안은 기각된다.

3) 기타 기법

자본예산기법 중 순현가법과 내부수익율법 외에도 회수기간법(payback period), 회계적수익률법, 수익성지수법(profitability index) 등이 있다. 회수기간법이란 최초의 현금지출을 회수하는데 걸리는 연수를 말하며 특정 투자안의 회수기간을 회사가 설정한 표준기간과 비교하여 투자안의 회수기간이 표준기간보다 짧으면 동 투자안을 채택하고 길면 기각하는 방법이다. 회수기간법은 회수기간 이후의 현금흐름을 무시하고 화폐의 시간적 가치를 적절하게 고려하지 않기 때문에 우수한 기법은 되지 못한다.

회계적 수익률법은 장부가격을 기준으로 평균 투자수익률을 계산하여 투자안의 회계적 수익률이 글로벌기업이 정한 최저 요구수익률보다 높으면 동 투자안을 채택하고 낮으면 기각하는 방법이다. 이 경우 회계적 수익률은 손익계산서상의 당기순익을 연평균투자액으로 나눈값이며 연평균투자액은 최초투자액과 투자의 잔존가치를 합한 금액을 2로 나누어 구한다. 회계적 수익률법은 투자안으로부터 기대되는 미래 현금흐름이 아닌 회계장부상의 추정 당기순이익을 기준으로 투자안의 경제성을 평가하기 때문에 우수한 기법은 되지 못한다.

수익성지수법에서 수익성지수(PI)는 투자안으로부터 기대되는 미래 순현금흐름의 현가를 최초 투자액으로 나눈 값을 말하며 지수가 1보다 크면 투자안을 채택하고 1보다 작으면 기각된다. 수익성지수는 다음과 같이 표시할 수 있다.

$$PI = \Sigma_{t=1}^{n} \frac{CF_t}{(1+K)^t} / I_0$$

2. 국제자본예산

1) 국내자본예산과 차이점

국제자본예산(international capital budgeting)이란 글로벌기업이 이용가능한 자원의 제약속에서 기업의 가치를 최대화하기 위해 해외투자안들을 평가, 선택하는 과정을 말한다. 다만 해외투자안의 경제성을 평가하기 위한 국제자본예산에서는 국내자본예산에 비하여 다음과 같은 점에서 차이가 있다.

첫째, 자회사와 모회사 입장에서의 현금흐름의 차이 문제이다. 국제자본예산의 경우 국내자본예산과는 달리 현금흐름은 두 가지로 구분해 볼 수 있는데 하나는 투자대상국통화로 표시된 것과 다른 하나는 투자국에 송금되었을 때의 가치로 표시된 것이다. 전자를 투자안의 현금흐름, 후자를 모기업의 현금흐름이라고 하는데 이렇게 양자가 다르게 되는 요인은 환율의 변동, 송금의 시기, 조세 등의 문제가 있기 때문이다. 이와 같이 모회사의 입장에서 추정한 현금흐름과 해외자회사의 입장에서 추정한 현금흐름이 서로 상이할 때는 모회사의 입장에서 자본예산을 편성하는 것이 합리적이다.

왜냐하면 해외투자로부터의 현금흐름은 최종 투자자인 모회사 주주의 입장에서 추정해야 하기 때문이다. 따라서 해외투자로부터의 현금흐름은 환위험, 정치적 위험, 외환통제로 인한 송금제한, 현지정부에 대한 세금의 납부, 해외투자가 수출에 미치는 간접적인 영향, 현지정부의 보조금 또는 세제혜택 및 각종 인센티브 등을 종합적으로 고려해 모회사의 입장에서 추정하는 것이 바람직하다.

둘째, 사회적 이익·손실분석의 필요성이다. 글로벌기업이 해외직접투자를 할 때에 글로벌기업의 입장에서는 이 투자가 경제적으로 타당성이 있느냐에만 관심이 있다. 그러나 투자대상국인 현지국 정부입장에서는 해외직접투자가 현지국에 미치는 사회적 이익과 손실이 어느 정도인가에도 관심이 더 크다고 하겠다. 사회적 이익과 손실의 분석에서는 사회적 이익과 손실의 정의, 측정방법 등이 매우 어렵기 때문에 투자안의 타당성 분석에서는 많은 논란이 있다.

글로벌기업의 경제적 타당성과 현지국 정부의 이익 간에는 상호 일치하지 않는 것이 일반적이다. 왜냐하면 현지국 정부는 글로벌기업과는 달리 일국 전체의 국민소득, 고용, 국제수지 등의 거시경제적 문제에 기본목표를 두기 때문이다.

2) 국제자본예산 과정

국제자본예산의 기초과정은 투자안의 타당성분석을 위해 투자안으로부터 기대현금흐름을 추정하는 작업이다. 투자안으로부터 기대현금흐름에는 두 가지 개념이 있는데 현지 자회사 입장에서 본 투자안 현금흐름과 모회사 입장에서 본 모기업 현금흐름이다.

먼저 투자 대상국의 통화로 표시된 투자안 현금흐름을 측정하고 이를 기초로 송금시기, 환율 변동, 국제조세 등의 요인들을 조정하여 다음 단계의 과정을 거친다. 송금시기가 문제가 되는 것은 해외투자에 있어서 투자대상국으로부터 일정기간 자금을 해외로 송금할 수 없도록 규제하는 경우가 있는데 이를 송금규제(blocked funds)의 문제라고 한다.

투자안 현금흐름의 측정은 순수한 국내자본예산에서의 현금흐름 측정과 동일하다. 투자안 현금흐름은 당기순이익에다 비용으로 처리는 되지만 감가상각과 같이 현금의 지출을 수반하지 않는 항목들을 합하고 운전자본의 증가, 추가투자 등을 공제함으로써 측정된다. 순운전자본(유동자산－유동부채)의 증가는 현금유입의 감소에 해당하기 때문에 현금흐름에서 공제항목이 된다.

순이익에다 감가상각을 더하는 순현금흐름(현금유입－현금유출) 계산방식은 판매가 모두 현금판매인 것을 가정한 것이다. 그러나 실제로 판매량이 많아질수록 외상매출 등의 순운전자본의 증가는 현금유입이 아님에도 불구하고 이와 같은 계산방식에서는 현금유입으로 계상되어 있으므로 그 만큼 공제해 주어야 한다.

이렇게 하여 현지 자회사 입장에서의 투자안 현금흐름이 측정되면 이 중에서 실제로 모회사에 송금되어지는 부분을 정하고 여기에 환율 변동, 송금에 대한 원천과세 및 모회사의 법인소득세 등의 요인을 고려해 모회사 현금흐름을 계산한다.

3. 국제포토폴리오 투자

1) 포트폴리오 투자 의의

포트폴리오(portfolio)란 용어는 다양하게 사용되고 있으나 재무론에서는 증권시장에서 거래되는 주식, 회사채 등의 금융자산(financial assets) 자체를 말하기도 하고 개인이나 기업이 간접(증권)투자를 할 때 자산군(群) 또는 자산구성의 의미로 하나의 자산에 전액 투자하지 않고 여러 자산에 분산투자하는 것을 말하기도 한다. 국제포트폴리오 투자란 국경을 넘어 이루어지는 국제간접투자의 경우를 말한다.

만약 투자자의 목적이 기대수익의 극대화라면 여러 자산 중 기대수익이 가장 높은 자산에 전액을 투자하는 것이 당연하지만 투자자는 기대수익의 극대화와 동시에 실물위험성에도 관심이 있으므로 투자에 있어서는 기대수익과 위험성이 동시에 고려되어야 한다는 것이 포트폴리오이론의 핵심이다. 기대수익에 대한 정의는 비교적 간단하지만 위험성에 대한 정의에는 견해가 다양하다.

마르코비츠(Markowitz)는 위험성을 실제수익이 기대수익과 괴리될 가능성으로 정의한다. 과거의 실제수익의 분포가 미래에도 지속할 것이라는 가정하에서 과거의 실제수익의 평균을 기대수익으로 보고 과거의 실제수익이 평균으로부터 분산되어 있는 정도로 위험성을 나타낸다. 마르코비치의 평균－분산 모델(mean variance model)에서는 두 투자안이 있을 때 기대수익이 동일하면 위험성이 낮은 투자안이 높은 것보다 우수하며 반대로 위험성이 동일하다면 기대수익이 높은 투자안이 우수하다.

국제간접투자를 할 때 어느 일국의 채권이나 주식의 구입가치를 수익률의 측면에서 분석을 할 때에는 그 나라 통화단위로 표시되어 있는 명목수익률이 아니라 그 나라와 본국 통화 간의 환율변동 가능성을 감안한 실효수익률을 기준으로 결정해야 한다.

그러나 이러한 분석은 개인이나 기업으로부터 얻는 효용이 수익률에만 영향을 받는다는 가정을 하고 있는 것이며 만약 이 투자가들의 효용이 외국투자의 위험성에도 영향을 받는다면 국제간접투자도 평균－분산의 2차원 척도에 의한 포트폴리오 분석이 필요할 것이다. 국제포트폴리오 이론에서는 국내포트폴리오 이론에서보다도 기대수익과 위험에 대한 정의가 더욱 복잡해지는 문제점이 있다.

2) 국제분산투자 효과

포트폴리오이론에 의하면 개별주식의 총위험은 분산투자로 제거가 가능한 비체계적 위험(unsystematic risk)과 분산투자로써도 제거할 수 없는 체계적 위험(systematic risk)으로 구분된다. 분산투자로 제거 가능한 비체계적 위험은 특정산업의 사양화위험, 신제품 개발, 해외투자, 최고경영자의 특성, 기업경영전략의 성패, 동일산업내의 경쟁관계 등과 같이 특정 기업활동에 수반되는 위험요소들이다. 반면 체계적 위험은 전쟁, 인플레, 내

[그림 11-5] 분산투자 효과

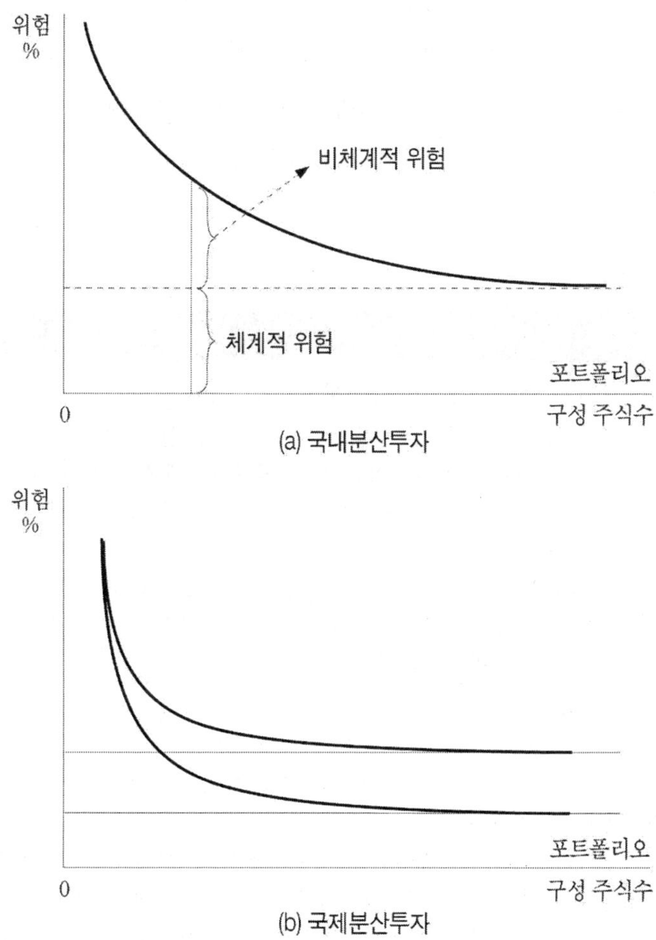

란, 경기침체, 정부의 재정정책, 금융정책, 외환정책 등과 같이 특정국가 내에서 발생하는 위험으로 해당국가 내의 전체기업에 영향을 미치는 위험요소들이다.

[그림 11-5] (a)에서 보는 바와 같이 국내 분산투자에 의한 포트폴리오의 위험감소 효과를 보여주고 있다. 포트폴리오를 구성하는 개별주식의 수가 증가할수록 포트폴리오의 위험은 점차로 감소한다.

그러나 개별주식의 수가 증가하여도 주식의 수가 일정 수 이상으로 증가할 경우에는 총위험곡선은 완전탄력적인 모양에 가까우며 더 이상 위험은 별로 감소하지 않음을 보여 주고 있다. 이는 분산투자로도 제거할 수 없는 위험 즉, 체계적 위험이 존재하기 때문이다.

체계적 위험이라고 해서 더 이상 제거가 불가능한 것은 아니며 투자대상을 외국증권으로 확대하여 국제적으로 분산투자하는 경우에는 체계적 위험도 상당 부분 제거가 가능하다. 왜냐하면 특정국가에 한정된 전쟁, 내란 등의 정치적 위험과 인플레, 재정·금융정책, 경기침체 등의 체계적 위험을 국제분산투자에 의하여 부분적으로 제거 할 수 있기 때문이다. [그림 11-5] (b)는 이러한 국제분산투자에 의한 체계적 위험의 감소를 잘 보여주고 있다.

[참고자료] 공유경제플랫폼 지배하는 기업이 정부보다 영향력 커질 것

공유경제가 가져온 디지털 혁명이 기존의 국가 간 경제 시스템을 무너뜨릴 것이다."(아룬 순다라라잔 미국 뉴욕대 교수). 순다라라잔 교수는 법률, 금융, 의료 등 전문 서비스 영역에서도 탈(脫)중앙화된 공유경제로의 전환이 가속화할 것으로 내다봤다. 그는 "집에서 요리하다 칼에 손을 벤 사람은 병원에 가지 않고도 휴대폰 앱(응용프로그램)을 통해 주변에 있는 의료 종사자의 도움을 받을 수 있는 시대"라며 "이런 공유경제는 전문 영역으로 점차 확산될 것"이라고 전망했다.

한국경제TV와 한경미디어그룹이 4일 주최한 '2019 세계 경제·금융 컨퍼런스'의 두 번째 세션 '세계화 4.0, 새로운 기회'에선 공유경제 확산이 가져올 대전환을 놓고 활발한 논의가 이어졌다. 구글 아마존 알리바바 등 플랫폼 기업을 중심으로 세계 경제의 패권이 재편될 것이라고 전망했다.

◆ 우버·에어비앤비 이용자 급증, 법률·금융·의료도 공유경제로 전환, 전통산업 기득권 파괴되고 있어...

기업이 정부 영향력을 넘어 사회 패러다임을 바꾸는 주체로 급부상하고 있다는 지적도 있었다. 이어 "플랫폼 기업이 각국 규제와 정책에도 충분히 영향을 미칠 수 있는 구조"라며 "기술 기반 플랫폼 업체들은 조만간 정부 이상의 힘을 갖게 될 수도 있다"고 예상했다.

순다라라잔 교수는 "공유경제가 확산되면 일자리 개념도 지금과 전혀 다른 형태로 바뀔 것"이라며 "사회안전망을 위한 규제를 마련하는 데도 기업과 정부의 협력이 중요하다"고 말했다. 그는 "플랫폼 기업들이 벌어들이는 부(富)를 참여자에게 고루 분배하는 공정한 규칙을 정해야 공유경제가 제대로 작동할 수 있다"고 덧붙였다.

◆ 미국 성장 이끈 동력도 혁신기업

기술 기반 서비스의 힘이 중요해지고 있다는 점에서 'G2(미국·중국) 체제'가 공고해질 것이란 예상도 나왔다. 코웬 교수는 "도널드 트럼프 미국 대통령의 이미지 때문에 가려져 있지만 미국은 작년에도 2.9%의 견고한 경제성장률을 기록했다"며 "업종별 경계를 해체하고 있는 아마존, 구글 같은 기술 기반 혁신기업들이 국가 성장을 이끌고 있다"고 해석했다.

그는 "인공지능(AI), 바이오, 로봇 등 4차 산업혁명 분야에서 중국의 혁신 속도는 놀라울 정도"라며 "전자결제 등 일부 분야에선 세계에서 가장 앞선 기술력을 확보했다"고 평가했다. 이어 "뛰어난 관료와 인재의 결합이 이를 가능하게 했다"고 덧붙였다. 세계 무대를 주름잡을 플랫폼 기업을 키워내지 못한 유럽연합(EU)보다 미국과 중국의 영향력이 계속 커질 것이란 진단이다.

다만 코웬 교수는 미국과 중국 중심의 혁신이 신(新)경제냉전 체제를 공고히 할 것이라고 판단했다. 크게 보면 북미지역을 중심으로 한 서구와 중국 중심의 아시아로 세계 경제가 양분될 것이란 견해다.

코웬 교수는 "트럼프 대통령이 강조하는 미국 중심주의는 더욱 단단해질 것"이라며 "이 때문에 미·중 간 긴장 관계가 상당 기간 지속될 수밖에 없다"고 말했다. 그는 "공통 가치를 공유하지 않는다는 점에서 두 나라의 화해가 쉽지 않을 것"이라고 예상했다.

자료: 한국경제(2019.4.5) A9, https://www.hankyung.com

CHAPTER

12 글로벌企業의 國際租稅管理

제 1 절 글로벌企業 國際租稅

1. 국제조세 개념과 조세원칙

조세(tax)의 부과란 엄밀하게 말해서 주권국가만이 부과할 수 있는 것이므로 국제적으로 조세를 부과하는 것이 불가능하다. 따라서 국제조세란 정확한 표현의 용어는 아니다. 조세의 원천에 대한 역사도 다채롭다. 제정러시아의 피터대제는 귀족의 구렛나루에 조세를 부과했고 17세기 영국의 초대 총리 월폴은 귀족의 호화주택에 중과세했다. 처음에는 호화주택의 기준을 집안의 벽난로 수로 정했으나 나중에는 창문(window)의 개수로 했다. 또 유럽 봉건시대의 영주들은 초야세(the bridal night tax)를 부과했는데 이는 영주가 영지의 처녀와 초야를 함께할 권리를 가졌는데 만약 처녀가 잠자리를 피하기를 원한다면 대신 조세를 납부해야만 했다.

국제조세(international taxation)란 글로벌기업의 본사와 본국 조세당국, 글로벌기업 자회사와 현지국 조세당국 간 조세문제와 국제이중과세 방지협정을 다루는 것으로 이해하는 것이 좋겠다. 국가가 국민에게 조세를 부과함에 있어 지켜야 할 조세부과의 원칙을 조세원칙이라고 하는데 조세중립성(tax neutrality)과 조세형평성(tax equality)이 있다. 조세 중립성은 경제적 효율성에 근거를 두고 있다. 투자수익율이 낮은 산업부문 또는 국가로부터 투자수익률이 높은 산업부문 또는 국가로 자본이 자유롭게 이동해 산업부문 간 또는 국가 간 자원을 효율적으로 배분해 경제 전체의 생산성이 높아지도록 조세를 부과해야 한다는 것이다.

조세형평성의 개념은 유사한 상황에 있는 모든 납세자들은 동일한 조세율 부담이 적용되어야 한다는 것이다. 동일한 소득에 대해서는 소득원천이 해외지점이든 국내지점이든 관계없이 동일하게 조세를 납부해야 한다는 것이다. 그러나 형평성에 대해 개별 국가마다 서로 상이한 견해를 가지고 있는데 이는 유사한 상황이라는 개념에 대하여 각국의 해석이 서로 일치하지 않기 때문이다.

2. 국제이중과세

1) 개 념

국제이중과세(international double taxation)란 동일소득에 대하여 둘 이상의 국가에서 과세를 하는 것을 말한다. 일반적으로 글로벌기업 해외 현지 자회사의 소재국에서 과세를 하고 또 모회사의 소재국에서도 과세를 하는 경우이다. 이와 같이 국제이중과세가 발생하는 이유는 각국이 과세권을 행사함에 있어서 근본적으로 원천원칙(source principle)과 거주원칙(residence principle) 두 가지 원칙에 입각해 선택해 조세를 부과하기 때문이다.

원천원칙이란 소득의 발생 원천에 기초하여 일국 내에서 발생의 원천을 가지는 소득에 대해서는 당해국가(글로벌기업의 자회사 소재 현지국)에서 과세권을 가진다는 것이다. 반면 거주원칙이란 소득 그 자체에 대해서 과세하는 것이 아니라 소득발생의 원천에 관계없이 세법상의 자국의 거주자가 받는 소득에 대해서 거주지국가(글로벌기업 모회사 소재국)에서 과세권을 가진다는 것이다. 원천원칙은 조세의 중립성을 강조하고 거주원칙은 조세의 형평성을 강조하는 측면이 있다.

2) 국제이중과세 형태

국제이중과세의 유형에는 거주지국 과세의 경합, 거주지국 과세와 원천지국 과세의 경합, 원천지국 과세의 경합이 있다. 거주지국 과세의 경합은 양국이 모두 거주지주의를 적용하여 과세하고 동일납세자가 양국의 거주자로 간주되는 경우 발생한다. 이때 납세자는 양국 정부에 모두 조세를 납부해야 하는 의무를 진다.

거주지국 과세와 원천지국 과세의 경합은 가장 일반적인 유형이다. 대부분의 국가들이 자국의 거주자에 대해서는 거주원칙에 따라 자국의 거주자가 해외 어느 지역에서 벌어들였던 간에 벌어들인 소득에 대해 과세를 하고, 비거주자에 대해서는 원천원칙에 따라 국내에서 발생한 소득에 대해 과세를 하게 됨에 따라 발생하는 경우이다. 우리나라 프로 운동선수들이 해외에서 벌어들인 소득에 대하여 한국의 조세당국이 거주원칙에 의거 조세를 부과하고 국내에 거주하고 있는 외국인 프로운동선수들에게 원천원칙에 의거 조세를 부과하는 경우는 좋은 예이다.

끝으로 원천지국 과세의 경합이 일어나는 경우이다. 제3국의 거주자에게 귀속되는 동일소득에 대하여 두 당사국 조세법의 차이로 서로가 원천지국임을 주장하는 경우에 발생하는 경우이다. 양국 간 조세조약(tax treaty)은 당사국 거주자에게만 적용되기 때문에 제3국 거주자와 관련된 원천지국 과세의 경합에서 발생하는 이중과세의 방지는 조세조약에서 취급하지 않는다.[1)]

제 2 절 國際二重課稅 防止方案

1. 조세면제 제도

국제이중과세의 발생이 조세의 기본적인 특성인 공평성을 저해하며 자본의 자유로운 이동을 통해 국제경영활동에 중대한 장애요인으로 작용할 위험이 증대함에 따라 이를 해결하기 위한 방안으로 여러 가지의 조세제도가 등장했다.

국제이중과세 방지방안으로는 조세면제제도, 조세공제제도, 조세감면(경감)제도, 조세피난처 등[2)]을 활용할 수 있으며 양국 간 이중과세방지를 위한 조세조약을 체결할 수도 있다.

조세면제제도(tax exemption)는 원천지국이 과세한 소득에 대하여 거주지국이 과세를 포기하면 이중과세가 발생하지 않는다. 거주자에 대해서 원천지국에서 과세한 경우에 동 과세소득을 거주지국의 과세대상으로부터 제외하는 소득면제제도이다. 여기에는 전액면제(full exemption)와 누진면제(exemption with progression)가 있다.

전액면제란 거주국가에서 자국거주자의 해외원천소득을 과세소득으로 간주하지 않고 과세소득을 산정할 때 완전히 제외시키는 제도이며 누진면제란 해외원천소득과 거주국가 소득을 합산하여 이에 대해 과세를 산출하고 공제되어야 할 소득에 해당하는 세액

1) 최생림외 「전게서」, p.342.

2) 거주지국에서 조세공제제를 채택하면서 외국인투자를 적극적으로 장려하기 위해서는 조세유예(tax deferral)제를 실시하기도 한다. 조세유예제는 거주지국에서 기업의 사업소득에 대해 과세는 하되 과세를 소득이 발생한 시점이 아니라 모회사 거주지국에 송금된 시점으로 연기하는 제도이다.

을 공제한다. 이 경우 누진세율이 적용되므로 완전면제에 비해 세금납부액이 증가하게 된다.

예컨대, 갑기업이 모회사인 거주지국 A국에서는 사업소득이 20억원까지는 10%, 20억원 이상은 30%의 법인세율이 적용되고 갑기업의 자회사가 소재하고 있는 원천지국 B국에서는 20억원까지의 사업소득에 대하여 5%의 법인세율이 부과된다고 가정하자. 갑기업의 모회사가 12억원, 자회사가 12억원의 사업소득을 올리는 경우 전액면제와 누진면제하에서 조세부담액을 비교해 보자.

자회사의 소득이 전액 면제되는 경우에는 모회사 소득만 과세대상이 되므로 12억원×0.1=1.2억원이 된다. 누진면제의 경우 합산소득은 24억이 된다. 합산소득에 대한 세율은 (20억×0.1+4억×0.3)÷24억=0.133(%)

따라서 거주지국 소득 12억×0.133=1.596억원이 된다. 결국 누진면제의 세율은 13.3%로 전액면제의 10%보다 3.3% 포인트 높다.

2. 조세공제 제도

조세공제제도(tax credit)란 원천지국에서 부과한 세액을 자국의 세액에서 공제해 주는 세액공제제도이다. 원천지국에서 벌어들인 소득을 국내소득에 포함해서 납부할 세액을 계상하고 이 납부세액으로부터 외국납부세액을 공제해 주는 방법으로 처음부터 해외원천소득을 과세소득에 산입하지 않는 조세면제제도와는 차이가 있다. 공제대상이 되는 세액은 해외에서 납부한 법인소득세, 원천세와 같이 소득세 관련조세이며 부가세, 판매세와 같이 비소득관련조세는 제외된다.

조세공제제도는 완전조세공제제도와 일반조세공제제도로 구분할 수 있는데 완전조세공제제도는 해외(원천국)에서 납부한 세액의 전부를 자국(거주국)에서 납부할 세액으로부터 공제해 주는 방법으로 이러한 제도를 채택하는 국가는 거의 없다. 한편 일반조세공제제도는 해외납부세액을 거주지국에서 무한정 인정해 주는 것이 아니라 해외원천소득에 거주지국의 법인세율을 적용하여 산출한 세액을 한도로 공제해 주는 방법이다.

예컨대 원천국의 조세율이 거주국의 조세율보다 높은 경우 완전조세공제제도하에서는 원천국에서 지급한 조세율 한도까지 공제혜택을 받을 수 있으나 일반조세공제제도하에서는 거주지국의 법인세율 내에서만 공제혜택이 가능한 것이다.

일반조세공제제도는 세액공제의 대상에 따라 직접조세공제(direct tax ctedit), 간접조세공제(indirect tax credit), 간주세액공제(tax sparing credit)로 구분된다. 직접조세공제제도에서는 모회사가 자회사로부터 송금받은 배당, 이자, 로열티, 서비스료 등의 소득에 대해 모회사국에서 조세를 부과하는 경우 직접세(해외자회사가 모회사로 지급한 배당, 이자, 로열티, 서비스료 등에 대해 원천지국에 납부한 원천세)를 공제해 주는 제도이다.

간접조세공제제도는 현재 한국에서도 실시하고 있는 제도인데 모회사가 자회사로부터 송금받은 소득의 근거가 되는 해외소득에 대하여 해외자회사가 원천지국에서 납부한 조세를 모회사가 직접 납부한 것으로 간주하여 조세공제혜택을 부여하는 것이다. 공제한도는 국가에 따라 각 국가별로 산정(per country limitation)하거나 세계 각국에서의 자회사 소득을 합산하여 산정하는 일괄한도방식(overall limitation)이 있다.

간주세액공제제도는 해외자회사의 현지국이 외국인투자기업들에게 조세감면조치를 하는 경우 모회사 국가의 조세당국이 현지자회사가 현지에서 조세를 납부한 것으로 간주하여 세액공제를 하는 제도이다. 종전에는 현지국이 주로 개도국이었으나 최근에는 개도국은 물론 선진국들 조차도 외국인투자를 유치하기 위하여 광범위한 조세혜택을 외국인기업들에게 제공하고 있다. 원래 조세공제제도가 원천지국에서 실제로 과세한 세액부분에 따라서 거주지국의 과세부담에서 공제해 주는 것인데 반하여 원천지국에서 과세할 수도 있었는데 외국인투자를 유치하기 위하여 조세를 면제해 준 경우에 조세면제를 실제로 원천지국에서 조세를 납부한 것으로 간주하는 것이다. 우리나라도 1986년 이후로 개정 조세감면규정법에서 이 제도를 도입하고 있다.

3. 조세감면 제도

조세감면제도(tax deduction)는 조세경감제도라고도 하며 원천지국에서 과세된 외국세액을 거주지국가의 과세대상 소득으로부터 공제하는 제도이다. 조세공제제도가 이미 납부한 외국세액을 부담해야 할 내국세액에서 공제해 주는 반면 조세경감제도는 이미 납부한 외국세액을 국내 과세대상 소득에서 공제해 주는 점이 상이하다. 이 제도는 효과면에서 조세면제제도와 조세공제제도에 비하여 훨씬 미약하다. 이 제도는 근본적으로 국·내외 조세총액이 적어도 100%를 초과하지 않도록 하는데 그 목적이 있다.

일반적으로 조세감면제는 투자국과 피투자국(현지국)에서 모두 이용되고 있는데 피투자국에서는 조세면제제와 더불어 이용되고 투자국에서는 조세공제제의 부수적 방법으로 이용되기도 한다.

4. 주요 과세제도 비교

가장 단순한 경우를 상정하여 이중과세, 조세공제, 조세감면제하에서 조세부담액을 비교하면 <표 12-1>과 같다. 어떤 글로벌기업의 모회사는 자회사 주식의 100%를 소유하고 있으며 자회사 소재원천국에서는 1,000달러의 사업소득과 법인세율은 원천국 20%, 거주지국 30%이다. 또 자회사는 당기순익금 전액을 모회사에 배당송금하는 것으로 가정하며 자회사 소재 원천국은 모회사에 송금하는 배당금에 대하여 10%의 원천세를 부과하는 것으로 가정한다.

이중과세(double taxation)제도하에서는 동일한 원천소득에 대하여 원천국에서 법인세 200달러, 배당송금 원천세 80달러를 납부하고 거주지국에서 300달러의 조세를 납부하여 전체적으로 580달러의 가장 많은 조세를 납부한다. 조세면제제에서는 외국의 원천소득에 대해서 모회사 소재국인 거주국에서는 과세권을 포기하여 전혀 과세하지 않으므로 원천국에서의 280달러만을 부과해 기업은 가장 적은 조세를 부담한다.

〈표 12-1〉 주요 과세 제도 세액 비교

국 가	항 목	이중과세 double taxation	조세면제 제도(tax exemption)	조세공제제 (tax credit)		조세감면제 (tax deduction)
				직접세액공제 (direct tax credit)	간접세액공제 (indirect tax credit)	
자회사 소재국	원천국 소득	1,000	1,000	1,000	1,000	1,000
	법인세(20%)	200	200	200	200	200
	당기순이익	800	800	800	800	800
	배당금(100%)	800	800	800	800	800
	원천세(10%)	80	80	80	80	80
모회사 소재국	과세대상 원천국소득	1,000	0	800	1,000	720
	법인세(30%)	300	0	240	300	216
	해외세액공제	0	0	80	280(200+80)	0
	납부세액	300	0	160	20	216
합 계	총납부세액	580	280	440	300	496
	납세후순이익	420	720	560	700	504

조세공제제에서는 직접공제제와 간접공제제가 있는데 직접공제제에서는 자회사가 모회사로 송금한 배당금에 대해 자회사 소재국 정부에 대해 납부한 80달러의 원천세에 대해서만 공제혜택을 받고 법인세 200달러에 대해서는 공제혜택을 받지 못한다. 한편 간접공제제에서는 자회사가 모회사에 지급한 배당금의 기초가 되는 해외자회사의 현지국 정부에 납부한 법인세와 원천세 전부를 공제해 준다. 거주지국에서는 원천지국 소득 1,000달러에 대하여 법인세 300달러를 부과한 다음, 자회사가 원천국에서 납부한 법인세(200달러)와 원천세(80달러)를 공제한 20달러만을 징수하면 된다. 따라서 글로벌기업으로서는 직접조세공제보다 140달러 적은 300달러를 총납부세액으로 부담하게 된다.

조세감면제에서는 자회사 원천소득 1,000달러에서 법인세(200달러)와 원천세(80달러)를 공제한 720달러에 대해서 모회사국 법인세(30%)인 216달러를 부담한다. 결국 조세감면제에서는 글로벌기업이 496달러의 조세를 부담하여 이중과세제보다는 조세부담액이 적으나 조세공제제보다는 공제혜택이 미약함을 알 수 있다.

5. 조세조약

양국 간 조세조약 체결의 기본적 목적은 이중과세를 방지해 양국 간 투자, 무역의 확대와 기술이전 등의 교류를 활발하게 하자는 데 있다. 조세조약은 국내법 중 비거주자 관련조항에서는 국내법에 우선하는 특별법적 지위에 있다. 조세조약 체결 이후 국내법의 개정으로 상호 상충되는 경우 신법 우선적용 원칙이 배제되어 조세조약이 우선적으로 적용된다.

2019년 3월 현재 한국의 조세조약 체결현황과 조세정보 교환협정 체결 시행국은 홍콩(2016.9.27) 포함 93개국이다. 제정 서명국은 수단(2004.9.9), 나이지리아(2006.11.6) 2개국이며 개정 서명국은 체코(2018.1.12), 아랍에미리트(2019.2.27) 2개국이다. 조세정보교환협정 체결국은 코스타리카(2018.11.13) 포함 12개국이고 다자간 조세행정공조협약 가입국은 한국(2012.7.1. 발효)을 포함 127개국이다.

제3절 移轉價格 利用 租稅回避

1. 이전가격 개념과 원리

1) 개 념

이전가격(transfer price)이란 글로벌기업 내 모회사와 자회사 간 또는 자회사 상호 간 원재료, 부분품, 완제품 및 용역의 수출입 거래시에 적용되는 가격을 말하며 내부가격 또는 대체가격이라고도 한다.

이전가격조작(transfer pricing)이란 시장에서 제3자 간 이용되는 정상거래가격인 암스랭스프라이스(arm's length price)를 이용하지 않고 정상가격 보다 높은 과대가격조작(overpricing) 또는 정상가격 보다 낮은 과소가격조작(underpricing)을 하여 글로벌기업 집단 전체의 조세를 절감시키려고 하는 정책이다. 예컨대 법인세율이 높은 국가에서 낮은 국가로 원재료, 부분품, 제품, 용역 등을 수출할 때에는 과소가격조작을, 법인세율이 낮은 국가에서 높은 국가로 수출할 때에는 과대가격조작을 이용하는 것이 글로벌기업 전체적으로 절세효과가 있다.

2) 이전가격조작 원리

각국의 법인세율이 모회사 소재국은 30%, A국소재 자회사는 20%, B국소재 자회사는 25%를 가정해 보자. 이 경우 글로벌기업은 글로벌기업 집단전체의 이익을 극대화하는 것이 목적이다. 따라서 법인세율이 가장 낮은 A국에 소재한 자회사에 당기순이익이 최대가 되도록 이익센터(profit center)를 만들고 법인세율이 높은 모회사에 가장 적은 당기순이익이 발생하도록 하는 것이 조세절감에 유리할 것이다.

모회사가 A국자회사에 원료·부분품을 수출할 때에는 과소가격조작, A국자회사와 B국자회사가 모회사에 완제품 등을 수출할 때에는 과대가격조작을 하는 것이 글로벌기업 집단전체의 조세절감에 효과적이다.

2. 이전가격 결정요인

1) 조 세

글로벌기업의 이전가격 결정에 고려되어지는 요인 중 가장 중요한 것이 법인소득세 요인이다. 글로벌기업의 목표는 모회사 또는 특정 자회사의 이익 극대화에 있는 것이 아니라 모회사와 자회사를 포함한 글로벌기업 집단 전체의 글로벌 이익을 극대화하는데 있다.

글로벌기업의 모회사 및 개별 자회사 소재국의 법인세율 차이로 인해 글로벌기업은 법인세율이 가장 낮은 국가에 소재한 글로벌기업에 가장 많은 이익이 축적되도록 하는 이익센터(profit center)를 조성하기를 원한다. 반면 법인세율이 가장 높은 국가에서는 이익이 가장 적게 발생되도록 할 것이다. 이러한 조세절감을 목적으로 이전가격조작을 행하게 되는 것이다. <표 12-2>는 정상가격과 과소가격조작의 두 경우를 비교한 것이다.

[예 제]

한국에 모회사를 둔 반도체 생산의 어느 글로벌기업이 미국에 제조자회사를 두고 있다. 한국의 모회사가 미국자회사에 부분품을 $1,500(arm's length price는 $2,000)에 수출하고 미국 제조자회사는 현지에서 이를 완성품으로 만들어 현지시장에서 $3,000에 판매한다. 이 경우 조세효과를 정상가격(arm's length price)과 과소가격조작(under pricing)의 두 가지 경우를 〈표 12-3〉에서 비교해 본다(자회사에 수출한 부분품의 모회사에 있어서의 원가는 $1,000이다. 기타 비용은 일절 무시하며 한국의 법인세율은 30% 이고 미국의 법인세율은 20% 라고 가정함).

회사의 소득이 모회사에 송금되기 이전까지는 해외에서 발생한 소득에 대해서 과세하지 않는 조세연기(tax deferral)가 한 때 인정되었던 미국에서는 미국의 많은 글로벌기업들은 세율이 낮은 조세피난처(tax haven)를 이용하여 이전가격조작을 활용하여 법인세 부담을 줄일 수 있었다. 마침내 1962년 미국정부는 Revenue Act를 통하여 조세연기제도를 폐지하고 대신 조세공제(tax credit)제도를 채택하고 이전가격조작에 대한 강력한 제한을 가했다.

일반적으로 글로벌기업은 해외자회사에 대한 통제의 정도, 자회사의 현지적응능력, 각국의 상이한 조세제도, 현지의 금융시장 발달정도, 각국의 규제제도, 본국 및 현지에서의 대 정부관계 등 여러 가지 다양한 요인을 고려하여 이전가격을 결정해야 한다. 그러나 이전가격조작은 계열회사 간의 이해상충, 현지 세무당국의 강력한 세무사찰과 세금추징 등의 제약이 따른다.

2) 관세 및 외환쿼타

글로벌기업의 이전가격 결정에 또 하나의 중요한 요인은 관세이다. 부과되는 관세

〈표 12-2〉 정상가격과 과소가격조작의 납세 비교

(a) 정상가격(arm's length price)의 경우

	모회사	자회사
자회사로의 부분품 수출액	$2,000	
수출부분품의 원가	1,000	
당기순이익(납세전)	1,000	
모회사 조세액(30%) $1,000×0.3	300	
당기순이익(납세후)	700	
자회사의 완성품 매출액		$3,000
완성품의 매출원가(모회사로부터의 수입액)		2,000
당기순이익(납세전)		1,000
자회사 조세액(20%) $1,000×0.2		200
당기순이익(납세후)		800
모·자회사 총납세액	500	
모·자회사 총 당기순이익(납세후)	1,500	

(b) 과소가격조작(underpricing)의 경우

	모회사	자회사
자회사로의 부분품수출액	$1,500	
수출부분품의 원가	1,000	
당기순이익 (납세전)	500	
모회사 조세액(30%) $500×0.3	150	
당기순이익(납세후)	350	
자회사의 완성품 매출액		$3,000
완성품의 매출원가 (모회사로부터의 수입액)		1,500
당기순이익		1,500
자회사 조세액(20%) $1,500×0.2		300
당기순이익(납세후)		1,200
모·자회사 총납세액	450	
모·자회사 총당기순이익(납세후)	1,550	

가 수입가격에 의해 부과되는 종가세(ad valorem tax)의 경우 이전가격의 조작을 통해 관세의 부담을 줄일 수 있다. 이전가격의 관세 요인과 법인세 요인을 고려할 때 관세 요인은 이전가격을 낮추는 경우에만 효과가 있는데 비해 법인세 요인은 경우에 따라 높이거나 낮추는 두 가지의 경우에 모두 유효하다. 따라서 이전가격의 법인세 요인과 관세 요인이 서로 배치되면 글로벌기업은 법인세 요인을 우선적으로 고려하는 것이 일반적이다. 왜냐하면 법인세율이 관세율보다 더 높기 때문이다. 관세를 부과하는 당국의 입장에서는 높은 관세를, 법인세를 부과하는 당국에서는 높은 법인세를 부과하기를 원하므로 이전가격에 대한 관심도 달라질 수 있다.

수입에 대한 외환의 쿼타도 이전가격 결정에 영향을 미칠 수 있다. 수입하는 자회사가 소재하는 국가의 외환부족으로 수입업자에 대하여 외환을 할당하는 경우 글로벌기업 수입 자회사는 필요한 외환을 확보하기 위해 수입시 이전가격을 높게 결정하려고 할 것이다.

3) 자금이전

이전가격조작은 조세회피 또는 절감의 목적만 있는 것이 아니라 송금 등의 외환규제가 있는 자회사의 경우 글로벌기업의 내부자금이전의 수단으로도 이용되어 질 수 있다. 어떤 자회사로부터 다른 자회사로 자금을 이동시키고 싶을 때는 이를 두 자회사 간의 거래에 있어서 이전가격을 조작하거나 여타 자회사 간의 거래를 통한 간접적인 방법으로 자금을 이동시킬 수가 있다.

예컨대 A자회사로부터의 자금을 B자회사로 이전시키고 싶을 때는 A자회사의 B자회사로의 수출상품에 대해서는 과소가격조작(underpricing)을 하여 정상적인 수출보다 적은 수출대금을 요구한다. 반면 A자회사의 B자회사로부터의 수입상품에 대해서는 과대가격조작(overpricing)을 하여 정상적인 경우보다 더 많은 수입대금이 B회사로 흘러가게 한다.

4) 환위험 회피

환율의 변동도 글로벌기업 이전가격 결정에 영향을 미치는 요인이다. 글로벌기업 집단 내의 거래에 있어서 강세통화국에 소재하고 있는 A자회사에 강세통화표시로 수출하는 경우 이전가격은 과소가격조작을, 약세통화국에 소재하고 있는 B자회사에 수출하는 경우에는 약세통화표시의 이전가격은 과대가격조작을 함으로서 환위험을 어느 정도 보완할 수 있다.

그러나 이전가격의 조작은 어느 한측 자회사의 환위험회피는 상대자회사의 환위험 부담으로 나타나므로 기업전체로서의 환위험회피 효과는 기대할 수 없다.

3. 이전가격 결정 제한 요인

1) 기업내부적 요인

글로벌기업의 각 자회사의 활동은 업적에 의해 평가를 받게 되는데 업적평가는 주로 당기순이익에 의해 결정된다. 모든 자회사들은 좋은 평가를 받기를 원하므로 이전가격조작에 의하여 이익이 과소평가되는 것에 반대할 것이며 자회사 간 이해 상충을 조정하는 데 어려움이 있다.

글로벌기업의 자회사가 현지인과의 합작투자로 이루어진 경우 글로벌기업 모회사에 의해 결정된 이전가격은 현지 투자자의 저항을 받을 수도 있다. 현지 투자자의 이해관계는 모회사 투자자와 상충될 수 있다. 예컨대 현지배당을 조기에 많이 받기를 원할 수도 있고 아니면 보다 많은 이익이 재투자되기를 원할 수도 있다.

실제로 이전가격을 결정할 때에는 여러 가지 요인들을 고려해야 한다. 그러나 모든 변수들을 고려하고 자회사 간 이해관계를 파악하기는 매우 어렵고 많은 노력과 비용이 소요된다. 따라서 현실적으로는 이전가격 결정시 이익과 손실의 크기를 비교해 모기업이 정책적으로 결정하는 경우가 많다.

2) 기업외부적 요인

글로벌기업 외부로부터의 제약은 주로 정부로부터 기인하는 것이며 법적인 것이다. 글로벌기업의 목표는 글로벌화로 글로벌기업 집단 전체의 이익을 극대화하는데 있다. 그러나 글로벌기업이 소재하고 있는 정부는 현지국의 이익을 극대화하는 데 있다. 기업의 글로벌화와 현지국의 내셔날리즘(nationalism)은 서로 상충하는 경우가 적지 않다. 예컨대 글로벌기업의 법인세 절감은 현지국 조세당국의 세수입 감소로 이어지고 정부당국은 이전가격조작에 대한 법적규제를 강력히 하게 되는 것이다.

미국세청 IRS는 법령 482조를 통해 엄격히 규제하고 있다. 미국은 1993년 1월 「세법 482조 임시 시행규칙」을 발표하여 미국내 외국 글로벌기업의 이전가격을 결정할 때에는 객관적인 제3자간의 정상가격(arm's length price)을 적용토록 규정하고 있다. 이를 추정하는 방법으로는 비교가능 제3자가격법, 재판매가격법, 원가가산법, 비교가능이익법을 제시하고 있으며 납세자가 임의로 이 중에서 한 가지를 선택할 수 있도록 했다.

한국의 경우 국제 조세국의 신설과 함께 1988년 12월 31일자로 법인세법 제20조를 보완한 동법 시행령 제46조 제4항과 제5항을 신설함으로써 글로벌기업의 관계회사 간 이전가격 조작문제에 대체할 수 있는 규정을 처음으로 도입했다. 그동안 외국기업의 이전가격조작에 대해 법인세법 제20조의 부당행위 계산 부인 조항을 적용해 세금의 추징과 함께 과소신고 가산세(10%)를 부과해 왔으나 1996년 1월부터는 법인세법에 이전가격세 조항을 별도로 추가해 OECD가 확정한 이전가격세제도(1995.7)에 따른 가이드라인을 수용하여 시행하였다.

OECD는 1979년에 제정한 3개 이전가격 산정방식(비교가능 제3자가격법, 재판매가격법, 원가가산법) 외에 1995년 7월에 미국이 그동안 독자적으로 사용하던 비교가능이익법을 추가로 지정했다. 그러나 비교가능이익법의 적용 범위를 엄격히 제한하여 사용할 것을 규정했다. 그동안 미국은 자의적으로 이전가격 산정시 미국 내 동종업체의 평균이익률을 기준으로 적정이익 여부를 판단하여 조세분쟁이 끊이지 않았다.

비교가능 제3자가격법이란 업종이나 자산규모 및 영업규모가 비슷한 독립적인 제3자 간의 거래에서 적용되는 객관적인 시장가격을 기준으로 하는 것을 의미하고 재판매가격법이란 글로벌기업 해외 자회사가 계열회사로부터 구입한 상품 또는 서비스를 현지의 제3자에게 판매할 때 적용하는 가격을 기준으로 하는 방법이다. 원가가산법이란 제조업체가 각 공정에서 투입한 원가를 가산하여 산정한 제조원가에 일정의 마진(mark up)을 가산하여 결정하는 것을 말하며 비교가능이익법이란 미국에서 영업활동을 수행하고 있는 외국기업 자회사들의 이익률이 동종업종의 미국기업 평균이익률보다 현저히 낮을 경우에는 해당 외국기업이 신고한 납세액을 인정하지 않고 미국세청이 직접세무조사를 착수토록 하는 방법이다.

실제로 이러한 기준을 적용하는데는 어려운 점이 적지 않다. 비교가능 제3자가격의 경우 글로벌기업 내의 특허품 또는 용역의 경우 일반시장에서 동일상품을 발견하기가 쉽지 않고 동일한 상품이 있다고 하더라도 시장이나 개별거래에 따라 가격이 상이하므로 어느 것이 제3자 간에 거래되는 정상가격인 암스랭스프라이스인지 결정하기가 어려운 점이 있다.

재판매가격의 경우나 원가가산가격의 경우 적정한 원가의 산정에 어려운 점이 있다. 재판매 시까지 가산된 부가가치의 결정이나 여러 부문의 결합된 비용이 있을 때 이를 어떻게 생산품에 부과하여 원가를 계산해야 하는 가에 대해서는 통일된 기준이 성립되어 있다고 할 수 없고 이전가격을 심사하는 당국의 자의적인 결정에 의존하기가 쉽다.

(주)대우의 미국 내 자회사인 대우아메리카는 1981~1984년까지 4년 동안 이자 및 과태료를 포함하여 5,050만 달러를 추징받고 1993년 3월 말 법원에 이의신청을 제기한 적이 있다.

당시 미 국세청(IRS)은 현지 대우아메리카가 보고한 재무제표를 신뢰하지 않고 비교가능이익법에 의해 미국내 유사업종의 평균이익률을 원용하면서 법적용의 권한을 남용하여 지나친 조세마찰을 야기했던 것이다.

우리나라의 국세청은 2008년 12월 기업의 이전가격 뿐 아니라 기업의 조세피난처 비자금에 대해서도 처음으로 추적조사를 벌이기도 했다. 리히텐슈타인, 스위스, 룩셈부르크 등 유럽의 조세피난처에 5개 안팎의 한국 기업이 회사 자금을 은닉한 정황을 포착하고 관련계좌 정보 입수에 나서기도 했다.

2018년 공정거래위원회는 한국 GM이 이전가격조작 의혹이 있어 세무조사 필요성이 인정된다고 판단해 국세청에 조사를 의뢰하기도 했다. 한국 GM이 미국 본사로부터 부품을 수입하는 이전가격이 지나치게 높은 혐의가 있다는 것이다. 2013년에는 르노 삼성이 본사인 르노 닛산과 거래 과정에서 이전가격을 통한 조세회피 혐의를 확인하고 700억 원의 추징금을 부과하기도 했다.

3) 이전가격 의사결정

이전가격 결정이 모회사 중심 의사결정에 의해 이루어질 수도 있고 자회사 중심 의사결정에 의해 이루어질 수도 있다. 이는 두 가지 시장상황에 의해 결정되는데 제품의 경쟁적 세계시장이 존재하면 완전한 자회사 중심의 분권화에 의한 의사결정에 의해 이전가격이 결정될 수 있다. 경쟁시장에서 제3자가격인 암스랭스프라이스(arm's length price)에 의해 이전가격이 결정되면 각 자회사는 자신의 이익을 극대화 할 뿐 아니라 글로벌기업 전체의 이익도 동시에 극대화되어 질 것이다.

한편 제품에 대한 경쟁적인 세계시장이 존재하지 않고 독점시장이 이루어진다면 글로벌기업 전체의 이익을 극대화하기 위해서는 이전가격의 결정에 대해 어느 정도의 모회사 중심의 중앙집권적 의사결정이 요구될 것이다.

4. 글로벌기업과 조세회피국

1) 조세회피국

일부 국가에서는 자국 경제의 활성화를 위해 법인세, 양도소득세, 원천세 등의 각종 세금을 부과하지 않거나 지극히 낮은 세금을 부과하여 외국기업과 금융기관을 적극적으로 유치하고 있다. 이러한 국가들을 조세천국(tax heaven) 또는 조세피난처(tax haven) 또는 조세회피처라고 부른다. 바하마, 버뮤다, 바베이도스 등의 카리브연안국가들을 법인세가 전무한 조세파라다이스(tax paradise), 스위스, 리히텐슈타인 등과 같이 저율의 과세가 부과되는 조세은신처(tax shelter), 싱가포르 등과 같이 특정기업에 조세특전이 부여되는 조세리조트(tax resort) 등으로 구분하여 부르기도 했다.

글로벌기업들이 가끔 이용하는 자금세탁(money laundering)이란 용어는 원래 1920년대 미국에서 알카포네(Al Capone)[3]와 같은 조직 범죄자들이 도박이나 불법 주류판매 등을 통해 모은 수익금을 자신들의 영향력 아래 있고 현금거래가 빈번한 세탁소(laundry)의 합법적 수익으로 가장한데서 유래했다.

세율이 낮은 곳을 이용해서 조세를 회피하려는 행위는 이미 1920~1930년대부터 나타나기 시작했다. 그러나 이 당시에는 아직 산업자본이 형성되지 않았기 때문에 민간인 가족들의 재산에 대한 세금이 주요 대상이었다. 그래서 영국에서는 브리티시 채널 섬과 맨섬을, 미국에서는 바하마군도와 파나마를 그리고 유럽대륙에서는 은행 중심지인 스위스, 룩셈부르크, 리히텐스타인 소국 및 모나코를 조세회피국으로 이용하고 있었다. 주로 조세회피국에 서류상의 명목회사(paper company)를 설립하여 해외원천소득의 세액공제는 물론 로열티, 수수료 등의 서비스 비용을 페이퍼컴퍼니로 이전하여 과세소득을 절감하기도 한다.

2) 조세회피국 조건

조세회피국은 각기 다양한 특성을 지니고 있는데 조세회피국이 갖추어야 할 특성으로는 지리적 입지, 시장접근 입지, 시장접근 범위, 법률적 환경, 정보창출, 주관적 이미지, 교통과 통신시설의 발달 등을 들 수 있다.

조세회피국이 갖추어야 할 가장 중요한 특성은 입지적 우위조건으로 시간대 상의 위치, 커버하려는 시장과의 근접성, 시장의 효율성과 저렴한 정보 및 거래비용, 금융서비스에 대한 수요와 공급이 큰 국가들과의 근접성 등이다.

한편 정부에 의한 규제의 강도와 조세체계 즉, 외국금융기관의 금융활동의 범위와 종류, 국가간 자금이동에 대한 금융·외환 상의 규제완화 및 각종 세제상의 우대조치와

---

3) 이탈리아계 미국인 갱단두목 Alphonso Capone는 1920년대 암흑가의 황제로 군림했다. 1931년 연방법 소득세 위반으로 기소되어 11년형 수감에 처해졌다. 이후 탈세범에 대한 강력한 처벌에 놀란 범죄자와 시민들이 체납된 세금을 납부하기 시작해 전년도의 두 배가 넘는 체납 세금이 걷혔다고 한다. 이러한 효과를 Alcapone Effect라고도 한다.

교통 및 통신, 전자시스템의 발달 등도 주요한 조건이 된다.

3) 조세피난처 규제

(1) 배 경

경제협력개발기구(OECD), 유럽연합(EU), 돈세탁방지금융대책특별위원회(FATF) 등 주요 국제기구들이 최근 탈세와의 전쟁을 잇따라 선포하고 있다. 인터넷상거래의 등장 등 정보통신의 발달로 국경을 넘은 금융거래가 활발해지면서 외국자본과 기업을 유치하려는 각국의 세금혜택 경쟁도 가열되고 있다. 조세회피와 탈세가 만연하면 결국 국가재정의 부실을 초래해 복지서비스의 축소 등 부작용을 낳기 마련이다. 이 때문에 각국 정부는 탈법적인 조세회피를 뿌리뽑기 위하여 국제협력을 강화하고 있다.

OECD는 2000년 6월 26일 파리에서 열린 각료이사회에서 처음으로 세계의 조세피난처 35개국(속령포함) 명단을 발표했다. 서방 선진 7개국(G7)이 주도하는 FATF도 돈세탁 방지에 비협조적인 제도나 관행을 시행중인 15개국의 명단을 공개했다(2000.6.22). EU 정상들은 포르투갈의 페이라에서 폐막된 정상회담에서 비거주자 이자소득에 대한 과세 협정안에 최종합의하였다(2000.6.20).

(2) OECD

OECD는 세계 주요국을 조세정보 공유 여부를 기준으로 국제 기준을 준수하지 않는 국가, 국제 기준을 충족한 상태는 아니지만 앞으로 개선하겠다고 약속한 회색국가군, 국제기준을 준수하고 있는 모범 국가군으로 나누고 있다. 미국, 프랑스, 일본, 한국 등 40개국은 모범국가군에 속해 있고 스위스 등 지금까지 조세피난처로 각광받았던 지역은 대부분 회색 국가군에 포함되어 있다.

OECD는 2009년 4월 필리핀, 말레이시아, 코스타리카, 우루과이 4개국이 금융투명성과 관련된 새로운 규칙의 채택을 거부한 이유로 비협조 조세피난처 명단에 올렸다고 발표했다. 이는 G20 정상회의에서 조세피난처에 대한 규제강화를 위해 OECD에 상세한 내용을 공개하라고 촉구한 데 따른 것이다. OECD는 조세피난처 블랙리스트에 오른 이들 4개국에 대한 제재방안은 투자자 정보 요구강화, 세금공제 박탈, 세계은행과 IMF의 투자제한 조치 등이 거론되었다.

OECD는 조세관련 국제기준을 지키지는 않았지만 앞으로 지키기로 약속한 회색국가군으로 42개국을 지정했다. 스위스는 은행 비밀주의의 전통을 내세우며 고객들의 정보공유를 거부해 오다 최근 국제적인 압박에 직면해 국제규범을 따를 의향이 있다고 한

발 물러서 회색국가군에 포함되었다. 오스트리아와 벨기에는 블랙리스트에 오르는 것을 피하기 위해 재무장관들끼리 회합을 갖기도 했다. 홍콩과 마카오는 중국의 반발과 국제 기준을 지키기로 약속했다는 이유로 회색국가군에서도 빠졌다. 회색국가 상당수는 정보 공개에 미온적이어서 언제든 등급이 바뀔 수 있는 위험국가이다. 미 국세청(IRS)은 조세 피난처에서 이루어지는 탈세규모가 전 세계적으로 매년 6조~7조 달러에 이르는 것으로 추정했다.

OECD는 탈세와의 전쟁에 대비해 2009년 9월 1일 멕시코 로스카보스에서 열리는 '글로벌 세금정보 공유포럼'에서 이 포럼에 상설조사관을 두어 공식적인 국제탈세 조사 기관으로 만들자고 공식 제안했다. 지금까지 84개국의 느슨한 형태의 조직인 이 포럼을 공식단체로 만들어 회원국들이 조세정보 교환협정에 따른 의무를 적절히 이행하고 있는지를 조사하고 조세체계 개선방안도 강구하자는 것이다.

(3) BEPS 방지 OECD 다자협약

OECD 재정위원회는 2012년 6월 다국적기업들의 조세회피를 차단하기 위한 종합행동계획을 마련하기 위한 프로젝트(Base Erosion and Profit Shifting : BEPS) 추진을 결정했다. 「다국적기업의 국가 간 소득이전에 따른 세원잠식」[4]를 방지하기 위해 OECD가 3년 간 분야별 대응 조치를 담은 규제안을 작성했으며 이 규제안은 2015년 11월 주요 20개국 G20정상회의에서 최종 승인되었다. 2016년 말까지 입법을 마련해 2017년 말까지 제출하도록 했다. 한국은 파리에서 BEPS 방지 다자협정에 서명(2017.6)하고 BEPS 대응지원센터를 설립했다.

구글이 대표적인 대상 회사로 지목되면서 구글세(Google Tax)[5]로 칭해지기도 했다. 그동안 구글, 아마존, 애플 등 다국적기업 상당수가 세율이 높은 국가에서 수익을 얻고 낮은 국가로 이동시키는 방식으로 조세를 회피한다는 지적을 받아왔다. 상당수 국내기업들도 적용대상이 된다.[6]

---

4) 정식 명칭은 「세원잠식 및 소득이전 방지 목적의 조세조약 관련 조치 이행을 위한 다자협약」(Multilateral Convention to Implement Tax Treaty Related Measures to Prevent Base Erosion and Profit Shifting)이다.

5) Google Tax는 처음에는 구글을 대상으로 했지만 세율이 낮은 국가로 소득을 이전하면서 회피하는 법인세에 부과하려는 세금을 통칭한다. 고세율국가에 있는 해외법인이 거둔 이익을 지식재산권 사용료나 경영자문 수수료 등의 명목으로 저세율 국가의 자회사로 넘겨 비용을 공제 받아 왔으나 향후 지급 사용료나 수수료의 적정성을 엄밀하게 따져 비용공제를 인정해 주지 않기로 했다. 이자비용공제도 대폭 강화된다. 해외법인의 자본을 최소화하고 대출이자로 수익을 빼먹는 것을 방지하기 위해 이자 비용을 상각 전 영업이익의 20~30% 이내로 제한키로 했다. 론스타 사례처럼 제3국에 페이퍼컴퍼니를 세워 우회투자하는 절세수단도 차단될 전망이다.

6) 구글, 애플 등 초대형 글로벌기업에 한정될 것으로 예상되던 적용 범위가 연매출 1,000억원, 해외매출 500억원 이상 기업으로 결정되어 800여 개 한국 기업도 비상이 걸렸다. 해당 국내기업은 사업보고서에 해외

OECD와 G20은 15개 과제를 선정해 이행을 담보하기 위한 각종 조치를 시행중이다. 한국을 포함한 전 세계 60여개국 간 국가별 보고서(CBCR)[7]교환시행을 하도록 했다. 국가별 보고서에는 다국적기업이 국가별로 어느 정도의 소득과 세금을 신고하고 있는지에 관한 정보와 전 세계 사업 활동에 대한 상세정보가 수록된다. 지능적이고 은밀하게 행해지고 있는 역외탈세 문제의 심각성에 대해 역외탈세공조협의체(JITSIC)를 통해 협의자와 세무 조력자들에 대한 공동 대응을 강화하고 다자간 금융정보 자동교환도 이루어진다.[8]

(4) 구글세

디지털 세계는 국경이 없어 글로벌 기업의 본사가 그다지 중요하지 않지만 국가의 세무당국에게는 매우 중요하다. 디지털 세계에서 글로벌 기업의 매출이 발생하는 물리적 공간은 따로 존재하지 않기 때문에 IT 기업은 서버가 있는 곳에 세금을 부과하는 것이 일반적이다. 구글은 이러한 허점을 이용해 서버를 법인세율이 낮은 싱가포르, 아일랜드에 두고 있다. 구글은 한국에서 2017년 한국에서 4조 9,000억원의 매출을 올리고도 대부분의 세금을 서버가 있는 나라에 납부하고 한국에는 고작 200억원 정도만 냈다. 그것도 앱스토아, 검색 사업 같은 주요 수익원이 아니라 구글코리아가 계약한 온라인광고 매출에 대해서만 부담한 법인세였다. 페이스북, 넷플릭스 등도 사정은 비슷하다.

EU는 당초 2020년 도입을 목표로 IT기업에 매출액의 3%를 별도 법인세를 매길 계획이었으나 자동차 등 유럽 수출품에 대한 미국의 무역보복을 두려워 한 독일과 북유럽 국가들이 반대해 속도를 내지 못하고 있다. EU 회원국 중 이탈리아, 스페인은 구글세 도입에 적극 찬성하는 반면 아일랜드, 네덜란드는 반대했다. 미국 정부는 구글세가 표적이 되자 조세법을 재검토하겠다며 EU에 위협을 가했다. 한국도 구글세 도입을 검토했으나 우리 수출이 타격을 받을 것을 염려해 유보하기로 했다.

(5) FATF

FATF(Financial Action Task Force on Money Laundering)는 자금세탁방지 금융대책기구로 1989년 창설되어 파리 OECD 내에 본부를 두고 있으며 아시아 금융위기를 근거로 돈세탁방지에 비협조적인 제도나 관행을 가진 15개국 명단을 최근 발표했다. 대부분 바하

법인별 사업장 현황과 거래 내용 등을 추가해서 국세청에 별도 보고(2017.3)해야 한다.

7) CBCR이 교환되면 기업의 세금회피 조작과정을 파악하기가 용이해진다. 한국의 국세청이 삼성, 현대차의 자료를 미국에 건네주면 미국은 애플, 구글 등의 경영 실적을 한국에 제공하게 된다.

8) 한국은 2017년 독일, 덴마크 등 45개국으로부터 금융정보를 받고, 2018년에는 91개국으로부터 제공 받는다.

마, 케이만 제도, 쿡 아일랜드, 나우루, 파나마 등 카리브해 연안의 조세피난처들이다. 이밖에 러시아, 이스라엘, 필리핀, 레바논 등도 포함돼 있다.

UN은 전세계적으로 매년 6,000억 달러의 검은 돈이 세탁되고 있으며 이 중 1/10 에 해당하는 600억 달러가 카리브연안의 조세피난처를 거치고 있는 것으로 추정되고 있다. FATF는 회원국이 블랙리스트 국가와 이중과세방지협정을 체결했을 경우 이를 무효화하거나 블랙리스트 국가와 거래하는 기업이나 금융기관에 회원국들이 무겁게 세금을 물리도록 제재조치를 취할 계획이다.

FATF는 1989년 G7 정상회의에서 금융기관을 이용한 자금세탁에 대처하기 위해 태스크포스를 설립하기 위해 출범해 현재 미국, 영국, 중국, 일본 등 32개 국가와 유럽위원회(EC), 걸프지역 주요 6개국(GCC) 등 2개 국제기구가 참여하고 있다. 한국은 2006년 10월 총회부터 참여중이며, 2009년에 정식가입 했다.

한국이 1998년부터 정회원으로 활동중인 아·태지역 자금세탁방지기구(APG)는 자금세탁방지를 위한 아·태지역 국가 간 협조를 위해 1998년 3월 설립됐으며 현재 총 36개국이 참여하고 있다.

(6) EU

비거주자와 이자소득에 대한 과세문제는 유럽금융시장 전체에 대한 큰 영향을 미친다는 점에서 2년 동안 첨예한 쟁점이 되었다. 그동안 오스트리아, 룩셈부르크 등 가명계좌 개설을 허용하는 나라들은 금융산업이 타격을 받을 것을 우려하여 반대한 반면 영국, 독일 등 고율의 이자소득세를 부과하고 있는 나라들은 예금이 역내 타국으로 이동하는 것을 막기 위해 EU차원의 이자소득세 부과를 적극 추진해 왔다.

이번 합의에 따라 비거주자의 이자소득에 대해 20~25%의 세금이 부과되며 회원국들은 탈세혐의가 있는 법인과 개인에 대한 금융정보를 파악, 회원국 세무당국의 요청이 있을 경우 교환하게 된다. EU는 또 미국, 스위스, 리히텐슈타인 등 비회원국과도 정보교환을 위한 협상을 벌이기로 했다.

유럽연합(EU)은 OECD와 G20이 조세회피방지를 위해 시행중인 국가 간 세법차이를 이용한 조세회피 행위를 방지하기 위한 BEPS 프로젝트와 다른 기준을 적용해 한국을 포함한 17개국을 조세분야 비협조지역으로 지정해 논란이 야기되기도 했다.[9)]

---

9) 한국을 제외한 여타국은 미국령 사모아, 바레인, 바베이도스, 그레나다, 괌, 마카오, 마샬군도, 몽골, 나미비아, 팔라우, 파나마, 세인트루시아, 사모아, 트리니다드 앤 토 바고, 튀니지, 아랍에미리트(UAE) 등이다. EU는 한국이 외투기업 지원세제가 비거주자에게만 적용돼 공평과세 기준에 맞지 않는다는 이유로 조세분야 비협조지역 리스트로 지정(2017.12)하였다. 한국 정부의 해명으로 50일 만에 제외되어 비협조지역 리스

EU는 또 네덜란드, 헝가리, 아일랜드, 벨기에, 키프로스, 룩셈부르크, 몰타의 7개국의 공격적 조세회피(agressive tax planning)를 문제 삼았다. 구글, 페이스북 등 거대 미국 기업들은 세율이 낮은 아일랜드, 네덜란드, 룩셈부르크 등에 소득을 신고하고 평균 9%의 낮은 세율을 적용 받고 있다는 것이다.[10] 일반 기업의 평균 23% 세율 적용과 비교하면 턱없이 낮은 수준이다. EU납세자들의 공정한 부담을 위해 정당한 과세기준을 설정해야 한다고 모스코비치 EU경제분과 위원장이 정례 경제 보고서를 통해 강조했다.

EU는 2019년 블랙리스트(조세 비협조국)에 포함되는 국가를 5곳(오세아니아, 사모아, 남아메리카 트리니다드토바고, 괌, 버진아일랜드)에서 UAE, 오만, 영국령 버뮤다섬 등을 추가해 15곳으로 대폭 늘렸다. 대상국가들은 EU금융회사 및 기업들과 거래시 엄격한 통제를 받을 수 있다. EU는 조세피난처로 지목된 국가가 세제개혁을 약속하면 리스트에서 제외해 주고 있다. EU 회원국은 심사대상이 아니라고 밝혔지만 EU의회 금융범죄위원회는 보고서를 통해 룩셈부르크, 벨기에, 키프로스, 헝가리, 아일랜드, 몰타, 네덜란드가 조세피난처 특징을 갖고 있다고 지적하기도 했다.

(7) FIU

세계 금융정보분석기구(Financial Intelligence Unit: FIU)는 금융회사 등으로부터 받은 자금세탁 혐의 거래 정보를 분석해 법집행기관에 제공하는 기구로 1995년 비공식 협의체로 출범하여 2007년 버뮤다총회에서 공식기구로 전환해 2008년 5월 현재 총 106개국 회원으로 가입해 있다. 현재 국제자금세탁방지기구(FATF), 아·태지역 자금세탁방지기구(APG) 등 자금세탁과 테러자금조달 방지를 위한 국제기구 중 가장 많은 회원국이 참여하고 있다.

1990년대 중반부터 각국이 FIU를 설립하기 시작해 현재 전 세계 대부분의 국가가 설립·운영하고 있다. 우리나라는 지난 2001년 11월 금융위원회의 금융정보분석원을 설립해 2002년 6월 에그몽그룹에 가입했다.

한국은 2007년 자금세탁 방지의 날을 선포하고, 「공중 등 협박 목적을 위한 자금조달 행위 금지에 관한 법률」을 제정하고 또 「특정금융거래보고법」 개정을 통해 FIU 에그몽그룹 자격을 충족하였다.

2008년 5월 25일부터 5일간 아시아에서는 최초로 서울에서 에그몽그룹(Egmont Group)

트보다 한 단계 낮은 그레이 리스트에는 계속 이름을 올리게 되었다(2018.1).

10) 2016년 2월 프랑스의 구글에 16억 유로 세금 부과, 2016년 8월 EU의 애플에 130억 유로 세금 부과, 2017년 5월 이탈리아의 구글에 3억 6,000만 유로 세금 부과, 2017년 6월 EU는 구글에 24억 2,000만 유로 세금 부과를 했다.

총회[11]가 열렸다. 세계 106개 회원국 대표들이 참여하여 자금세탁방지와 테러자금 조달 차단을 위한 각종 정책을 논의했다. 이와 함께 세계은행 등 자금세탁 방지 관련 국제기구도 총회에 참석해 부패자산의 은닉수법과 사례·환수를 위한 국제협력의 활동을 소개하기도 했다.

5. 조세조약 이용 조세회피 행위

1) 배 경

한국의 국세청이 2003년에 이어 2005년 외국자본에 대한 본격적인 세무조사로 인한 갈등이 일었다. 단기차익을 노리는 투기성 외국계 사모펀드의 조세회피문제가 거론되었다. 투자차익에 대한 세금회피 문제는 뉴브리지캐피탈(New Bridge Capital)이 스탠다드차타드(SC) 은행에 제일은행을 매각하면서 1조 5,000억 원 차익에 대한 세금회피, 칼라일이 씨티그룹에 한미은행을 매각하면서 7,000억 원의 차익에 대한 세금회피, 론스타(Loan Star)의 싱가포르투자청에 스타타워 빌딩 매각하면서 2,600억 원의 차익에 대한 세금회피 등이다.[12]

문제는 이들 외국기업에 대한 조세부과가 쉽지 않다는 점이다. 미국의 뉴브리지캐피탈과 미국 칼라일은 말레이시아 라부안에 명목회사(paper company)인 KFB뉴브리지 홀딩스, KAI(Private)Limited를 각각 두고 있고 미국 론스타는 벨기에에 LSF-KEB 홀딩스라는 명목회사를 두고 있다. 이들은 한국에 사업장[13]이 없거나 조세피난처[14]에 법인등록을 해놓고 한국에 투자하는 펀드라서 세금을 부과하기가 쉽지 않다. 한국과 명목회사 소재지 국가와의 조세조약은 거주지(법인소재지)국가가 과세하도록 되어 있다.

물론 OECD조세조약 해석서 등을 적용하면 조세피난처를 활용하는 자본에 대해서는 이익이 발생한 국가에서 과세할 수도 있다. 문제는 조세피난처에 설립한 법인이 명목상의 회사라는 점을 증명하기가 쉽지 않고 비록 입증하더라도 펀드의 실제 투자자가

---

11) 한국은 총회 개최를 통해 자금세탁방지 제도 및 운영경험을 세계 각국과 공유하고, 제도 선진화 노력 등을 국제사회에 적극 홍보한다는 방침이었다. 또 이를 통해 OECD 산하의 자금세탁 선진국기구인 FATF 가입 지지기반을 확충하고, 국가·금융회사의 대외 신인도 제고 기회로 활용한다는 목표를 세웠다.

12) 그 외에도 고율배당과 유상감자, 기업소유 부동산 매각, 과도한 경영간섭, 금융시장 불안정 조장 등의 외국자본의 국내투자에 대한 문제점들이 있다.

13) 외국자본이 한국에 사업장(연락사무소 수준 이상의 일정 기준을 갖춘 사업장)을 갖고 있다면 과세가 가능하다.

14) OECD는 세금이 없거나 명목적 수준의 세금만 유지하는 지역 또는 국가 중 과세정보의 효과적인 교환을 거부하거나 제도운영의 투명성이 결여된 지역과 국가를 조세피난처로 규정하고 있다.

속한 국가와 한국이 거주지 과세원칙을 담은 조세조약을 맺고 있다면 과세가 불가능하다. 한국이 거주지가 아니라 이익이 발생한 곳에서 과세하도록 조약을 맺은 국가는 일본, 캐나다, 독일 등 일부국가에 불과하다. 이에 정부는 조세피난지를 조세조약 적용 대상에서 면제하는 방향으로 관련 국가와의 조약을 개정하는 방안을 강구중이지만 실효성에 대한 논란이 일고 있다.[15)]

2) 조세회피행위

조세조약을 이용한 조세회피행위(treaty shopping)란 제3국 거주자가 다른 2개국 간에 체결된 조세조약에서 규정하고 있는 세제 혜택을 이용하는 행위를 말한다. 예컨대 A국 기업이 C국에 진출하는 경우 C국이 조세조약을 체결하고 있는 국가 중에서 조세부담을 가장 가볍게 할 수 있는 B국을 선택하여 B국에 조세회피 목적의 명목회사(paper company)를 설립하거나 그 곳에서 계약상 거래가 있었던 것처럼 가장함으로써 조세조약의 혜택을 부당하게 누리는 행위이다.

3) 조세회피 방지 방안

미국, 영국, 캐나다 등 OECD 국가들은 조세조약을 이용한 조세회피행위를 방지하기 위해 조세조약과 국내세법에 조세조약 남용방지 규정을 포함시키고 OECD 등 국제기구를 통해 국제적인 조세피난처에 대한 제재를 강화하고 있다.

한국의 경우 OECD모델 조세조약 주석서 내용에 따라 국내법상의 실질과세원칙을 하여 조세조약을 이용한 조세회피 행위에 대응하여 왔었다. 그러나 외국투자가들에게는 조세행정의 투명성이 부족한 것으로 비춰져 왔다.

따라서 세법이나 조세조약에 국제기준에 부합하는 조세조약 남용방지 규정을 명확히 포함함으로써 조세행정의 투명성과 예측가능성을 높여 외국인 투자가의 국내투자에 따른 불확실성을 제거할 필요성이 존재했다.

2005년 6월 정부는 조세피난처를 경유한 내·외국인 자본의 조세회피행위를 방지하기 위해 국내법 보완과 조세조약 개정작업을 추진할 계획임을 발표했다. 외국정부와 조세조약 개정협상 방향은 [그림 12-1]과 같다. 한국은 그 동안 조세조약 체결 및 개정시 투자가의 거주지국과 투자유치국 간의 이중과세방지에 초점을 두었다. 그러나 최근 외국인투자와 국내자본의 해외투자 규모가 커지고 투자형태도 복잡 다양화되고 있으며

15) 라부안을 역내 금융센터로 육성하고 있는 말레이시아의 경우 라부안을 조세조약 적용대상에서 제외하여야 한다는 한국측 주장을 쉽사리 받아들이지 않을 것으로 보이며 1979년에 체결된 미국과의 조세조약에 대해서도 수년전부터 개정을 추진하지만 큰 진전을 보지 못하고 있는 실정이다.

[그림 12-1] 외국정부와 조세조약 개정협상 방향

	현 행	추진방향
조세피난처	말레이시아 라부안 이중과세 방지 적용	이중과세방지대상에서 라부안 제외 협상토록 조약 개정
25%이상 대량 지분양도차익	일 · 독 · 프 등은 소득발생지 과세, 미 · 영 · 네 등은 투자자 거주국 과세	미 · 영 · 네 등도 소득발생지에서 과세토록 조약 개정
자산 50%이상이 부동산인 외국 기업	미 · 영 · 일 · 독 등은 소득발생지에서 과세, 벨 · 네 · 스위스 등은 투자자 거주국 과세	벨 · 네 · 스위스 등도 소득발생지에서 과세토록 조약 개정
이자 · 사용료 등 투자소득	일 · 독 · 프 등은 소득발생지 과세, 미 · 영 · 네 등은 투자자 거주국 과세	투자자가 실제로 거주자인 경우에만 거주국에서 과세토록 조약 개정

자료: 기획재경부 국제조세과(2005.6.6).

조세피난처 등을 경유하여 국내에 투자하는 내·외국인 자본의 조세조약을 이용한 조세회피행위(treaty shopping)가 대두되어 이에 대한 대응방안을 마련할 필요성이 있었다. 이는 오래 전에 체결된 조세조약을 현실에 맞게 조정하고 국제기준에 맞는 세제를 구현해 나간다는 취지이다.

내·외국인이 조세피난처에 조세회피 목적의 페이퍼컴퍼니를 설립하여 우회적으로 국내에 투자하면서 조세조약의 혜택을 향유하는 경우 조세피난처의 페이퍼컴퍼니가 아닌 실질투자가를 기준으로 조세조약을 적용하는 내용을 국내세법(국제조세 조정에 관한 법률)에 명문화하도록 세법을 개정토록 했다.

향후 모든 조세조약 체결·개정시 제3국의 거주자가 조세피난처를 경유하여 국내에 투자함으로써 조세조약의 혜택을 향유하는 조세조약 남용사례에 대해서는 조세조약상의 과세 또는 제한세율 적용혜택을 배제하도록 조약에 명시하는 방안을 추진하기로 했다. 또 조세조약 체결국가 중 말레이시아 라부안의 역외금융센터제도와 같이 조약상대국이 조세조약 체결후 조세피난처 제도를 도입하는 경우에는 당해 조세피난처 제도를 이용하는 제3국의 거주자는 조세조약의 적용대상에서 제외하여 조약의 혜택을 적용받을 수 없도록 하는 방안을 추진하기로 했다.[16]

16) 한·말 조세조약 적용대상에서 라부안을 제외하는 경우에는 라부안에 소재한 조세회피목적의 명목회사를

이자, 사용료 등 투자소득에 대해 투자자의 거주지국에서만 과세할 수 있도록 한 조약에 대해서는 실질투자가가 해당국가 거주자인 경우에 대해서만 조약의 혜택을 적용토록 하는 규정을 포함하기로 했다.

OECD 국가들과 체결한 조세조약 중 주식양도차익에 대해 투자자의 거주지국뿐만 아니라 소득발생지국에서도 과세할 수 있는 방안을 추진하기로 하였다. 투자한 회사의 일정비율(예: 25%) 이상 주식을 보유한 과점 주주의 주식양도차익에 대하여 소득발생지국에서 과세할 수 있는 방안을 추진하고 투자한 회사의 자산 중 50% 이상이 부동산으로 이루어진 회사의 주식을 양도한 경우 발생한 주식양도차익에 대하여는 부동산 소재지국에서 과세할 수 있는 방안도 추진하기로 했다.[17]

[참고자료] '파나마 페이퍼' 덕분 전 세계 탈세자에 1.4조원 철퇴

2016년 조세 회피 내역이 들어 있는 기밀문서인 '파나마 페이퍼'가 보도된 덕분에 전세계 22개국의 세무 당국이 12억 달러(약 1조 3,600억원) 이상의 벌금과 체납 세금을 거둬들였다고 AFP통신이 3일(현지시간) 보도했다.

파나마 페이퍼스는 파나마 최대 로펌인 모색 폰세카가 보유한 기밀문서 자료로 안에 탈세를 위해 세운 역외회사 및 각국 주요 인물들의 조세회피 관련 정보가 담겨 있었다.

국제탐사보도언론인협회(ICIJ)는 이날 웹사이트에 올린 글에서 영국은 2억 5,300만 달러, 프랑스는 1억 3,600만 달러, 호주는 9,300만 달러를 회수했다고 밝혔다. 독일은 1억 8,300만 달러를 회수했다.

ICIJ는 "숨겨진 자산의 수익금을 환수하는 것은 중요 정부 서비스의 재원으로서 도움이 되지만 파나마 페이퍼의 지속적인 유산은 이 사건으로 (납세자들의) 행동과 공적 태도에 영향을 미친 것"이라고 썼다.

파나마 페이퍼에 대한 익명의 제보를 받은 곳은 독일의 신문사인 쥐트도이체 차이퉁이었다. 신문사는 ICIJ에 도움을 요청하고 80여개 국가 100여개 언론사가 조사에 참여했다.

파나마 페이퍼에는 140명의 유명 정치인, 축구 스타, 억만장자들이 조세 피난처에 비밀 계좌를 개설한 내용도 포함되었으며 2016년 4월 보도되면서 사회에 큰 파장을 일으켰다.

자료: http://news1.kr/articles/?3588358

경유하여 국내에 투자하여 소득을 얻은 경우 종전에는 국내법상의 실질과세원칙에 따라 실질투자자를 기준으로 조세조약을 적용하나 개정후에는 조세조약의 명문규정에 의하여 라부안에 소재한 모든 역외금융회사가 조세조약의 적용대상에서 제외된다.

17) OECD 국가와 체결한 조약이 주식양도차익에 대하여 소득발생지국이 과세권을 가지는 규정을 포함하도록 개정되는 경우 회사주식의 25% 이상을 소유한 과점주주와 회사의 자산중 50% 이상이 부동산인 회사의 주식을 보유한 주주가 실질적으로 주식양도차익을 얻는 때에는 종전에는 한국에서 과세할 수 없으나 향후 과세할 수 있게 한다는 것이다.

CHAPTER

13 글로벌企業의 換露出과 管理戰略

제 1 절 換露出 槪念과 種類

1. 환노출과 환리스크

환노출 또는 환익스포주어(foreign exchange exposure)란 외화표시의 자산, 부채, 수익 또는 비용을 가지고 있는 기업의 순이익이나 가치가 해당 외국통화의 예상치 않았던 환율변동으로 인해 변할 수 있는 상태 또는 그 범위를 말한다. 환노출은 환율변동으로 인하여 환차익(foreign exchange gain)과 환차손(foreign exchange loss)이 발생할 수 있으며 사전적(ex ante)인 개념이며 환차익과 환차손 양자를 포괄하는 개념이다.

환리스크(foreign exchange risk)란 환노출의 결과로 환차손이 발생하는 경우를 의미하며 사후적(ex post)인 개념이다. 환리스크는 주당순이익의 가변성을 높이고 주가를 낮춤으로써 주당순이익비율(per earnings ratio)을 변화시켜 기업의 자본비용을 높이는 위험이다.

2. 환노출 종류

환노출은 학자에 따라 구분이 다소 상이하다. 환노출은 환산노출(translation exposure)과 경제적 노출(economic exposure)로 크게 구분하며 경제적 노출은 거래적 노출(transaction exposure)과 실질운용노출(real operating exposure)로 구분된다. 일반적으로 환노출을 환산

[그림 13-1] 환노출의 유형

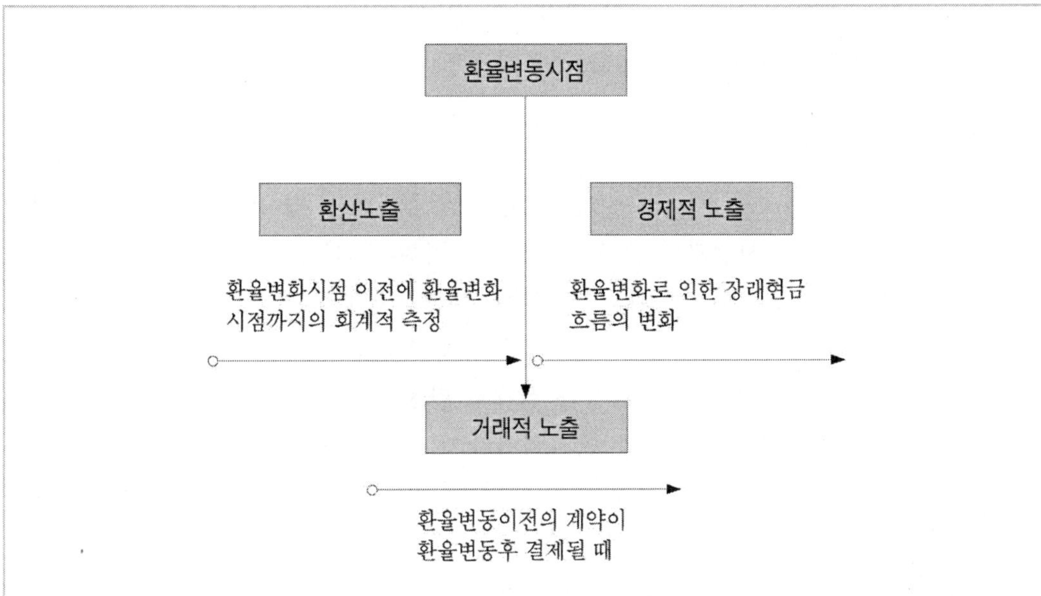

자료: David K. Eiteman and Arthur I. Stonehill, *Multinational Business Finance*(MA: Addison-Wesley Publishing Company, 1982), P.147.

노출, 거래적 노출, 경제적 노출로 구분하기도 하는데 이 경우 경제적 노출은 실질운용 노출을 말한다. 그 외 협의로 정의된 조세노출(tax exposure)은 환산노출, 거래적 노출, 경제적 노출과 상관없이 환율의 변화는 어떤 직접적인 소득세와의 연루관계를 가지게 된다. 즉, 환산노출, 거래적 노출, 경제적 노출에 의한 위험결과로 과세의 표준대상이 영향을 입게 되는 노출이다.[1] 환노출의 세 가지 형태를 환율변동시점을 기준으로 구분하면 [그림 13-1]과 같다.

1) 환산노출

환산노출(translation exposure)이란 회계적 노출(accounting exposure)이라고도 하며 환율의 변화에 의하여 외화로 표시된 해외자회사의 자산과 부채, 수입과 지출, 이익과 손실을 모국통화로 환산함에 따라 외환이익과 손실을 발생시키는 외환포지션을 말한다. 외환이익과 손실은 장부상의 가치만을 변동시키는 것으로 진정한 경제적 가치의 변동과

---

1) Donald R. Lessard, "Financial Management of International Operations," *International Financial Management : Theory and Application* (John Wiley& Sons, 1985), PP.395~396.

는 다르지만 기업의 운영결과와 함께 경영성과로 보고되므로 경영자들은 환산이익의 효율적인 관리를 도모하려고 한다. 일부 학자들은 환산노출은 단순한 회계적 조작에 지나지 않으며 환산위험관리의 불필요성을 강조하기도 한다.[2)]

2) 거래적 노출

거래적 노출(transaction exposure)이란 상품의 수출이나 수입 또는 자금의 차입이나 대출시 계약시점과 결제시점과의 환율차이에 의하여 발생되는 포지션을 말한다. 예컨대 수출업자의 경우 외화표시의 수출대금을 회수하면 자국통화로 환산하게 될 것이며 수입업자의 경우 외화표시의 수입대금을 지급하기 위해 자국통화를 외화표시통화로 환전하게 된다. 이 경우 계약시에 예상한 환율과 실제로 환전할 때의 환율이 상이하게 되면 수출업자와 수입업자는 예기치 못한 외환차익이나 외환차손을 입게 된다.

3) 경제적 노출

경제적 노출(economic exposure)은 현금유출·입노출이라고도 한다. 경제적 노출은 예상치 못한 환율의 변동으로 모기업의 통화로 표시된 미래 영업수익에 미치는 영향을 말한다. 예상치 못한 환율변동으로 인한 판매량, 판매가격, 매출원가 등의 변동가능성을 의미한다. 일반적으로 기업의 가치는 미래에 기대되는 현금흐름의 총현가라고 볼 수 있으므로 환율변동으로 인한 기업의 미래 현금흐름의 변동은 기업가치의 변동을 의미한다.

제2절 換危險 測定方法

1. 환산환위험

해외자회사의 외화표시 재무제표를 모국통화로 환산하는데 어느 환율을 적용하느냐에 따라 영향은 달라진다. 적용하게 될 환산환율은 크게 현행환율(current rate), 역사적 환율(historical rate), 평균환율(average rate)이 있다.

---

2) Dennis E. Logue and George S. Oldfield, "Managing Foreign Assets When Foreign Exchange Market are Efficient," *Financial Management* (Summer 1977), pp.16~22.

현행환율은 재무제표 작성 기준일의 환율 즉, 대차대조표일의 환율을 적용하며 역사적 환율은 외화로 표시된 자산 또는 자본을 처음 취득했거나 외화표시의 부채가 발생했던 날의 환율을 기준으로 한다. 평균환율은 환산의 목적에 따라 현행환율 또는 역사적 환율을 기간별로 가중평균한 값으로 주로 손익계산서 계정의 환산에 사용되는 환율이다.

어떤 환산환율을 선택하느냐 하는 것이 외화표시 재무제표의 환산에 어떠한 영향을 미칠 것인가 하는 것은 명확하게 말할 수는 없다. 일반적으로 환율의 변동에 의해 환산되는 외화표시 재무제표의 항목의 값은 역사적 환율을 적용할 때는 별로 영향을 받지 않고 현행환율을 적용할 때 크게 영향을 받게 된다.

재무제표 환산항목에 대한 환산환율로 현행환율, 역사적 환율, 평균환율을 어떻게 선택하느냐에 따라 환산방법은 <표 13-1>과 같이 유동성[3]·비유동성법(current/noncorrent method), 화폐성·비화폐성법[4](monetary/nonmonetary method), 시제법(temporal method), 현행환율법(current rate method)으로 구분된다. 유동성·비유동성법, 화폐성·비화폐성법, 시제법은 역사적 환율과 현행환율을 모두 사용하는 복수환율방법이며, 현행환율법은 현행환율만 사용하는 단일환율방법이라고 할 수 있다. 네 가지 방법 중 어느 방법이 절대적으로 우월한 방법이라고 말할 수는 없다.

화폐성·비화폐성법은 화폐성 자산과 부채는 현행환율, 비화폐성 자산과 부채는 역사적 환율로 환산하고 유동성·비유동성법에서는 유동자산과 유동부채는 현행환율, 고정자산과 고정부채는 역사적 환율로 환산하며 현행환율법은 유동자산과 유동부채, 고정자산과 고정부채 모두를 현행환율로 환산한다. 시제법에서는 현재 또는 미래의 가격으로 기록·유지되는 자산과 부채는 현행환율로 과거의 가격으로 기록·유지되는 자산과 부채는 역사적 환율로 환산한다.

한국의 기업회계기준이 채택하고 있는 방법은 화폐성·비화폐성법과 현행환율법 두 가지다. 기업회계기준에서 화폐성·비화폐성은 외화자산·부채의 환산시에 적용하고, 본점과 독립적으로 영업·재무활동을 운영하는 해외지점 등의 외화표시채무를 환산할 경

3) 유동항목은 1년 또는 정상영업 순환주기 중 더긴 기간 이내에 정상적인 영업활동을 통하여 현금으로 회수 또는 상환되는 항목이다.

4) 화폐성항목이란 화폐가치의 변동과 상관없이 일정한 외화금액으로 회수되거나 상환해야 하는 자산 또는 부채로 자산항목에는 현금 및 현금등가물, 금융상품, 매출채권, 미수금, 대여금, 부채항목으로는 차입금, 매입채무, 미지급금, 퇴직급여충당금, 일반사채가 있다. 비화폐성항목이란 화폐성 이외의 항목으로 일정수량의 재화나 용역 자체의 거래와 관련된 자산과 부채로 동 자산이나 부채가 외화로 회수되거나 지급되는 것이 아니다. 자산항목에는 선급비용, 재고자산, 유형자산이 있고 부채에는 선수금, 예수금, 선수수익, 전환사채가 있다. 화폐성항목은 보고시점의 현재가치를 나타내는 것이므로 현행환율, 비화폐성항목은 외화로 회수되는 것이 아니므로 역사적 환율로 환산하는 것이 바람직하다.

〈표 13-1〉 환산방법에 의한 적용 환율

	화폐성·비화폐성법	현행환율법	유동성·비유동성법	시제법
<유동자산·부채>				
• 당좌자산	현행환율	현행환율	현행환율	현행환율
• 재고자산	역사적환율	현행환율	현행환율	현행·역사적*
• 유동부채 (선수금제외)	현행환율	현행환율	현행환율	현행환율
<고정자산·부채>				
• 투자자산	역사적환율	현행환율	역사적환율	현행·역사적*
• 유형자산 등	역사적환율	현행환율	역사적환율	현행·역사적*
• 고정부채	현행환율	현행환율	역사적환율	현행환율
<자본금>				
• 자본금	역사적환율	역사적환율	역사적환율	역사적환율
• 자본잉여금	역사적환율	역사적환율	역사적환율	역사적환율
• 이익잉여금	(잔액)	(잔액)	(잔액)	(잔액)

주: *시제법의 경우 자산 평가에 있어서 원가평가시는 역사적 환율, 시가평가시에는 현행환율로 한다.
자료: 서민호, 「파생상품회계론」(대구: 형설출판사, 2000), p.208.

우에는 현행환율법과 선택하여 적용할 수 있다. 화폐성·비화폐성법을 적용하는 경우 발생하는 환산손익은 당기손익(영업외손익)으로 처리하고(기업회계기준 제68조) 현행환율법을 적용할 경우 발생하는 환산손익은 자본조정으로 처리한다(기업회계기준 제33조).

환율변동전 환율이 $1=₩1,000이고 원화가치의 하락으로 $1=₩1,100으로 환율이 변동하였을 때 각 방법에 의한 환산환위험의 실례를 보면 <표 13-2>와 같다.

시제법에 있어서 재고자산의 평가는 대차대조표에 시가로 평가시에는 현행환율을 적용하게 된다. 이는 화폐성·비화폐성법에 있어서 무조건 역사적 환율을 적용하는 것과 차이가 있다.

환산차손익에 있어서 현행환율법이 5,000원으로 환차익이 가장 크게 나타났고, 다음이 유동성·비유동성법이 3,000원이었다. 시제법은 환차손익이 발생하지 않았고 화폐성·비화폐성법은 5,000원의 환차손이 발생했다.

〈표 13-2〉 환산 환위험(원화 평가절하)

	환율변동전 ($1=₩1000)	화폐성·비화폐성	현행환율	유동성·비유동성법	시제법
현금 및 현금등가물	$10	₩11,000	₩11,000	₩11,000	₩11,000
재고자산	50	50,000	55,000	55,000	55,000
매출채권	10	11,000	11,000	11,000	11,000
유동자산	70	72,000	77,000	77,000	77,000
유형자산	30	30,000	33,000	30,000	30,000
영업권	20	20,000	22,000	20,000	20,000
자산총계	120	122,000	132,000	127,000	127,000
유동부채	40	44,000	44,000	44,000	44,000
장기차입금	20	22,000	22,000	20,000	22,000
이연법인세	10	11,000	11,000	10,000	11,000
부채총계	70	77,000	77,000	74,000	77,000
자본금	30	30,000	30,000	30,000	30,000
이익잉여금	**20**	**15,000**	**25,000**	**23,000**	**20,000**
자본총계	50	45,000	55,000	53,000	50,000
부채및자본총계	120	122,000	132,000	127,000	127,000
환산차손익		−5,000	5,000	3,000	0

주: 1) 역사적 환율 $1＝₩1,000, 현행환율 $1＝₩1,100
2) 이익잉여금＝자산총계－부채총계－자본금
3) 환산차손익: 환율변동후 이익잉여금－($20×1,000)

환산환위험을 작성하는데 각 방법의 보다 구체적인 적용 절차를 보면 <표 13-3>과 같다.

〈표 13-3〉 환산환위험의 적용환율

환산방법	현행환율 적용항목	역사적 환율적용항목
화폐성·비화폐성법	현금 및 현금 등가물, 매출채권, 유동부채, 장기부채, 이연법인세	재고자산, 유형자산, 영업권, 자본금
현행환율법	자본금을 제외한 전 항목	자본금
유동성·비유동성법	현금 및 현금등가물, 재고자산, 매출채권, 유동부채	유형자산, 영업권, 장기차입금, 이연법인세, 자본금
시제법	현금 및 현금 등가물, 매출채권, 유동부채, 장기부채, 이연법인세, 재고자산	유형자산, 영업권, 자본금

[참고자료] 외환거래손익

외화거래로부터 발생하는 손익은 ① 환산환노출과 관련된 외화환산이익(손실), ② 거래적 환노출과 관련된 외환차익(차손)의 두 가지가 있다. 이러한 손익은 모두 환율의 변동으로 인하여 발생하고 손익계산서상 원칙적으로 영업외손익에 계상되는 공통점이 있으나 다음과 같은 근본적인 차이가 있다.

외화환산이익(손실)은 기말현재의 대차대조표에 존재하는 외화자산·부채를 기말 현재의 환율로 환산함에 따른 손익으로 미실현환율의 차이로 인한 것이다. 반면 외화환차익(차손)은 외화자산의 회수 및 외화부채의 상환시 외화자산·부채의 장부가격과 당해 회수금액 또는 상환금액의 차이로 인한 손익으로 실현된 환율차이로 인한 것이다.

2. 거래적 환위험

거래적 환위험은 일반적으로 수출입거래와 외화자금거래 등으로 구분하는데 보다 구체적으로는 수출과 수입, 내국신용장의 개설 및 수령, 외화차관, 선물환계약 등이 있다.

수출은 외화표시자산을, 수입과 외화차관은 외화표시부채를 수반한다. 내국신용장의 경우 개설하는 측은 수입업자와 마찬가지로 외화표시부채를 가지며 수령하는 측은 수출업자와 마찬가지로 외화표시자산을 가지게 된다. 선물환계약의 경우 선물환외환매입의 경우에는 외화표시자산을, 선물환외환매도의 경우에는 외화표시부채를 갖게 된다.

수출입거래는 거래에 따른 환위험이 발생하는 전형적인 경우로서 두 종류가 있다. 첫째는 최초의 거래계약일로부터 수출면장 획득일까지의 거래환위험이다. 이는 회계적 관점에서는 노출되지 않는다. 장부에 기록되지 않는 거래이며 이를 환위험계약이라고도 한다. 둘째는 회계장부에 나타나는 수출면장 획득일부터 최종 수출대금 회수일까지의 거래 환위험이라고 할 수 있다. 따라서 본질적인 의미에서 거래적 환위험은 최초 계약일로부터 최종 수출대금 회수일까지 발생하는 환위험이므로 첫째와 둘째를 합한 개념이라고 할 수 있다.

일반적으로 한국의 수출업자는 원화가 평가절하되는 경우에는 환차익을 얻게 되고 평가절상이 되면 환차손을 입게 된다. 한편 외화자금거래에서의 환위험은 모회사와 자회사 간 외화자금거래나 은행과 기업 간 외화자금거래에서도 발생한다. 즉, 기업이 자국통화 이외의 통화표시 금융을 이용해 투자재원 또는 운전자본을 조달하는 경우에 거래적 환위험이 발생하게 된다.

일반적으로 외화자금을 차입한 기업의 경우에 상환시점에서 자국통화가 평가절하되었다면 차입기업에게는 절하폭 만큼 상환부담이 증가하게 된다. 이러한 관계는 해외증권투자의 경우나 외화대출의 경우에도 발생할 수 있다. 달러화 자금을 대출해 준 국내은행의 입장에서는 원화의 평가절상이 이루어지면 환차손이 발생할 가능성이 크고 원화의 평가절하가 이루어지면 환차익이 발생할 가능성이 크게 된다.

[예 제]

다음과 같이 한국의 수출업자가 5만 미달러를 미국에 수출하는 경우 거래적 노출로 인한 외환차손익회계의 분개를 하시오.

일 자	거래내용	당일환율
2. 1	수출계약 체결	₩ 1,230.00/US$
2. 15	신용장 도착	1,233.50
5. 1	수출면장(export permit)취득	1,245.00
5. 2	선적완료 및 선하증권 인수	1,246.50
5. 3	외국환어음 할인(negotiation) 환가료 연 6%	1,248.00
5. 18	수입업자대금지급(일람불)	1,249.50
8. 18	수입업자대금지급(기한부)	1,290.00

☑ 거래(수출)발생과 거래완료시점의 인식문제

거래적 노출이란 거래가 발생한 시점부터 완료된 시점까지의 환노출이다. 회계적으로 어느 시점에 거래가 발생하였다고 보는가에 대한 견해는 다양하다. 수출계약일, 신용장 접수시점, 수출면장 취득일, 수출대금의 은행 네고(negotiation)일자 중 어느 시점을 수출 발생의 시점으로 삼느냐에 따라 거래적 노출의 정도는 달라진다. 수출계약일과 신용장 접수시점은 실현주의 회계원칙에 배치된다고 볼 수 있으며 한국에서는 수출면장의 발부시점을 수출거래의 발생시점으로 보고 있다.

거래완료의 시점 문제 또한 다소 복잡하다. 수출업자가 선적서류, 환어음 기타서류를 은행에 제시하고 수출대금을 원화로 할인받았다고 해서 수출거래가 완료되는 것은 아니다. 왜냐하면 국제 간 대체결제에 소요되는 우편기일(mail date)의 문제와 신용장의 만기문제가 연계되어 있기 때문이다.

신용장의 형태에는 수입업자가 신용장에 요구된 제반 서류를 받는 즉시 대금을 지급하겠다는 내용의 일람불신용장(at sight L/C)과 수입업자가 인수(acceptance)만 하고 일정 기일이 지난 후에 대금을 지급하는 기한부신용장(usance L/C)이 있다. 5월 3일 한국의 수출업자가 선적서류를 구비하여 은행에 네고절차를 거치더라도 미국 수입업자에게 제시되기까지는 약 15일 간의 우편 송달기간이 소요된다. 5월 18일 미국의 수입업자가 우편으로 송달된 선적서류를 접수하고 곧 전신환으로 대금을 한국의 수출업자에게 지급한다고 할 경우 거래의 완료를 5월 3일로 할 것인지 5월 18일로 할 것인지의 문제가 남는다. 기한부신용장의 경우 만약 만기가 90일이라면 수출업자는 8월 18일에 원화로 수출대금을 받게 될 것이다. 한국의 경우 수출업자가 신용장매입은행에 네고하는 시점을 거래의 완료시점으로 보고 있다.

<분개예시>

5월 1일 (거래발생시점)

차) 외상매출금 62,250,000($50,000 × 1,245.00) 대) 상품 62,250,000

5월 3일 (거래완료시점)

① 일람불신용장

차)	당좌예금	62,240,000	대)	외상매출금	62,250,000
	환가료	156,000		외환차익	150,000

*외환차익 (5/1~5/3)

$50,000×(1,248.00−1245.00)=₩150,000

*환가료 (5/3~5/18)

$50,000×0.06×15/360×1,248.00=₩156,000

② 기한부신용장

차)	당좌예금	61,338,000	대)	외상매출금	62,250,000
	환가료	1,062,000		외환차익	150,000

*환가료 (일람후 90일)

$50,000×0.06×(15+90)/360×1,248.00=₩1,092,000

3. 경제적 환위험

이론적으로 기업의 경제적 가치는 기업이 미래에 발생시킬 것으로 예상되는 순현금흐름(net cash flow)을 적당한 할인율로 현가화한 가치의 합이다. 현가방법에 의하면 환율변동에 의한 기업가치의 변화는 환율변동에 의한 미래의 순현금흐름의 변화와 할인율의 변화에 영향을 받는다.

기업의 현금유입은 주로 상품의 매출에서 일어나며 현금유출은 상품의 생산에 소요되는 원료비, 노무비, 부채에 대한 금융비용 등의 매출원가에서 주로 일어난다. 그러므로 환율변동에 의한 순현금흐름의 변화를 분석할 때에는 그 기업의 매출액과 매출원가가 환율변동에서 받는 영향에 초점을 두어야 한다. 환율변동이 미래현금흐름에 미치는 영향을 이론적으로 예측은 가능하지만 발생주의를 바탕으로 하는 회계원칙에는 배치되므로 회계적 처리는 하지 않고 있는 실정이다.

[예 제]

다음과 같은 조건으로 국내기업 A, B, C가 제품을 생산하는 경우 경제적 환노출은 어떻게 변화하는가? A기업은 재료, 자본을 해외에서 조달하고 C기업은 완성제품을 수출한다고 가정한다.

① 환율변동전 (₩1,000/U$1)

기 업	매출액	매출원가			기대이익
		재료비	노무비	금융비용	
A	10,000원	4,000($4)	3,000	2,000($2)	1,000원
B	10,000원	4,000	3,000	2,000	1,000
C	10,000원($10)	4,000	3,000	2,000	1,000

② 원화의 평가절하(₩1,200/U$1)

기 업	매출액	매출원가			기대이익	순현금흐름	손 익
		재료비	노무비	금융비			
A	10,000원	4,800($4)	3,000	2,400($2)	−200	−1,200*	손
B	10,000	4,000	3,000	2,000	1,000	0**	무
C	12,000($10)	4,000	3,000	2,000	3,000	+2,000***	익

주) * =−200−1,000, ** =1,000−1,000, *** =3,000−1,000

③ 원화의 평가절상 (₩900/U$1)

기 업	매출액	매출원가			기대이익	순현금흐름	손 익
		재료비	노무비	금융비용			
갑	10,000원	3,600($2)	3,000	1,800($2)	1,600	+600*	익
을	10,000	4,000	3,000	2,000	1,000	0**	무
병	9,000($10)	4,000	3,000	2,000	0	−1,000***	손

주) * =1,600−1,000, ** =1,000−1,000, *** =0−1,000

제 3 절 換리스크 管理戰略

1. 내부적 관리기법

1) 상계전략

기업의 환리스크를 관리하는 주요 전략에는 <표 13-4>와 같이 내부적 관리기법과 외부적 관리기법이 있다.

상계(netting)란 글로벌기업의 모회사와 자회사 또는 자회사 상호 간 발생하는 채권·채무관계를 개별적으로 결제하지 않고 일정기간 후에 지급할 금액과 수취할 금액을 서로 상쇄하고 이들 채권·채무의 차액만을 정기적으로 결제하는 제도이다. 서로 다른 나라에서 영업을 하고 있는 동일 회사계열의 모회사와 자회사 간 또는 자회사들 간의 채권·채무 결제시에 그 차액만을 결제하여 국가 간 결제를 축소시킴으로써 환위험을 줄이는 것이다.

상계의 가장 단순한 형태는 두 자회사 간 일어나는 양자간 상계(bilateral netting)[5]와

〈표 13-4〉 환위험 관리기법

내부적 관리기법	외부적 관리기법
상계전략	선물환계약
매칭전략	통화선물계약
리딩과 래깅	통화스왑계약
자산·부채관리	통화옵션계약
가격조정전략	단기자금시장계약
결제표시통화조정전략	국제팩토링
포트폴리오(통화분산)전략	수출대금할인
환차손준비금전략	보험 및 환위험보증
마케팅전략	
생산전략	

5) 한국의 모회사가 중국 자회사에 1월에 100만 달러의 자전거 부품을 수출하고 중국 자회사는 4월 모회사에 완성품 자전거 150만 달러를 수출하였다고 가정하자. 반기말(6월)에 한국 모회사가 중국 자회사에 채권·채무의 차액 50만 달러만을 한 차례 송금한다면 건별로 두 차례 결제하는 것 보다 송금수수료와 환전 비용의 절감 및 환노출(익스포주어)의 크기를 줄일 수 있는 장점이 있다.

동일기업 내의 3개 이상의 자회사 간에 이루어지는 다자간 상계(multilateral netting)[6]가 있다. 상계는 다국적기업 전체 입장에서 보면 자금관리 비용을 절감하고 기업내부의 결제기능을 강화시켜 주는 간단하고 효과적이므로 내부적 관리전략으로서 가장 많이 사용되고 있는 방법이다. 상계는 결제가 월단위 또는 연단위로 이루어질 수 있어서 예정된 결제주기를 통해 필요한 자금에 대한 예측력을 향상시킬 수 있고 자회사들의 부채와 자산관리를 더욱 정확하게 점검할 수 있으며 전체 유동성과 환위험관리에 도움을 주는 정보를 집중적으로 획득할 수 있는 장점이 있다. 반면 상계를 하면 상계까지 수입과 지출이 지체된다고 하는 점과 실제 거래시의 표시통화와 상계에서 기준이 되는 통화가 다를 수 있다는 문제점도 있다.[7]

2) 매칭전략

매칭(matching)이란 외화표시의 현금유입과 현금유출 또는 외화표시자산과 부채를 시간적으로나 금액면에서 최대한 일치시키는 전략을 말한다. 외화자금의 유입과 지급을 통화별 및 만기별로 일치시킴으로써 외화자금 흐름의 불일치에서 발생할 수 있는 환위험을 원천적으로 제거하는 환위험 관리전략이다.

상계와 매칭은 흔히 서로 구분되지 않고 사용되는 용어들이다. 그러나 엄격한 의미에서 상계는 동일한 그룹내 기업 간, 글로벌기업 내부의 본사와 자회사 간 그리고 자회사들 간에 수취할 금액과 지불할 금액을 서로 상쇄하는 것을 일컫는다. 매칭이 상계와 다른 점은 상계는 부분적인 환위험 제거전략이지만 매칭은 완전한 환위험 제거전략이라는 점이다.

매칭은 글로벌기업, 무역회사의 본·지점뿐만 아니라 제3자와의 환거래에서도 이용되는 환위험전략이다. 매칭의 종류는 동일한 통화별로 자금의 수입과 지출을 일치시키는 자연적 매칭(natural matching)과 동일통화로 매칭시키기 어려운 경우에는 환율변동 추세가 유사한 여타 통화의 현금수지와 일치시키는 평행적 매칭(parallel matching)의 두 가지가 있다. 자연적 매칭의 경우가 가장 이상적인 방법으로서 환위험이 거의 완전하게 제거될 수 있다.

평행적 매칭에서는 자연적 매칭과 달리 환율이 예상과 달리 다르게 변동하는 경우

---

6) 한국의 모회사(A), 중국의 현지 제조자회사(B), 베트남의 판매자회사(C) 간에 수출 거래가 A→B 200만 달러, B→C 100만 달러, C→A 150만 달러를 가정하자. 이 경우 상계센터가 채권 채무를 상계시켜 B 자회사로부터 100만 달러를 받아서 A 모회사와 C자회사에 50만 달러를 각각 지급하면 6건의 거래가 3건으로 줄고 환노출의 크기도 450만 달러에서 100만 달러로 줄일 수 있다.

7) 지호준, 「전게서」, PP.495~496.

유입과 유출 측면 모두에서 환차손 또는 환차익을 볼 수 있는 단점도 있다. 실제로 외환의 수취와 지급이 예정대로 이루어지지 않고 어느 하나가 지연된다면 결과적으로 예정되었던 외환의 수취와 지급이 모두 환위험에 노출되는 매칭의 한계점이 있다.

1983년 미국의 디즈니랜드사가 동경 디즈니랜드를 일본의 오리엔탈사와 합작으로 투자할 당시 디즈니사는 투자에서 얻는 일본 엔화의 수입에 대한 환익스포주어를 우려하여 일본에서 엔화표시의 외국채인 사무라이본드(Samurai bond)를 발행했다. 채권에 대한 이자지급을 엔화로 표시함으로써 엔화표시의 현금유입과 현금유출을 일치시키려고 했던 것은 자연적 매칭의 좋은 예이다.[8)]

3) 리딩과 래깅

리딩(leading)과 래깅(lagging)은 환율변동에 대비하여 외화자금흐름의 결제시기를 의도적으로 앞당기거나 또는 지연시키는 것을 말한다. 이는 환율변동에 따른 환위험을 극소화하거나 환차익을 극대화하기 위해 사용하는 간단하고 단기적인 환위험 관리기법이다.

리딩과 래깅은 모회사와 자회사 간이나 그룹 간 거래에 있어서는 물론 수출업자 또는 외화자금관리자들이 환위험 관리수단으로도 널리 이용되고 있다. 예컨대 수출업자는 장래 자국통화가 여타국 통화에 대해 평가절하될 것으로 전망되는 경우에 수출상품의 선적이나 수출환어음의 매도시기를 가급적 지연시킴으로써 결제시점에서 자국통화표시 수출대금을 증대시키려고 노력하게 된다. 그러나 수출업자의 입장에서 래깅전략을 사용할 때에는 수출대금 수취지연에 따른 대체자금의 차입금리나 수출업자의 유동성 사정 등을 고려해야 한다.

한편 자국통화가 평가절하가 예상되는 경우에는 수입업자는 수입대금 결제를 가급적 앞당기는 리딩전략을 사용함으로써 결제시점에서 자국통화표시 수입대금에 대한 지급부담을 경감시킬 수 있다.

리딩과 래깅의 특징은 첫째, 제3자와의 거래시 이해가 상충되기 때문에 활용이 쉽지 않고 그룹기업 간에 쉽게 많이 이용되며 그룹기업 간 리딩과 래깅은 그룹전체의 이익을 추구하는 전략에서 보다 용이하게 실행될 수 있다. 둘째, 환위험관리 뿐만 아니라 글로벌기업에 있어서 자회사들 간의 효율적 자금관리기법으로도 이용될 수 있다. 저금리 국가에서 고금리 국가로, 약세 통화국에서 강세 통화국으로 자금이동을 유리하게 이동시킬 수 있다.

---

8) 최생림외, 「전게서」, p.458.

셋째, 예상과는 달리 자국통화의 변화가 움직일 때 입을 수 있는 투기적 요소를 내포하고 있다. 즉 수입업자($표시)가 달러 가치가 하락할 것으로 예상하고 대금 지급시기를 늦추었는데 반대로 올라가는 경우 환차손을 입는다.

넷째, 현지국의 외환과 국제수지에 영향을 미치기 때문에 신용 및 외환통제를 하는 경우 이용에 제약이 따르기도 한다. 따라서 신용기간에 상한을 정해 일정한 범위 내에서만 허용하는 국가도 있다.

끝으로 리딩과 래깅전략을 통해 모회사 자회사 간에는 환위험 부담과 수익성에 영향을 받게 된다. 만약 자회사가 리딩 및 래깅으로 인해 재무제표의 수익성에 받는 영향을 민감하게 느끼고 이에 대한 모회사의 고려가 없다면 이용을 주저할 수도 있을 것이다.

4) 자산·부채관리전략

자산·부채관리(Asset Liability Management: ALM)란 환율전망에 따라 기업이 보유하고 있는 자산·부채의 포지션을 조정함으로써 환위험을 효율적으로 관리할 수 있는 방법을 말한다. 자산·부채관리는 주로 외화자산, 외화부채를 자국통화나 특정통화로 환산할 때 발생하는 환산환위험이나 거래환위험을 관리하는 것이 주요 목적이다.

자산·부채관리기법은 원래 금융기관의 종합적 자산·부채관리기법의 일부분이다. 광의로 보면 자산·부채관리는 내부적 환위험관리기법과 외부적 환위험관리기법을 모두 포괄하는 개념이 된다. 어떤 한 기업이 환위험을 헤지하기 위해 사용하는 기업 내부적 관리기법인 자산·부채항목 조정, 상계와 매칭, 리딩과 래깅 등과 기업 외부적 관리기법인 선물환, 통화선물, 통화옵션 등이 모두 자산·부채관리 기법의 개념에 속한다고 볼 수 있다.

협의로 보면 이러한 기법들 가운데 자산·부채 항목만을 지칭한다고 볼 수 있다. 협의의 자산·부채관리전략은 자산과 부채항목의 조정을 통해 환위험을 관리하는 것을 의미한다. 이때 자산·부채의 항목조정을 하는 경우에도 환차익을 극대화하기 위한 적극적인 전략과 환차손을 극소화하기 위한 소극적인 전략이 있다.

먼저 적극적인 자산·부채관리전략의 경우 일정통화가 장차 강세통화로 예상될 경우에 강세통화표시의 자산이나 현금포지션을 증대시킨다. 반면에 강세 예상통화 표시의 채무는 조기결제 또는 조기상환을 통하여 가급적 축소시킨다. 이에 반해 일정통화가 장차 약세를 실현할 것으로 예상되는 경우에는 약세통화표시의 자산을 축소시키는 한편 약세통화표시의 부채는 증대시켜야 한다. 그러나 적극적 자산·부채종합관리에 있어서 몇 가지 고려할 점이 있다.

첫째, 예측환율이 예상과는 달리 반대방향으로 실현되는 경우에는 오히려 환차손이 초래될 수 있다는 점이다. 둘째, 통화별 유동성 상황은 물론 이종통화 간 금리격차와 예상환율 변동폭을 고려해야 한다. 이밖에 거래수수료 및 금융비용과 세금 등 일체비용을 고려해야 한다.

한편 소극적인 자산·부채종합관리전략이란 약세통화와 강세통화의 구분없이 만기별·통화별로 자산과 부채, 현금수입과 지급의 규모를 일치시키는 전략이다. 즉, 스퀘어포지션(square position)을 유지함으로써 환익스포주어의 위험을 0이 되도록 하는 방법이다.

5) 포트폴리오 전략

통화분산 전략이라고도 하며 국제재무관리에 있어서 투자증권이나 거래통화의 포트폴리오(portfolio)구성을 다양하게 하는 주된 목적은 환율의 변동에서 초래될 수 있는 거래 및 환산환위험을 분산시키려는데 있다. 일반적으로 일국 내에서의 포트폴리오위험에서는 분산투자를 통하여 완화시킬 수 있는 개별기업의 특정위험인 비체계적 위험(unsystematic risk: 노동쟁의, 신제품개발, 해외투자 등)과 분산투자에 의해서도 완화시킬 수 없는 체계적 위험(systematic risk: 인플레이션, 금리변동, 경기침체 등)이 있다.

특정 국가에 한정되지 않고 여러 국가에 분산투자된다면 체계적 위험조차 분산시킬 수 있다. 따라서 국제증권투자의 다양화전략은 일차적으로 개별투자의 비체계적 위험뿐만 아니라 체계적 위험까지 감소시키는 것이 중요한 목적이다.

기업이 동시에 여러 통화의 환위험에 노출되어 있으면 각 통화의 환율변동이 서로 상쇄되는 효과가 있어 환위험이 자연스럽게 감소될 수 있다는 것이다. 그러므로 환위험의 총합계는 개별적인 절대적 합계보다 적게 된다. 이론적으로는 환율이 변동하는 외국통화의 수가 많을수록 전체적인 환위험의 회피가능성은 더욱 높아지게 된다. 포트폴리오 전략을 이용하는 가장 손쉬운 방법은 복합통화를 거래통화로 계약하는 것이다. 가장 대표적인 복합통화는 유로화(Euro)와 SDR 등을 들 수 있다.

6) 결제통화조정 전략

결제통화조정(invoicing currency adjustment)전략이란 거래시 결제통화를 신축적으로 선택함으로써 환위험을 회피하는 전략이다. 이러한 결제통화전략은 적극적 전략과 소극적 전략으로 구분할 수 있다.

우선 환위험을 적극적으로 관리하고자 하는 경우 기업은 수출의 경우 결제통화표시를 강세통화로 하는 경우이다. 반면에 수입의 경우에는 약세 예상통화로 거래계약을 체결한다. 그런데 여기에서 주의할 점은 약세통화와 강세통화가 역전될 가능성이 있다는 점이다. 또한 고객들이 결제통화를 수시로 바꾸는 것을 원하지 않거나 고객들에 대한 신용이 상실될 수도 있다. 아울러 가격표시조정 때문에 시간적으로 지체하게 된다면 이는 바람직한 것은 아니다.

이에 대해 소극적인 환위험관리기법은 수출입거래에 있어서 자국통화로 거래함으로써 환율변동에 따르는 환위험을 회피하고자 하는 것이다. 결제통화의 선택에 있어서 문제가 되는 것은 거래통화의 결정과정에 있어서 수출·입업자 쌍방 간 이해가 대립됨으로써 계약성립이 어려울 수 있다는 점이다. 이때는 수출·입업자 간 50 대 50 방식을 이용하여 쌍방이 거래규모의 반을 각각 자국통화표시 거래로 계약함으로써 환위험부담을 양자 간에 균등하게 배분할 수 있을 것이다. 또한 글로벌기업의 경우에는 그룹지사 간 수출입가격을 상호 간에 적절히 조정함으로써 그룹 전체의 세후 순이익을 극대화할 수 있는 전략으로 이용되기도 한다.

하지만 한국의 원화는 아직 충분히 국제화되어 있지 못하고 전통적으로 수출입거래에 있어서 미달러화 표시의 비율이 관행적으로 높은 수준을 유지해 왔다. 이런 이유로 당분간은 국제무역거래에서 원화표시를 함으로써 환위험을 거래상대방에게 전가시키기에는 많은 어려움이 있다.

7) 재송장 전략

재송장(reinvoicing) 전략이란 환위험의 관리를 위해서 별도 법인의 센터를 설립하여 모·자회사의 이종통화표시 채권·채무를 이 센터와의 단일통화거래로 단순화하는 전략을 말한다. 이로 인해 모든 환위험은 이 센터 내에서 관리하게 된다. 재송장 전략은 환위험의 집중기법으로 잘 알려져 있고 가장 널리 사용되는 기법이다. 일반적으로 송장(invoice)이란 매매계약의 조건을 완전하게 이행하였음을 밝히는 수출업자가 수입업자에게 보내는 서류를 말한다. 이러한 송장을 해외 제조회사는 판매자회사 앞으로 곧 바로 발송한다.

재송장전략에서는 제조자회사가 송장을 직접 판매자회사로 보내지 않고 재송장센터(reinvoicing center)로 보낸다. 그러면 재송장센터는 이 송장을 판매자회사가 원하는 통화표시로 재발송하게 된다. 이와 같은 과정을 통하면 판매자회사는 통화전환에 따른 환위험을 벗어 날 수 있으며 모든 환위험은 재송장센터로 집중하게 된다.

대부분의 재송장 발행회사는 별도의 법인체로 일반적으로 저세율 지역에서 활동한다. 재송장발행회사의 기능은 기업의 판매자회사 중의 하나가 담당하기도 하지만 때로는 모기업 자체가 그 기능을 수행할 수도 있다.

8) 환차손준비금 전략

환차손준비금(exchange loss reserves)은 미래의 환차손 발생에 대비하여 영업이익의 일부를 환차손준비금으로 적립하고 실제 환차손이 발생하면 이 적립금을 환차손에 충당하는 제도이다. 환차손준비금제도는 환위험을 제거 또는 축소시킬 수 있는 사전적인 환위험관리 방법이라기보다는 사후적인 관리방법이다. 이는 환차손이 발생한 경우에 사후적으로 이를 일정 기간에 걸쳐 이연분산시킴으로써 특정기간에 이례적으로 발생한 환차손 때문에 왜곡될 수 있는 경영성과를 평준화 할 수 있는 회계제도이다. 이 제도는 환위험의 회피를 위한 별도의 현금비용을 부담하지 않아도 되는 장점과 실제 부담한 환차손이 현재화되지 않는 단점도 있다.

환차손준비금은 환변동보험(exchange fluctuation insurance)과 대비될 수 있다. 환차손이 발생할 것을 우려하여 보험금의 성격을 가진 준비금을 마련하는 것을 환차손준비금이라 할 수 있다. 이에 반해 환차손이 발생할 것이 우려되어 보험료를 부담하다가 일정한 비율 또는 일정한 금액 이상의 환차손이 발생한 경우 이를 보전하기 위해 보험금을 받는 제도가 환변동보험이다. 따라서 같은 성격의 전략으로써 환차손준비금은 내부적 전략의 일환이며 환변동보험은 외부적전략의 하나라고 볼 수 있다.

9) 마케팅전략

환율의 변동은 기업의 마케팅활동에도 여러 가지 형태로 영향을 미친다. 그럼에도 불구하고 마케팅 담당자들이 환위험관리를 소홀히 하고 다만 사후적으로 환율변화에 맞춰 계획을 조정하는 것이 일반적인 관행이었다. 장차 환율변동으로 인한 환위험문제가 더욱 커지게 될 것이므로 장기전략을 이용하여 환위험관리전략을 수립해야 한다.

마케팅관리전략으로는 환율변동에 따라 가격을 조정하는 전략(pricing strategy), 유통경로에 변화를 주는 유통경로전략(place strategy), 촉진전략(promotional strategy), 신제품개발이나 기존 제품에 변화를 주는 제품전략(product strategy) 등이 있다.

가격전략에는 수출입상품가격의 조정시점과 조정폭을 결정하는 가격조정(pricing adjustment)전략과 수출입상품 가격을 어떤 통화로 표시하여 거래할 것인가를 결정하는 결제통화(invoicing currency adjustment)전략이 있다.

유통경로전략을 수립하는 이유는 장기적 관점에서 영업환위험을 적정수준에서 관리하면서 기업의 이익을 안정적으로 확보하는 데 있다. 이를 위해서는 구체적으로 여러 국가를 대상으로 수출시장을 다변화하여 환위험을 제거하는 시장선택(market selection)전략과 개별국가의 시장에 대해서도 상품별 또는 수요계층별로 분할화하는 시장세분화(market segmentation) 전략을 세워야 한다.

촉진전략은 환율변동에 따라 시장별, 제품별로 광고, 판매인원, 제품계획을 조정하는 전략을 말하는데 구체적으로 각 국가별 및 범세계적 규모의 촉진믹스, 즉, 광고(advertising), 인적판매(personal selling), 촉진활동(merchandising)의 표준화 등을 행사하는 것이다.

끝으로 제품전략은 환율변동에 의해 영향을 받게 되는데 자국통화의 평가절상이 이루어지면 수출기업제품의 생산을 축소하고 내수제품을 생산확대시켜야 한다. 반면에 자국통화의 평가절하가 이루어지면 수출기업은 가격경쟁력을 바탕으로 기존 제품의 생산규모를 확대하면서 내수에서 수출로의 비중을 더 높여 나가야 한다. 또한 신제품의 개발에 적극적인 입장을 취하면서 수출대상 시장에 대해서도 고려해 보아야 한다.

10) 생산관리 전략

환율이 변동하면 외국으로부터 수입하는 원재료, 부품 등의 자국통화표시 가격이 달라진다. 뿐만 아니라 환율변동은 본국에서 생산된 제품을 해외에 수출하는 해외시장 지향적 기업이나 현지에서 생산·마케팅을 동시에 수행하는 현지지향적 기업 모두에게 영향을 주게 된다. 생산관리전략에는 제품투입 구조조정(input mix)전략과 입지선택(plant location selection)전략이 있다.

제품투입구조조정 전략은 환율변동으로 인한 상대가격이 변화되면서 지금까지의 조달원이었던 외국보다는 제3국으로부터의 조달이 가격면에서 더욱 유리할 때 이용된다. 예컨대 일본 자동차회사들이 엔화의 강세로 인해 중간부품의 상당부분을 독립된 외부공급업체들로부터 구입하는 아웃소싱(outsourcing) 전략을 들 수 있겠다.

한편 입지선택전략은 실질환율의 변화가 일시적인 것이 아니고 구조적인 경우에는 공장을 해외로 이전시키는 것이 효과적인 경우에 이용된다. 특히 자국의 경쟁력이 크게 향상되어 당분간 자국통화가 평가절상되리라고 예상되면 생산공장을 해외로 이전할 필요가 있다.

이와 같이 환율변화에 대응하여 중장기적으로 생산비용의 절감과 수출시장의 안정적 확보를 도모하기 위해 생산기지를 선택하는 것이 입지선택전략이다. 예컨대 일본 자동차회사들이 한 때 엔화의 평가절상을 우려하여 미국에 현지공장을 설립하던 것은 자국통화의 평가절상에 대처하기 위한 생산관리전략의 일환이라고 할 수 있겠다.

2. 외부적 관리기법

외부적 관리기법에는 선물환(forward exchange)전략, 통화선물(currency swap)전략, 통화옵션(currency option)전략, 통화스왑(currency swap), 단기금융시장전략, 할인(discounting)전략, 환변동보험(foreign exchange fluctation insurance)전략 등이 있다.

여기서는 통화스왑과 환변동보험에 대해서 논의하기로 한다. 스왑(swap)이란 미래에 두 가지 종류의 서로 다른 지급을 교환하기로 하는 약정이다. 통화스왑이란 특정통화의 이자 및 원금을 다른 통화의 이자 및 원금과 상호 교환하기로 하는 두 당사자 간 계약이다. 전형적인 통화스왑은 미달러화 변동금리(6개월 LIBOR)와 다른 통화 고정금리를 교환하며 만기에 원금의 교환이 이루어지는 형태이다.

통화스왑은 두 거래 당사자가 처음에 일정액의 서로 다른 통화로 표시된 원금을 교환하고 그 뒤 일정 기간에 걸쳐 미리 약정한 대로 이자와 원금을 지급하는 것이다. 가장 간단한 직접통화스왑[9]의 예를 들어보자. 현재환율은 $1＝￥100이며 A기업은 2억 달러의 자금이 필요한데 국제금융시장에서 직접 조달한다면 연 10%의 금리를 부담해야 한다. 한편 B기업은 200억 엔의 자금이 필요하고 직접 조달시 연 6%의 금리를 부담해야 한다. 그러나 A기업은 달러보다 엔화를 유리하게 차입할 수 있어 200억 엔의 자금을 차입하는데 연 5%로 조달이 가능하다.

반면 B기업은 2억 달러를 연 8%의 금리로 유리하게 조달할 수 있다고 가정하자. 이 경우 A기업은 200억 엔을 차입하고 B기업은 2억 달러를 각각 차입하여 서로 맞교환하면서 통화스왑계약을 맺을 수 있다. A기업이 부담하게 되는 이자 연 10억 엔과, B기업이 부담하게 되는 연 1,600만 달러도 상호 교환되어 상대방이 각각 대신 부담한다.

만기시에 A기업은 B기업에게 2억 달러를 지급하는 대가로 B기업으로부터 200억 엔을 받기로 합의하면 된다. 결과적으로 A기업은 연 8%의 금리, B기업은 연 5%의 금리로 자금을 이용할 수 있어 직접조달하는 경우의 연 10%와 연 6%보다 각각 유리함을 알 수 있다.

---

9) 통화스왑의 원리를 쉽게 설명하기 위해 친구인 갑은 명품가방가게에서, 을은 명품 옷가게에서 근무하는 경우를 예로 들어보자. 갑은 현재 100만원 상당의 명품 옷이 한 벌 필요하고 을은 100만원 상당의 명품가방이 필요하다고 하자. 갑과 을은 자신의 가게에서 발행하는 상품 교환권이 있는데 자기네 직원들에게는 특별히 15% 할인된 가격에서 구입이 가능하다. 이 경우 갑과 을은 자신의 가게에서 발행되는 할인된 상품 교환권을 구입하여 서로 맞교환하여 각자 원하는 상품을 저렴하게 구입할 수 있게 된다.

환변동보험은 보다 적극적인 수출활동이 가능하도록 정부가 수출기업에게 제공하는 환위험 회피를 위한 제도이다. 국가에서 실시하는 제도로서 영리추구가 아닌 환율안정을 통한 수출지원이라는 정책적 목표 우선을 추구하고 있다. 금융기관의 선물환거래와 유사하나 보험계약 형식으로 운영되며 기본계약 내용은 보장환율이 결제환율보다 높으면 한국수출보험공사가 차액을 보전하고 보장환율이 결제환율보다 낮으면 한국수출보험공사가 차액을 환수한다. 이러한 환변동보험은 현재 시중은행들도 취급하고 있으며 많은 중소기업들이 무난하게 사용할 수 있는 방안 중 하나다.

환변동보험의 장점은 선물환이나 선물과 달리 보험료 이외에 다른 비용이 전무하며 계약이행 관련 보증금, 마진콜 및 담보제공 등의 추가 부대비용이 없다. 환변동보험료는 가입금액과 신용등급에 따라 다르지만 수출금액의 연 0.04% 내외로 은행의 선물환(연 0.2~0.3%)보다 싸지만 영세 중소수출기업엔 적지 않은 부담이다. 정부는 중소기업의 환변동보험 보험료도 일부 지원하는 등 지원책을 세우고 있으나 2007년 외환파생상품 키코(KIKO)에 당한 피해 트라우마로 외면하는 기업들도 적지 않은 실정이다.

[참고자료] KIKO와 수출환변동보험 비교

유사 키코(KIKO)로 불리는 수출환변동보험에 가입했다가 환율급등(달러강세)으로 큰 손실을 본 중소기업들이 한국수출보험공사를 상대로 낸 소송에서 무더기로 패소했다. 예상과 틀린 환율변동 손실도 상품가입한 기업책임이라는 것이 주된 판결의 내용이다.

은행이 중소기업에 판 키코와 달리 한국 수출보험공사가 팔았다는 점에서 유사 키코로 불린다. 수출환변동보험은 수출계약시점과 대금입금시점 사이에 환율이 하락하여 수출기업이 환 차손을 입는 위험을 줄이기 위해 사전에 환율을 고정시켜 놓는 상품이다. 하지만 예상환율 변동 수치 이상으로 환율이 오르게 되면 수출보험공사가 기업으로부터 환수금을 받게 되어 있다. 3조원 규모의 키코소송에 이어 1조 2천억여원으로 추산되는 수출환변동보험 예상소송건도 사회적 파장이 적지 않다.

자료: 한국경제(2009.11.28) 발췌

〈표〉 KIKO와 유사 KIKO(수출환변동보험) 비교

시장환율(원/달러)	KIKO	수출환변동보험
970원 초과(Knock In)	외환시장에서 시장가격에 달러를 매입하여 930원에 $50만을 계약은행에 매도의무: 대규모 환손실	환차익(시장환율－930원)×$25만을 은행에 반환
930원(지정환율)～970원	시장환율로 $25만을 매도: 환차익·손실 제한적	
900～930원	930원에 25만 달러 매도: 환손실 보전	환손실(930원－시장환율)×$25만을 은행으로부터 수취
900원 미만(Knock Out)	계약취소, 은행손실 제한적: 환손실 발생	
효과	환율이 급격히 높아지거나 낮아지면 대규모 환손실 발생	시장환율과 상관없이 지정환율대로 수출이익 얻음

주: KIKO는 약정환율(기준가) 930원. 약정구간: 900～970. 환율 970원 초과시 계약금액의 2배를 매각하는 조건. 계약금 $25만.

찾아보기

국문 찾아보기

[ㅈ]

영문 찾아보기

[공저자 약력]

강 한 균(姜漢均)

영남대학교 상경대학 경영학과 졸업
영남대학교 대학원 무역학과 석사과정 졸업
영남대학교 대학원 무역학과 박사과정 졸업(경제학 박사)
미국 워싱턴 주립대학교(Pullman)(Washington State University) 객원교수
미국 워싱턴대학교(Seattle)(University of Washington) 객원교수
인제대학교 국제경상학부 명예특임교수(현)

한국개발연구원(KDI) 경제전문가 자문위원(현)
산업통상자원부 한국산업기술진흥원 평가위원(현)
과학기술정보통신부 정보통신기술진흥센터 평가위원(현)
중소기업 기술정보진흥원 평가위원(현)
고용노동부 지역일자리 목표공시제 경남도 컨설턴트(현)
(사)서부산경제발전연구원 이사장(현)

한국무역학회 부회장·감사(역임)
한국국제경영관리학회 부회장(역임)
한일경상학회 상임이사(역임)

인제대학교 인문사회과학대학 학장(역임)
인제대학교 도서관장(김해캠퍼스)(역임)
인제대학교 기숙사 사감(역임)
인제대학교 Trade Incubator 사업단장(역임)
김해발전전략연구원장(역임)

주요 저서 및 논문
(저서)
「다국적기업과 글로벌라이제이션」(공저 두남, 2018) 외 16권

(논문)
"공간효과 모형을 이용한 한류가 한국의 수출에 미치는 효과", 「국제경영리뷰」(교신저자, 2015) 외 100여 편

수상
2017 한국무역학회 최우수 논문상(누리미디어 DB 최다 피인용·다운로드 횟수기록)
2017 대한민국 제1회 일자리 아이디어 공모 발표 우수상(2위상)
2016 한국국제경영관리학회 최우수 논문상(교신저자)
2016 세계 3대 인명사전 마르퀴즈 후즈 후(Marquis Who's Who in the World) 등재
2008 한국열린사이버대학교 우수 강의상
2006 인제대 인문사회·예체능계열 베스트 티칭상(BTA)

강 지 훈(姜志勳)

부산대학교 상과대학 무역학과 졸업(우수)
연세대학교 대학원 경영학과 석·박사 통합과정 졸업(경영학 박사)
연세대학교 경영대학 강사(역임)
Journal of International Business Studies 정회원(현)

주요 저서 및 논문

(저서)

「다국적기업과 글로벌라이제이션」(공저 두남, 2018)
「한국기업을 위한 스마트 국제경영」(공저 이담북스, 2018)

(논문)

"중소기업의 해외 동반진출이 성과에 미치는 영향 : 한국자동차 부품산업을 중심으로", 「국제경영연구」, 30(2), (제1저자, 2019)
"해외 경영환경에 대한 전망이 CSR에 미치는 영향 : 이해당사자들의 조절효과", 「무역연구」 14(3), (제1저자, 2018)
"CJ CGV 인수합병을 통한 베트남 극장 시장 선점 전략", 「KBR」 21(3), (교신저자, 2017)
"중국 진출 한국기업들의 CSR 영향 요인", 「무역통상학회지」 17(1), (제1저자, 2017)
"한국적 경영스타일이 태국 현지인 직원의 조직몰입에 미치는 영향", 「연세경영연구」 54(2), (제1저자, 2017)
"한국기업의 글로벌 CSR 표준화 결정 요인", 「무역연구」 12(2), (제1저자, 2016)

(국제학술 발표논문)

2019 Academy of International Business Annual Conference, Copenhagen, Denmark
'Strategies That Fit in the Least−Developed Economies: The Moderating Effects of Foreignness and Host Country Institution'
2018 Academy of International Business Annual Conference, Dubai, UAE
'How Do Domestic and Foreign Firms' Local Supplier Invest Differ in Vietnam?'
2017 Academy of International Business Annual Conference, Louisiana, U.S.A.
'MNEs and Corruption - The Role of Business and Political Ties'
2016 Academy of International Business Annual Conference, Bengaluru, India 'Three Pillars of CSR'

수상

2018 제11회 인수장학회 대학원(기술혁신·지식경영·조직학습 연구) 장학생 선정
2018 한국경영학회 우수 논문상(교신저자)
2017 한국연구재단 차세대사회과학자 우수 논문상(제1저자)
2016 한국산업경영학회 동계학술 발표대회 우수논문상(제1저자)

글로벌 금융재무론

초판인쇄 2019년 8월 25일
초판발행 2019년 9월 2일

지은이 강한균·강지훈
펴낸이 박노일

총괄기획 김중용·최준규
편 집 심성보·김인숙

펴낸곳 pnc publishing and culture 피앤씨미디어
경기도 고양시 일산동구 강송로 153 310-1501
등록 제396-2012-000203호

전 화 070)7550-3758 팩 스 02)718-8554
홈페이지 www.pncmedia.co.kr 이메일 pnc@pncmedia.co.kr
ISBN 979-11-5730-694-7 93320

정 가 25,000원